霍英东教育基金会基础性研究资助课题（资助编号：131110）
贵州大学管理学院学术创新团队（编号：2015MC007）
贵州大学文科重大科研项目（编号：GDZT2012002）
贵州大学学术著作出版基金部分资助出版

基于禀赋的新生代农民工就业行为研究

申鹏 著

中国社会科学出版社

图书在版编目（CIP）数据

基于禀赋的新生代农民工就业行为研究/申鹏著.—北京：中国社会科学出版社，2016.3

ISBN 978-7-5161-7806-5

Ⅰ.①基…　Ⅱ.①申…　Ⅲ.①民工—劳动就业—研究—中国　Ⅳ.①D669.2

中国版本图书馆CIP数据核字(2016)第051379号

出 版 人	赵剑英
责任编辑	戴玉龙
责任校对	周晓东
责任印制	戴　宽

出　　版	中国社会科学出版社
社　　址	北京鼓楼西大街甲158号
邮　　编	100720
网　　址	http：//www.csspw.cn
发 行 部	010-84083685
门 市 部	010-84029450
经　　销	新华书店及其他书店

印　　刷	北京明恒达印务有限公司
装　　订	廊坊市广阳区广增装订厂
版　　次	2016年3月第1版
印　　次	2016年3月第1次印刷

开　　本	710×1000　1/16
印　　张	21
字　　数	358千字
定　　价	76.00元

凡购买中国社会科学出版社图书，如有质量问题请与本社营销中心联系调换

电话：010-84083683

序

农村劳动力转移就业是改革开放以来出现的人口迁移流动现象，亦是当前中国社会面临的重大现实问题。改革开放30余年来，随着经济社会发展及相关制度约束的松动，从土地上释放出来的农村劳动力不断向外迁出，从“离土不离乡”的乡镇企业就业到“离土又离乡”的跨区域甚至跨省流动，通过外出务工经商实现了非农就业，形成了流动于城市之间、城乡之间规模越来越大的劳动力群体——农民工群体。2014年，全国农民工总量为2.74亿人，其中外出农民工占61.4%，本地农民工占38.6%。

经过改革开放30多年的发展，农民工不再是同质的群体，他们已产生了代际分化。2013年全国农民工监测报告显示，新生代农民工1.25亿人，占农民工总量的46.6%，占新生代农村从业劳动力的比重为65.5%，说明新生代农民工已成为农民工及农村就业劳动力的重要组成部分甚至主体。因此，新生代农民工的就业问题，既事关他们融入城市的市民化和农村劳动力增收致富奔小康的切身利益，也是当前我国农村经济社会发展面临的主要民生问题之一。

申鹏博士的著作《基于禀赋的新生代农民工就业行为研究》正是在这一背景下研究这一问题的重要研究成果。本书以有限理性为理论基础，利用人口经济学、就业经济学、行为经济学、社会心理学、行为决策学等相关学科的理论和方法，从禀赋视角分析新生代农民工就业行为，探讨禀赋、有限理性与新生代农民工就业行为的作用机理，并以川黔渝地区为例考察新生代农民工两种不同的就业行为，构建新生代农民工就业选择决策模型，分析不同类型新生代农民工就业行为决策的影响机制，提出新生代农民工稳态就业及其市民化的支持体系与政策建议，在理论及政策研究方面都有所创新。总体来说，本书是对相关学科就业理论的具体化和本土化，可用以解释新生代农民工就业行为决策，不仅对有效配置农村劳动力资源、增加农民工资性收入、缩小城乡差距、建设和谐社会等方面具有重要参考价值，同时也有助于揭示制约当前新生代农民工理性就业的深层次原因，为政府有关部门制定新生代农民工就业政策及推进农业转移人口市民化、实施就业带动落户定居和就地城镇化提供决策参考。

当然，本书研究成果也并非那么完美，还存在某些需要进一步思考和探索的问题。而且，研究新生代农民工就业行为，不仅具有重要的理论研究价值，而且具有较强的现实指导意义，需要更多的学者花费更大的精力去调查、思考和归纳，这将是很有意义的研究工作。

申鹏博士学风严谨，勤奋好学，基本功扎实，具有很好的洞见力，是一位很有发展潜力的优秀青年学者。多年前我从他的博士学位论文就得出这一印象。他早在其博士论文中就曾指出，中国调整生育政策最佳时机应该是在2015年前后，即在“十二五”末期、“十三五”前期可以适度分步放松。通过审读本书，以及与他跟我做博士后研究期间的接触进一步证实了这一结论。他在跟我做博士后研究期间，已先后获得了国家哲学社会科学基金年度项目、中国博士后科学基金面上资助项目、贵州省哲学社会科学招标课题等项目立项，还完成了农业部软科学基金项目、贵州省教育厅人文社科基金重点项目、贵州大学文科重大科研项目等项目的研究工作，另外还荣获了“贵州省首届高校哲学社会科学青年学术创新人才”荣誉称号和贵州省第十一次哲学社会科学优秀成果评奖（研究报告类）三等奖。作为他的博士后合作导师，我为他取得如此成就感到高兴，并希望他继续努力，取得更大进步。

王桂新

复旦大学特聘教授 博士生导师

2016年3月28于上海·复旦大学

目　录

第一章　导论

第一节　选题背景与研究意义

一　研究背景

人口流动既是社会发展的必然结果，也是加快经济发展与社会进步的重要因素。人口流动现象是人口在地理空间上再分布的过程，更重要的是，它同时又反映经济社会的演变，这种演变对中国新型城乡关系的影响是多方面的，而且随着时间的推移，这种影响必将愈益深远。人口流动不仅带来了其物质形态的变化，更会产生城乡社会伦理、约束机制、生育观念、社会意识等更深层次的变化。人口流动过程中出现的诸如计划生育、劳动就业、教育就医、住房供给、社会管理等一系列问题，需要政府部门统筹解决。当前，我国正经历着人类历史上规模最大的人口流动，农村劳动力由农业向非农产业、城乡、跨地区流动的规模和速度日渐扩大，带动了三次产业就业人口结构的变化，产生了明显的经济效应以及一系列联动效应。

农村劳动力转移就业是当前中国社会面临的现实问题，是改革开放以来出现的人口迁移流动现象。改革开放30余年来，随着经济社会发展及相关制度约束的松动，从土地上释放出来的农村劳动力不断向外迁移流动，从“离土不离乡”的乡镇企业就业到“离土又离乡”的跨区域甚至跨省流动，通过外出务工经商实现了非农就业，形成了流动于城市之间、城乡之间规模越来越大的劳动力群体——农民工群体。据《2014年全国农民工监测调查报告》抽样调查结果，“2014年全国农民工总量为27395万人，比上年增加501万人，增长1.9%。其中，外出农民工16821万人，比上年增加211万人，增长1.3%；本地农民工10574万人，增加290万人，增长2.8%”。[①] 而且从农民工就业形式来看，“2014年，受雇就业的农民工所占比重为83%，自营就业的农民工所占比重为17%，自营就业农民工比重较上年提高0.5个百分点”。[②] 从分区域的就业分布来看，东部地区以省内流动为主，中西部地区以跨省流动为主；从外出农民工就业的地点来看，跨省流动的农民工主要在地级以上的城市，省内乡外流动的农民工主要是在小城镇，其次是地级市和省会城市。

农民工外出务工赚取了经济收入，积累了劳动技能，开阔了工作视野，丰富了人生阅历。然而，由于传统的城乡二元制度障碍以及流入地基础设施建设等因素的影响，农民工在城市并没有享受到经济社会发展带来的利益“蛋糕”，而是面临着城市融合的种种制度障碍和现实制约，诸如子女教育、社会保障、职业技能、劳动权益、政治权益等。正是各种主客观因素的影响，难以真正融入城市社会、难以扎根城市社会成为农民工在城市生存和发展面临的现实问题。此外，农民工外出务工改变了农村人口结构，致使“三留人口”（留守儿童、留守妇女、留守老人）问题出现且日益严重，影响了农业本身的高效生产和农村经济的长远发展，进而影响了农村社会的和谐稳定。可见，农民工外出务工在促进城市经济发展的同时，也给城乡关系及农村社区带来了一系列的社会问题，这说明农民工尤其是中西部地区农民工跨省外出务工具有双向的作用。而且，从农民工外出就业情况来看，大多数农民工属于灵活就业人员，属于城市劳动力市场的二级劳动力市场，相关就业权益未能得到有效保障，容易受整体经济环境的影响，就业稳定性较弱，职业流动频繁，一旦经济环境出现起伏波动，他们极易成为较早失业的群体。

经过改革开放30多年的发展，农民工不再是同质的群体，同样也产生了代际分化。学术界和实践部门一般把1980年后出生的农民工称为新生代农民工或第二代农民工。按照一般的代际理论，在此将1980年前出生的农村外出劳动力称为“老一代农民工”或“第一代农民工”，以“60后”、“70后”农民工为主体；将1980年（含）以后出生的16岁以上农村外出劳动力称为“新生代农民工”或“第二代农民工”，以“80后”、“90后”农民工为主体。此处的新生代农民工主要是指1980年后出生的

① 国家统计局：《2014年全国农民工监测调查报告》，www.gov.cn，2015-04-29。

② 国家统计局：《2014年全国农民工监测调查报告》，www.gov.cn，2015-04-29。

在农村成长至一定年龄后进城从事非农行业和在城镇成长的农村劳动力，包括本地新生代农民工、外出新生代农民工及新生代返乡农民工。若按此年龄段划分，截至2014年年底，老一代农民工已是35周岁以上的农村劳动力，正处于人生事业的承上启下阶段，在家庭方面往往是“上有老、下有小”的局面，对于他们来说，外出务工和照料家庭之间永远是两相难全的选择。在这一背景下，农民工返乡就业的现象开始出现并渐成规模，尤其是2008年年底金融危机之后更是愈演愈烈。当然，时至今日，农民工返乡就业并非完全是金融危机的作用，更多的是随着产业梯度转移和区域经济发展，中西部地区也在“争夺”本地的农村劳动力，使在中西部地区务工的农民工数量增长较快。以2014年为例，在中西部地区务工的农民工分别比2013年增加93万人、154万人，分别增长1.6%、3.1%；在东部地区务工的农民工则增加251万人，增长1.6%（国家统计局，2015）。从相对增长比例来看，在中西部地区务工的农民工增幅均比东部地区快。而且，随着中西部地区6个国家级承接产业转移示范区建设及中西部地区各省（直辖市、自治区）产业结构调整步伐加快和区域经济社会持续发展，在中西部地区务工的农民工将会继续稳定增长，特别是“在西部地区务工农民工增速较快，主要由于就近就地转移加快。与上年相比，西部地区本地农民工增长了4.1%”。①

由于中国总人口规模庞大、劳动力资源丰富，一直以来，中国被认为是一个劳动力无限供给的国家。也就是说，在二元经济社会中，只要有需要，来自农村、农业的劳动力将源源不断地补充到非农业部门。“无限供给”是我国劳动力市场供给最典型的特征之一。由于劳动力无限供给，至21世纪初农民工工资水平考虑物价因素基本保持不变。然而，这种局面在2004年已被打破。从2004年开始，东部地区部分企业连续出现用工短缺，出现“民工荒”现象，这一现象进一步发展到作为农村劳动力主要流出地的中西部地区。时至今日，中国大陆地区各个省区市最低工资标准均已大幅度提高。

随着劳动力成本的上升，东部地区和大中城市仍面临着局部性的“用工荒”问题，这从区域产业结构演进来看，东部地区具备了产业梯度转移的条件，迫切需要实现产业转型升级，发展经济附加值更高的技术型

① 国家统计局：《2014年全国农民工监测调查报告》，www.gov.cn，2015-04-29。

产业，同时，传统的劳动密集型产业需要向我国具有比较优势的中西部地区转移。通过产业转移，将东部地区的资本、技术和中西部地区劳动力和资源等比较优势有机结合起来，带动中西部地区经济发展，培育新的经济增长极，推动中西部地区工业化进程迈入快速发展的轨道，这种一国范围内的产业转型升级过程必将影响劳动力的区域流动格局，尤其是对中西部地区农村劳动力流动格局的影响更为显著，比如近几年来外出农民工返乡就业创业可以看作是这种影响的表现之一，而且这种表现只是初期或早期的表现而已，当然这也为缓解中西部地区“三农”问题创造了一定的基础条件。因此，产业转型和农村劳动力流动是相互制约、相互影响的互动关系，可视为同一事物的两个方面，尤其是在第四次国际产业转移的新趋势下，东部地区产业转型对我国农村劳动力流动格局变动具有深远的影响。

总体上看，中西部地区将会呈现外出务工和返乡就业并存的人口经济现象。新生代农民工外出务工的目的并非完全是挣钱建房结婚或补贴家用，更多的是为了见见世面或追求自我发展机会，力求长期留在城市，具有较为强烈的市民化意愿。返乡就业的农民工通过外出务工掌握了一定的非农劳动技能，经历了外出务工的洗礼，希望在家乡找到一份稳定工作，既能实现稳定就业，又能兼顾家庭，稳定就近就业成为返乡农民工就业的首要选择。可见，新生代农民工外出就业与返乡就业是新形势下农村劳动力转移就业出现的新现象和新趋势，表明“中国农村劳动力转移开始进入第二个阶段，这个阶段的主要表现特征是农村剩余劳动力呈现出本地自我吸收的趋势，农民工也逐步开始大量返乡创业和就业”。①

在这种新的社会经济和就业背景下，新生代农民工就业问题更是值得关注。2013 年农民工监测报告显示，“新生代农民工（1980 年及以后出生）1.25 亿人，占农民工总量的 46.6%，占 1980 年及以后出生的农村从业劳动力的比重为 65.5%”。② 因为，新生代农民工有着与老一代农民工不同的特点，主要表现在教育程度较高、职业期望高、追求物质精神享受

① 吴红宇、何亦名：《选择就近就业的农村劳动者个体特征研究》，《西部经济管理论坛》2013 年第 1 期。

② 国家统计局住户调查办公室：《2013 年全国农民工监测调查报告》，蔡昉等：《中国人口与劳动问题报告 No. 15　面向全面建成小康社会的政策调整》，社会科学文献出版社 2015 年版，第 2 页。

需求高、工作忍耐力及意志力低这一“三高一低”特征。而且，“2013年，87.3%的新生代农民工没有从事过任何农业生产劳动”。[①] 成长在农村的新生代农民工一般是初中阶段或高中阶段上完学后就外出务工，成长在城镇的新生代农民工更是如此，他们向往城市生活，渴求成为城市的一员，过上体面的都市生活，故而新生代农民工在消费行为方面更多地倾向于城市消费方式。然而，面对现实的城市劳动力市场环境及诸多的主客观因素，新生代农民工处于“进退两难”的困境，“进”融入不了城市成为真正的市民，“退”则缺乏现代农业生产技能，使得他们在城市劳动力市场处于非稳定就业状态，其就业变动受外部因素的影响较大。与城镇职工等其他就业群体相比，新生代农民工就业稳定性降低，面临着多次择业的风险和可能，使他们无法实现稳定就业。

为了在城市立足和更好地发展，新生代农民工在个人发展和享受方面的消费支出明显高于老一代农民工，他们希望融入城市生活，这是他们时代性和城市性的体现，这必然要求他们增强科学文化知识、培训专业技能、培养就业能力，不断与周围环境和不同群体进行更加频繁的交往，结交新人、扩大视野，满足猎奇的心理需求。“新生代农民工在外务工的月生活消费支出人均939元，比老一代农民工高19.3%；新生代农民工2013年人均寄回带回老家的现金为12802元，比老一代农民工少29.6%。”[②] 人际交往在满足其心理需求的同时也会给他们带来更多的实惠和经济收益，增加他们的社会资本禀赋集聚，同时也会增加他们择业的机会。新生代农民工外出就业是在经济理性驱使下，谋取自身的全面发展，他们不再简单追求较高的工作收入，而是开始追求较高质量的城市生活和提高自身社会地位，其进城务工动机呈现出明显的多样性。新生代农民工出于寻找发展机会和追求城市生活的目的，而且家庭代际禀赋也发生流向新生代农民工群体的变化，其消费行为更多地表现为适应城市生活、渴望成为城市的一员，这使他们在满足个人发展和享受的精神文化方面消费支出增加。因此，新生代农民工拥有较强的留城意愿，因而他们更加关注城市生活的条件，如工作条件的改善、生活质量的改进、社会地位的提

---

① 国家统计局住户调查办公室：《2013年全国农民工监测调查报告》，蔡昉等：《中国人口与劳动问题报告 No.15 面向全面建成小康社会的政策调整》，社会科学文献出版社2015年版，第2页。

② 同上书，第1—15页。

高等，他们的市民化愿望越强烈，越倾向于城市化的消费方式，进而在消费行为上具有一定程度的城市适应性。如果制度条件和经济条件允许，他们希望在城市定居以提升自己的社会地位，这也使他们愿意像城市市民那样消费和生活。这一点还可以通过两代农民工转移地点选择意愿窥知一斑，“分代际来看，老一代农民工（即老一代农民工）选择留在本地农村和本地乡镇的比例高于新生代农民工（即新生代农民工），而在选择本地县城、本省（市）大城市和省外大城市方面的比例低于新生代农民工，说明新生代农民工具有更强的迁移意识和迁移风险。”①

“就业是民生之本”。就业问题关系到人们切身利益，关系到家庭稳定，更关系到社会和谐。在经济发展过程中，在影响社会和谐安定的各种因素中，最为重要的就是就业。如何实现充分就业、促进经济发展、提高人民生活水平，一直是党和国家关心的重点问题。党的十八大提出加强职业技能培训，提升劳动者就业创业能力，增强就业稳定性，进而实现更高质量的就业。提升就业质量、关注就业问题是我国经济发展中始终需要解决的问题，在党的十八届三中全会上，在全面深化改革的若干重大问题中再次提出进一步健全促进就业创业体制机制。由于新生代农民工自身的特点，他们的就业行为呈现出与老一代农民工不同的趋势和特征，其就业目标除了寻求经济收入增加之外，更加兼顾和看重职业发展和规划，更加注重融入城市发展，渴望分享城市发展成果。由于个体特征、家庭禀赋、信息不对称因素的作用，新生代农民工就业问题更是值得密切关注和跟踪研究的。就当前形势而言，提升就业能力、提高就业质量、保持雇佣关系稳定是新生代农民工稳定就业面临的突出问题。可见，维持雇佣关系稳定性、提高就业质量和城市融合度成为新生代农民工就业行为的主要利益诉求。

二　研究意义

新生代农民工是农民工的新生力量，具有不同于老一代农民工的群体特征、生活经历、身份认同、禀赋资源和价值取向，他们的就业行为既具有农民工的一般特点，同时又具有不同于老一代农民工的特征。因此，研究如何引导代际更替中的新生代农民工增强理性就业能力，从而切实提升其就业质量和稳定就业，具有十分重要的理论意义和实践价值。

---

① 申鹏：《农村劳动力转移的制度创新》，社会科学文献出版社 2012 年版，第 55 页。

1. 理论意义

人口就业行为是人口经济学研究的重要课题。如何从人口经济学出发，从多元视角对新生代农民工就业行为进行系统分析是一个值得思考的问题。本书以禀赋为切入点，以有限理性为分析基础，利用人口经济学、行为经济学、行为决策学等相关理论对新生代农民工就业行为的三个阶段动机、选择、结果进行了系统阐述，全面、深入地描述了新生代农民工就业行为选择的决策过程。对新生代农民工禀赋内涵的界定，打破了人力资本和社会资本的狭义概念，尝试从新的视角研究新生代农民工就业问题，以期丰富人口就业行为的研究内容。可以说，本书以禀赋为基础，从有限理性出发，按照行为决策过程的分析范式，提出新生代农民工就业行为研究的理论框架，并辅之以必要的理论阐述，丰富人口经济学对人口就业行为的研究内容，有助于深化人口经济学的人口迁移、流动人口融合和人口城市化的相关理论，开拓人口经济学和就业经济学研究的新视阈，并且本书的多次调查资料为我国新生代农民工的研究积累了原始素材，为我国新生代返乡农民工的纵深研究提供了参考。

2. 应用价值

进入21世纪以来，随着农民工代际禀赋渐趋差异化、就业行为的多样化，在宏观经济体制变动、产业结构不断调整的背景下，研究新生代农民工就业行为选择及其影响因素，把握其就业行为的规律性及其就业模式，对破解新生代农民工稳定就业的诸多制约因素、实现新生代农民工稳定就业和有序推进其市民化有着重要的现实指导意义，同时也对有效配置农村劳动力资源、增加农民收入、发展农村经济和优化产业结构有着重要的促进作用。因此，本书将有助于揭示制约当前新生代农民工理性就业选择的深层次原因，为政府有关部门制订新生代农民工理性就业的咨询工作方案和制度改革思路提供政策借鉴，有助于切实提升新生代农民工就业质量，从根本上推动新生代农民工融入城市，加快其市民化进程，最终实现构建社会主义和谐社会的目标和推动人口城镇化进程。

可见，研究新生代农民工就业行为不仅具有重要的理论研究价值，而且具有一定的现实指导意义。

第二节 国内外研究现状与述评

一 国外研究现状

农民工就业问题是与工业化进程中农村劳动力流动迁移问题相关联的，国外的相关理论与研究也是围绕二者来展开的。国外对于农村劳动力就业的文献和理论主要集中于讨论经济发展过程中农村劳动力转移就业问题。尽管国外对农村劳动力迁移概念的界定与我国大陆地区存在着一定的差别，但其本质基本是一致的，都是指从乡土社会流入城市社会寻找工作的人群。由于发达国家已基本实现城市化，大批农民进城转变为城市产业工人大多是发生在城市化早中期，而且在国外农民不受户籍的限制，农村劳动力就业和迁移是同时实现行业转变、地点转变和身份转变的。因此，国外关于这一问题的研究主要体现在劳动力转移就业的相关理论及模型，同时也关注城市化中的移民问题，成果丰硕。具体表体现在以下几个方面：

1. 与农村劳动力就业相关的理论或模型

这方面的主要理论或模型有“配第—克拉克定理”、马克思的农村过剩劳动力转移就业思想、刘易斯—费景汉—拉尼斯的“二元结构”模型、乔根森模型、梅勒、韦茨、速水佑太郎等的农业发展阶段理论、托达罗基于城乡绝对收入差距假说的劳动力转移模型、伊斯特林基于相对经济地位变化假说的城乡劳动力流动模型、舒尔茨的“改造传统农业”及人力资本迁移理论、斯塔克的“相对贫困假说”、李（E. S. Lee）和博格的“推拉理论”、皮奥里的二元劳动力市场理论、O. 斯塔克（O. Stark，1991）的新迁移经济学理论、V. R. 本西温加（V. R. Bencivenga）与 B. D. 史密斯（B. D. Smish）（1997）的代际迭盖模型、G. 格罗姆（G. Glomm，1992）的时间模型（a two - sector，infinite horizon，discrete time model with a continuum of agents）以及由 Litwak（1960）、MacDonald 等（1964）、Choldin（1973）、Massey（1990）等发展的迁移网络理论。这些理论与农村产业发展和农村劳动力转移就业联系较为密切，从二元结构和行为主体视角研究农村劳动力转移及其就业的理论，可以奉为世界上关于农村劳动力转移就业的经典理论，也是当今世界范围内有关农村劳动力转移就业研究的理论基石，这些理论各自从不同的角度创造了不同的假设和结论，具有不同的政策含义。

2. 城乡人口流动研究的多元视角

对城乡人口流动的研究提出了多种理论视角，如推拉理论、熔炉论、人力资本理论（Narasimhan，1995）、同化理论（Portes and Borocz，1989），其中推拉理论、人力资本理论前已提及。英国学者拉文斯坦（E. G. Ravenstein，1880）开启了人口迁移研究的新局面；在其影响下，乔治（P. George，1959）提出了由经济上的需要而引起的人口流动的特点；博格（D. J. Bogue，1961）提出了推拉理论，托达罗（M. P. Todaro）也是推拉理论的事实支持者；法裔美国学者克雷夫科尔（H. S. Crevecoeur）提出了著名的“熔炉论”理论；罗伯特·帕克提出了“社会同化”理论。这些理论视角与前面的农村劳动力转移就业理论紧密相关。此外，库兹涅茨提出了“倒 U 曲线”理论，主要说明人口流动对于收入分配的影响作用。

3. 城市移民问题的经验研究

如 D. 贝恩斯在其著作中对英格兰和威尔士 19 世纪下半叶农村人口向城市和海外的流动及城市人口外流进行了详细的分析；沃尔夫冈·克尔曼（Wolfgang K.）高度评价了农村人口转移对德国经济和社会发展的作用；切茨维克（Chriswick）认为移民如果在美国的居留时间越长，就越可以积累相关的劳动经验、语言与工作技能等人力资本，从而更可能获得经济上的成功；而桑德斯（Sanders）与李（Lee）则着重于讨论美国移民的家庭社会资本以及人力资本对于他们获得“自雇”地位所产生的作用。20 世纪 30 年代，美国芝加哥学派著名学者帕克对当时城市外来移民问题进行了大量的实证性研究，他认为移民一般要经历定居、适应和同化三个阶段，即通过冲突和适应，达到思想、态度和情感的融合。卢卡斯（1985）和斯塔克（1988）创立了“温和的利他主义或被教化过的自利”的模型，认为迁移动机和汇款动机是迁移者和家庭互利之间的合同安排。R. 卢卡斯（R. E. B. Lucas，2004）认为，人口流动理论（或经济发展理论）应当与城市化的渐进特征相一致。“城市生产者技术水平的提高将持续地增加对非熟练工人的需求，但城市绝不是来自农村的非熟练人口的聚集地，而是迁徙者面临新的机会和积累新的技术的场所。”①

4. 禀赋与有限理性（不确定性）对就业选择的影响研究

这方面的相关理论主要有人力资本理论、社会资本理论（迁移网络理论）和不确定下的理性选择理论。前述的两种理论都与劳动者个人禀赋紧密相连，在前面的综述中也略有提及，它们主要是通过影响劳动力的就业选择和就业效应来制约就业行为。1944 年冯·诺依曼与奥·摩根斯坦证明，当人们的行为满足某些条件时，可以在一定的分析框架下预测人们在不确定条件下的行为。后来，阿罗（Arrow）建立了一个“不确定下的竞争模型”，经西蒙（Simon H. A.）得到最大发展，他提出了有限理性假说，试图在“有限理性”基础上建立他的行为选择理论，由于信息的不对称性使人们不可能在决策之前掌握所有的信息，只能在不确定状态下进行选择，这样，决策者几乎永远追求“满意”或“足够好”的解决问题方案，后来科尔曼（James Coleman）进一步发展为理性选择理论，形成了一套全新的社会行动理论，标志着有限理性理论在现代经济学理论体系中开始占据一席之地。有限理性假说对于分析劳动者个人的就业决策及其就业概率方面具有相当大的解释力。

二　国内研究现状

由于土地承包制度改革和相关制度的松动，产生了规模庞大的农民工群体，他们是我国工业化城市化过程中城乡户籍制度下出现的特殊社会群体，其就业问题成为国内理论界研究的一个热门话题。国内学者对农民工就业问题的研究是与我国大陆地区的现实情况和时代发展紧密联系的。后来学者逐渐发现农民工内部出现分层，各自呈现出不同的特征，老一代农民工和新生代农民工彼此之间由于生活环境、教育环境和面对的时代变迁而体现出不同的特点。目前，国内众多学者们从不同的角度和不同方面对新生代农民工的群体特征、社会融入、城市适应、身份认同、市民化、价值观、职业发展、返乡创业等诸多方面进行研究，但对新生代农民工就业行为尤其是返乡稳定就业研究尚处于起步阶段，在此主要回顾外出就业和返乡就业两个方面的相关文献。

（一）新生代农民工外出就业问题研究

第一，新生代农民工进城就业问题，主要从“民工荒”及面临的就

---

① 马颖、朱红艳：《发展经济学人口流动理论的新发展》，《国外社会科学》2007 年第 3 期，第 11—18 页。

业问题等方面分析新生代农民工就业中呈现的问题和流动性，如王正中（2006）、刘俊彦（2009）、李红艳（2011）、夏丽霞等（2011）、刘瑞（2011）、张峰（2012）、郭飞等（2012）、张庆（2013）、张玉鹏（2013）、程云蕾（2015）、张洪霞等（2015）等。另外，还从代际差异角度对两代农民工的就业问题进行比较研究，如杜书云等（2008）、许传新（2010）、陈藻（2011）、张鹏等（2013）、马继迁等（2014）等。

第二，新生代农民工就业行为，主要分析就业行为特征（如就业短工化）及影响因素（包括各种因素的影响程度）并提出相应的政策建议，如王文信等（2008）、李萍（2010）、余勃等（2011）、伍健（2012）、邢美华等（2012）、黄闯（2012）、康兰媛等（2012）、宋山梅等（2013）、陈昭玖等（2014）、柳建平等（2014）、罗竖元（2015）等。

第三，新生代农民工就业政策与制度，主要分析新生代农民工就业面临的众多就业权益问题或半城市化问题，进而探讨解决这些问题的就业政策建议或相关制度改革，如徐玉龙等（2007）、刘传江（2010）、王春光（2010）、杨春华（2010）、沙占华等（2010）、夏丽霞等（2011）、简新华（2011）、魏天辉（2011）、程云蕾（2015）等。

第四，新生代农民工就业能力提升，这类研究主要集中在就业能力的内涵及构成维度、评价体系、影响因素和差异问题，围绕就业能力维度或层面提出相应的能力提升政策建议，如李晓红（2009）、罗恩立（2010）、赵泽洪等（2011）、张秋秋等（2012）、夏建军等（2013）、高建丽等（2013）、孙友然等（2014）、陈至发等（2014，2015）、金晶等（2015）、刘晶晶等（2015）等。

第五，新生代农民工就业质量，就业质量是就业问题之根本。国内已有研究主要从就业质量的衡量因素、影响因素、具体表现及其提升策略分析，如彭国胜（2008）、陈藻（2011）、张昱等（2011）、林竹（2012）、肖琳（2013）、张卫牧（2013）、赵蔚蔚等（2013）、张洪霞等（2014）、张鹏等（2014）、石丹淅等（2014）、罗竖元（2015）等。

第六，禀赋与新生代农民工就业行为，主要从相关理论（如人力资本理论、社会资本理论等）出发，界定禀赋（个人禀赋，如胡俊波，2007；王春蕊等，2010）或家庭禀赋（如杨云彦等，2008；石智雷等，2012；等）的内涵，倾向于微观分析，分析对象从新生代农民工外出到农民工回流的相关决策，如石智雷（2012）、薛福根等（2013）、余驰

(2011) 等。如杨云彦等 (2012) 不仅构建模型研究家庭禀赋对农村外出务工劳动力的总体影响,而且论证家庭禀赋对新生代外出务工劳动力和户主子女回流决策的影响;石智雷等 (2012) 根据调查数据建立农村迁移劳动力回流决策的影响因素模型,从家庭决策视角分析家庭禀赋对迁移劳动力回流的影响及其作用机制。

(二) 农民工返乡就业创业问题研究

返乡农民工是我国特有的新社会群体,农民工返回到原居住地的就业问题逐渐成为学术界关注的热点话题。返乡农民工就近就业或再就业问题在2008年下半年国际金融危机爆发后更是受到了理论界和实践部门的普遍关注,相关研究文献以2009—2010年居多,时至今日,返乡农民工就业仍是农民工问题研究的热点话题之一,大多数研究内容放在产业转型升级、区域经济发展及劳动力成本上升等背景下进行研究,取得了一些价值较高的研究成果。由于农民工返乡就业创业研究起步相对较晚,目前关于新生代返乡农民工或返乡新生代农民工就业创业问题研究的文献极少。故在此仍以返乡农民工就业创业方面的研究文献为主。已有研究主要集中在:

第一,返乡农民工就业安置研究,主要分析因农民工返乡而日益凸显的社会矛盾和纠纷,以不同县域的返乡农民工数据分析他们的就业意愿(如申晓梅等,2010),探讨返乡农民工就业需要考虑的各种现实因素,进而根据不同区域不同背景提出返乡农民工就业安置的对策,主要有曹亚(2009)、陈浩等 (2010) 等。

第二,返乡农民工就业机制或创业扶持分析,主要是通过实地调研,从就业促进机制、就业培训机制、就业长效机制等方面分析返乡农民工就业问题,如李晖等 (2009)、于华江等 (2009)、由晓霞 (2011)、彭文慧(2011)、黄瑞玲等 (2011) 等。

第三,返乡农民工就业的教育培训与社会支持,主要以就业能力提升为着力点,从不同角度分析返乡农民工就业面临的人力资本制约及其相应的教育培训缺位、社会资源或社会资本等因素,认为应整合与利用政府、社会组织、社会工作者、社会关系网等主体的力量与资源,构建一个完善的就业社会支持网络,为返乡农民工提供物质、行为、精神等方面的支持,如杜驿夫等 (2009)、陈雷等 (2010)、李后建等 (2010)、谢启文(2010)、翟玉建等 (2010)、王国猛等 (2011)、李顺等 (2012)、张艳等（2013，2014）、马男等（2014）等。

第四，返乡农民工再就业或创业影响因素，主要是侧重定量分析，这些影响因素主要有自身特征、就业能力、家庭因素、就业环境和就业保障等，大致可归类为人力资本、社会资本及环境因素等，主要有胡豹（2010）、孙树文等（2010）、朱红根等（2010）、汪三贵等（2010）、郑少锋等（2010）、肖兴燕等（2010）、熊智伟等（2011）、马芒等（2012）、魏凤等（2012，2013）、张广胜等（2014）等；还有学者研究返乡农民工就业或创业能力的影响因素，如程晓娟（2009）、胡豹（2010）、方红日（2010）、李后建等（2010）、魏凤等（2012）等。

第五，返乡农民工就业创业政策建议，这是返乡农民工就业研究的主要话题之一，从完善公共服务、发展县域经济和区域经济、促进返乡农民工创业、健全金融信贷支持、优化产业结构、规范企业用工行为等方面提出促进返乡农民工就业的相关政策建议，主要有钟小春（2009）、韦云凤（2009）、杨霄（2009）、苏文军（2009）、韦滢（2010）、彭文慧（2010，2011）、黄瑞玲等（2011）、刘小春等（2011）、赵密霞等（2012）、彭琨成（2013）、申鹏等（2014）；他们提出完善返乡农民工公共服务、发展县域经济和区域经济、促进返乡农民工创业、健全金融信贷支持、优化产业结构、扶持中小企业、规范企业用工行为等促进返乡农民工就业措施。此外，还对返乡农民工创业问题进行了研究，如科健（2009）、陈卫洪（2009）、胡豹（2011）、黄亦君等（2012）、林翰熊（2014）等。这些有关返乡农民工就业创业研究文献为课题研究提供了一定的参考。

三　简要评述

综观国内外诸多研究表明，学者们在新生代农民工就业及劳动力禀赋等方面都做了大量的研究工作，其研究成果也是不胜枚举。国外农村劳动力迁移流动理论为本书提供了相应的理论基础；国内学者对新生代农民工就业创业的研究成果为本书提供了有益的借鉴，尤其是在人力资本和社会资本方面以及劳动力禀赋方面的研究成果。对于新生代农民工就业的研究，国内学者们研究内容广阔，包含了新生代农民工就业问题、就业质量、就业影响因素以及择业决策、就业质量、就业保障甚至返乡就业创业等方面。在研究视角上，从人力资本到社会资本到劳动力禀赋以及家庭禀赋，学者们分别从不同角度对农村劳动力就业进行了深入研究。在研究方法上，研究方法日趋多样化，从定性分析到统计描述分析到采用计量模型分析。在研究区域上，研究范围逐渐扩大，从地市区到各省份到全国范围。然而，已有的研究成果仍存在以下不足：一是在研究对象上，笼统研究农民工群体的居多，而从禀赋视角研究新生代农民工的文献仍较少；二是在研究内容上，研究新生代农民工的流动动因、城市认同感、市民化等的居多，而研究新生代农民工就业行为的较少，其中以有限理性为基础研究新生代农民工就业行为的成果更少，且在目前劳动力市场条件下这又是新生代农民工就业面临的主要问题；三是在研究方法上，倾向于一般定性描述的文献居多，而从定量研究假设来研究的文献相对较少。加之新生代农民工主要是在非正规部门或位于劳动力市场低端的行业和职业实现就业，其本身具有较大的不稳定性。因此，本书从禀赋视角、以有限理性为基础来探讨新生代农民工就业行为，以期克服已有研究单一视角的缺陷，其目的在于从禀赋角度来分析新生代农民工的就业行为、就业决策选择模型、就业影响因素，进而提高新生代农民工的就业稳定性，并从宏观角度提出相应的对策思路。从这点来看，本书既能弥补已有理论研究的不足，又能推动新生代农民工市民化进程，是理论界亟待开拓、实践部门期待的一个全新学术领域。

第三节　研究方法和技术路线

一　研究方法

（1）定量分析法。本书对新生代农民工禀赋、微观就业行为、就业行为决策影响因素及就业行为决策模型等内容采用定量研究的方法，如有序 Probit 概率模型、模糊多目标决策模型等定量分析工具。

（2）定性分析法。本书初步探索禀赋、有限理性与新生代农民工就业行为的作用机理，并对新生代农民工就业行为的特征、就业空间模式、就业行为决策影响因素等内容进行定性研究，同时在定量分析后的相关研究结论评价中也采用这一研究方法。

（3）比较分析法。本书将以川黔渝地区农民工就业数据为基础，比较分析新生代农民工与老一代农民工在就业行为现状、就业行为选择等方面内容，以期更好地分析和突出新生代农民工就业行为及其自身的特殊性。

（4）文献分析法。本书通过文献收集国内外发表的最新研究资料和研究成果，借助就业经济学、人口经济学、劳动经济学、行为经济学等相关学科的理论观点和方法，把握禀赋、有限理性与新生代农民工外出就业及返乡就业等方面的主要观点及研究趋势，据此提出本书研究的核心问题和研究框架，明确具体的研究方向。

（5）实地调查法。本书对微观层面的农民工就业数据通过问卷调查法获取，拟按农民工个人和家庭分类设计调查问卷，按照随机抽样方法在川黔渝地区选点进行农民工就业行为调查，以便掌握基础数据。同时，还争取与选点县域相关职能部门围绕座谈（或访谈）提纲进行集体方法或个别座谈，了解这些县域对农民工就业的政策、经验、思路和打算，这部分调查内容主要采用实地访谈法。

（6）案例研究法。本书拟收集和调查新生代农民工返乡创业的典型案例或事例，通过案例分析找出新生代农民工微观就业创业行为的有益经验、失败教训及其面临的困境，作为分析新生代返乡农民工就业行为支持体系及政策安排的材料源泉。

（7）统计分析法。本书利用相关统计软件对川黔渝地区农民工就业的统计数据和问卷调查数据进行描述分析和统计分析，并运用 SPSS 等专业统计软件进行回归分析，进而对分析结果进行科学讨论。

二 研究思路与技术路线：理论研究—系统研究—实证研究—政策研究

（1）理论研究。首先从多元视角对新生代农民工禀赋进行界定，以此为基础对有限理性与新生代农民工就业行为进行理论阐释，提出本书的理论基础，并试图从就业动机、就业选择和就业效应等方面入手分析禀赋、有限理性与新生代农民工就业行为的作用机理。

（2）系统研究。以行为决策理论为指导，分析新生代农民工就业决策的不确定性与有限理性，在此基础上提出研究假设、模型设定，引入制度变量构建新生代农民工就业选择决策模型，同时还构建新生代农民工的禀赋评价指标体系，并对其应用做相应的说明和分析。

（3）实证研究。以川黔渝地区新生代农民工的调查数据为基础，首先分析新生代农民工就业行为，进而实证分析新生代农民工禀赋、就业选择决策模型、就业行为决策影响因素等。

（4）政策研究。首先总结双重制约下新生代农民工就业行为特征，提出优化内在禀赋，构建新生代农民工稳定就业的支持体系，进而拓展到促进新生代农民工稳态就业的宏观政策，并提出推动新生代农民工市民化的制度安排与制度创新（见图1-1）。

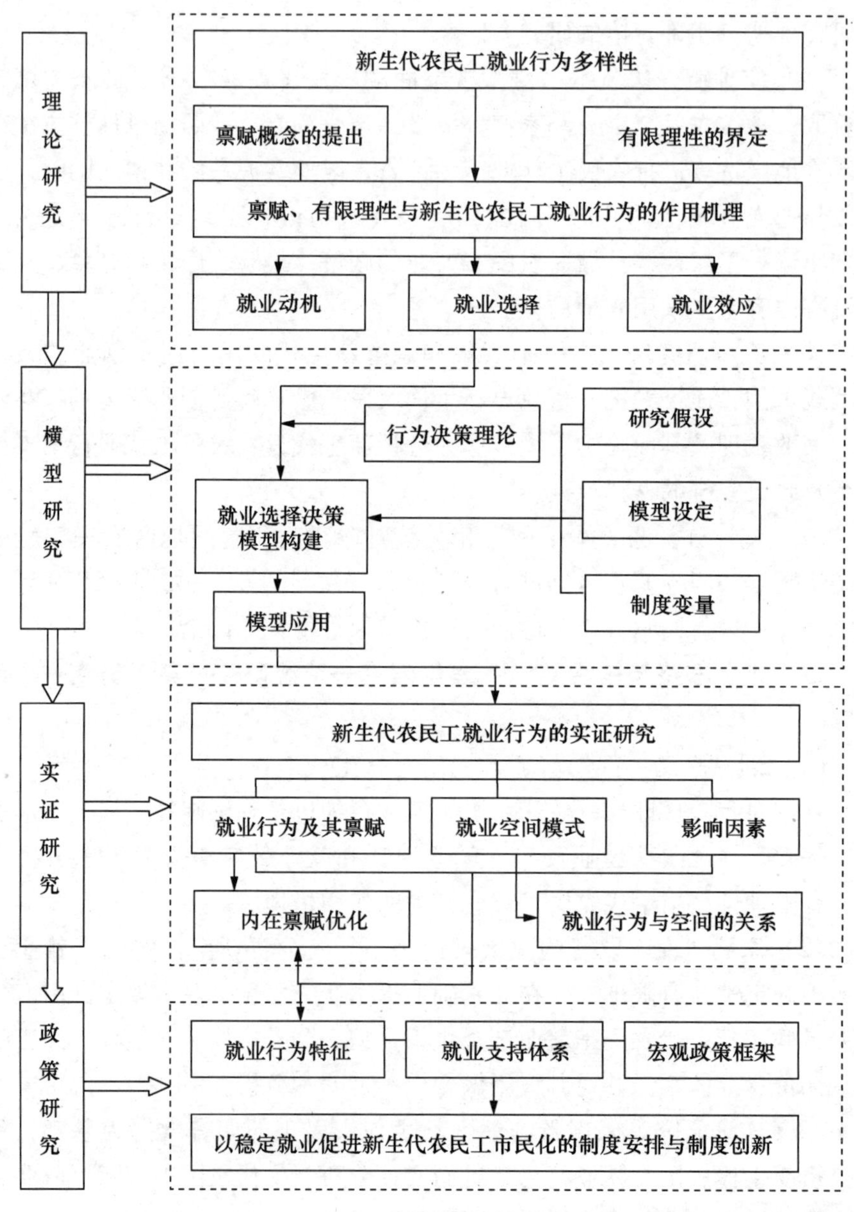

图1-1 本书研究思路

第四节 本书的特色与可能的创新之处

劳动力转移就业问题由来已久，随着人们对农村劳动力转移就业现象认识的不断深入，对这一问题的研究也从初始的感性认识上升到理性认识，研究方法逐步从定性向定量分析转变，研究的文献成果也日益丰硕。在对现有文献成果进一步深入思考的基础上，本书以有限理性为理论基础，从新生代农民工禀赋视角对新生代农民工就业行为进行研究，本书的特色或可能的创新点如下：

（1）新生代农民工禀赋概念的创新。以禀赋原始含义为出发点，结合要素禀赋、人力资本、社会资本、物质资本的相关概念对新生代农民工禀赋的概念进行创新，认为新生代农民工禀赋是在特定时期特定环境下，新生代农民工参与社会实践过程中获得的先天和后天的本领和条件。按照新生代农民工禀赋的定义将其划分为人力资本禀赋、社会资本禀赋和资源资本禀赋三种类型，论述了三种禀赋之间的关系。

（2）研究视角的创新。本书以有限理性为研究的理论基础，从人口经济学、行为经济学、行为决策学等多学科交叉角度研究新生代农民工就业行为，并结合新生代农民工就业选择决策过程的有限理性，提出了与传统经济学中效用最大化不同的概念——内在禀赋优化，作为新生代农民工就业选择决策的准则。

（3）新生代农民工就业选择决策模型的创新。就目前现有文献成果看，农村劳动力转移模型主要是对现有西方人口转移理论模型的应用和扩展，如经典的“二元结构”理论，人力资本投资理论以及后来的新迁移经济理论等。这些理论模型主要偏向于分析劳动力的转移决策，并没有描述“如何选择就业”及其就业多样性。本书从有限理性出发，利用多属性决策理论的分析工具，建立了新生代农民工就业选择决策模型，更为贴切地描述了新生代农民工就业选择决策的过程。不论是从理论上还是实践上对新生代农民工就业选择决策的理论模型构建方面都是一种尝试性创新研究。

（4）制度构建的创新。在实证研究的基础上，结合现阶段我国新生代农民工就业行为的制约因素，注重在制度上解决新生代农民工稳态就业问题，并提出了相应的支持体系和宏观政策，对引导新生代农民工市民化和城市融合提供了重要参考，这也是本书应用价值的真实体现。

第二章　禀赋、有限理性与新生代农民工就业行为的作用机理

第一节　禀赋、有限理性与新生代农民工就业行为决策分析

一　新生代农民工禀赋的构成维度

（一）新生代农民工禀赋的内涵

这里的“禀赋”（Endowment）是一个复杂的概念，可以理解为人们已经拥有的东西。不同的学者从不同的角度进行定义，如从家庭的角度，抑或从个人的角度。如王春蕊（2010）认为，“对于个体而言，劳动力禀赋是劳动力凭借先天赋予的智力、资本和资源条件，通过后天不断努力、创新，获得的谋生本领和条件。”[①] 石智雷、杨云彦（2012）认为“家庭禀赋，是家庭成员及整个家庭共同享有的资源和能力，包括家庭人力资本、家庭社会资本、家庭自然资本、家庭经济资本。家庭禀赋是个人发展能力的拓展，是个人禀赋的外延，是家庭成员可以共同利用的资源；但与此同时，个人的行为选择还会受到家庭禀赋状况和家庭决策的约束。”[②] 埃莉诺曾提出人类创造的资本包括四种有着某些相似的类型即物质资本、人力资本、社会资本和自然资本。[③] 研究的视角不同，学者们对禀赋的释

---

① 王春蕊：《禀赋、有限理性与农村劳动力迁移行为研究》，博士学位论文，西南财经大学，2010年，第34页。

② 石智雷、杨云彦：《家庭禀赋、家庭决策与农村迁移劳动力回流》，《社会学研究》2012年第3期。

③ 埃莉诺·奥斯特罗姆：《社会资本：流行的狂热抑或基本的概念?》，《经济社会体制比较》2003年第4期。

义呈现很大的差异。在此，本书定义为：新生代农民工禀赋是指在特定时期特定环境下，新生代农民工凭借先天享有的智力、资本和资源条件，通过后天参与教育培训及其在外出务工过程中得以拓展的本领和条件。这种禀赋界定是基于新生代农民工稳定就业需要提出来的。新生代农民工从事非农产业，其自身选择受限于家庭和自身资源情况，合理评价新生代农民工禀赋对于破解新生代农民工就业选择困境具有一定的现实意义。

新生代农民工禀赋具有以下基本特征：一是收益性，即指新生代农民工通过现阶段的投入可以在未来工作与劳动活动中获得一定的收益。这是资本最为重要的属性之一，无论是禀赋还是资本都体现出个体可以通过获得、积累改造资本而获得一定的收益。二是可增值性，是指新生代农民工在参与社会经济活动中会不断地增加和获得相应的资本，从而使得禀赋可能产生存量的增长和内部结构的变化。新生代农民工资本禀赋会不断地变化和积累、不断地增加和发展。三是周期性，即新生代农民工禀赋以个人作为主体，具有一定生命周期性质。个人作为禀赋的主要实践主体，一旦个人消亡，那么禀赋也随之消失。个体在生命周期内不断获得和强化禀赋，同时禀赋也会随着个人生命周期的变化呈现出一定的周期变化。

（二）新生代农民工禀赋的构成维度

关于新生代农民工禀赋，已有文献还没有成熟适用的方法对其进行合适的评价，然而只有将新生代农民工禀赋进行一定的量化测算才能进一步了解新生代农民工禀赋存量状况，也才能深究禀赋对新生代农民工就业行为的影响。鉴于此，本书根据已有文献，参考相应的指标选取和相关模型构建，借此分析新生代农民工禀赋的构成维度。

1. 新生代农民工的人力资本

人力资本是指新生代农民工所拥有的体质、智力，以及通过后天教育培训及外出务工过程中所积累的知识、技能、经验综合而成的本领和条件，是新生代农民工稳定就业的基本条件和必要条件。从某种程度上来说，人力资本的内涵与高建丽等（2013）的基本素质内涵基本相似。

然而，人力资本是一个比基本素质更为宽泛的概念。新生代农民工的体质、技能是由其自然属性（如性别、年龄）来决定的，不同性别、年龄的新生代农民工所具有的人力资本是有差别的。也就是说，人力资本各构成要素源自新生代农民工的自然属性，具有不同自然属性的新生代农民工，其人力资本禀赋也是不同的。比如，新生代农民工不同的个体因素在其实现就业及维持稳定就业方面所起的作用是不同的。因此，在选择指标量化新生代农民工人力资本时，这些自然属性也必然包含在人力资本范围之内，只不过诸如年龄、性别等自然属性在人力资本禀赋中发挥着最基础的作用，而其他的诸如知识、体能、经验则是表征新生代农民工人力资本禀赋的核心构件。当然，作为一种内化于新生代农民工体内的人力资本，必然与新生代农民工的心理活动规律发生联系，尤其是作用于人的行为过程，人力资本通过心理活动机制对新生代农民工就业行为选择产生影响。

2. 新生代农民工的社会资本

社会资本是指新生代农民工通过个体及家庭在社会经济活动中获得的社会关系网络和社会资源，是新生代农民工参与社会经济活动所具备的外在社会条件，是新生代农民工稳定就业的一个资本条件。多数学者在分析农民工就业能力时均使用或涉及社会资本。新生代农民工社会资本主要体现为在社会经济活动中形成的人与人之间的社会关系，这种社会关系的形成受整个社会特定时期特定环境的影响，并相应表现为不同层面的关系，如家庭成员关系、亲戚朋友关系、婚姻关系、个人社会网络关系和非政府组织、政府相关部门的帮扶等。

3. 新生代农民工的资源资本

资源资本是指新生代农民工凭借自身身份及人力资本和社会资本获得的经济资本和经济资源，是新生代农民工参与社会经济活动所处的或所具备的外部资源条件，包括新生代农民工所获劳动报酬及其转化的经济资源、各种财产所有权或使用权、个人及其家庭支配的自然资源、社会经济环境及其享有的相应资源——基础设施及其生产工具，比如自身月均经济收入、家庭经济收入与财富、农村土地及其承包权、居住地交通条件、居住地周边各类经济资源及其企业资源、社会公共产品的享有量、社会公共服务设施等，这些资源资本构成了新生代农民工稳定就业的物质基础，也是新生代农民工禀赋形成的外部经济条件。

（三）新生代农民工禀赋构成维度的相互关系

从新生代农民工禀赋的构成维度来看，人力资本与社会资本的关系相关研究文献较多，研究也较全面透彻，而资源资本、人力资本和社会资本三者之间的关系才是本书的重点。本书认为，新生代农民工禀赋的人力资本、社会资本和资源资本是相互制约、相互影响的关系，三者之间构成一个完整的统一体。

从新生代农民工禀赋构成维度看，人力资本是禀赋的核心，社会资本和资源资本是新生代农民工禀赋的外在条件，也是实现新生代农民工人力资本投资效应的社会基础和物质根基。如果没有相应的社会资本和资源资本为之做铺垫，新生代农民工的人力资本效用也将无从发挥。

新生代农民工个体通过微观人力资本的开发和利用不断获取社会资本、资源资本，以此来提升自身禀赋，实现更高层次的职业发展。社会资本、资源资本的多寡间接影响新生代农民工个体的人力资本水平高低。反之，人力资本水平高低对新生代农民工个体积累社会资本、资源资本产生积极影响。一般而言，新生代农民工人力资本水平越高，获取各种社会资本、资源资本的能力相应较强，拥有的自我生存发展空间和就近就业的竞争力也就越大。可以说，新生代农民工禀赋的三种资本相互制约、共同促进，共同形成禀赋效应（Endowment Effect）。因此，新生代农民工禀赋是由人力资本主导、通过社会资本和资源资本的制约和影响，不断整合和提升自身内在的资本禀赋，进而促进稳定就业和提升就业质量。

二 行为决策理论的演变和主要内容

（一）行为决策理论的演变

20世纪50年代，赫伯特·西蒙（Simon H.）提出了满意准则和有限理性理论，创立了有限理性学说①，揭示了传统经济学决策理论的主要缺陷。有限理性的基本思想是：人们信息加工的能力是有限的，因而人们无法按照充分理性的决策模式去行为，即人们没有能力同时考虑所面临的所有选择，无法总是在决策中实现效率最大化。人们试图按照理性去行动，但由于理性本身是有限的，人们只能在有限理性的范围内行为。西蒙认为，人的有限理性表现在人正确认识环境、获取并处理信息、作出准确判断的能力受到约束，故而在决策过程中人的决策并非总是寻求最优解，而是一旦发现较为满意的决策后就会停止搜寻，不会一味地追求“最优决策”，转而寻找“满意决策”。西蒙以有限理性为基础的决策理论推动管理决策理论由完全理性到有限理性的转折，促进人们摆脱规范性研究的限制，更加注重理论的现实可行性，从“最优决策”走向“满意决策”，为实际决策提供更切实的理论指导。

---

① Simon H., A Behavioral Model of Rational Choice, *Quarterly Journal of Economics*, 1955, pp. 69-99.

行为决策理论是针对理性决策理论难以解决的问题进行探索而发展起来的，1953 年的阿莱斯悖论和 1961 年的埃尔斯伯格悖论引起学术界对人们“决策过程”的探索，至今已经历了三个阶段。

第一阶段为萌芽阶段，时间跨度约 20 年，从 20 世纪 50 年代初至 70 年代中期，主要集中在探索理性决策理论的不足或弊端方面，还处于规范性研究的先行阶段。这一阶段的主要研究对象可分为“判断”和“抉择”两大类，认为人的判断和抉择过程包括四个环节的信息处理过程，分别是信息获取、信息处理、信息输出和信息反馈。通过对这四个环节的各种信息进行分析、处理并作出判断，探索和描述人们在“判断”和“抉择”环节如何进行具体的行为决策。总体上看，这一阶段的行为决策理论能够解释不少理性决策理论难以解释的经济现象，终因研究方法及研究成果的因素，这一阶段的行为决策理论未能得到重视。

第二阶段从 20 世纪 70 年代中期持续到 80 年代中后期。这一阶段的行为决策已成为一门独立的研究学科，主要研究方法有观察法、调查法和实验法，并开始在经济、管理和金融等领域广泛应用。行为决策理论的研究对象扩大到情报阶段、设计阶段（包含判断）、抉择阶段和实施阶段等决策过程的所有环节，对决策行为各个阶段中人们的具体行为及反应进行了深入探索，取得了丰硕的研究成果。这一时期研究发现了“决策偏差”，如不确定性效应（Certainty Efect）、反射效应（Reflection Efect）、锚定效应（Anchoring Efect）、后悔理论（Regret Theory）、过分自信（Over Confidence Theory）等，提出了展现人类决策行为复杂性和不确定性的“前景理论”（Prospect Theory）。

第三阶段是 20 世纪 80 年代中后期至今。这一阶段行为决策理论的研究主流是概括行为特征，提炼行为变量，然后将其运用到理性决策的分析框架之中，最具影响力的研究应属其应用于金融领域研究，主要体现在 BSV 模型、DHS 模型、HS 模型、BHS 模型四个投资者心态模型、行为资产定价模型、行为组合模型等。这一阶段以演绎法为特征的理论研究在初始阶段较多，但主要的研究方法还是实证研究方法，只是实证分析的对象是基于决策行为规律提出经济、金融、管理等领域的一些命题假设。纵观行为决策理论的发展过程，对人类实际决策行为的描述性研究起着十分重要的作用，这种描述性研究的方法在很大程度上决定了行为决策理论的发展进程。[①]

（二）行为决策理论的主要内容

结合行为决策理论的发展历程，本书将行为决策理论主要内容归纳如下：

第一，行为决策者是有限理性的，介于完全理性和非理性之间。这是因为在高度不确定和极其复杂的现实决策环境中，行为决策人的知识、想象力、计算力、识辨力等认知能力是有限的，这决定了人的决策行为是有限理性的。

第二，行为决策者的决策同样是有限理性的。行为决策者在识别和发现问题中容易受知觉上的认知偏差和信息处理能力的影响，致使对未来情形的判断容易受直觉的影响，这种影响的作用往往大于逻辑判断的影响。

第三，行为决策者的选择理性是相对的。收集尽可能全面的信息是决策所必需的，由于受信息成本和可利用资源的制约，行为决策者即使充分了解和掌握有关决策环境的信息情报，也只能根据已掌握的信息尽量了解和评价各备选方案，而不可能确保信息的全面性和方案的最优化，这一决策选择的理性是相对的。

第四，行为决策者往往是风险规避型决策。在风险型决策中，行为决策者对待风险的态度与经济利益的考虑更为重要。在确定面临风险损失的决策背景下，行为决策者往往厌恶风险，倾向于接受风险较小的方案。

第五，行为决策往往只是满意决策。行为决策者大多只追求满意的决策，而不愿费时费力寻求最佳决策，原因是多方面的，既有决策能力缺乏和合作意识缺乏的因素，也有决策成本的因素。

三　新生代农民工就业行为的有限理性

以上内容说明了行为决策的有限理性，能够更加贴近现实地解释新生代农民工就近就业行为决策。有限理性介于完全理性和非理性之间，即面对各种决策选择，行为决策者充分发挥其有限的认知能力，经过综合考量，本着“好中择优”原则进行行为决策。有限理性理论是综合考虑行为决策者自身因素和外部环境对行为决策产生的影响，且使完全理性实现的假设条件发生改变情况下的一种理论。换言之，有限理性是指决策者在

① 此处的行为决策理论发展概况源自“行为决策理论”（http：//baike. baidu. com/view/1413544. htm#1），并根据这一文献进行整理和归纳。

行为决策过程中尽最大可能实现完全理性，但受到认知局限、环境和信息不确定的约束，最终行为决策只能是一种受限的理性选择。在此，根据对完全理性、有限理性、非理性的理解，着力分析新生代农民工就近就业的有限理性。

面临有限的多元就业选择时，新生代农民工尽最大可能实现完全理性的选择，但受自身禀赋的限制以及外部环境不确定性的制约，其就业信息的大多数来源是通过“强关系”型社会资本收集的，而且家乡邻近区域的就业信息与其他区域的就业信息是不对称的。新生代农民工既没有也不可能充分发挥其计算能力和预见能力，也不能获取全部备选方案的相关信息并对各种方案进行信息处理，当发现和选择相对“满意”的就业方案时，新生代农民工就会停止信息搜寻。可见，新生代农民工就业选择是一种有限理性的决策，即新生代农民工具有完全理性的意愿和意识，但受主观因素、客观条件及自身禀赋的局限，这些完全理性的意愿和能力明显会受到限制，其就业选择是一种有限理性作用的结果。因此，本书将新生代农民工就业行为的有限理性概括为：在认知能力有限、外部环境不确定性、搜寻成本制约和就业信息不对称性等条件下，从有限的就业备选方案中理性选择自我满意的就业决策过程。新生代农民工就业行为的有限理性主要表现在以下三个方面：

一是有限认知。受资本禀赋水平的制约，新生代农民工不具备完全的认知能力，也不可能分析各种就业备选方案的全部信息并做出明确判断，大多只能收集家乡邻近区域的就业信息或“强关系”型社会资本提供的其他区域就业信息，在面对多种具体的就业决策选择时，始终伴随着对就业备选方案的认知、判断、评价等心理活动，这些心理活动的产生和变化源于新生代农民工所具备的资本禀赋以及各种资本禀赋因素综合作用形成的禀赋。因此，新生代农民工所具有的认知能力是一种在禀赋影响下的有限认知。

二是外部客观环境的不确定性和就业信息的不对称性。外部环境的不确定性、就业信息的不对称性决定了新生代农民工的计算、分析、判断等能力受到约束，制约了新生代农民工完全理性的发挥，无法全面收集和筛选每一种就业备选方案的各种信息，更谈不上对每种就业方案发生的概率作出正确预测，也就不可能预见就业选择效用最大化的方案。同时，外部环境的不确定性也会改变人们的行为偏好，使事先预期的就业行为选择发生改变。例如，从获取就业信息的途径看，新生代农民工主要靠亲缘、地缘、业缘等社会资本为主要途径，当周围亲朋好友已经做出就业选择时，尽管可能不是自己“最理想”的选择，但受其他人就业选择的影响，新生代农民工也会做出相类似的选择，而且更多是一种外出就业选择，因为新生代农民工人际信任主要还是以这种“强关系”型社会资本为主，而且信任度比较高。这种现象可以用行为经济学中的“羊群效应”（Herd Behavior，也即从众效应）来描述。此时，新生代农民工做出的就业选择更像是一种非理性选择。

三是有限理性选择。任何一种就业决策都需要搜寻信息，必然需要花费一定的经济成本和非经济成本去获取各种就业方案信息并对各种就业方案进行评估，这就产生了信息搜寻成本。信息搜寻成本以及经济收入水平决定了新生代农民工不可能无期限地搜寻下去，也就是说，新生代农民工将在对有限的备选方案综合评估基础上选择的就业方案作为自身“最满意”就业的方案。可见，新生代农民工最终的择业方案可概括为“有限认知” + “最满意”，受信息搜寻成本的制约，新生代农民工最终择业行为选择表现出一种有限理性状态，这就成为新生代农民工就业行为研究的最基本假设。

需要指出的是，新生代农民工就业行为的有限理性表现在就业决策过程中，受到自身内外部因素的影响和制约，不能实现完全理性而表现出来的一种状态。新生代农民工就业行为的有限理性与我国经济社会转型过程紧密相连，其有限理性的根源在于外部宏观制度环境的不完善、政策执行的不确定性以及自身禀赋的多寡。

四　新生代农民工就业行为决策过程

任何行为决策往往会受到决策者决策能力的影响，相应的决策结果表现为决策者行为选择及其带来的资本禀赋变化，如经济收入水平、禀赋水平、可支配经济资源等。行为决策是决策者通过资本禀赋刺激人们的内在心理活动，产生一定的心理需要和行为动机，进而对可能的备选方案进行信息收集、评估判断并做出行为选择使其目标实现的过程。按照决策的定义，新生代农民工就业行为决策是指在“需要—动机—行为”理论的刺激下，在多个备选的就业方案中选择自我满意就业方案的决策过程。

一般来说，新生代农民工就业选择主要有外出务工就业、就地就近就业或返乡就业创业三种主要就业形式。外出务工就业是新生代农民工初始选择的主要就业方式，特别是对中西部地区新生代农民工来说，大多选择这种就业形式作为初始就业形式。就地就近就业和返乡就业创业包括家乡非农就近就业、家乡创业、在家务农或在家待业等就业方式。对于新生代农民工来说，就地就近就业不是首选项，根据我们的调查，新生代农民工一旦离开学校就踏上外出务工的步伐，而真正留在家乡的很少，似乎这种选择与其禀赋无关；也就是说，新生代农民工无论家境好坏、当地经济如何，只有不再读书就外出务工，更多的是跨县甚至跨省务工就业。时至今日，新生代农民工内部同样也呈多元化，年龄较长的新生代农民工有些已外出 10 年以上，故而返乡就业也渐成一种新的选择形式，甚至少数返乡的新生代农民工走上了创业道路。[①]

外出务工就业与新生代农民工禀赋尤其是人力资本禀赋和社会资本禀赋的关联度较大。正如前述，这种就业方式是新生代农民工初始就业的首要选择，也是农户乐于接受的就业方式。从外出务工就业的已有研究文献来看，新生代农民工文化教育程度与老一代农民工相比较高，具有一定的人力资本禀赋优势，加之家庭社会资本的代际传递，能够使新生代农民工在外出后实现务工就业。当然，这种务工就业仅仅是通过简单的信息分析后作出的就业决策，因为新生代农民工外出务工就业更多的是通过家庭“强关系型”社会资本的“传、帮、带”作用来实现的。即便是有就业信息分析，不外乎就是包含去何地就业、从事什么行业、工资水平及一些基本的工资信息，除此之外，关于职业（或行业）发展空间、岗位社保等相关信息基本上没有。故从这个角度说，新生代农民工外出务工就业也是一种有限理性，而且他们也无法做到完全理性的就业。

家乡非农就近就业与新生代农民工禀赋密切相关，这种就业方式与家乡所在地政府的产业政策和家庭经济实力关联度较高，因为家乡非农就近就业受新生代农民工及其家庭交往群体和自身禀赋的共同作用，只要非农就业单位不发生重大事项变更，基本无失业之虞，这既能增加非农经济收入，又能照料家庭、增添家庭团聚时间，是新生代农民工返乡后就业的首要选择；家乡创业是少数新生代农民工返乡的就业选择，这部分新生代农

---

① 2013—2014 年，我们选择了贵州少数县份进行了调查，新生代农民工返乡创业逐渐增多，创业行业也超出了农业范畴。在本书附录四选编了部分新生代农民工返乡创业案例，以进一步说明新生代农民工返乡创业现象的各种微观形态。当然，对于返乡农民工创业现象，我们将继续关注和深入研究。

民工往往外出务工多年，经历了务工的艰辛，掌握了一定的创业资本（如资金、技能和人脉等），出于建设家乡或带动就业或自我发展的目的进行创业活动，这与家乡创业优惠政策和创业环境密不可分；在家务农是部分年龄偏大的农民工群体的就业选择，他们大多是由于出去找不到合适的工作或者是由于自身原因（如身体因素、家庭抚养等）而不得不待在家里务农，继续从事田间劳作，这主要以返乡的老一代农民工为主，新生代农民工在家务农的较少，即便务农，也属于兼营农业的居多；在家待业主要是那些暂时没有合适机会再外出的新生代农民工，他们往往是年纪较轻、家庭负担较轻、就业要求较高、尚处于未婚行列的新生代农民工群体，非农就近就业和在家务工暂时不是他们的优先选项，一旦有好的就业机会他们就会继续外出务工。需要说明的是，在家待业不属于本书的主要内容。

非农就业是新生代综合考量自身禀赋及其他就业影响因素之后的一种行为决策，这一行为过程是一个综合各方面决策环节（含动机产生、动机支配、行为选择、效用实现）的行为心理过程。按照行为决策过程阶段的划分，非农就业动机是产生于认知环节的一种心理活动，是就业行为发生的最根本目的；非农就业判断是在认知基础上对各种就业预期目标的主观判断，并着重外出务工就业和就地就近就业的认知判断；非农就业选择是按照非农就业动机根据非农就业判断进行某种就业行为选择的过程；非农就业结果就是验证非农就业选择结果是否实现效用最大化的过程。①整个非农就业决策的过程可以看作是新生代农民工禀赋是否实现优化利用的过程。换言之，新生代农民工非农就业行为决策经历了由资本禀赋及其他影响因素综合作用下的动机产生、动机支配、行为选择、效用实现的过程。

总之，新生代农民工如何做出就业选择是一个复杂的心理过程。一方面，受自身禀赋的约束，他们不可能掌握各种备选方案的全部信息，更不具备完美的计算能力，致使其对就业备选方案各种属性的认识只能是一种有限认知的范围。由于就业信息的不对称性、外部环境的不确定性以及有限的认知能力，当面临多种就业选择时，新生代农民工不可能完全掌握、

① 当然，就业效用最大化评价是一个系统性工作，其难度与就业行为决策相比并不低，同样需要经过信息收集、信息分析和核算评价等过程。

计算、加工每一个备选方案的各种信息并做出明确判断，他们对就业备选方案某些属性的认识是模糊的。另一方面，在内外部环境制约、获取信息不确定性、认知能力有限理性的制约下，人的心理活动机制、认知能力、偏好选择、信息评价能力很大程度上受禀赋的制约，新生代农民工对各种就业备选方案的评估也是模糊的，而且对就业备选方案的长期效用更是模糊的。对于大多数新生代农民工来说，由于这些模糊现象具有内在的不确定性，其就业形式的选择行为决策是其可预见的、风险最小、效用最大的就业方案选择，特别是对其已有的禀赋水平来说更是如此。

综上可见，新生代农民工就业行为决策是一种经济理性的决策行为，由于禀赋的限制和就业的有限理性，使新生代农民工就业行为是一种有限理性的就业选择决策行为，使新生代农民工可以实现不同类别的就业及就业行为的多样化。

第二节　禀赋、有限理性与新生代农民工就业行为的作用机理

就业行为受诸多复杂因素的影响，现实生活中的人们在面对就业选择时难以做出完全理性的行为决策。前面相关部分已经分析了新生代农民工禀赋及其就业行为的有限理性，本书将围绕就业动机、就业选择、就业效应三个方面分析禀赋、有限理性与新生代农民工就业行为的作用机理。

一　禀赋、有限理性与新生代农民工就业动机

动机系人的心理活动，产生于人的需要，进而支配着人的行为，其内在形式体现为行为意愿，外在形式体现为行为过程。行为是动机的外化形式，就是在某一动机的诱致下为实现某一特定目标而产生的活动。新生代农民工外出务工就业是为了满足自身的需要而形成的动机，进而诱发的决策行为可能会形成带有某种规律性的行为模式。从动机产生过程看，新生代农民工就业动机是在禀赋、外部环境以及心理需求等因素综合影响下逐步形成的，具有复杂性和多元性。就业动机的产生属于心理活动过程，不仅与新生代农民工成长的外在环境有关，而且还受新生代农民工对风险偏好程度的影响。一般来说，新生代农民工外出务工的就业动机主要体现在满足生存的动机、满足发展的动机及满足享受的动机，进而产生不同的行

为。“生存动机，即为了改善生活水平、教育子女、赡养老人等需求引发的动机；发展动机，即为了今后能得到更大的发展，学到一定的技能，寻求更高的职业平台等需求引发的动机；享受动机，即不愿居住在农村，为了留在城市生活，喜欢待在城市等需求引发的动机。”①

“出生年代是一个具有社会意义的群体划分标准，出生年代的背后既体现了人的生理年龄差异，也蕴含了社会时代背景的差异。不同时代出生的人，其言行举止、思维方式也携带着相应时代的印记。”② 据此可见，老一代农民工和新生代农民工的就业动机是不同的。老一代农民工的外出非农就业动机更多是以生存动机为主，这主要是因为老一代农民工所处的时代条件有关。老一代农民工主要成长于普遍物质匮乏且就业拥挤在农业部门的年代，很少有非农就业机会，而且自身及家庭禀赋基本同质，改革开放后才逐渐“离土不离乡”，之后又“离土又离乡”，再到跨省务工就业。可见，老一代农民工外出就业更多的是释放农业劳动力剩余，其就业动机主要是以生存为主，解决温饱问题。然而，对于新生代农民工来说，他们成长于改革开放的新时期，外部环境也发生了巨大变迁，自身禀赋及家庭资源同样发生了变化，他们的外出非农就业动机不再是生存型动机了，更多的是发展型就业动机，甚至部分新生代农民工的就业动机是享受型动机。根据我们的实地调查和观察发现，很多新生代农民工外出务工的原因已经不再是“挣钱贴补家用”，更多是挣钱自己消费或者返乡在家庭所在地集镇附近修房，更有甚者在本地所在县城或周边城市按揭购房。如今仅从外在穿戴来看，新生代农民工在衣着消费上注重款式、时尚等，比较重视衣着消费的审美价值，同样使用小米、华为、三星、苹果等智能手机的最新款，突出个人品位和个性的张扬，开始向城市现代性的消费方式转变，这反映了农民工消费行为的代际差异和现代变迁，而且受多元化价值观和城市居民示范性消费影响，新生代农民工消费还存在注重品牌的炫耀性消费行为现象（闫超，2012），从其消费偏好来看更倾向城市市民。可见，新生代农民工消费行为的城市适应性明显高于老一代农民工，具有较高的城市市民化潜质，其身份认同上希望成为城市消费者，希望有与城

① 韩雪、张广胜：《预期就业风险、就业动机与进城务工人口就业选择行为研究》，《人口与经济》2016 年第 6 期，第 79—90 页。

② 杨竹、陈鹏：《转型期农民工外出就业动机及代际差异——来自珠三角、长三角及中西部地区农民工的实证调查分析》，《农村经济》2009 年第 9 期，第 15—19 页。

市市民相类似的消费行为。

农民工外出就业动机的代际差异从农民工消费结构的代际差异可窥知一二，老一代农民工消费行为以自身的生存需要为主，以家庭和未来的生存发展为取向，其消费支出结构中基本生活保障性的生存资料消费比例较高，精神文化消费支出的比例较低，其消费行为仍属于农村传统温饱型的消费方式。而新生代农民工的消费生活状况已迈入小康型水平，其消费支出更多地关注自身消费的质量和舒适度，更注重精神层面的消费，其消费行为则有着向现代城市适应性的消费方式转变的特征。农民工消费行为的代际变化，使两代农民工产生了不同的身份认同。老一代农民工在身份认同上仍把自己当作农民，其最终归宿是返乡就业，导致了老一代农民工消费以传统温饱型的消费方式为主，其实现迁移的意愿相对较低。新生代农民工消费行为的背后是他们逃脱城市边缘的努力，他们不再满足于城市生产者的身份，而是要成为城市消费者和生活者，其深层原因在于他们对“农民”身份的否定，受城市生活方式和现代消费观念的影响，他们逐渐趋向于城市型消费方式，因而具有较强的迁移动机和“留城”意愿。如果制度和政策条件允许，新生代农民工更有可能实施迁移行为，进而推进农业转移人口市民化进程。①

在这样的消费动机作用下，导致新生代农民工就业动机的多元性。新生代农民工就业行为受自身禀赋差异、信息获取等因素的限制，影响其就业动机实现的可能性。就业动机并非最终目标，它只是支配就业行为的一种意愿，并且这种意愿的最终实现还要受新生代农民工自身禀赋因素的制约，通过新生代农民工的心理刺激活动，形成一种有限理性的就业行为意识。新生代农民工自身禀赋水平的高低将会产生不同的就业动机，受家庭经济负担大小、家庭富余劳动力多少以及城乡收入比较差异等因素的刺激，新生代农民工首先倾向于以获得较高的经济收入作为就业动机。在此基础上，随着禀赋条件改善和提升，出于获得更好的生存环境或发展机会的考虑，新生代农民工则会以寻求发展机会作为就业动机。这说明自身禀赋差异导致新生代农民工就业动机的多元性。

总之，就业行为动机不会凭空产生，即使新生代农民工力图使自身的

① 参见申鹏、凌玲《代际禀赋视角下的农民工消费行为研究》，《农村经济》2014 年第 2 期，第 35—39 页。

就业行为实现完全理性（这只能是一种意愿理性层面的完全理性），但受自身禀赋水平的约束以及外在环境的制约，致使其就业动机的生成也是一种有限理性下的行为动机。

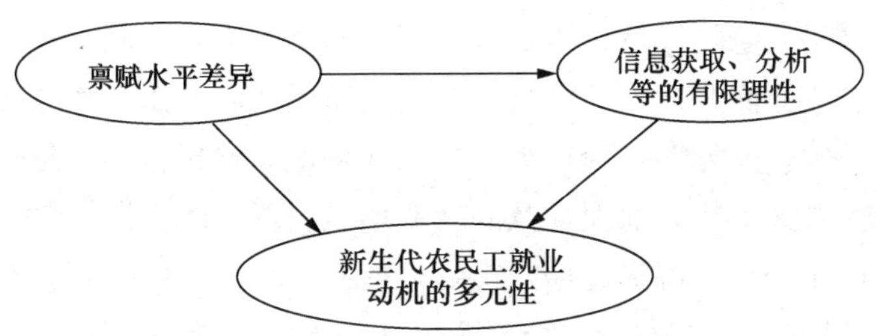

图2－1　禀赋、有限理性与新生代农民工就业动机的关系

二　禀赋、有限理性与新生代农民工就业选择

新生代农民工就业选择是受禀赋制约、有限理性直接约束下的一种行为选择。这一过程中，有限理性的形成受新生代农民工禀赋水平影响和外部环境的制约，在就业选择决策过程中主要表现为有限的认知能力，这种认知能力主要体现在新生代农民工的偏好、参照系选择、信息分析能力等方面，当然这种认识能力很有可能存在认知偏差的情形。在此，本书从偏好、参照系的选择、信息分析能力、认知偏差等方面论述禀赋、有限理性与新生代农民工就业选择的关系。

（一）禀赋、有限理性与新生代农民工就业选择的偏好

偏好是微观经济学价值理论的一个基本概念。偏好是主观的、相对的概念，是隐藏在人们内心世界的一种情感或倾向。偏好属于个人喜好，在很大程度上受行为决策者主观心理因素、固有习惯及已有经验的影响，它本身有明显的个性特征或个体差异，也呈现出一定的群体特征。同时，行为决策过程本身以及行为决策对象对所处环境的体验和描述，也会影响到行为决策者的偏好，如行为经济学家提出的确定效应、损失规避、反射效应、框架效应、迷恋小概率事件等都会影响甚至改变人们的偏好。由此推知，行为决策理论中的偏好具有不稳定性，在某种情景下会发生改变。

禀赋在不同个体之间的差异决定了新生代农民工具有不同的行为方式、思维习惯、亲属认同感等，从而产生不同的偏好。受自身禀赋水平的制约，新生代农民工在就业行为选择过程中易受周围外部环境的影响，比

如信息的不完全性和不对称性容易使新生代农民工做出不同的就业选择，而这种就业选择必然对相应的就业效应产生直接作用。比如，来自不同渠道的就业信息（包括不同行业、职业的就业信息），禀赋的差异会导致新生代农民工产生不同的就业偏好，进而表现为不同的就业选择。而且，偏好会随着时间、空间以及禀赋效应的变化而变化，在不同时空条件下，同样面对就业选择问题，因偏好发生变化，新生代农民工在就业决策过程中会选择不同的就业方案作为行为目标，这种就业选择行为就是偏好影响下的有限理性选择。比如前面提及的就业形式，新生代农民工发生就业地改变或就业行业变化，可视为偏好影响下的有限理性导致的行为结果。

（二）禀赋、有限理性与新生代农民工就业选择的参照系

参照系（Reference）是行为经济学领域极其重要的一个基本概念，同时运用参照系进行分析也是行为经济学研究区别于传统经济学的重要方法。人们在对事物进行分析判断时，常会选取参照水平作为一个参考依据。参照系广泛存在，选择的参照系不同，人们往往对同一问题会做出不同的决策。大量的有关行为经济学研究表明，人们通常不会过多地留意所处环境的特征，而是对自己的现状与参照水平之间的差别更为敏感（Harry Helson，1964）。根据有关价值的一项心理学分析显示，参照水平在影响偏好的因素中，扮演着重要的角色。

新生代农民工就业行为决策的主要参照系是当期经济收入，选择去何处就业及从事何种行业，主要取决于已有就业信息显示的经济收入与现居住地可能的经济收入，其参照系是现居住地可能的经济收入，只要外出务工就业地的经济收入大于现居住地可能的经济收入，通常会选择外出务工就业。一般来说，由于区域经济发展的差距，在中西部地区务工就业的工资收入低于在东部地区务工就业的工资收入，再加之“长见识、见世面”的思维及老一代农民工务工就业选择的影响，导致中西部地区的多数新生代农民工初始就业选择跨区域外出务工就业，当然这一选择是有限理性的。由于决策者的行为是绝对运动的，同一类型的行为可能会多次发生，相应的参照系也会随之改变。随着新生代农民工外出务工就业一段时间返乡之后，会再次面临就业选择，这时的就业参照系与初次外出就业的参照系就发生了变化。此时的新生代农民工已有务工经历，“长见识、见世面”的心理需求减弱，经济性外出动机增强，更有可能做出理性就业选择，虽然此时的理性仍是有限的。在经济动机的驱使下，新生代农民工可

能依据经济利益最大化原则进行，无论何种就业选择都将更加慎重，这就导致部分新生代农民工经历外出返乡之后不再外出务工，而是在家乡非农就业创业。此时的参照系就是用家乡就近就业与外出务工就业的经济收益比较，如果家乡就近就业与外出务工就业的经济收益差距不大，并且就近就业支出成本小于外出务工就业的成本支出，那么更有可能的选择就是家乡就近就业，而且家乡就近就业能够增加新生代农民工家庭照料的机会。

新生代农民工拥有的初始禀赋及其禀赋变化也会影响参照系的选择，进而作用于就业行为选择。首先，新生代农民工初始禀赋会影响其就业地选择。比如，同样200元的收入差距，对于初次就业的新生代农民工或农户家庭来说，其效用是非常高的，而对于已经历过外出务工的其他农民工或农户家庭来说，200元的收入差距可能就会很低，这就是因为参照系发生了变化。可见，如果外出务工就业的月均经济收入比就近就业收入高200元的话，那么新生代农民工会因其初始禀赋的影响而选择外出务工就业。其次，新生代农民工禀赋构成变化会影响其参照系选择，使其就业选择变得更加理性（较之初次就业选择而言）。对于已经历外出务工后返乡的新生代农民工来说，外出务工经历及积累的工作经验已改变其初始禀赋，其禀赋构成已发生变化，200元的差距对其就业决策的影响就变得模糊了，在这种情况下，这部分农民工就业选择的参照系不仅仅是经济收益，还有可能是家庭因素，其最终的就业选择可能就比初次就业选择更加理性。此外，习惯、传统、偏好对参照系的选择也有一定的影响。新生代农民工对就业地的选择除了受自身禀赋效应约束外，还受初始就业地、已有的外出务工经历、获取就业信息的渠道、生活方式及各种文化习俗习惯的影响。因此，参照系选择的变化将直接影响新生代农民工就业行为选择。

（三）禀赋、有限理性与新生代农民工就业选择的认识偏差

在现实生活中，人们在分析和看待事物时，总是受以往经验、习俗习惯的影响，往往把过往的经验和习俗习惯作为分析问题的参考，这就是一种思维惯性，也可称为“锚定心理”。“锚定心理”意味着人们在做决策的时候，会不自觉地给予最初获得的信息过多的重视或更多依赖过去的信心。“‘锚定心理’的一个主要特点就是人们在进行判断时常常过于看重那些显著的、难忘的证据，从一个或几个角度进行比较、判断，这种直观

的判断很可能会导致一些歪曲认识（认知偏差）。”① 事实上，这种认知的过程就是信息处理和分析的过程。在这一认知过程中，由于受诸多不确定因素的影响而难以进行完全理性的思考，使行为决策者尽力从已有经验中寻找把复杂问题简单化的方式，这种简化策略对简单决策可能是有效的，而对于新生代农民工就业行为选择这一涉及多方面多效应的复杂决策来说可能是无效的或低效的，因为就业选择决策具有较多的不确定性，这种简化决策会导致认知偏差，使判断和决策上产生失误。

就业信息认知的过程始终贯穿于就业决策的全过程。新生代农民工认知水平的高低很大程度上取决于自身禀赋水平，禀赋水平高低也会影响其获取就业信息的能力以及在信息加工过程中选用的认知模式。一般来说，禀赋水平较高的新生代农民工具有较强的自主获取信息的认知能力，主动收集各类就业信息，并对就业信息进行加工处理，实现理性就业选择的可能性要高。反之，禀赋水平较低的新生代农民工就业行为决策更易受各种内外部条件的制约，实现完全理性就业选择的可能性要低。当然，如果就业决策的某些外部条件发生改变，比如就业偏好或行为习惯或宏观就业环境的变化，新生代农民工就业行为选择也可能会因此发生变化。正是因为存在这种认知偏差，使新生代农民工在就业行为决策过程中产生行为偏差，不能实现完全理性就业选择，而只能是一种有限理性的就业选择。

（四）禀赋、有限理性与新生代农民工就业选择的信息分析能力

传统经济学认为，行为决策者具备充分的计算分析能力，能够分析并掌握全部备选方案发生的概率，对各种备择方案的发生和可能的收益能够充分预见，做到“全知全能”。显然，这种完全理性在实际生活中出现的概率几乎为零。对新生代农民工禀赋构成来说，人力资本禀赋是核心内容，是认识世界和改造世界的内在要素，但其作用的发挥要受社会资本禀赋和资源资本禀赋等条件的制约，三种禀赋综合作用的结果则体现为新生代农民工参与社会经济活动所具备的各种能力，如信息获取能力、信息分析能力、收益评估能力、风险识别能力等，这些能力能够对就业行为选择结果产生直接的影响。

在新生代农民工就业选择决策过程中，信息是一个极为重要的影响变量。不管内外条件如何变化，影响新生代农民工最终就业选择的是环境认

① 董志勇：《行为经济学》，北京大学出版社2005年版，第27—28页。

知能力，而这种能力主要来源于充分且全面的就业信息。也就是说，信息获取量的多少体现了新生代农民工对就业环境不确定性、就业决策风险和就业收益评估的认知能力。信息不确定性的根源在于新生代农民工的信息获取、信息评估、信息利用、信息决策等信息分析环节。信息分析能力弱致使新生代农民工对就业决策风险和就业信息评估的有限理性，进而导致其就业行为选择的有限理性。受整体就业环境的复杂性、信息分析能力的有限性、就业偏好的不稳定性、行为过程的认知偏差等因素的作用，新生代农民工只能掌握各种方案的部分信息。而且，新生代农民工就业选择决策不仅受信息不充分性、自身禀赋水平等的制约，还受宏观经济环境和外部制度环境的影响。比如，新生代农民工在就业选择过程中，由于缺乏对城市劳动力市场信息不对称性、迁入地相关制度环境的限制等不确定因素的认识，这在很大程度上制约了新生代农民工对就业环境评估、就业信息处理和风险识别能力的发挥。受外部环境条件不确定性和认知能力有限理性的约束，新生代农民工对各种备选方案的认知评价可能是模糊的，故其就业选择也是有限理性的。

总之，即使新生代农民工力图使自身就业行为选择实现完全理性（这只能是一种意愿理性层面的完全理性），但受自身禀赋水平的约束以及获取和分析信息有限理性的制约，使其就业行为选择在就业偏好、参考系选择、认知偏差、信息分析能力等方面受到制约，所以其最终就业行为选择也是一种有限理性下的就业选择。

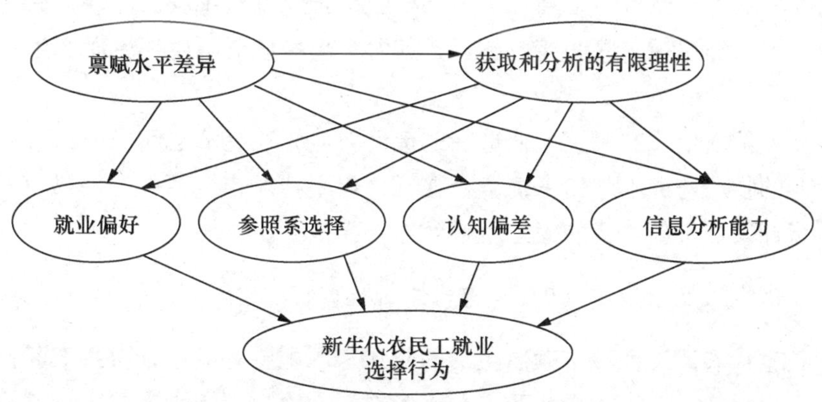

图2－2　禀赋、有限理性与新生代农民工就业选择的关系

三 禀赋、有限理性与新生代农民工就业效应

就业效应也称就业效果，这是新生代农民工就业选择行为的最终体现，也是根据其自身禀赋和信息评估的有限理性衡量新生代农民工是否实现就业效益最大化的标准。一般来说，新生代农民工实现就业即能获取一定的报酬，这就涉及一个成本与收益核算的问题，成本与收益之间的对比关系决定了新生代农民工就业效应的评价和判断。

新生代农民工在城镇获取就业信息过程中必然需要支付相应的就业成本。具体包括：（1）工作信息费用。信息投资也是一种人力资本投资途径，而且获取信息是有偿的，因而新生代农民工在劳动力市场获取就业信息往往必须支付一定的成本。比如为了寻找工作信息与相关部门及人员联系的通讯费用、寻找工作而缴纳的职业中介费用、寻找工作信息而购买刊载用工信息的报纸的费用或上网搜寻工作信息的费用等。一般来说，新生代农民工就业选择的空间距离越大，支付的就业成本越高；就业地选择的城市规模越大，支付的就业成本越大。（2）外出及工作寻找过程的交通费用和住宿饮食费用。距离越远费用可能越高，至少交通费越高；就业地选择的城市不同，相应的住宿饮食费用不同。（3）待业过程中的生活费。如果新生代农民工禀赋充裕能够支付待业过程中的基本生活费用，那么他们在进行工作搜寻时就可能做到尽可能全面的信息搜寻，有利于提高其与资方谈判的地位，敢于对用工企业损害其合法权益的不合理要求予以回绝；否则，为了在城市“安身立命”，新生代农民工只能迁就这些不合理要求而就业，这就天然地增加了劳动权益保护及维权难度。此外，在寻求就业过程中还包括一些间接成本，比如背井离乡面对陌生环境而产生的心理成本等。

要评价新生代农民工就业选择的最终效应，在经济层面来说，可以以其就业的收益与成本之比来衡量。在此，借用“城市生活能力指数（θ）”这一指标来评价新生代农民工就业效应。

$$\text{城市生活能力指数}（\theta）=\frac{\text{工资收入}+\text{非人力财富}}{\text{城市基本生活成本}} \tag{2-1}$$

新生代农民工在城市赖以生活的收入来源主要有两个方面：工资收入和非人力财富。工资收入实质上是将无形的人力财富转化为有形财富的过程。就业作为收入分配的主要手段，在市场交换条件下，新生代农民工通过城市劳动力市场寻找工作机会就业来获取工资收入，这也往往是其收入

的主要来源。非人力财富是指有形的财富，诸如货币持有量、债券、股票、资本品、不动产等，这里将其（用 W 表示）视为新生代农民工在就业过程中可获得的除工资之外的额外支持，如股票、不动产收入、社会福利保障收入、外出务工之前从事农业生产的收入积累、发生大额支出时来自家庭或亲戚朋友的解囊相助或借款等，这些都是典型的获取非人力财富的过程。

城市基本生活成本 C 至少包括两个部分：一是消费成本 C_1，即城市日常基本生存成本。新生代农民工进入城市首先必须能够获取养活自己的基本生活费，C_1 大致包括住房、水电煤气、交通、通信、餐饮、着装、日用品开销、医疗、培训等费用，这可以看作是新生代农民工的消费成本。二是就业成本 C_2。新生代农民工在就业过程中需要支付用于进城的路费和路途中的其他开支，为获取在城市的居住证及其他相关证件而形成的直接间接成本，因搜寻工作的开支而形成的求职成本，背井离乡面对陌生环境而产生的心理成本等，这些就构成新生代农民工的就业成本。

通过式（2－1）可以看出，非人力财富（W）对于新生代农民工长期城市生活能力有着重要影响。新生代农民工非人力财富（W）可能来源于社会福利保障收入、土地流转的收益、发生大额支出时来自家庭或亲戚朋友的解囊相助或借款。然而，正是由于新生代农民工禀赋的限制和影响，他们的非人力财富相当有限，并在长期来看也不会有多大变化；目前，来自社会的保障资助也相当有限。就目前新生代农民工就业选择而言，新生代农民工非人力财富（W）几乎可以忽略不计，那么他们的城市生活能力主要取决于工资收入。因此，新生代农民工的就业效应取决于在不同就业地的城市生活能力指数值的高低：如果指数值大于1，说明其就业效应能够维持生存；如果指数值大于1.5，说明其就业效应较好，能够有结余，有助于提高禀赋；如果指数值大于2及以上，则说明就业效应更好。也就是说，城市生活能力指数值越大，就越会促进新生代农民工继续这一就业选择，能提高新生代农民工就业积极性，有助于新生代农民工个人、家庭及社会的和谐；反之，如果城市生活能力指数值越小，将会劣化新生代农民工禀赋，降低新生代农民工外出就业热情，不利于整体社会的和谐稳定。

当然，大多数情况下新生代农民工就业行为决策能够使其城市生活能力指数值达到优化，自身禀赋水平也达到改善，就业效应也得到合理体现和评价。为了实现合理的就业效应，新生代农民工就业选择甚至通过多次就业行为选择才得以实现，而且每一次就业行为选择过程都是新生代农民工参与、评估和锻炼的过程。随着就业过程中新生代农民工禀赋及其效应的积累，其就业效应的预期也会提高，在这种就业效应动机支配下，新生代农民工就业行为选择将更大地优化其自身的禀赋水平。已有研究文献表明，新生代农民工就业选择带来了较为显著的就业效应和经济效益，实现了新生代农民工、流入地和流出地三方的共赢。

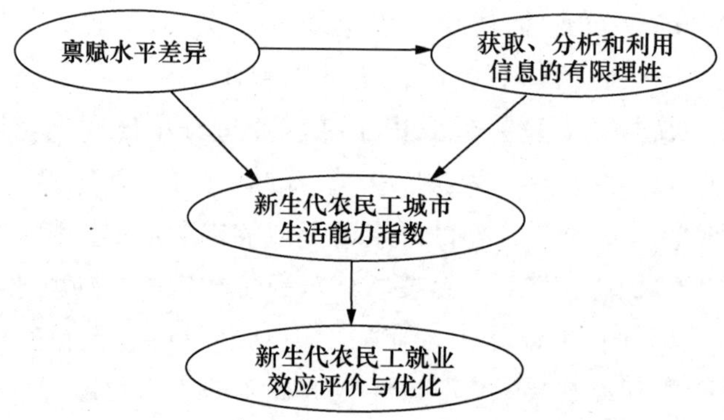

图 2－3　禀赋、有限理性与新生代农民工就业效应的关系

第三章　禀赋与新生代农民工就业行为研究

国家统计局数据显示，在所有外出农民工中，新生代农民工所占比例达46.6%，逐渐成为主流。“三高一低”特征对新生代农民工禀赋及其就业行为产生了积极影响，这就需要关注新生代农民工禀赋，促进其内在禀赋优化，有助于新生代农民工更好地实现幸福就业，实现他们的“职业梦”和“城市梦”。

第一节　新生代农民工禀赋的指标体系选择

新生代农民工禀赋的评价指标体系

根据前面分析的新生代农民工禀赋构成维度，参照国内外对就业能力（或雇佣能力）的测量及构成维度等方面的文献资料，课题组拟构建新生代农民工禀赋的评价指标体系。

（一）构建新生代农民工禀赋评价指标体系的原则

构建新生代农民工禀赋的评价指标体系是为了量化资本禀赋，以便进行比较和对比，进而探讨其禀赋与就业行为之间的关系，循着这样的思路，新生代农民工禀赋的评价指标体系构建原则如下：

1. 系统客观性

禀赋是一个由众多因素构成的复杂系统，评价指标体系的构建必须体现各构成维度的具体方面，体现禀赋系统性的特点。同时，禀赋各维度的内容必须切实考虑到其所含内容的主要方面，遵从已有较为成熟的理论来描述禀赋的内容，避免受主观偏见的影响，体现新生代农民工禀赋的客观性。

2. 稳定可比性

新生代农民工禀赋的评价指标体系是一个不断变化的过程，但在每一个阶段又保持一定的相对稳定性。由于本书的新生代农民工就业行为主要是短期内的行为选择，并非跟踪研究其长期的就业动态变化，故在构建新生代农民工禀赋的评价指标体系时需要考虑禀赋的稳定性。另外，在构建禀赋的评价指标体系时需要考虑禀赋各构成维度的横向可比性和纵向可比性。横向可比性是在同一时间范围内，不同禀赋主体间的对比；纵向可比性是指同一主体在不同时间范围内的可比性。在此重点考虑横向可比性，适当兼顾纵向可比性。

3. 代表针对性

新生代农民工禀赋内涵丰富，需要选择具有代表性的指标来度量新生代农民工禀赋的主要内容。禀赋评价指标体系不可能面面俱到，只能在已有的研究视野中寻求主要内容的相关指标来代表禀赋的主要方面。根据构建新生代农民工禀赋评价指标体系的主要目标，选取具有针对性的主要内容来反映各构成维度的具体内容。

4. 灵活可操作性

新生代农民工禀赋各构成维度的指标选择需要参考既有文献和理论分析，但又应结合实际研究的需要，在不影响其核心本质的情况下，根据研究需要灵活变动相应的解释内容。另外，各维度指标还必须考虑实际调查中可操作性和可获得性的原则，选取可以实现的既定研究内容。

新生代农民工禀赋由三个维度构成，即人力资本、社会资本和资源资本。人力资本包括新生代农民工的文化教育水平、职业技能和健康等内容；社会资本定义为新生代农民工通过社会网络及其所处的社会环境中所可能获得的社会网络和社会资源的总和；资源资本定义为新生代农民工个人、家庭及居住地区域所拥有的经济物质资源，如土地、房屋、财产等的所有权及支配权，还包括居住地临近区域的企业资源、所在县域内的交通条件和矿产资源条件。本书将根据这一定义及维度分析和衡量新生代农民工禀赋。

（二）新生代农民工禀赋评价指标的设计

根据前面的分析，新生代农民工禀赋的三个构成维度成为一级评价指标。二级指标的选择除借鉴相关文献的研究成果外，还紧密结合新生代农民工自身的特点，综合各方面因素设计了新生代农民工禀赋评价指标。

人力资本包括年龄、性别、体能（身体健康状况）、受教育程度、工作经验、外出务工所获技能、整体技能水平等。一般来说，年龄、性别对知识型员工再就业的影响不大，但对于农民工从事的行业和职业来说，年龄、性别的影响可能要大得多，因为他们大多数从事以体力劳动为主的职业。其他的人力资本指标选择主要是根据舒尔茨的人力资本投资理论来选择的：体能（身体健康状况）是新生代农民工就业的基础条件，因而被纳入人力资本范畴；受教育程度主要是指新生代农民工接受的基础教育或国民教育的水平或程度；工作经验是指新生代农民工在从业过程中获得的工作阅历和劳动经验；外出务工所获技能是指新生代农民工在外出务工期间通过各种途径获得的劳动技能及培训；整体技能水平是指新生代农民工通过教育、培训、“干中学”等途径所掌握的总体技能水平。

社会资本包括亲戚的支持、老乡的支持、朋友的支持和公共组织（含 NGO 组织）的支持等。“关系”在中国具有太多的含义，在此的主要含义类似于西方社会学中的社会资本。亲戚的支持是指新生代农民工在实现就业过程中获得基于血缘姻缘关系的人际支持，这种支持包括信息、资金等方面的支持；老乡的支持是指新生代农民工获得基于地缘关系的人际支持；朋友的支持是指新生代农民工基于友缘获得的人际支持；公共组织的支持是指新生代农民工非农就业时从非营利组织或政府相关部门或其他组织获得的就业帮扶及相关支持。

资源资本包括个人月均经济收入变化、家庭人均耕地面积、可支配经济资源、家庭与最近乡镇驻地的公里数、家庭与最近工业园区驻地的公里数、所在乡镇的交通条件、所在县域的资源条件等。个人月均经济收入变化是指新生代农民工就业后月均经济收入变化情况；人均耕地面积是指新生代农民工家庭现有的人均耕地面积，含家庭土地承包的和土地流转后的现有人均面积；可支配经济资源是指新生代农民工能够从家庭获得的经济支持或经济资源以及其他财产资源，可支配经济资源的多寡影响着新生代农民工就业质量及其稳定性；家庭与最近乡镇驻地的公里数是指新生代农民工现居住地距离最近乡镇所在地的公里数，主要衡量新生代农民工非农就业的空间距离；家庭与最近工业园区驻地的公里数是指新生代农民工现居住地距离周边最近工业园区所在地的最少公里数，主要是观察产业转型背景下产业园区的覆盖范围及新生代农民工在产业园区实现就业的可能性；所在乡镇的交通条件是指新生代农民工家庭所处乡镇的县道、省道、国道、高速公路、铁路、快铁（高铁）等的空间布局情况，主要体现乡镇人口集聚和产业集聚的可能条件及物流条件；所在县域的资源条件主要衡量新生代农民工所在县的各类资源储量和分布，据以体现该县的经济发展水平，说明其产业发展及吸纳新生代农民工非农就业的潜力。

（三）新生代农民工禀赋评价指标体系构建方法简介

新生代农民工禀赋评价指标体系构建的思路是：第一步确定指标，建立层级，即将禀赋评价指标层层分解，汇集专家学者以及决策者的意见，厘清各层级的构成因素，用简明语言加以表示，这一步已在前面的新生代农民工禀赋指标设计时完成；第二步评估排序，即依照比较尺度将各层级内构成要素进行两两比较，用得到的权重系数构建比较矩阵，通过矩阵运算来检验一致性，求出各因素权重并排序，解释和说明新生代农民工禀赋对其稳定就业的相对重要性，为最后的政策建议提供借鉴和参考。

1. 构造判断矩阵

首先将评价指标体系分为目标层、准则层（一级指标）、方案层（二级指标）的层次结构模型；其次，层次分析法（Analytical Hierarchy Process，AHP）要求对各要素的相对重要程度作出判断，并将判断结果以数值表达出来。设判断矩阵为 $A=(a_{ij})$（$i, j=1, 2, \cdots, n$），其中 a_{ij} 表示 i 元素对 j 元素的相对重要性，且有 $a_{ij}>0$，$a_{ij}=1/a_{ij}$，$a_{ij}=1$ 即 A 为正互反矩阵。层次分析法相对重要性的判断标度是采用萨迪（A. L. Saaty）教授提出的1—9标度方法，具体含义如表3－1所示。

表3－1　　层次分析法相对重要性的判断标度

变量赋值	语义变量	变量说明
1	同等重要	i、j 两元素同等重要
3	稍显重要	i 元素比 j 元素稍显重要
5	颇为重要	i 元素比 j 元素明显重要
7	极其重要	i 元素比 j 元素强烈重要
9	绝对重要	i 元素比 j 元素极端重要
2、4、6、8		表示需要在上述两个相邻判断之间折中确定
以上各数的倒数	指标 i 与 j 比较的判断为 a_{ij}，则指标 j 与 i 比较的判断为 $1/a_{ij}$	

2. 计算最大特征值和特征向量

为了对调查结果进行一致性评估，以及计算各要素的权重，需要计算成对比较矩阵的特征向量（Eigenvector）及最大特征值（Maximied Eigenvalue)。在这一部分将采用 MATLAB 软件分别求出各个成对比较矩阵的最大特征值以及归一化的权向量。

3. 判断矩阵的一致性检验

为了检验判断矩阵 A 的一致性（相容性），根据 AHP 的原理，可以利用 λ_{max}与 n 之差检验一致性。判断矩阵的一致性可以用随机一致性指标来进行检验，一致性指标计算的公式为：

$$C.I. = \frac{\lambda_{max} - n}{n - 1}, \quad C.R. = \frac{C.I.}{R.I.} \tag{3-1}$$

式（3－1）中，$C.I.$ 表示平均随机一致性指标；n 表示判断矩阵 A 的维数；$C.R.$ 表示一致性比率；$R.I.$ 表示随机一致性指标，其值可以通过表3－2 查出。

表 3－2　随机指标 *R. I.* 值对照表①

N	3	4	5	6	7	8	9	10	11	12	13	14	15
R. I.	0.52	0.89	1.12	1.26	1.36	1.41	1.46	1.49	1.52	1.54	1.56	1.58	1.59

当 $CR<0.1$ 时，则认为判断矩阵的一致性是可以接受的。

4. 指标体系的权重确定

指标的变量赋值由专家根据各自的学术背景和实际经验分别给予各指标相应的权重，将其给出的变量赋值取均值后得到相应指标的相对重要性，形成判断矩阵，获得各指标体系的相对权重之后，就可以自上而下地计算各级要素占总体的综合权重。

（四）新生代农民工禀赋指标体系的权重分析

首先将新生代农民工禀赋指标体系分为目标层、准则层、指标层等（见表3－7）。然后，根据层次分析法（AHP）的原理设计了对比调查问卷（见附录一），通过电子邮件形式咨询了 30 位从事农民工就业问题及相关领域的省内外专家，得出进行两两比较的原始数据，并对数据整理分析如下：

1. 准则层

首先，根据层次分析法原理，得出人力资本禀赋（B_1）、社会资本禀

① 汪应洛：《系统工程理论、方法与应用》，高等教育出版社 2005 年版，第 174 页。

赋（B_2）与资源资本禀赋（B_3）的成对比较矩阵（见表3－3）。

表3－3　　人力资本、社会资本与资源资本的成对比较矩阵

禀赋	人力资本 B_1	社会资本 B_2	资源资本 B_3
B_1	1	1.2214	1.4918
B_2	0.8187	1	1.4918
B_3	0.0703	0.6703	1

然后，对表3－3的比较矩阵进行分析，其最大特征值为 $Y_i = \alpha X_i + \beta Z_i + \gamma W_i + \varepsilon_{i\max} = 3.0044$，判断矩阵一致性指标 $C.I. = \frac{l_{\max} - n}{n-1} = \frac{3.0004-3}{2} = 0.0022$，当 $n = 3$ 时查表 $R.I. = 0.52$，随机一致性比率：$C.R. = C.I./R.I. = 0.0022/0.52 = 0.0042 < 0.1$，通过一致性检验。这说明人力资本指标的重要程度大于其他两项指标，意味着提高新生代农民工人力资本水平的重要性。

2. 指标层

首先，计算人力资本禀赋具体指标的权重。根据上述计算原理，得出人力资本禀赋各指标（X_1、X_2、X_3、X_4、X_5、X_6、X_7）的成对比较矩阵（见表3－4）。

表3－4　　人力资本禀赋各指标的成对比较矩阵

人力资本	年龄 X_1	性别 X_2	体能 X_3	受教育程度 X_4	工作经验 X_5	外出务工所获技能 X_6	整体技能水平 X_7
X_1	1	1.2214	0.8187	0.6703	0.6703	0.6703	0.5488
X_2	0.8187	1	1	0.8187	0.5488	0.6703	0.5488
X_3	1.2214	1	1	1	0.8187	1.2214	1
X_4	1.4918	1.2214	1	1	1.2214	1.2214	1
X_5	1.4918	1.8221	1.2214	0.8187	1.4918	1.4918	0.6703
X_6	1.4918	1.4918	0.8187	0.8187	1	1	0.1325
X_7	1.8221	1.8221	1	1	1.4918	1.4918	0.1763

对表3－4的比较矩阵进行分析，其最大特征值为$Y_i\max=7.0672$，判断矩阵一致性指标$C.I.=\frac{l_{max}-n}{n-1}=\frac{7.0672-7}{6}=0.0112$，当$n=7$时查表$R.I.=1.36$，随机一致性比率：$C.R.=C.I./R.I.=0.0112/1.36=0.0082<0.1$，通过一致性检验。这说明在人力资本各具体指标中，新生代农民工的整体技能水平对于其稳定就业具有更为重要的作用；其次是工作经验，体现出工作技能和工作经历对于新生代农民工就业的重要性，具有一定工作技能的新生代农民工具有就业优势。

其次，计算社会资本禀赋具体指标的权重。方法和原理同上，可得出社会资本禀赋各指标（X_8、X_9、X_{10}、X_{11}）的成对比较矩阵（见表3－5）。

表3－5　　社会资本禀赋各指标的成对比较矩阵

社会资本	亲戚支持X_8	老乡支持X_9	朋友支持X_{10}	公共组织支持X_{11}
X_8	1	1.4918	1.2214	1
X_9	0.6703	1	1.2214	0.6703
X_{10}	0.8187	0.8187	1	0.8187
X_{11}	1	1.4918	1.2214	1

对表3－5的比较矩阵进行分析，其最大特征值为$X_i\max=4.02$，判断矩阵一致性指标$C.I.=\frac{l_{\max}-n}{n-1}=\frac{4.02-4}{3}=0.006667$，当$n=4$时查表$R.I.=0.89$，随机一致性比率：$C.R.=C.I./R.I.=0.006667/0.89=0.0075<0.1$，通过一致性检验。这说明在社会资本各具体指标中，新生代农民工的亲戚支持力度是新生代农民工实现非农就业的首要信息来源；其次是公共组织支持力度，这实际上体现了新生代农民工及家庭自身拥有的可靠性亲戚是其非农就业的关键性社会资本。

最后，计算资源资本禀赋具体指标的权重。根据上述的计算原理，得出资源资本禀赋各指标（X_{12}、X_{13}、X_{14}、X_{15}、X_{16}、X_{17}、X_{18}）的成对比较矩阵（见表3－6）。

对表3－6的比较矩阵进行分析，其最大特征值为$Z_i\max=7.0278$，判断矩阵一致性指标$C.I.=\frac{l_{\max}-n}{n-1}=\frac{7.0278-7}{6}=0.0046$，当$n=7$时查表

表 3-6　　资源资本禀赋各指标的成对比较矩阵

资源资本	月均经济收入变化 X_{12}	家庭人均耕地面积 X_{13}	可支配经济资源 X_{14}	家庭距最近乡镇距离 X_{15}	家庭距最近工业园区距离 X_{16}	所在乡镇交通条件 X_{17}	所在县域资源条件 X_{18}
X_{12}	1	1	0.8187	1.4918	1.4918	1.4918	0.167
X_{13}	1	1	1	1.2214	1.2214	1.4918	0.1623
X_{14}	1.2214	1	1	1.4918	1.8221	1.4918	0.1819
X_{15}	0.6703	0.8187	0.6703	1	1	1.2214	0.122
X_{16}	0.6703		0.5488	1	1	1.2214	0.122
X_{17}	0.8187	0.8187	0.8187	1.2214	1	1	0.1329
X_{18}	0.6703	0.6703	0.6703	0.8187	0.8187	1	0.1119

$R.I.=1.36$，随机一致性比率：$C.R.=C.I./R.I.=0.0046/1.36=0.0034<0.1$，通过一致性检验。这说明在资源资本各具体指标中，新生代农民工的可支配经济资源是新生代农民工实现非农就业的首要资源资本，而且可支配经济资源的多寡影响新生代农民工实现非农就业的可能性及其就业质量。

综上，通过本部分前面的数据分析结果，根据系统的递阶层次结构，按逐级汇总的方法，计算出各层指标对系统总目标的合成权重（见表 3-7）。

表 3-7　　基于层次分析法的新生代农民工禀赋权重分布

目标层 A	准则层 B	指标层 X_X		
	一级指标	二级指标		
	权重	权　重	合成权重	总排序
新生代农民工禀赋评价指标体系（A）	人力资本禀赋 B_1（0.40）	年龄 X_1（0.1085）	0.0433	11
		性别 X_2（0.1054）	0.0421	12
		体能 X_3（0.1443）	0.0577	8
		受教育程度 X_4（0.1618）	0.0647	7
		工作经验 X_5（0.1713）	0.0685	6
		外出务工所获技能 X_6（0.1325）	0.0529	9
		整体技能水平 X_7（0.1763）	0.0704	5

续表

目标层 A	准则层 B	指标层 X_X		
	一级指标	二级指标		
	权重	权　重	合成权重	总排序
新生代农民工禀赋评价指标体系（A）	社会资本禀赋 B_2（0.35）	亲戚的支持 X_8（0.2872）	0.1005	1
		老乡的支持 X_9（0.2128）	0.0744	3
		朋友的支持 X_{10}（0.2128）	0.0744	4
		公共组织的支持 X_{11}（0.2872）	0.1005	2
	资源资本禀赋 B_3（0.25）	月均经济收入变化 X_{12}（0.167）	0.0419	13
		家庭人均耕地面积 X_{13}（0.1623）	0.0407	14
		可支配经济资源 X_{14}（0.1819）	0.0456	10
		家庭距最近乡镇距离 X_{15}（0.122）	0.0305	16
		家庭距最近工业园区距离 X_{16}（0.122）	0.0306	17
		所在乡镇交通条件 X_{17}（0.1329）	0.0332	15
		所在县域资源条件 X_{18}（0.1119）	0.0281	18

通过分析表 3－7 各个指标体系的权重，初步得出如下结论：

第一，从新生代农民工禀赋的三类资本而言，人力资本禀赋的重要性要大于社会资本禀赋和资源资本禀赋，这说明对新生代农民工就业来说，新生代农民工的人力资本禀赋是第一位的，其次是社会资本禀赋，再次才是资源资本禀赋。

第二，在二级指标中，社会资本禀赋各项指标所占权重排在前 4 位，这说明就新生代农民工非农就业来说，社会资本禀赋起着重要的作用，尤其是“亲戚的支持”，这与新生代农民工就业信息来源密切相关；其次主要是人力资本禀赋的各项指标，这说明新生代农民工实现就业以后，能否真正稳定就业还得依靠其自身的人力资本禀赋，人力资本禀赋是新生代农民工稳定就近就业的首要影响因素，这就为后面提出相关的政策建议提供了一定的思路。

第二节 新生代农民工禀赋的实证评价：以川黔渝地区农民工为例

在第一部分构建新生代农民工禀赋评价指标体系基础之上，为深入了解新生代农民工禀赋的具体指标值，即通过调查数据来具体测量新生代农民工禀赋，得出量化得分。本书利用2013年10月针对川黔渝地区新生代农民工就业问题的问卷调查数据量化评价新生代农民工禀赋。

一 新生代农民工禀赋测量方法

（一）确定评价指标的标准值

1. 标准值确定的必要性

新生代农民工禀赋评价的各指标间存在一定的不可比性，主要体现在两个方面：①不同指标的度量标准不一致，如人力资本与资源资本，分别具有不同的内涵，而且不同等级区间所蕴含的意义也不一致，若直接简单综合，往往无法科学解释评价结果。②不同指标的内在属性也不一致。因此，只有通过某种数学变换将不同属性的指标值转化为指数值，使指数值能够直接相加汇总，既能说明和解释现象，又便于综合绩效评价。

2. 百分位数法的应用

百分位数法是在计算某指标各个不同百分位数分点值基础上，采用以某些特定的百分位数值的方式来划分评价等级，并分别赋予适当的分值。指标的属性采取正向指标，即某指标以取值大为优，取值小为劣。一般来说，百分位数法中所采用的特定百分位数值并非一成不变的，在制定等级过程中需要根据专业知识和评价目的来加以调整。

3. 百分位数法的具体操作

本书的多数指标量表可以划分为三个层次评价等级。因此，本书在百分位数确定上主要依据100%、50%和0百分位数值来划分三个评价等级。定性指标依据100%、0百分位划分两个评价等级来确保赋值范围为[0，1]。此方法相对易操作。每一档次百分位的评价等级，都有相应的系数赋值与之对应。标准系数用介于0—1的数值表示。具体规则如下：最高评价等级的标准系数赋值为1，最低等级的标准系数赋值为0。一般的，100%、50%和0百分位数值来划分三个评价等级的，分别赋值为1、

0.5、0；依据100%、0百分位划分两个评价等级的（主要是定性指标），分别赋值为1和0。具体赋值操作主要通过Excel软件进行，并利用Excel计算程序进而算出每一个指标的得分均值。

（二）应用加权线性和法进行评价

1. 权重（由第一部分指标体系中所采用德尔菲专家咨询法计算得出，略）

2. 加权线性和法在本书中的适用性

新生代农民工禀赋综合评价指标体系的各指标间经过筛选，没有显著的相关性，评价对象在禀赋的不同层面各有优势或缺陷的情况是允许的，也是现实存在的，禀赋各层面之间的互补性亦可以理解，各指标间重要程度亦存在差异。因此，结合各种方法的特点，选择加权线性和法进行指标体系评价的综合，在一定的权重分布基础上综合这些指标，对包含评价对象信息的指标进行加工汇总，比较全面地认识评价对象——新生代农民工的禀赋状况并在各评价对象间进行比较。

3. 应用加权线性和法评价的计算步骤

第一步：计算每一层面中各指标的分值。

第二步：计算各指标得分，各指标得分＝各指标分值×权重系数W_i。

第三步：计算禀赋分值＝各维度指标得分之和。

4. 农民工禀赋综合评价指数的计算公式及说明

$$TEmploy = 0.40HCEmp + 0.35SCEmp + 0.25MCEmp \qquad (3-2)$$

式中，*TEMploy*为整体禀赋；*HCEmp*为禀赋的人力资本指数；*SCEmp*为禀赋的社会资本指数；*MCEmp*为禀赋的资源资本指数。

设新生代农民工总体禀赋的综合评价指标以U表示，其意义是新生代农民工相对于每一指标最优状态劳动力（设其禀赋水平为最高值1）的禀赋水平。综合评价指标由3个维度的一级评价指标累加合成。每个维度的评价指标由多个二级评价指标合成。在由二级评价指标合成一级评价指标时，采用了第二部分新生代农民工禀赋评价指标体系的权重来计算。

二　新生代农民工禀赋的具体测量过程与结果

（一）人力资本维度指标值U_1

新生代农民工禀赋首先体现在新生代农民工个体拥有的人力资本禀赋和能力。在各单项指标权重基础上通过加权平均即可得出新生代农民工人力资本禀赋指标指数。计算公式为：

$$HCEmp = 0.1085AGE + 0.1054SEX + 0.1443HEA + 0.1618EDU + 0.1713EW + 0.1325SWT + 0.1763TSL \quad (3-3)$$

式中，*HCEmp* 表示禀赋的人力资本维度，*AGE* 为年龄；*SEX* 为性别；*HEA* 为体能；*EDU* 为受教育程度；*EW* 为工作经验；*SWT* 为外出务工所获技能；*TSL* 为整体技能水平。

根据第一部分的新生代农民工禀赋人力资本维度指标体系，本书分别选取式（3－3）指标的具体指标值设定（见表3－8）。[①]

表3－8　　禀赋人力资本维度各指标赋值

指标名称	指标赋值
年龄 U_{11}	25—44 岁 1　15—24 岁 0.5　45—55 岁以上 0
性别 U_{12}	男 1　女 0.5
体能 U_{13}	良好 1　一般 0.5　偶有小病 0
受教育程度 U_{14}	高中/职高/专科及以上 1　小学、初中 0.5　文盲/半文盲 0
工作经验 U_{15}	2—3 次以上 1　1 次 0.5　0 次 0
外出务工所获技能 U_{16}	获得过培训技能 1　获得一点培训技能 0.5　没有获得技能 0
整体技能水平 U_{17}	有较高级技能 1　有一般技能 0.5　没有技能 0

1. 年龄（Age）

指标解释：年龄对于从事以体力劳动为主的新生代农民工来说是一个显示信号，与非农就业状态具有紧密相关性。

指标值设定：本指标分别以100%、50%、0 分位数来划分评价等级，并对三种等级分别赋予高低不等的分值1、0.5、0（以下指标除注明外，均按照这种评价等级赋值）。在此，本研究将25—44 岁的新生代农民工赋值为1，将16—24 岁的新生代农民工赋值为0.5，45 岁以上的新生代农民工赋值为0。

计算结果：通过计算川黔渝地区新生代农民工该项指标得分为0.71。

2. 性别（Sex）

指标解释：性别对于新生代农民工非农就业从事的职业而言也具有紧密相关性。

---

① 相关指标的解释第二部分已有阐述，此处不再赘述；下同。

指标值设定：本指标依据100%、0百分位划分为两个评价等级，并对两种等级，分别赋值为1和0.5。将男性新生代农民工赋值为1，将女性新生代农民工赋值为0.5。

计算结果：通过计算川黔渝地区新生代农民工该项指标得分为0.85。

3. 体能（Health）

指标解释：体能即为身体健康状况。健康是人力资本投资理论的一项重要指标，身体健康状况体现新生代农民工能否参与非农就业的劳动力市场竞争力状况，故可作为一个显示指标。

指标值设定：本书将健康状况良好的新生代农民工赋值为1，将健康状况一般的新生代农民工赋值为0.5，将偶有小病的新生代农民工赋值为0。由于分析数据是根据新生代农民工自己选择的问卷选项来进行分析，可能大多数新生代农民工选择为"良好"或"一般"，从新生代农民工年龄分布来看，大多数都是青壮年劳动力，他们的回答应该反映了新生代农民工的身体健康状况。

计算结果：通过计算川黔渝地区新生代农民工该项指标得分为0.79。

4. 受教育程度（Education）

指标解释：教育是人力资本投资理论的一个重要指标，与新生代农民工非农就业具有显著相关性，故将受教育程度作为新生代农民工禀赋的一个显示指标。

指标值设定：人力资本理论认为，受教育程度越高，所获得的教育收益回报也越大，相应地禀赋也就越强。结合川黔渝地区新生代农民工实际情况，故将高中/职高/中专及以上受过高等教育的新生代农民工赋值为1，具有初中和小学教育的新生代农民工赋值为0.5，具有文盲/半文盲文化程度的新生代农民工赋值为0。

计算结果：通过计算川黔渝地区新生代农民工该项指标得分为0.66。

5. 工作经验（Experience of Work）

指标解释：工作经验是新生代农民工通过"干中学"获得禀赋的一种重要形式，故可作为禀赋的一个显示指标。

指标值设定：本研究将新生代农民工在务工期间参加的职业技能培训次数作为工作经验的量化指标，将接受2次及以上职业技能培训的新生代农民工赋值为1，将接受1次职业技能培训的新生代农民工赋值为0.5，将没有接受职业技能培训的新生代农民工赋值为0。

计算结果：通过计算川黔渝地区新生代农民工该项指标得分为0.46。

6. 外出务工所获技能（Skills of Work Training）

指标解释：新生代农民工外出务工期间获得的职业技能，将是一种终身性的禀赋，故本书将其纳入新生代农民工禀赋人力资本维度的一个显示指标。

指标值设定：本书主要是根据新生代农民工外出务工期间参加的培训类型进行赋值，将参加“政府组织的培训”、“当地其他培训机构”、“用工单位组织的培训”等培训类型的新生代农民工赋值为1，将参加“自己跟师傅学技术”培训类型的新生代农民工赋值为0.5，将“没有参加过任何培训政府组织的培训”和“其他”等培训类型的新生代农民工赋值为0。

计算结果：通过计算川黔渝地区新生代农民工该项指标得分为0.42。

7. 整体技能水平（Total Skill Level）

指标解释：整体技能水平是反映新生代农民工禀赋人力资本水平的总体指标，体现新生代农民工经过文化教育、职业培训及外出务工洗礼后的现有技能水平，故本书将其作为一个显示指标。

指标值设定：本书将具有“驾驶”、“栽培繁育”、“工匠技术（电工、木工、漆工等）”、“电脑操作”、“美容美发”、“电器修理”、“机械安装”等技术的新生代农民工赋值为1，将参加“砌筑工”、“缝纫”、“烹调”等技术的新生代农民工赋值为0.5，将“没有技术”和“其他”的新生代农民工赋值为0。

计算结果：通过计算川黔渝地区新生代农民工该项指标得分为0.57。

根据前面介绍的计算方法，计算得出人力资本维度 U_1 得分为0.622。

小结：川黔渝地区新生代农民工禀赋的人力资本这一维度总体不高，只有0.622。这其中，相关技能指标数值偏低，较大程度地影响了川黔渝地区新生代农民工禀赋中人力资本维度的得分，也反映了目前川黔渝地区新生代农民工人力资本水平较低的现实。因此，从这一维度来看，为新生代农民工提供更多的职业技能培训机会无疑对提升新生代农民工禀赋产生重要影响。

（二）社会资本维度指标值 U_2

社会资本是新生代农民工参与社会经济活动所具备的外部社会条件，是新生代农民工获得就业机会和实现稳定就业的一个资本条件。同样，在各个单项指标权重基础上通过加权平均即可得出新生代农民工社会资本禀赋指标指数。计算公式为：

$$SCEmp = 0.2872SR + 0.2128SV + 0.2128SF + 0.2872SPC \quad (3-4)$$

根据本书所构建的禀赋社会资本维度指标体系，分别选取式（3-4）指标的具体指标值设定（见表3-9）。

表3-9　禀赋社会资本维度各指标赋值

指标名称	指标赋值		
亲戚的支持 U_{21}	可能性较大1	可能性一般0.5	基本没有0
老乡的支持 U_{22}	可能性较大1	可能性一般0.5	基本没有0
朋友的支持 U_{23}	可能性较大1	可能性一般0.5	基本没有0
公共组织的支持 U_{24}	可能性较大1	可能性一般0.5	基本没有0

1. 亲戚的支持（Support of Relatives）

指标解释：亲戚是中国社会的特殊资源。对新生代农民工非农就业来说，这类资源起着相当重要的作用，这在前面分析新生代农民工获取就业信息渠道即可窥知一斑。故本书将其纳入新生代农民工禀赋社会资本维度的一个显示指标。

指标值设定：在此，将获得亲戚支持“可能性较大”的新生代农民工赋值为1，将获得亲戚支持“可能性一般”的新生代农民工赋值为0.5，将“基本没有”可能获得亲戚支持的新生代农民工赋值为0。

计算结果：通过计算川黔渝地区新生代农民工该项指标得分为0.67。

2. 老乡的支持（Support of Villagers）

指标解释：老乡是新生代农民工基于地缘关系而形成的一种社会资源，对新生代农民工非农就业起到带动和影响作用，能够增加新生代农民工对来自该渠道就业信息的可信度，故本研究将其作为社会资本维度的一个显示指标。

指标值设定：本书将获得老乡支持“可能性较大”的新生代农民工赋值为1，将获得老乡支持“可能性一般”的新生代农民工赋值为0.5，将“基本没有”可能获得老乡支持的新生代农民工赋值为0。

计算结果：通过计算川黔渝地区新生代农民工该项指标得分为0.58。

3. 朋友的支持（Support of Friends）

指标解释：朋友是基于友缘关系而形成的一种社会资源，对新生代农民工非农就业起到信息支持作用，基于朋友关系的亲疏程度而形成对来自此类就业信息的信任度，故本书也将其作为社会资本维度的一个显示指标。

指标值设定：本书将获得朋友支持“可能性较大”的新生代农民工赋值为1，将获得朋友支持“可能性一般”的新生代农民工赋值为0.5，将“基本没有”可能获得朋友支持的新生代农民工赋值为0。

计算结果：通过计算川黔渝地区新生代农民工该项指标得分为0.64。

4. 公共组织的支持（Support of Public Organization）

指标解释：各级政府及其基层部门发布的就业信息对于新生代农民工来说无疑是正式且可靠的非农就业信息来源，是新生代农民工实现非农就业与就业转换的重要宏观外部资源，故在此将其纳入新生代农民工禀赋社会资本维度的一个显示指标。然而，公共组织在新生代农民工非农就业信息获取中并没有起到其应有的作用。

指标值设定：本书将获得公共组织支持“可能性较大”的新生代农民工赋值为1，将获得公共组织支持“可能性一般”的新生代农民工赋值为0.5，将“基本没有”可能获得公共组织支持的新生代农民工赋值为0。

计算结果：通过计算川黔渝地区新生代农民工该项指标得分为0.42。

据此，计算出社会资本维度 U_2 得分0.573。

小结：川黔渝地区新生代农民工禀赋的社会资本这一维度总体得分只有0.573，说明川黔渝地区基层政府在对待新生代农民工非农就业问题上态度并不积极，地方财政投入不足，就业信息发布渠道尚待改进，而这些将制约新生代农民工禀赋提高。因此，需要政府基层部门乃至其他公共组织在新生代农民工非农就业中发挥正式渠道作用，保护新生代农民工就业权益和提升禀赋。

（三）资源资本维度指标值 U_3

资源资本为新生代农民工创造就业机会的外在环境条件，是新生代农民工稳定非农就业的外部资源条件。本书在各个单项指标权重基础上通过加权平均即可得出新生代农民工资源资本禀赋指标指数。计算公式为：

$MCEmp = 0.167CAI + 0.1623CLH + 0.1819DFR + 0.122DTF +$

$$0.122DLF + 0.1329TCT + 0.1119RCC \tag{3-5}$$

根据前面构建的禀赋资源资本维度指标体系，分别选取式（3－5）的具体指标值设定（见表3－10）。

表3－10　　　　禀赋资源资本维度各指标赋值

指标名称	指标赋值
月均收入变化 U_{31}	增加1　不变0.5　减少0
家庭人均耕地面积 U_{32}	1.1—10亩1　0—1亩0.5　0亩0
可支配经济资源 U_{33}	非常高、较高1　一般水平0.5　比较差、非常差0
家庭距最近乡镇距离 U_{34}	5—9公里1　10—19公里0.5　20—30以上公里0
家庭距最近工业园区距离 U_{35}	1—19公里1　20—39公里0.5　40—60以上公里0
所在乡镇交通条件 U_{36}	比较便利1　交通一般0.5　交通不便0
所在县域资源条件 U_{37}	较富裕、很富裕1　一般0.5　比较穷、非常穷0

1. 月均收入变化（Change of Average Monthly Income，CAI）

指标解释：经济收入是体现新生代农民工经济资源禀赋的一项重要衡量标准，而且不同年份月均收入变化能够反映新生代农民工经济资源的变动轨迹，也是新生代农民工实现非农就业与就业转换的重要经济资源，故在此将其纳入禀赋资源资本维度的一个显示指标。

指标值设定：在此，本书将新生代农民工外出务工就业月均收入增加的赋值为1，月均收入没有多大变化的新生代农民工赋值为0.5，月均收入是减少的新生代农民工赋值为0。

计算结果：通过计算川黔渝地区新生代农民工该项指标得分为0.48。

2. 家庭人均耕地面积（Cultivated Land of Households，CLH）

指标解释：家庭人均耕地是新生代农民工返乡后的一份经济保障和最后经济屏障。随着农村土地制度实行30多年后，川黔渝地区部分家庭的人均耕地面积也发生了一定的变化，故家庭人均耕地面积的多寡在一定程度上反映新生代农民工可获得收入的资源丰裕程度，特别是农村土地承包权流转制度的推行，使土地也成为获得经济收入的一部分。

指标值设定：在此，本书将人均耕地面积在1.1—10亩之间的新生代农民工家庭赋值为1，人均耕地面积在0—1亩之间的新生代农民工家庭赋值为0.5，因土地被征用而没有土地的新生代农民工家庭赋值为0。

计算结果：通过计算川黔渝地区新生代农民工该项指标得分为0.63。

3. 可支配经济资源（Disposable Financial Resources，DFR）

指标解释：可支配经济资源是指包括新生代农民工家庭财产在内的经济资源，是新生代农民工就业选择和就业转换的主要影响变量，故将其纳入新生代农民工禀赋之资源资本维度的一个显示指标。

指标值设定：本书根据新生代农民工家庭经济条件在所属村的经济等级给予相应的赋值，将回答“非常高”、“较高”的新生代农民工赋值为1，将回答“一般水平”的新生代农民工赋值为0.5，将回答“比较差”、“非常差”的新生代农民工赋值为0。

计算结果：通过计算川黔渝地区新生代农民工该项指标得分为0.51。

4. 家庭与最近乡镇距离（Distance between Nearest Town and Family，DTF）

指标解释：一般来说，乡镇是农村经济发展的节点和集散地，商品和信息会随着这一节点向外扩散，家庭与最近乡镇的空间距离远近是新生代农民工获得各类信息的影响因素，故将家庭与最近乡镇距离作为新生代农民工资源资本的一个指标。

指标值设定：本书将家庭与最近乡镇的距离在10公里以内的新生代农民工家庭赋值为1，与最近乡镇的距离在10—20公里之间的新生代农民工家庭赋值为0.5，与最近乡镇的距离在20公里以上的新生代农民工家庭赋值为0。

计算结果：通过计算川黔渝地区新生代农民工该项指标得分为0.58。

5. 家庭与最近工业园区距离（Distance between the Nearest Industrial Park and Family，DIF）

指标解释：工业园区是川黔渝地区工业经济和区域经济的主战场，也是川黔渝地区新增就业机会的主要供给来源。就业信息以工业园区为节点向外扩散，这一空间距离也是新生代农民工务工就业、就近就业还是返乡就业考虑的因素，故本书将其纳入资源资本的一个显性指标。

指标值设定：本书将家庭与最近工业园区的距离在20公里以内的新生代农民工家庭赋值为1，与最近工业园区的距离在20—40公里之间的新生代农民工家庭赋值为0.5，与最近工业园区的距离在40公里以上的新生代农民工家庭赋值为0。

计算结果：通过计算川黔渝地区新生代农民工该项指标得分为0.65。

6. 所在乡镇交通条件（Traffic Conditions of the Town，TCT）

指标解释：交通条件的改善有利于劳动力流动和商品流动，也有利于扩大新生代农民工的社会交往空间和就业选择范围。本书将其作为新生代农民工禀赋资源资本的一个现实指标。

指标值设定：本书将认为所在乡镇交通条件比较便利的新生代农民工赋值为1，将认为所在乡镇交通条件一般的新生代农民工赋值为0.5，将认为所在乡镇交通条件不便的新生代农民工赋值为0。

计算结果：通过计算川黔渝地区新生代农民工该项指标得分为0.63。

7. 所在县域资源条件（Resource Conditions of the County，RCC）

指标解释：所在县域资源条件是创造非农就业机会的可能条件，其经济开发程度反映该县域的经济发展水平，有利于各类资源的实现集聚发展和规模效应，同样有利于新生代农民工返乡就业，故将其作为新生代农民工资源资本的显性指标。

指标值设定：本书把县域经济发展水平作为衡量所在县域当前资源条件的指标，这是从便于比较分析的角度考虑的，当然可能还有更好的指标，但需要一系列的统计和核算。故，本书将认为所在县域经济发展水平“较富裕”、“很富裕”的新生代农民工赋值为1，将认为所在县域经济发展水平“一般”的新生代农民工赋值为0.5，将认为所在县域经济发展水平“比较穷”、“非常穷”的新生代农民工赋值为0。

计算结果：通过计算川黔渝地区新生代农民工该项指标得分为0.55。

同理计算得出资源资本维度U_3得分0.570。

小结：川黔渝地区新生代农民工禀赋之资源资本这一维度总体得分只有0.570，总体分值不高。这说明大多数新生代农民工家庭或所在地经济发展并不发达，因而需要进一步加快发展镇域经济和县域经济，改善交通条件，提高新生代农民工非农就业的经济收入，进而为新生代农民工提供更多的非农就业机会，提高其稳定就业概率。

三 川黔渝地区新生代农民工禀赋的总体评价

新生代农民工禀赋 = 人力资本维度指标得分 × 权重 W_i + 社会资本维度指标得分 × 权重 W_i + 资源资本维度指标得分 × 权重 W_i (3-6)

即川黔渝地区新生代农民工禀赋 = 0.40 × 0.622 + 0.35 × 0.573 + 0.25 × 0.570 = 0.592

总体来说，相对于各指标最优集成值1，川黔渝地区新生代农民工禀赋综合得分为0.592，仅接近于及格线，这一得分说明川黔渝地区新生代农民工整体禀赋并不理想，无论是人力资本、社会资本还是资源资本的都不高，说明提高新生代农民工禀赋需要从多方面入手，同时也说明非农就业难度较大，即使顺利实现就业，其就业质量和就业稳定性也可能比较低。

由于本部分关于新生代农民工禀赋属于探索性研究课题，国内同行少有这方面的研究，因此难以与其他的相关研究进行比较，而且本书所选取的川黔渝地区新生代农民工禀赋各维度评价指标均是结合川黔渝地区实际选取的。关于本部分关于川黔渝地区新生代农民工禀赋总体得分较低，实际上也与川黔渝地区部分农村人均经济社会指标滞后于全国平均水平相关，特别是一些有关民生领域的人均指标，加之川黔渝地区农村贫困人口较多、贫困成因多元化、贫困范围较广，进而影响新生代农民工的主观认识和现实感受，导致某些主观指标影响其禀赋评价较低。

需要说明的是，由于没有专门数据进行分析，本书根据川黔渝地区新生代农民工就业行为的问卷调查数据进行分析，这其中的指标有些是新生代农民工自身的实际数值，也有一些是新生代农民工的主观感性回答，尽管在调查时已向参与调查的调查员说明了各问题各指标的含义和填答标准，但也可能存在问卷调查时解释标准不太统一的情形，这可能在一定意义上影响川黔渝地区新生代农民工禀赋评价的全面性和完整性。然而，对于川黔渝地区新生代农民工就业行为问题来说，我们认为这种调查结果是可信性的，也能说明川黔渝地区新生代农民工非农就业存在的主要问题及其稳定就业的影响因素。

第三节　新生代农民工禀赋与就业行为的关系分析

在此，着重从新生代农民工稳定就业角度分别探讨新生代农民工禀赋的各构成维度与就业行为的关系。

一　人力资本与新生代农民工就业行为的关系

人力资本投资主要有教育、培训、迁移和保健等途径，这些形式的投资最终形成依附于劳动者个体的人力资本，这种人力资本在新生代农民工身上体现为体能、教育、培训等能力束，这些能力束有助于新生代农民工在不同就业环境下形成获得竞争优势及获取劳动收益的经济能力；而就业是新生代农民工获取劳动收益的主要途径，稳定就业是新生代农民工获取可持续性劳动收益的优先途径，是其提升雇佣能力及发展能力的核心途径。因此，人力资本是新生代农民工禀赋的核心，这就形成了人力资本与新生代农民工稳定就业之间的传导机制。从本质上看，新生代农民工禀赋是劳动者人力资本能力的经济化和市场化的体现。稳定就业作为一种追求质量的就业方式，我们认为，新生代农民工禀赋之人力资本能力可通过就业选择决策能力、就业信息分析能力、就业职业适应能力、就业收益评估能力四种能力影响其稳定就业，即人力资本能力通过上述四种能力对新生代农民工稳定就业具有明显的内生作用机制。人力资本禀赋与新生代农民工稳定就业的互动机制如图 3－1 所示。

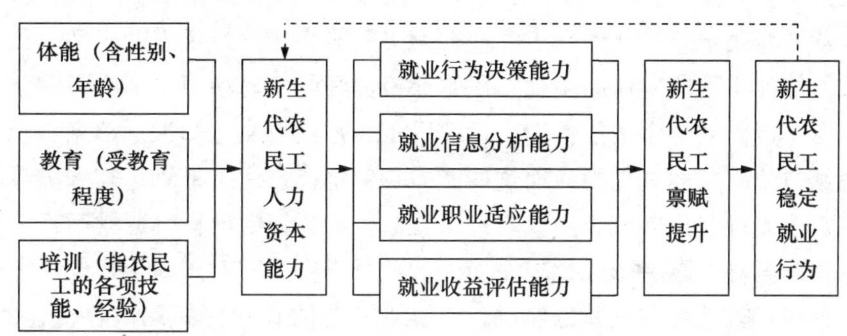

图 3－1　人力资本与新生代农民工稳定就业行为的互动机制

（一）体能与新生代农民工稳定就业行为

体能是人力资本构成的基础要素，健康体能是新生代农民工稳定就业的必备条件。对新生代农民工来说，体能强健与否是其稳定就业的首要影响因素。与老一代农民工及其他的就业群体（如大学毕业生、下岗失业人员）相比，新生代农民工整体上具有体能（体力）的优势，对其从事劳动密集型产业及一些基础行业具有较强的竞争优势。从新生代农民工就业的行业来看，大多数集中在劳动密集型产业及以体力劳动为主的行业，他们因体能因素而具有一定的就业竞争优势，对其稳定就业起着基础性的影响作用，而且他们从事的行业大多是大学毕业生等就业群体不愿从事的行业。故体能对于新生代农民工从事的行业来说无疑是具有竞争优势的。

(二) 教育与新生代农民工稳定就业行为

教育（受教育程度）是人力资本构成的关键要素，是新生代农民工稳定就业的核心条件，尤其是在新生代农民工稳定非农就业的情况下更是如此。从新生代农民工就业的产业或行业来看，至少需要一定的教育素质，具备较高的教育素质尤佳，无论是劳动密集型产业还是其他生产性服务业均如此。

1. 受教育程度决定新生代农民工的就业行为决策能力

按照经济学观点，决策是不确定条件下个体以追求收益最大化为目标进而对其自身行为方式进行优化决策和合理选择的过程，它是一种依据决策主体的辨别力、理解力和处置力等内在能力作用于行为决策，属于个体自我能力。新生代农民工个体就业行为决策能力主要取决于自身受教育水平，即教育决定新生代农民工就业行为决策能力。如果说借助于健康投资形成的体能条件能确保新生代农民工保持良好的生理活力，那么借助于教育投资形成的教育水平能使新生代农民工增强获得文化知识、信息、观念和思维方法等方面的能力，而这些能力是新生代农民工外界认知和决策思维的重要基础，是影响新生代农民工就业行为决策的前提。通常而言，受教育程度越高，越易形成比较全面的就业行为决策。对于新生代农民工来说，他们受其他资本禀赋的制约，其就业行为决策可能短期内是优化的，但长期却是有限的。因此，教育对新生代农民工就业行为决策能力有着较为重要的影响。

2. 教育影响新生代农民工就业信息分析能力

在竞争日益激烈的现代社会中，信息成为一种重要、稀缺而且有价值的竞争资源，全面分析就业信息已成为获得竞争优势的需要和能力，也是进行有效就业决策的必要前提。从这个角度来说，教育水平高低影响新生代农民工就业信息分析能力。对于新生代农民工而言，就业行为决策能力只是为其行为决策的内在心理目标确立和动机形成提供了一种可能，而选择何种方式就业、在何处就业、如何实现稳定就业等，还取决于新生代农民工对外部信息进行获取、处理并转换为行为所需机会的过程。在此过程中，教育起着相当重要的作用。

3. 教育制约新生代农民工的就业职业适应能力

从经济学角度来看，适应能力是指个体对不确定性条件约束下追求收益最大化的自我资源重新配置过程。适应能力与决策能力都是个体面对不确定环境的一种自我能动反映，但适应能力有别于决策能力，适应能力也是个体的一种经济能力。新生代农民工稳定就业是一种在职业形式、生活环境、社会角色等均发生了一定变化的过程。可见，新生代农民工就业职业适应能力是新生代农民工通过非农就业实现职业转换，能否在短时间内适应和胜任稳定就业岗位的要求和就业地生活环境的能力。对新生代农民工而言，非农就业客观上要求他们在经济生活、社会交往、价值观念方面与传统的农业内部就业有一定的变化，他们需要调整其内在决策模式和行为方式，以便更好地适应新的就业环境，否则将会导致他们的就业成本上升及相应的就业收益下降。因此，新生代农民工就业能力也是其实现就业结构转型的基础前提。

一般来说，就业职业适应能力分为职业技能适应能力和职业心理适应能力两个层次的内涵。职业技能适应能力与后面要谈到的"培训"密切相关，是新生代农民工是否具备或能否在尽可能短时间内掌握非农就业所需的必要素质和生产技能，最终适应非农就业岗位的工作要求，这是他们在新就业环境下职业发展的经济能力要求，这只是一种基本生存适应。而职业心理适应能力则是个体深层适应能力，这种深层适应能力要求其内化非农就业领域的各种工作生活方式和观念，在心理上获得认同，在情感上寻求归宿，最终实现心理的完全适应，才真正完成了农村劳动力转移的心理适应过程，这是一种基于社会和心理层面的适应，在完成这种心理适应的条件下，新生代农民工也就实现了身份转变，即由农民向市民的转变。可见，教育使新生代农民工掌握了一定的知识文化基础，使其自身心智模式和学习能力得以提高，进而提升了就业职业适应能力，为其掌握非农就业岗位技能创造了良好的内在条件，而且能够提高新生代农民工认知能力，有利于新生代农民工稳定就业及提高就业质量。

4. 教育直接影响新生代农民工就业收益评估能力

收益最大化是任何经济主体在市场条件下追求的理性决策目标，也是衡量经济主体市场竞争力的主要指标。直接经济收益是新生代农民工选择非农就业的主要影响因素，就业收益最大化也是其选择非农就业的目标之一，而就业收益评估能力则是新生代农民工衡量自身收益是否达到最大化需要具备的能力，是新生代农民工人力资本作用的结果，这种能力影响新生代农民工就业收益评估，进而影响稳定就业。一般来说，教育水平高低影响新生代农民工就业收益评估能力强弱，教育水平越高，则其收益评估能力越强；反之亦然。稳定非农就业是新生代农民工根据其就业行为决策能力做出的理性决策，就业收益评估能力则有利于新生代农民工做出与其禀赋相对应的“满意决策”。只有做出新生代农民工自己的“满意决策”，才有可能实现稳定就业；如果非农就业不是他们自己的“满意决策”，那么也就谈不上稳定非农就业。因此，源自教育水平形成的就业收益评估能力影响新生代农民工就业行为决策，也影响其能否实现稳定就业行为。

总之，教育通过四种能力的中介作用对新生代农民工稳定就业行为产生影响，这是一种基础性的影响力，是培训发挥作用的基础前提，而培训是教育功能的继续或延伸。

（三）培训与新生代农民工稳定就业行为

培训是人力资本构成的核心要素，是延续和拓展人力资本的必要手段。对新生代农民工而言，培训更是其人力资本形成的必要手段，因为他们自身的受教育程度普遍不高，技能培训是提升新生代农民工禀赋必不可少的途径，也是新生代农民工选择非农就业、获取经济收益的主要手段。故，培训对新生代农民工稳定就业行为具有较强的传导作用。通常而言，新生代农民工稳定就业的领域是非农就业，这种就业岗位对职业技能的要求明显高于专营农业，职业技能成为新生代农民工稳定就业的基本前提和充要条件。

1. 培训影响新生代农民工就业行为决策能力

虽然总体教育水平决定新生代农民工就业行为决策能力，但是培训对其就业行为决策的影响同样不可忽视，有时甚至起着同样的决定性作用。新生代农民工就业行为决策涉及很多影响因素，比如个体人力资本、家庭经济收入、家庭成员支持、个人生命周期等禀赋要素，因而新生代农民工个体通过培训获得的劳动技能将影响其就业行为决策。借助培训形成的技能条件使新生代农民工获得某些专业技能，提高了新生代农民工人力资本投资的预期收益率，这可以改变新生代农民工微观决策形式和决策结果，特别是可能改变新生代农民工就业的目标函数和预期收益。可见，新生代农民工通过职业培训、外出务工等途径获得的各项技能能够影响或改变他们的就业决策，在其他条件相同的情况下，培训首先影响新生代农民工就业行为决策能力，进而影响其稳定就业行为。

2. 培训增强新生代农民工就业信息分析能力

农民工外出务工、参与技能培训本身也是一个不断接收信息、识辨信息、分析信息和利用信息的过程，这一过程不仅提高了新生代农民工职业技能，还增强了他们的就业信息分析能力。一般来说，新生代农民工接触的信息特别是一些就业失败的信息越多，就越容易识别各种信息，从中获取有益的就业信息，越有利于做出合理的就业决策。新生代农民工经历了外出务工这一阶段，其工作经验和职业技能有利于增强他们的就业信息分析能力，减少就业不确定性，同时也可能做到稳定就近就业。

3. 培训能够提高新生代农民工就业职业适应能力

培训是农村劳动力外出后初入职场必然经历的步骤或阶段。前面谈到，就业职业适应能力包括职业技能适应能力和职业心理适应能力，培训对新生代农民工职业技能适应能力产生影响，直接提升新生代农民工专业技能，进而塑造成熟的职业心理适应能力。对于多数新生代农民工来说，培训特别是外出就业后的各种专业技能培训使他们掌握一定的非农岗位职业技能，这无疑大大增强了他们的职业技能适应能力。因此，在某种程度上说，培训决定新生代农民工职业技能适应能力，间接影响职业心理适应能力，即培训显著提高了新生代农民工就业职业适应能力，有利于他们适应新的工作场所，同时也有利于他们非农就业后的就业稳定性。

4. 培训影响新生代农民工就业收益评估能力

新生代农民工外出就业期间进行培训，无疑是为了适应就业岗位要求，同时也是看中培训带来的就业收益，伴随就业收益而来的是就业收益分析能力，即培训能够带来多少预期收益的分析评估能力。新生代农民工外出后的职业选择和职业培训，必然会对就业职业及其培训后可能的就业收益进行全面比较，特别是一些持续周期较长、无收入或低收入的职业培训更是如此，当然这种就业收益可能并不是按某一时间段来计算，更多是从较长时间的就业收益来衡量。而且，是否培训本身就是经历就业收益评估所采取的结果，无论是把培训看成是一种成本还是作为一种投资，其培训的最终结果是影响新生代农民工就业收益评估能力。

总之，培训同样是通过四种能力的中介作用对新生代农民工稳定就业行为产生影响，这是一种现实的影响力，培训所起的影响是教育影响的继续或延伸。

可见，人力资本与新生代农民工稳定就业行为是一种相互影响、相互作用的关系。一方面，人力资本不仅影响新生代农民工初始就业阶段，而且还影响初始就业后的工作稳定性，尤其是在新生代农民工就业稳定性方面，人力资本是最关键的影响因素；另一方面，新生代农民工通过稳定就业，积累了一定的工作经验和职业技能，这些经验和技能相应地又提高了新生代农民工人力资本水平甚至资源资本水平，进而有助于维持就业稳定性。从总体上看，人力资本通过就业选择决策能力、就业信息分析能力、就业职业适应能力、就业收益评估能力四种能力影响新生代农民工稳定就业行为，而稳定就业又反过来提升新生代农民工人力资本质量；从相互关系来看，人力资本影响新生代农民工稳定就业行为是这一相互关系的主要方面和基本前提，稳定就业行为提升新生代农民工人力资本是次要方面，是一种衍生的互动结果。

二　社会资本与新生代农民工就业行为的关系

人力资本对新生代农民工稳定就业行为的影响显而易见，而社会资本对新生代农民工稳定就业行为也有其相应的影响。每一行为个体总是依存于某一特定的“场域”，即行为个体在“场域”中获取和交换社会资本以实现其特定的行为目标。

新生代农民工自经历多次的“外出”、“回流”……“再外出”、“再回流”等一系列“场域”转换后，原有的社会资本也相应地伴随这一转换过程而变换。为了实现稳定非农就业，新生代农民工在“场域”转换过程中需要运用他们所掌握的社会资本。社会资本作为新生代农民工禀赋的构成要素，能够降低新生代农民工非农就业的工作搜寻成本、非农就业概率和重复流动成本，对新生代农民工稳定就业和增加收入具有明显的外生传导机制。鉴于稳定就业行为的特征，新生代农民工禀赋之社会资本能力通过就业信息获得能力和就业过程支持能力影响其稳定就业行为。社会资本通过上述两种能力的中介作用影响新生代农民工稳定就业行为的传导机制，如图 3 - 2 所示。

（一）社会资本、就业信息获取能力与新生代农民工稳定就业行为

就业信息获取能力是新生代农民工在实现稳定非农就业过程中获取多元化就业信息的能力。获取就业信息是非农就业的第一步，社会资本在新生代农民工获取就业信息方面的作用优势明显。一般来说，新生代农民工获取就业信息的渠道首先是基于血缘、姻缘、地缘、友缘等支持群体的就业信息，这属于“强关系”型的社会关系网络，这一渠道的就业信息能

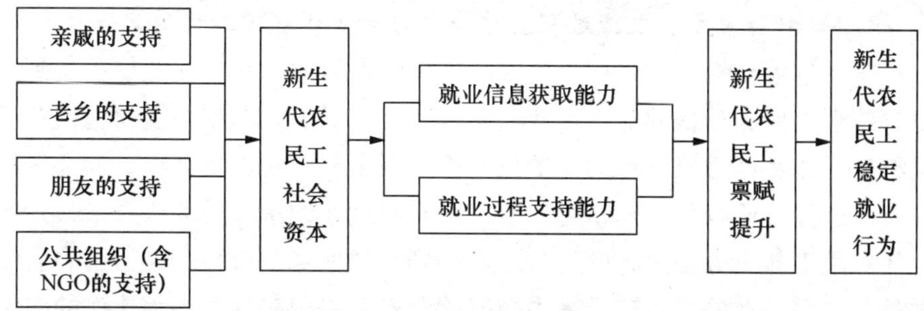

图 3－2　社会资本与新生代农民工稳定就业行为的传导机制

使新生代农民工感到就业心理成本最小；其次是所在村（居）委会的就业推荐、政府相关部门促进就业的政策信息，这属于“弱关系”型的社会关系，对新生代农民工非农就业起着指导作用。其中，新生代农民工的人际关系网络对获取就业信息的重要性高于其他方面，是新生代农民工就业信息的首要来源渠道，而村（居）委会的就业推荐具有不特定性、政府的就业政策信息具有普遍性。为此，彭文慧认为，“基于社会关系的社会资本为农民工带来的就业信息是政府、劳动中介组织以及大众传媒所无法提供的，它不需要农民工额外的成本付出，从而成为农民工就业的最为主导的力量。”①就新生代农民工而言，他们的社会资本在促进非农就业方面的作用同样如此。

通常，新生代农民工非农就业信息来源渠道与其就业稳定性之间存在着一定的关联性。就获取就业信息来源的有效性来说，来自公共组织的就业信息有效性明显高于来自其他支持渠道的就业信息，这是由公共组织本身属性所决定的，而且通过这种信息实现非农就业的，其就业稳定性和就业权益保障明显高于其他渠道的就业信息。获取就业信息之后，新生代农民工需要通过就业信息分析对各类就业信息进行全面的成本—收益分析，从而做出最有利的就业决策，这一决策也是就业稳定性较强的就业决策。可见，新生代农民工就业信息获取能力主要取决于新生代农民工的人际关系网络，尤其是社会网络密度，而来自公共组织的就业信息实现稳定就业行为的可能性最强。因此，社会资本制约着新生代农民工就业信息获取能力，就业信息来源渠道影响新生代农民工实现稳定就业的可能性。

---

① 彭文慧：《社会资本对返乡农民工就业的促进机制与政策建议》，《农村经济》2011 年第 12 期，第 99—101 页。

（二）社会资本、就业过程支持能力与新生代农民工稳定就业

就业过程支持能力是新生代农民工在非农就业过程中就业权益受到侵犯时获得支持和帮扶的能力。此处的新生代农民工就业权益主要包括劳动报酬权、休息休假权、劳动保护权、安全卫生权、技能培训权、社会保障权等，这些就业权益既是新生代农民工非农就业的基本劳动权益，又是新生代农民工外出务工过程中经常未能得到有效保障的权益。根据已有研究文献，农民工在外出务工过程中遭遇就业权益侵犯时，相当大比例的农民工选择的初始求援对象是他们的亲朋和老乡等“强关系”型社会资本，政府基层组织几乎是农民工最后的求助对象。新生代农民工实现非农就业后，相应的社会关系网络逐渐调整和健全，这些社会资本必然形成新的社会支持体系。这些社会支持体系可分为两类：一类是微观支持体系，主要是来自亲戚、老乡和朋友的支持，新生代农民工从不同的社会关系网络中获得的支持强度不同，“强关系”型的社会群体给予的支持强度更大；另一类是宏观支持体系，主要来自新生代农民工自治组织、NGO 组织、基层政府部门以及社区，这类支持体系具有组织化、正式化的优势，新生代农民工从这类支持体系中获得帮扶，能够增强其权益保护的组织化程度，维护和保障新生代农民工就业权益。

从新生代农民工稳定就业内涵来看，“强关系”型社会资本所起的作用应逐渐让位于“弱关系”型社会资本，这是新生代农民工社会资本的演进趋势，因为“弱关系”型社会资本的就业过程支持能力更有利于帮扶和解决新生代农民工非农就业过程中面临的各种劳动关系问题，从而促进和实现新生代农民工稳定就业行为。因此，不同类型的社会资本对新生代农民工就业过程支持能力的影响力各不相同，所起的影响和效果也不相同。

总之，社会资本对新生代农民工非农就业起着就业信息供给和就业过程支持的作用，通过就业信息和就业支持的作用推动新生代农民工稳定就业行为。据此认为，新生代农民工社会资本与其稳定就业行为之间存在着一种不可逆的单向过程，即社会资本影响和推动新生代农民工稳定就业行为，而稳定就业对新生代农民工的影响主要体现在增加经济收入、减少多次流动成本、提高就业质量等与新生代农民工直接相关的经济效益和社会效应。当然，在某种程度上说，稳定就业行为也可以稳定和拓宽新生代农民工“强关系”型社会资本，而稳定就业时间越长，“弱关系”型社会资本对新生代农民工就业质量的影响越深，“强关系”型社会资本对新生代农民

工就业质量的影响越小，而对新生代农民工其他方面的影响依然存在。

三　资源资本与新生代农民工就业行为的关系

与人力资本和社会资本不同，资源资本大多不是建立在新生代农民工个人资本基础上的，主要是个人所在家庭及社区、区域的就业相关要素或外部资源条件，而且资源资本对新生代农民工就业行为决策的影响比较显著。根据前面对资源资本内涵及指标选择的分析，在此，本书将月均经济收入变化、家庭人均耕地面积和可支配经济资源统归为家庭经济资源，这直接影响新生代农民工就业地选择；把家庭与最近乡镇驻地的公里数和家庭与最近工业园区驻地的公里数划归家庭区位条件；所在乡镇的交通条件即为居住地交通条件，所在县域的资源条件即新生代农民工所处区域的矿产资源条件。为了更好地分析资源资本对新生代农民工稳定就业行为的影响机制，本书用经济资源支持能力、非农就业区位条件、就业岗位供给能力三个中介因素来分析新生代农民工资源资本与稳定就业行为之间的关系，相应的影响机制如图 3－3 所示。

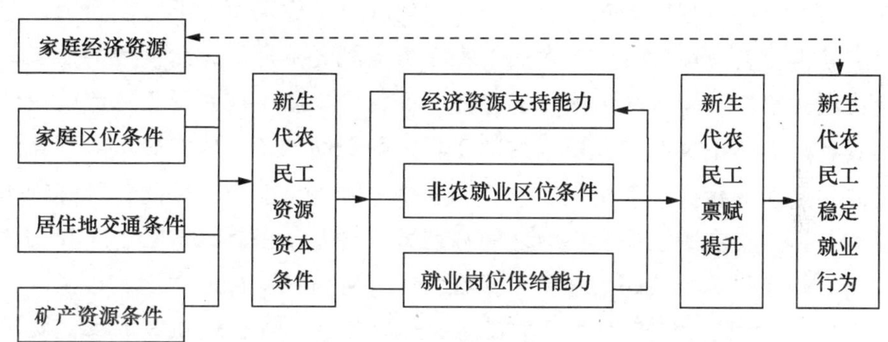

图 3－3　资源资本对新生代农民工稳定就业行为的影响机制

（一）家庭资源资本、经济资源支持能力与新生代农民工稳定就业行为

一般来说，新生代农民工家庭资源资本（如人均占有耕地、家庭可支配经济资源等）越多，其对新生代农民工就近就业吸引能力就越强；反之亦然。事实上，家庭资源资本与新生代农民工就近就业之间需要经历许多较为复杂的环节，家庭资源资本本身并不直接产生就业岗位，但可以影响新生代农民工就业选择。如果家庭资源资本丰厚，新生代农民工可以有更多时间更多渠道搜集、分析和比较就业信息，然后再进行就业行为决

策选择。这种选择首先是选择继续外出务工就业还是就地就近就业；如果选择外出就业，就涉及在家乡外多远的空间就业，是选择地级市、省会城市、省外城市还是其他区域；如果选择就地就近就业，同样也存在就业地点的选择问题，是所在地乡镇还是产业园区，这同样涉及就业产业部门的问题；如果是选择所在乡镇就业，还涉及做什么工作的问题，是继续务农、自主创业还是就地非农就业，这些选择均与资源资本（或家庭禀赋）有着密不可分的联系。

新生代农民工非农就业选择受包括资源资本在内的多种因素影响，比如人均土地面积及其可支配经济资源等家庭资源资本，若这类资源拥有量大，则可接受的择业时间较长，选择理性就业的可能性较大，因为经济动因的影响力减弱使新生代农民工出于“志在四方”的考虑而可能会选择外出务工就业。在这种不断选择过程中，新生代农民工家庭资源资本是其一个重要的影响因子，即经济资源支持能力影响新生代农民工就业选择，经济资源支持能力强，选择外出务工就业的可能性比较大，而且实现稳定就业的可能性也相应提高。另外，新生代农民工稳定就业不仅使新生代农民工获得了就业经济收入、增加了家庭可支配经济资源，而且也增加了新生代农民工城市融入和市民化的可能性。可见，新生代农民工稳定就业行为具有较强的正外部性，稳定的就业收入既能增加新生代农民工家庭经济资源，又能变相提高新生代农民工的经济资源支持能力。因此，家庭资源资本与新生代农民工稳定就业之间存在着一种互动机制，即二者之间相互作用、相互影响，共同增强新生代农民工经济资源支持能力。

（二）居住地资源资本、非农就业区位条件与新生代农民工稳定就近就业

居住地资源资本包括新生代农民工家庭区位条件、所在乡镇交通条件等外部因素，这类资源资本的主要作用在于影响新生代农民工能够在多大范围内选择就业。交通基础设施便捷程度能够推动劳动力区域流动和经济格局变化，这是世界各国普遍认同的事实，也是影响新生代农民工就业选择的一个因素。

一般来说，家庭区位条件越差，农村劳动力向外流动的“推力”越强，就越易向外流动；家庭区位条件越好，劳动力流动的“推力”减弱，而“拉力”增强，就越易选择就地就近就业。如果考虑交通条件和其他资源资本因素，那么交通条件便捷和其他资源资本丰富的区域，新生代农

民工更易于选择外出务工就业，因为这一代农民工由于经济动因外出的动力减弱，而外出长见识、寻求发展机会的动力增强了。当然，在新生代农民工群体中年龄较长的那一部分可能选择返乡就地就业，因为对这些年长的新生代农民工来说，已经历了务工洗礼、大多已经成家，家庭照料因素使其不得不选择就地就近就业，而且少数新生代农民工可能依靠外出务工就业积累的资源禀赋而返乡自主创业，这在中西部地区也渐成“星星之火”之势。新生代农民工就业行为选择是一个综合各种条件的行为决策，就业区位条件是新生代农民工就业选择的一个重要影响因素。如果居住地区位条件好，那么新生代农民工越易做出理性就业选择，再加之其他资源资本条件，他们实现稳定就业的可能性就越强。因此，居住地资源资本、非农就业区位条件与新生代农民工稳定就业之间形成一种单项的影响机制。

就川黔渝地区的地理条件来说，就业区位条件是新生代农民工非农就业选择的重要考量指标。川黔渝地区大多数农村地区尤其是少数民族聚集的农村地区位于山地区域，自然地理条件相对较差，外出务工的农村劳动力较多，故因各种原因返乡的农民工也多。对于川黔渝地区新生代农民工来说，非农就业选择的最大可能是外出务工就业，通过外出就业积累一定的资本禀赋（包括资金、技术、人脉等），然后返乡在县城或乡镇从事其他非农业、副业或自主创业。如果要推动新生代农民工返乡稳定非农就业，需要根据所在县域及周边区域利用当地的自然资源进行产业开发和引资开发，拓宽产业幅，创造就业创业机会，吸引新生代农民工返乡就业创业。

（三）县域资源资本、就业岗位供给能力与新生代农民工稳定就业行为

产业发展是就业促进之本。新生代农民工稳定就业的根本落脚点是要有合适的就业岗位，就业岗位的创造源于区域经济尤其是县域经济发展，而区域经济发展主要依赖于产业发展、特别是二、三产业发展。当前，国际国内正处于产业转移的战略调整期，国际产业正在向发展中国家或新兴国家转移，国内产业转移主要表现在东部地区向中西部地区转移，中央政府在中西部地区批准设立了6个国家级承接产业转移示范区，产业梯度转移趋势将会愈演愈烈。

良好的县域经济环境和就业机会是新生代农民工就业选择的前提。为此，包括川黔渝地区在内的中西部地区各级政府应及时抓住承接产业转移机遇，充分利用本地资源资本（主要是企业资源和矿产资源），做足做实

产业发展的基础条件，大力发展劳动密集型产业及其配套产业链，积极发展第三产业，扶持和发展中小企业，推动产业集聚，创造更多的非农就业机会，提高区域就业岗位供给能力，增加新生代农民工非农就业选择范围，引导劳动力人口实现人口集聚，进而通过产业和人口的集聚实现城镇发展，逐步使产业结构与就业结构同步协调发展；同时，实施积极的就业促进政策，创建良好的就业创业环境，推动新生代农民工返乡就地就业创业，提高就业质量和就地市民化水平。因此，县域资源资本、就业岗位供给能力与新生代农民工稳定就业行为之间具有一致性，也是一种单项的影响机制。

总之，从总体影响程度来说，人力资本对新生代农民工稳定就业行为的影响高于社会资本和资源资本的影响，新生代农民工自身的综合能力才是稳定就业行为的主要影响因素；其次是社会资本的影响，其主要作用是提供多元化就业信息、为合法就业权益保护提供支持，为新生代农民工稳定就业行为提供社会支持体系；资源资本的影响主要是通过承接产业梯度转移加大资源开发力度，创造更多的非农就业岗位信息，从而促进更多的新生代农民工稳定非农就业。可见，新生代农民工禀赋与稳定就业行为之间是一种正相关关系，即禀赋越强，越能实现稳定就业行为；反之亦然。从内外影响条件来看，新生代农民工禀赋与稳定就业行为之间有着紧密的关联性，人力资本是内因，社会资本和资源资本是外因，即人力资本是新生代农民工稳定就业行为的内生变量，社会资本和资源资本是新生代农民工稳定就业行为的外生变量，三者共同影响和促进新生代农民工稳定就业进程（见图 3－4）。

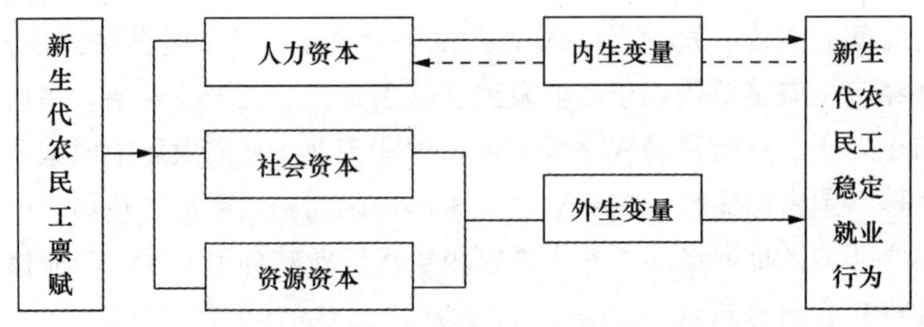

图 3－4　新生代农民工禀赋与稳定就业行为的关系

注：实线表示主要影响，虚线表示次要影响。

第四章　新生代农民工就业行为分析：以川黔渝地区为例

个体的行为选择受动机的支配和引导，个人行为是在一定动机诱引下为实现某一特定目标而采取的决策和选择并付诸行动的过程。新生代农民工就业行为是新生代农民工在一定的就业动机驱使下，选择从事非农行业或返乡就业的地点、时间、方式等行动结果。本章主要从新生代农民工和新生代返乡农民工两大群体方面来分析其就业行为的现状；同时，为了更突出新生代农民工就业行为，在此主要从代际差异角度分析两代农民工的就业行为。

第一节　农民工流动与就业现状分析

一　农民工区域流动就业的基本特征

农民工区域流动就业一般指异地就业，即农村劳动力跨县、跨省的流动和就业。随着我国农民工规模越来越大，2014 年全国农民工总量为 2.74 亿人，其中外出农民工 1.68 亿人，本地农民工 1.06 亿人。[①] 农民工区域流动就业呈现新的特点：

1. 中西部地区农民工跨区域流动规模所占比例有所增加

从输出地看，农民工跨区域流动趋势仍呈持续增长趋势，中西部地区农民工跨区域流动规模所占比重逐年增加。2014 年，中西部地区外出农民工为 1.18 亿人，占外出农民工的比例为 70.3%；2009—2014 年期间，中西部地区外出农民工所占比例稳步增加，2009 年外出农民工所占比例

① 本部分有关农民工数据根据 2009—2014 年度全国农民工监测调查报告的相关数据整理而来。如无特殊注明，本部分数据均来源于此。

为68.1%，2014 年所占比例约为70.3%，2014 年比2009 年增加2.2 个百分点，这一增一减是在农民工流动规模持续增长态势下变化的。

2. 中西部地区吸纳农民工外出就业所占比例稳步增长

总体上看，全国外出农民工就业仍以东部地区为主，中西部地区吸纳外出农民工就业的能力稳步提升。随着区域产业转型加速、宏观经济政策拉动和区域经济发展格局变化，中西部地区对农村劳动力就业吸纳能力逐渐增强而成为区域内农民工就业的首选地，农民工就业格局也发生了一定幅度的变化。如 2008 年在中西部地区就业的外出农民工所占比重为28.6%，2013 年则上升到35.4%，比2008 年增加了6.8 个百分点。随着农民工流动规模增长，在中西部地区就业的外出农民工将会继续增加，其所占比例相应地也会逐渐提高，这与我国区域经济发展和产业转型的总体趋势基本一致。需要说明的是，2009 年在中西部地区务工的外出农民工所占比例为37.2%，这主要是因为东部地区受始于2008 年年底国际金融危机影响，国际大宗产品需求减弱导致农民工“返乡潮”，并影响了2009年外出农民工向东部地区流动的规模，这是国际经济波动影响我国农民工区域流动的表现之一。随着经济形势逐渐好转和外需开始增加，流向东部地区的外出农民工人数又明显高于2009 年的相应比例，如2010 年在东部地区务工的农民工占比为66.9%，在中西部地区务工的农民工占比为32.8%；2011 年在东部地区务工的农民工占比为65.4%，在中西部地区务工的农民工占比为34.3%；2012 年在东部地区务工的农民工占比为64.7%，在中西部地区务工的农民工占比为35%。

3. 以省外就业为主的外出农民工总体就业格局已经改变

就全国范围来看，2011 年外出农民工省内就业所占比例为52.9%，首次超过省外就业，2012—2014 年延续这种趋势，改变了多年来外出农民工省外就业比例大于省内就业比例的格局（见表4－1）。分区域来看，东部地区外出农民工主要以省内就业为主，基本呈稳定态势，向中西部地区流动不高，“2013 年东部地区跨省流出农民工882 万人，72.6%仍在东部地区省际间流动”①；中部地区农民工主要以省外就业为主，2014 年省外就业所占比例为62.8%，而省内就业已呈逐年增加的趋势，2014 年达

① 国家统计局住户调查办公室：《2013 年全国农民工监测调查报告》，蔡昉等：《中国人口与劳动问题报告 No.15 面向全面建成小康社会的政策调整》，社会科学文献出版社2015 年版。

到37.2%，比2008年增加了8.2个百分点；西部地区农民工省外就业呈逐年递减趋势，2014年省外就业所占比例为53.9%，而省内就业逐年上升，2014年占46.1%，比2008年增加了9.1个百分点。可见，一方面，中西部地区吸纳外出农民工省内就业能力逐渐增强；另一方面，在跨省流动的外出农民工中，仍以流向东部地区为主，尤其是中部地区外出农民工的流向更是如此，这主要是中部地区在地理区位、交通基础设施等方面相对西部地区的比较优势使然。以2013年为例，“在跨省流动农民工中，流向东部地区6602万人，占85.3%；流向中西部地区1068万人，占13.8%”。[①] 而且，从流向分布来看，2014年，跨省流动外出农民工流向分布依次为地级市（40.2%）、省会城市（22.7%）、小城镇（22.1%）和直辖市（14.1%），而全部外出农民工流向分布依次是小城镇（34.9%）、地级市（34.2%）、省会城市（22.4%）和直辖市（8.1%），可见，跨省流动外出农民工流向分布具有自身的特点。

表4-1　2008—2014年不同地区外出农民工在省内外务工的分布　　单位:%

地区	2008年		2009年		2010年		2011年		2012年		2013年		2014年	
	省内	省外	省内	省外	省内	省外	省内	省外	省内	省外	省内	省外	省内	省外
东部地区	79.7	20.3	79.6	20.4	80.3	19.7	83.4	16.6	83.7	16.3	82.1	17.9	81.7	18.3
中部地区	29.0	71.0	30.6	69.4	30.9	69.1	32.8	67.2	33.8	66.2	37.5	62.5	37.2	62.8
西部地区	37.0	63.0	40.9	59.1	43.1	56.9	43.0	57.0	43.4	56.6	45.9	54.1	46.1	53.9
全国	46.7	53.5	48.8	51.2	49.7	50.3	52.9	47.1	53.2	46.8	53.4	46.6	53.2	46.8

资料来源：根据2009—2014年度全国农民工监测调查报告的相关数据整理。

4. 区域间农民工务工收入差距不断缩小

外出农民工务工收入增长较快，但区域间名义务工收入差距不断缩小。2012年外出农民工月均收入为2290元，比2008年增加了950元，增长了70.9%；而且，农民工区域间务工收入差距有所减少，2008年东部地区农民工月收入比中部地区高77元、比西部地区高79元，到2012年，东部地区农民工月收入比中部地区高29元、比西部地区高60元。可见，

① 国家统计局住户调查办公室：《2013年全国农民工监测调查报告》，蔡昉等：《中国人口与劳动问题报告No.15　面向全面建成小康社会的政策调整》，社会科学文献出版社2015年版。

区域间外出农民工名义务工收入差距在缩小。2013 年外出农民工月均收入为 2609 元，增长了 13. 9%，而从各区域外出农民工从业行业及各行业收入水平来看，难以观察出区域间收入差距有逆转和扩大的趋势，据此，我们假定区域间外出农民工月均收入差距没有变化。而从全部农民工收入来看，“在东部地区务工的农民工人均月收入 2966 元，比上年增加 273 元，增长 10. 2%；在中部地区务工的农民工人均月收入 2761 元，比上年增加 227 元，增长 9%；在西部地区务工的农民工人均月收入 2797 元，比上年增加 246 元，增长 9. 6%。”[①] 由此可见，在东部地区务工月均收入比中部地区、西部地区分别高 205 元和 169 元。然而，如果考虑外出农民工跨区域流动的外出成本和生活成本，中西部地区农民工在东部地区月均收入不具有经济层面的优势，这间接说明中西部地区农民工省内就业呈现逐年递增的原因，“在中西部就业机会增加的情况下，农民工更倾向选择就近就业，这也是当前农民工流动格局变化的一个主要原因”。[②]

综上可知，随着产业转型升级及向中西部地区梯度转移，在各方利益博弈和比较优势的影响下，中西部地区外出农民工有可能选择在本地就业或返乡“回流”。事实上，中西部地区外出农民工返乡并不是一个新生事物，返乡农民工群体初步形成于 20 世纪 90 年代，至 21 世纪初渐成规模，且这一规模仍处于增长趋势，这无疑对东部地区产业转型形成一种倒逼态势，推动产业转型升级过程，进而促进农民工区域流动行为。

二　川黔渝籍农民工就业行为的现状分析

为了充分说明农民工流动与就业的现状，课题组在 2013 年 1—2 月利用大学生（研究生）假期社会实践机会，按照随机原则选择四川、重庆和贵州三省市籍农民工进行问卷调查，共发放调查问卷 2200 份，回收了 1969 份，问卷回收率为 89. 5%，剔除填写基本信息不完整和填写错误的问卷，实际有效问卷 1782 份（其中四川籍农民工发放问卷 1150 份，有效样本数 886 份；贵州籍农民工发放问卷 600 份，有效样本数 495 份；重庆籍农民工发放问卷 450 份，有效样本数为 401 份），有效样本占回收调查问卷的有效率 90. 5%。有效样本数基本信息见表 4 - 2。

① 国家统计局：《2014 年全国农民工监测调查报告》，国家统计局网站，2015 - 04 - 29。

② 国家统计局住户调查办公室：《2012 年全国农民工监测调查报告》，蔡昉等：《中国人口与劳动问题报告 No. 14　从人口红利到制度红利》，社会科学文献出版社 2013 年版，第 1—15 页。

表 4-2　　被调查农民工基本信息表　　单位：人,%

性　别			婚姻状况		
男	1239	69.5	未婚	514	28.8
女	543	30.5	已婚	1223	68.6
教育程度			离异或丧偶	45	2.6
文盲半文盲	113	6.3	代　际		
小学	548	30.8	新生代农民工	998	56.0
初中	761	42.7	老一代农民工	784	44.0
高中	256	14.4			
大专及以上	104	4.7			

资料来源：《川黔渝籍农民工流动与就业现状调查》，2013 年 1-2 月。

从表 4-2 来看，川黔渝籍农民工性别结构以男性为主，婚姻状况以已婚为主，教育程度以初中为主，代际以新生代农民工为主，这符合我国外出农民工的基本特征（2013 年，外出农民工中新生代农民工与老一代农民工分别为 10061 万人、6549 万人，占比分别为 60.6% 和 39.4%），说明本次调查数据具有一定的代表性，可用以说明农民工尤其是外出农民工流动就业现状。为了更好地分析当前农民工流动就业现状，本书将历年我国农民工调查监测报告和本次问卷调查数据配合使用，相互补充，相互完善。

（一）农民工基本特征

1. 性别年龄特征

从性别及年龄特征来看，农民工以男性为主，年长农民工比重逐年增加。2014 年，“在全部农民工中，男性占 67.0%，女性占 33.0%。其中，外出农民工中男性占 69.0%，女性占 31.0%；本地农民工中男性占 65.1%，女性占 34.9%。”① 分年龄段看，农民工以年龄较长的老一代农民工为主，“16—20 岁占 3.5%，21—30 岁占 30.2%，31—40 岁占 22.8%，41—50 岁占 26.4%，50 岁以上的农民工占 17.1%。调查资料显示，40 岁以下农民工所占比重继续下降，由 2010 年的 65.9% 下降到 2014

① 国家统计局：《2014 年全国农民工监测调查报告》，http：//www.stats.gov.cn，2015-04-29。

年的56.5%，农民工平均年龄也由35.5岁上升到38.3岁”。[①] 需要说明的是这一年龄特征变化主要是受“本地农民工”增加的影响。尽管每年新增农村劳动力大部分会加入到流动就业的农民工行列，尤其是加入到异地就业的外出农民工行列中，但年龄结构的这一变化，也说明我国农民工“无限供给”的现状在改变，各个地区年轻劳动力供给态势呈减少态势，这与我国“少儿人口”（即0—14岁）在1996年达到峰值密切相关，将直接影响到各地的人口结构及其产业发展。

2. 婚姻特征

从婚姻状况来看，家庭对农民工空间流动有很大的影响。2011年，已婚农民工占73.4%，其中，“本地农民工”已婚者占90.2%，远高于“外出农民工”已婚者58.2%的比例，这主要是由于“本地农民工”平均年龄高出“外出农民工”12岁，“本地农民工”中40岁以上的占60.4%，而“外出农民工”40岁以上的仅占18.2%。[②] 前述的问卷调查数据也同样表明了农民工以已婚为主的这一特征（见表4-2）。这反映了已婚、年纪较大的农民工更倾向于就近就业，大龄农民工不仅外出缺乏竞争力，而且需要照顾家庭，这使得他们的外出积极性减弱。相比较而言，“外出农民工”年龄结构较轻，大多数属于新生代农民工，他们与其父辈相比，更加看重自己未来的发展，注重体面的就业发展机会；而且，他们大多数都是从学校毕业后就近务工，基本没有农事经历，对他们来说，产业转型也不大可能返乡务农，更有可能的是随产业转型而区域流动或返乡非农就业。

3. 文化素质特征

从文化程度来看，农民工以初中文化程度为主，2011年，“30岁以下青年农民工”和“外出农民工”文化程度相对较高。在农民工中，文盲占1.5%，小学文化程度者占14.4%，初中文化程度者占61.1%，高中文化程度者占13.2%，中专占4.5%，大专及以上占5.3%。“外出农民工”和“30岁以下青年农民工”中初中及以上文化程度分别占88.4%和93.8%（见表4-3）。“外出农民工”受教育水平明显高于本地农民工，

---

① 国家统计局：《2014年全国农民工监测调查报告》，http://www.stats.gov.cn，2015-04-29。

② 国家统计局：《2011年我国农民工调查监测报告》，http://www.stats.gov.cn，2012-04-27。

“30岁以下青年农民工”（属于新生代农民工群体）受教育水平最高，也是最具发展潜力的农民工群体，这说明随着市场经济逐步完善，高素质农村人力资源流动性在增强，这为我国区域经济结构调整、区域产业转型升级创造了有利条件，而且，“30岁以下青年农民工”文化素质较高也符合产业转型对从业人员素质的要求。

表4-3　2011年农民工文化程度构成　单位:%

	全部农民工	本地农民工	外出农民工	30岁以下青年农民工
不识字或识字很少	1.5	2.1	0.9	0.3
小学	14.4	18.4	10.7	5.9
初中	61.1	59.0	62.9	59.8
高中	13.2	13.9	12.7	14.5
中专	4.5	3.2	5.8	8.6
大专及以上	5.3	3.4	7.0	10.9

资料来源：国家统计局：《2011年我国农民工调查监测报告》，http：//www.stats.gov.cn，2012年4月27日。

4. 外出务工时间

从外出务工时间来看（见表4-4），外出2—5年的农民工比较多，占38.1%，其次是外出5—10年的，占27.1%，再次是外出2年以下的，占18.1%，还有13.6%的农民工已经外出务工10年以上了，这说明被调查农民工大部分外出时间都比较长，且随年龄增长外出时间也越长。从务工方式来看，课题组调查数据表明，67.5%的被调查者是专职务工，19.9%的被调查者是打零工，兼职务工的占8.0%，这一数据说明2/3的农民工专职务工，他们的就业稳定性越强，相应地，其收入就越有保障。当然，还有一定比例的农民工是打零工，说明他们的就业稳定性和雇佣质量有待提高，是需要关注的就业群体。

表4-4　川黔渝籍农民工外出务工时间

外出时间（年）	频率	百分比（%）	累计百分比（%）
$t<2$	322	18.1	18.1
$2\leqslant t<5$	679	38.1	56.2
$5\leqslant t<10$	483	27.1	83.3

续表

外出时间（年）	频率	百分比（%）	累计百分比（%）
10≤t<15	154	8.6	91.9
t≥15	89	5.0	96.9
缺失值	55	3.1	100.0
合计	1782	100.0	

资料来源：《川黔渝籍农民工流动与就业现状调查》，2013 年 1 –2 月。

（二）农民工就业行为现状

1. 就业行业分布

农民工外出就业的主要目的是务工经商，就业率较高，已成为城市劳动力市场的重要组成部分。从就业行业来看（见表4 –5），农民工从业仍以制造业和建筑业为主，其中建筑业的比重明显提高。农民工就业行业以从事制造业的比重最大，这是东部地区需要区域产业转型的主要行业，2014 年占比为 31.3%，比 2008 年降低了 5.9 个百分点；其次是建筑业，占 22.3%，比 2008 年提高了 8.5 个百分点，这与近几年来加强基础设施建设和城镇化快速发展密切相关。第三产业所占比重有所增加，其中 2014 年批发和零售业占 11.4%、住宿和餐饮业占 6.0%，分别比 2008 年增加了 2.4 个百分点和 0.5 个百分点，交通运输、仓储和邮政业变化不大，居民服务、修理和其他服务业则下降了 2 个百分点，这些产业也会随着制造业的转型而实现产业集聚，进而吸纳农民工流动与就业。从 2008—2014 年农民工从事行业的数据来看，变化比较明显的是建筑业，从事制造业的比重则趋于下降，这说明制造业作为吸纳农民工就业主要行业的地位短期内不会发生变化，更有可能变化的是不同地区制造业吸纳农民工就业的能力变化以及不同地区农民工在制造业就业的比重变化。另外，农民工就业行业主要是制造业、建筑业等，这些行业易受经济下行风险的影响，其就业和收入状况具有不稳定性，相应的劳动权益保护就成为需要重点加强的环节。

表 4 –5　　2008—2014 年农民工从事的主要行业分布　　单位:%

	2008 年	2009 年	2010 年	2011 年	2012 年	2013 年	2014 年
制造业	37.2	36.1	36.7	36.0	35.7	31.4	31.3
建筑业	13.8	15.2	16.1	17.7	18.4	22.2	22.3

续表

	2008 年	2009 年	2010 年	2011 年	2012 年	2013 年	2014 年
交通运输、仓储和邮政业	6.4	6.8	6.9	6.6	6.6	6.3	6.5
批发和零售业	9.0	10.0	10.0	10.1	9.8	11.3	11.4
住宿和餐饮业	5.5	6.0	6.0	5.3	5.2	5.9	6.0
居民服务、修理和其他服务业	12.2	12.7	12.7	12.2	12.2	10.6	10.2

注：1. 2008—2012 年数据来源于 2012 年全国农民工调查监测报告；2. 2013—2015 年数据来源于 2014 年全国农民工调查监测报告。

从课题组的调查数据（见表 4－6）来看，被调查的农民工从事过制造业（占总样本数的 45.2%）、建筑业（占 42.5%）相对较多，与前述的就业行业分布大致相似，其次是住宿和餐饮业（21.5%），其他的如交通运输业（占 14.4%）、个体户（占 11.1%）、采掘业（占 8.4%）、家政业（占 5.2%）相对少一些。从他们从事这些行业的原因来看，大多数比较认同的原因是文化水平、技术要求低（990 人次，占总样本的比例为 55.6%），其他主要原因依次是懂从业行业方面的知识（770 人次，占 43.2%）、工资高（623 人次，占 35.0%），而工作很轻松、有利自身知识能力结构发展、有益身心健康、培训学习机会多等原因可以看作是少数农民工从业的原因。从这两点可以看出，文化素质和技能欠缺成为农民工外出就业的“瓶颈”。

表 4－6　　被调查农民工从事过的行业分布

行业	频次	占总样本的比例（%）
制造业	806	45.2
建筑业	757	42.5
住宿和餐饮业	384	21.5
交通运输业	256	14.4
个体户	197	11.1
采掘业	149	8.4
家政业	93	5.2
其他	197	11.1

资料来源：《川黔渝籍农民工流动与就业现状调查》，2013 年 1－2 月。

从农民工在不同地区的产业分布（见表4－7）来看，2014年在东部地区务工的农民工以第二产业为主，占61.2%，比2013年上升了0.1个百分点，中、西部地区则分别为52.5%和47.1%，比2013年下降了0.3个百分点和0.5个百分点；2014年在中、西部地区务工的农民工第三产业就业比例比2013年有所上升，分别提高了0.4个百分点和0.6个百分点。可见，不同地区农民工就业的产业分布也不一致，这主要是与各个地区产业发展水平密切相关，东部地区因承接国际产业转移，故以制造业为主的第二产业比较发达，吸纳了较多的农民工就业。随着我国产业转型，劳动密集型产业从东部地区向中、西部地区转移，农民工在不同地区就业结构将呈现区域性变化。

表4－7　2013—2014年分地区的农民工产业分布　单位：%

	东部地区		中部地区		西部地区	
	2013年	2014年	2013年	2014年	2013年	2014年
第一产业	0.5	0.4	0.5	0.4	0.9	0.8
第二产业	61.1	61.2	52.8	52.5	47.6	47.1
第三产业	38.4	38.4	46.7	47.1	51.5	52.1

资料来源：国家统计局《2014年我国农民工调查监测报告》，http：//www.stats.gov.cn，2015年4月29日.

2. 就业时间

从就业稳定性来看，随年龄增长，农民工就业稳定性逐步提高。以2011年为例，外出农民工初次外出流动的平均年龄为26.7岁；从事现职的平均时间为2.7年，从事现职累计不满1年的占22.7%，1—3年的占43.1%，3—5年的占20.9%，5年以上的占13.3%。一方面，这说明外出农民工就业稳定性在逐渐增强，收入也相应地趋于稳定；另一方面，有相当一部分（34.2%）外出农民工在现居住地工作达3年以上，说明外出农民工在流入地居住的长期化趋势明显，这就需要加快农业转移人口市民化进程。从不同年龄组来看，16—20岁年龄组中从事现职5年以上的占1.3%，21—30岁的占7.6%，31—40岁的占22.3%，41—50岁的占24.5%，50岁以上的占21.9%，说明随着年龄的增长，从事现职的时间越长，就业稳定性也越高，年轻劳动力的风险意识和职业诉求更倾向于流动性。如果结合前面的文化程度来看，年轻劳动力的这种职业流动性也符合其具有的文化程度，即文化程度越高，越倾向于调整不同的工作。从从事的工作种类看，企业管理人员、个体经营人员、专业技术人员在现职累计就业时间在5年以上的比重要明显高于服务业人员和生产、运输设备操作人员，这说明外出农民工在流出后经过自身努力工作、职业锤炼或经过创业艰难适应期之后，职业阶梯逐渐晋升，越倾向于从事稳定的工作，相应地，其工作稳定性越强。

一般来说，农村劳动力进入城市就业过程分为两个阶段：第一阶段，首先是在城市二级劳动力市场中实现非正规就业，到一定时期后，在第二阶段才在城市一级劳动力市场实现正规就业。目前在城市就业的农民工大多处于第一阶段，所从事的职业大多是体力劳动；而其要进入正规就业，需要突破户籍、学历、技能等主要特征的准入限制。正是由于城镇职工和农民工在城市劳动力市场上处于不同的劳动就业部门和职业层次，形成了基于户籍身份的城市二元劳动力市场。正因为农民工从事职业大多是体力劳动，从他们实现就业所花费时间（见表4－8）来看，84.0%的农民工能够在1个月内实现就业，当然主要是非正规就业；1—3个月内找到工作的占13.1%（234人）。可见，对于他们来说，找到工作并不是难事，关键在于提高就业质量。

表4－8　　农民工找工作需要花费的时间

花费时间	人数	百分比（%）	累计百分比（%）
1个月以下	1496	84.0	84.0
1—3个月	234	13.1	97.1
3—6个月	24	1.3	98.4
6个月以上	11	0.6	99.0
缺失值	17	0.9	100.0
合计	1782	100.00	

资料来源：《川黔渝籍农民工流动与就业现状调查》，2013年1－2月。

农民工非正规就业主要是通过二级劳动力市场来实现就业。从调查数据来看，他们非正规就业信息来源（见表4－9）主要是亲戚朋友介绍（占68.4%），而利用其他渠道的信息来源并不多；而且，他们签订劳动合同情况（见表4－10）仍不理想，只有37.2%的农民工签订了劳动合同，还有23.1%的农民工没有任何形式的合同，这与他们对《劳动合同法》的了解程度①有关；2014年与雇主或单位签订了劳动合同的农民工比重为38%，没有签订劳动合同的农民工比重为62%，而外出农民工劳动合同签订率为41.4%，高出本地农民工8.1个百分点，这直接导致农民工在依法维护劳动权益方面缺乏必要的法律依据。这些数据表明城市劳动力市场对农民工外出后初始就业的作用并不大，也许正是以血缘、亲缘和地缘为主的"强关系"型社会资本的就业信息来源渠道，使他们劳动权益没有得到有效保障，被剥夺了其应得的劳动权益，主要表现为二者在工资收入和劳动权益上的差异。

表4－9　　　　农民工外出实现就业的途径

	人数	百分比（%）	累计百分比（%）
亲友介绍	1219	68.4	68.4
广告	117	6.6	75.0
招聘会	152	8.5	83.5
中介机构	51	2.9	86.4
网络、电视、报纸	24	1.3	87.7
政府组织	4	0.2	87.9
其他	207	11.6	99.5
缺失值	8	0.4	100.0
合计	1782	100.0	

资料来源：《川黔渝籍农民工流动与就业现状调查》，2013年1－2月。

表4－10　　　　农民工与用工单位签订劳动合同情况

	人数	百分比（%）	累计百分比（%）
有书面劳动合同	663	37.2	37.2
有口头协议	685	38.4	75.6
没有任何形式的合同	411	23.1	98.7

① 根据调查，回答"了解"和"了解一些"的农村劳动力所占比例共计60.7%，"完全不了解"的农村劳动力占39.3%。

续表

	人数	百分比（%）	累计百分比（%）
缺失值	22	1.2	100.0
合计	1782	100.0	

资料来源：《川黔渝籍农民工流动与就业现状调查》，2013 年 1 - 2 月。

问卷调查数据显示，86.0% 的农民工外出前参加了新型农村合作医疗保险，11.4% 参加了新型农村养老保险，而且这些保险在多数地区还不具有转移接续功能，也就是说，农民工在城市基本上没有任何社会保险。而从就业单位为他们缴纳的社会保险来看（见表 4 - 11），总体来说，农民工参保现象并不乐观，有 60.4% 的被调查者所在单位没有缴纳任何社会保险。在参保的 38.3% 的农村流动劳动力中，参保主要集中在工伤保险、医疗保险，随后才是养老保险、失业保险，这与农民工从事的行业和职业密切相关，主要是涉及"脏、累、苦、险、毒"方面的工种和岗位，因而工伤保险、医疗保险的参保比例相对较高，这一点与他们认为现在外出就业最需要的保险的看法（见表 4 - 12）基本相一致，即依次是人身意外伤害保险、医疗保险、养老保险、失业保险，其中尤其体现在人身意外伤害保险、医疗保险上（因工伤保险一般不由劳动者个人缴纳）。从 2014 年全国农民工监测数据来看，"农民工'五险一金'的参保率分别为：工伤保险 26.2%、医疗保险 17.6%、养老保险 16.7%、失业保险 10.5%、生育保险 7.8%、住房公积金 5.5%……外出农民工在工伤、医疗、住房公积金方面的参保率高于本地农民工，在养老、失业和生育方面的参保率低于本地农民工。"① 这说明外出农民工参保选择更倾向于与自身工作岗位需要的相关险种，而本地农民工选择与未来养老及就业保障相关的险种。

表 4 - 11　　农民工所在就业单位缴纳社会保险情况

	频次	占总样本数的比例（%）
养老保险	158	98.9
失业保险	99	5.6

① 国家统计局：《2014 年我国农民工调查监测报告》，http：//www.stats.gov.cn，2015 - 04 - 29。

续表

	频次	占总样本数的比例（%）
医疗保险	336	18.9
生育保险	49	2.7
工伤保险	423	23.7
住房公积金	77	4.3
都没有	1100	61.7

资料来源：《川黔渝籍农民工流动与就业现状调查》，2013 年 1－2 月。

表 4－12　　农民工认为外出就业最需要的保险类别

	频次	占总样本数的比例（%）
养老保险	659	37.0
失业保险	479	26.9
医疗保险	1178	66.1
交通工具保险	427	24.0
家庭财产保险	154	8.6
人身意外伤害保险	1226	73.0
其他	91	5.1

资料来源：《川黔渝籍农民工流动与就业现状调查》，2013 年 1－2 月。

3. 月均工资收入

经济收入是决定农民工城市可持续生计的最主要因素。调查数据显示（见表 4－13），农民工最近一份工作月均收入的人数分布集中的区间依次是 2000—2500 元组、2500—3000 元组和 3000—3500 元组，通过计算，川黔渝籍农民工月均工资收入为 2617.76 元，略高于 2013 年全国外出农民工人均月收入（即 2609 元，不包括吃住）。2013 年，全国城镇私营单位就业人员年平均工资 32706 元，城镇非私营单位在岗职工年平均工资 51474 元。[①] 虽然调查数据和统计数据不是同一时间点的数据，但可以做简单比较，通过比较发现，农民工月均工资收入与城镇私营单位就业人员月平均工资绝对值减少 107.74，因为农民工也主要是在城镇私营单位就

① 国家统计局：《2013 年城镇私营单位就业人员年平均工资主要情况和 2013 年城镇非私营单位在岗职工年平均工资主要情况》，http：//www.stats.gov.cn/，2014－05－27。

业，所以工资收入差距不是很大，略高于西部地区私营单位就业人员月平均工资水平（年平均工资为30454元），而农民工月均经济收入仅为全国城镇非私营单位在岗职工月平均工资（4289.5元）的61%。

表4-13　　被调查农民工最近一份工作的月薪收入情况

月薪（w）	人数	百分比（%）	累计百分比（%）
$w<2000$元	100	5.6	5.6
2000元$\leq w<2500$元	689	38.7	44.3
2500元$\leq w<3000$元	664	37.3	81.5
3000元$\leq w<3500$元	229	12.9	94.4
≥3500元	95	5.3	99.7
缺失值	5	0.3	100.0
合　计	1782	100.0	

资料来源：《川黔渝籍农民工流动与就业现状调查》，2013年1-2月。

根据调查数据（见表4-14）显示，农民工工资能够按时拿到和基本按时拿到的比例分别为48.5%和41.9%，通过自己催讨能拿到的比例为5.7%，而有过根本拿不到的经历的占到了1.6%；2013年，全国农民工被拖欠工资的比重为1%；2014年则为0.8%。这些数据说明，通过近年来政府部门加大对农民工工资拖欠治理力度，使农民工工资支付情况明显好转。

表4-14　　被调查农民工按时领到工资情况

	人数	百分比（%）	累计百分比（%）
能	865	48.5	48.5
基本能	747	41.9	90.4
通过自己催讨	101	5.7	96.1
朋友帮忙拿到	8	0.4	96.5
有过根本拿不到的经历	28	1.6	98.1
通过政府才能拿到	1	0.1	98.2
其他	21	1.2	99.4
缺失值	11	0.6	100.0
合　计	1782	100.0	

资料来源：《川黔渝籍农民工流动与就业现状调查》，2013年1-2月。

从被调查农民工对目前工资收入满意度调查（见表4－15）来看，表示“较满意”及“非常满意”的共占27.5%，表示“不满意”及“非常不满意”的共占19.5%，满意以上意愿的比例超过不满意以上意愿的所占比例，半数被调查者（52.8%）对目前的薪资表示“一般”（可视为“能够接受”），说明农民工对目前工资收入满意度较高，可视为社会稳定的支持性力量，把“农民工视为城市治安的主要预防对象”这种思想是不可行的。当然，这些满意意愿可能与他们的文化素质及比较的参照系有关。

表4－15　　被调查农民工对当前工资的满意度

	人数	百分比（%）	累计百分比（%）
非常满意	36	2.0	2.0
较满意	454	25.5	27.5
一般	941	52.8	80.3
不满意	318	17.8	98.1
非常不满意	30	1.7	99.8
缺失值	3	0.2	100.0
合　计	1782	100.0	

资料来源：《川黔渝籍农民工流动与就业现状调查》，2013年1－2月。

4. *劳动权益保障*

在农民工受歧视（见表4－16）方面，64.8%的被调查农民工在城市受到工作搜寻、交往、工作过程、消费等各种不同的歧视，这说明农民工在城市劳动力市场上受到的不公正待遇情况比较严重。不仅如此，拖欠农民工工资现象仍然存在，时间长短不一。由于二级劳动力市场就业政策的缺失或不规范，加上缺乏政府和法律的有效保护，使得一些雇主或用人单位变相克扣、拖欠农民工工资，这已成为农民工就业所面临的最为严重的问题。

表4－16　　农民工在外务工过程中受歧视的情况

受歧视情况	人数	百分比（%）	累计百分比（%）
没有受歧视的经历	627	35.2	35.2
找工作时曾受到歧视	437	24.5	59.7

续表

受歧视情况	人数	百分比（%）	累计百分比（%）
交往中曾受到交往歧视	75	4.2	63.9
在工作过程中曾受到歧视	286	16.1	80.0
在消费时曾受到歧视	168	9.4	89.4
曾受城市居民歧视	148	8.3	97.7
其他	41	2.3	100.0
合计	1782	100.0	

资料来源：《川黔渝籍农民工流动与就业现状调查》，2013 年 1 – 2 月。

从面临工资拖欠和人身伤害时的维权方式（见表 4 – 17）来看，24.5% 的被调查农民工选择“自己直接维权”，18.8% 的被调查农民工表示“联合工友共同维权”，20.5% 的被调农民工者选择“找朋友帮忙”，只有 9.9% 的被调查农民工选择“找政府劳动部门解决”，12.8% 的被调查者选择“运用法律手段解决”，还有一定比例的被调查者（5.4%）“自认倒霉”。可见，农民工在维护劳动权益方面有明确的意愿选择，只是在选择方式上面临着不同的选择，而在依靠政府劳动部门和法律维权上所占比例不高，这说明政府相关部门和司法应积极发挥其保护农民工合法劳动权益的作用。

表 4 – 17　　农民工遇到拖欠工资和人身伤害时的维权方式

维权方式	人数	百分比（%）	累计百分比（%）
自己直接维权	436	24.5	24.5
联合工友共同维权	336	18.8	43.3
找朋友帮忙	365	20.5	63.8
找政府劳动部门解决	176	9.9	73.7
运用法律手段解决	228	12.8	86.5
自认倒霉	97	5.4	91.9
其他	76	4.3	96.2
缺失值	68	3.8	100.0
合计	1782	100.0	

资料来源：《川黔渝籍农民工流动与就业现状调查》，2013 年 1 – 2 月。

5. 就业愿景及市民化意愿

从农民工外出务工的未来打算来看（见表 4 – 18），“想留在城镇生活”的占 19.0%，“不固定，有活干就外出务工”的占 27.1%，“等家乡条件改善后返乡”的占 30.5%，“年纪大了返乡”的占 16.9%。需要说明的是，有 30.5% 的农民工表示等家乡条件改善后返乡，这说明通过承接产业转型改善中、西部地区的产业发展条件，能够影响农民工区域流动格局和就业行为选择。

表 4 – 18　　农民工外出务工的未来打算

未来打算	人数	百分比（%）	累计百分比（%）
年纪大了返乡	302	16.9	16.9
等家乡条件改善后返乡	544	30.5	47.4
想留在城镇生活	339	19.0	66.4
不固定，有活干就外出务工	483	27.1	93.5
其他	103	5.8	99.3
缺失值	11	0.6	100.0
合计	1782	100.0	

资料来源：《川黔渝籍农民工流动与就业现状调查》，2013 年 1 – 2 月。

从农民工在城市工作生活面临的最大困难来看（见表 4 – 19），43.7% 的被调查者表示“消费高，接受不了”，31.3% 的被调查者表示“房价高，租金高”，12.4% 的被调查者表示“工作不稳定”。从这三项选择来看，分别反映了农民工居住问题、收入增长问题和就业稳定性问题，这些问题都是需要从公共服务均等化视角来完善农民工市民化的支持体系，尤其是对流入地政府更是如此。

表 4 – 19　　农民工在城市工作生活面临的最大困难

面临的最大困难	人数	百分比（%）	累计百分比（%）
房价高，租金贵	557	31.3	31.3
消费高，接受不了	779	43.7	75.0
工作不稳定	222	12.4	87.4
家里农田无法转手	22	1.2	88.6

续表

面临的最大困难	人数	百分比（%）	累计百分比（%）
舍不得老家亲人	94	5.3	93.9
其他	101	5.7	99.6
缺失值	7	0.4	100.0
合计	1782	100.0	

资料来源：《川黔渝籍农民工流动与就业现状调查》，2013 年 1－2 月。

从农民工外出务工需要政府提供相关的服务来看，希望流出地政府提供相关的服务，“多提供就业信息”（1070 人次）、“多培训、加强就业指导”（886 人次）、“多统一组织外出就业”（373 人次）成为农民工的主要选择，这无疑对流出地政府提供了相应的政策启示，那就是加大就业信息的搜集力度，加快农民工就业信息化建设，推动“四化”同步发展；加强农民工职业技能培训，增强其就业能力，提高其就业质量；提高农民工组织化程度；等等。从其希望流入地政府提供相关的服务来看（见表 4－20），“提供就业机会和就业信息”和“保障劳动权益”成为农民工的主要选择，随后依次是“完善医疗保障政策”、“提高社会地位”、“帮助子女就地入学”、“提供就业培训”、“降低落户门槛，完善户籍制度”，这说明加快农民工在流入地的公共服务供给具有强烈的现实性，也就是说实现基本公共服务均等化由户籍人口向常住人口的全覆盖。以上这些选项涉及农民工就业的劳动力市场制度、社会保险制度、户籍制度、子女教育制度，这与党的十八大提出的“推动实现更高质量的就业”精神完全一致，需要在制度和政策层面提高农民工就业能力和就业质量，进而实现更高质量的就业。

表 4－20　　农民工希望流入地政府给予的帮助

希望给予的帮助	频率	占总样本数的百分比（%）
保障劳动权益	1057	59.3
提供就业机会和就业信息	1060	59.5
完善医疗保障政策	651	36.5
提高社会地位	604	33.9
帮助子女就地入学	522	29.3

续表

希望给予的帮助	频率	占总样本数的百分比（%）
提供就业培训	459	25.8
降低落户门槛，完善户籍制度	259	14.5
其他	39	3.3

资料来源：《川黔渝籍农民工流动与就业现状调查》，2013 年 1－2 月。

随着产业转型升级和区域经济发展，如表 4－21 所示，“家庭所在乡镇”成为农民工就业的首选地，其次是“县内其他乡镇和县城”和“本省省会城市”农民工的次选地，13.9% 的农民工选择“省外地区”。从选择省外就业的样本分布来看，主要集中在东部地区（161 人），选择中部地区的农民工为 75 人。这说明农民工就地市民化将是其城镇化发展的主要方向，这可为相关政策制定提供参考。

表 4－21　　农民工就业地选择的分布

选择的分布	频率	百分比（%）	累积百分比（%）
家庭所在乡镇	677	38.0	38.0
家庭所在县（区）内其他乡镇和县城（城区）	294	16.5	54.5
本省（市）内工矿园区	90	5.1	69.6
本省县级市	109	6.1	65.7
本省地级市	82	4.6	70.3
本省省会城市	221	12.4	82.7
本地直辖市中心城区	31	1.7	84.4
省外地区	244	13.9	98.3
缺失值	31	1.7	100.0
合计	1782	100.0	

资料来源：《川黔渝籍农民工流动与就业现状调查》，2013 年 1－2 月。

第二节　新生代农民工外出就业行为分析

一　新生代农民工外出就业调查样本分布特征

2013 年 1—2 月，我们组织本科生及研究生在川黔渝地区进行了一次较为全面的调查。调查分为三个组，分别负责三个省市的调查。共计发放问卷2200份，回收1969份，有效问卷1782份，其中新生代农民工有效调查问卷为998份，老一代农民工有效调查问卷为784份。新生代农民工样本分布见表4－22。

表4－22　　川黔渝籍新生代农民工样本分布基本特征

类别	细分指标	人数	百分比（%）
性别	男	681	68.2
	女	317	31.8
婚姻状况	未婚	477	47.8
	已婚	510	51.1
	离婚或丧偶	11	1.1
受教育程度	文盲/半文盲	21	2.3
	小学	193	19.3
	初中	472	43.1
	高中/中专/职中	214	21.4
	大专及以上	98	9.8
家庭经济状况	低保户	127	12.7
	中等收入	730	73.1
	较富裕	57	5.7
	其他	84	8.4
务工地点	所在地乡镇	90	9.0
	所在地县城	105	10.5
	所在地大中城市	149	14.9
	所在地省会城市	146	14.6
	省外	504	50.5
	其他	4	0.4
合计		998	100.0

资料来源：《川黔渝籍农民工流动与就业现状调查》，2013年1－2月。

由表4－22可知，本次调查样本分布以男性为主，男性比例为68.2%，女性为31.8%；从婚姻状况来看，已婚与未婚的样本数差距不大，这主要是新生代农民工在年龄方面的因素所致；从受教育程度来看，新生代农民工主要以初中为主，占43.1%，其次是高中等同等学历者占21.4%，再次是小学文化程度者，占19.3%，值得注意的是，新生代农民工大专及以上文化程度者占 9.8%，说明川黔渝籍新生代农民工受教育程度明显好于川黔渝籍农民工整体水平（4.7%）；从家庭经济状况分布看，中等收入水平的家庭占 73.1%，低保户占 12.7%，较富裕户占 5.7%，体现了新生代农民工家庭大多并不富裕；从就业地点方面看，川黔渝籍新生代农民工半数以上选择省外就业，其次为家庭所在地大中城市和省会城市，共占 29.5%，而选择所在地乡镇和县城就业的新生代农民工比重为 19.5%，可见，新生代农民工随就业空间距离拉长，县域外就业比例呈上升趋势。从这些样本特征来看，调查样本基本符合新生代农民工特点。当前新生代农民工省外就业虽然超过省内就业，但差距并不大，这体现了随着我国中、西部地区承接产业转移和区域经济发展，省内就业吸纳力加强，使农民工群体逐渐由过去的省际流动逐渐转变为省内流动，也就吸纳了一定比例的新生代农民工省内就业。分性别看，男性主要是在省外就业，而女性多是在省内就业，这主要是受女性担任家庭角色的影响。分婚姻状况看，其分布基本均匀，其中本地县城就业的已婚比例略微高一些，这说明小城镇中本地县城对新生代农民工具有一定的吸引力，部分新生代农民工在本地行政区域内开展自主就业创业和自营工商业。因此，本节主要分析新生代农民工外出就业行为。

二 新生代农民工就业现状及特征

（一）就业行业及其行业选择原因

1. 新生代农民工仍以制造业、建筑业和餐饮服务业为主

根据 2014 年全国农民工监测调查报告，全国农民工从业以制造业（占 31.3%）和建筑业（占 22.3%）为主，从事建筑业的比重逐渐提高。从表 4 - 23 可见，川黔渝籍新生代农民工外出就业主要以制造业（49.4%）、建筑业（33.8%）和餐饮业（27.6%）为主，而且从事过这三种行业的农民工，所占比重相较于其他行业要高出很多，这说明川黔渝籍新生代农民工从业行业与全国相比既相类似又更集中，主要仍集中在制造业和建筑业，这与全国农民工就业情况大致相符。其中，老一代农民工从事建筑业的比例为 53.6%，要高出新生代农民工 19.8 个百分点，而新生代农民工从事制造业比例比老一代农民工高出 8.6 个百分点，从事餐饮业的新生代农民工比例比老一代农民工高出 13.3 个百分点，表明制造业和服务业的农民工越来越趋于需求年轻化群体。可见，新生代农民工从事行业已经开始有所变化，并不是像传统单一的建筑业的趋势。新生代农民

工由于文化程度的提高对务工行业的工作环境、工作强度等有了更高的要求。同时，从事个体工商业和其他行业及运输业的人数都分别占一定的比例，这表明新生代农民工开始更加注重行业性质，选择相对比较体面、安全有保障和劳动强度不是很大的行业。新生代农民工不只是分布在建筑业和采掘业这种体力劳动型行业，而且在制造业、运输业和个体工商业等二、三产业分布较多，表明新生代农民工对就业行业有了更高的要求和更多的选择。

表4－23　　两代农民工外出就业行业比较

从事行业	代际	频数	总频数	应答频数百分比（%）	应答频数百分比（%）	累计应答频数百分比（%）
建筑业	老一代农民工	420	757	53.6	42.5	42.5
	新生代农民工	337		33.8		
制造业	老一代农民工	320	813	40.8	45.6	88.1
	新生代农民工	493		49.4		
运输业	老一代农民工	112	256	14.3	14.4	102.5
	新生代农民工	144		14.4		
餐饮业	老一代农民工	112	387	14.3	21.7	124.2
	新生代农民工	275		27.6		
采掘业	老一代农民工	88	149	11.2	8.4	132.6
	新生代农民工	61		6.1		
家政业	老一代农民工	29	93	3.7	5.2	137.8
	新生代农民工	64		6.4		
个体工商业	老一代农民工	66	197	8.4	11.1	148.9
	新生代农民工	131		13.1		
其他工作	老一代农民工	78	204	9.9	11.4	160.3
	新生代农民工	126		12.6		
合计		2856	2856		160.3	

资料来源：《川黔渝籍农民工流动与就业现状调查》，2013年1－2月。

分性别来看，建筑业和采掘业这种体力劳动型行业主要是男性在从事，而女性主要是集中于家政服务业和餐饮服务业。分婚姻状况看，未婚的主要从事餐饮服务业和其他行业，已婚的主要从事采掘业、建筑业和运输业，这表明新生代农民工成婚后，家庭负担会更重从而更加倾向于收入高的行业。分文化教育程度看，小学文化主要是从事建筑业，初中为制造业，高中及中专为服务业，大专及以上主要是在其他行业，新生代农民工从事行业基本符合文化程度越高，选择服务业、个体工商业和其他行业的比例越大的趋势。同时，反向观察发现，文化程度越高的新生代农民工其选择采掘业、建筑业这类体力劳动型行业的比重会减少。

2. 新生代农民工从事相关行业主要原因是自身的技能水平和工资收入

从表4－24可知，无论是老一代农民工还是新生代农民工，“文化水平、技术要求低”为其选择该就业行业最主要的原因，在调查样本中这一原因所占比例高达55.9%，这与川黔渝籍农民工文化素质和技能水平普遍较低有着极大的关系；其次是“懂这方面的技能”，所占比例为43.2%，这说明部分外出务工农民工会选择从事与其职业技能有关的工作；再次是“工资高”，所占比例为35.4%，表明农民工选择就业领域时，也会重点考虑其所获工资水平；除此之外，其他方面的原因也有一定比例，但以上述三方面原因为主。

从代际角度来看，在“文化水平、技术要求低”这一原因方面，川黔渝地区新生代农民工所占比例比老一代农民工低11.9个百分点，这是由于老一代农民工受教育程度相对比较低，从而职业技能水平较差，更倾向于选择文化水平和技术要求低的行业就业；在“工作轻松”这一原因方面，新生代农民工所占比例比老一代农民工高出12个百分点，表明随着生活水平的不断提高，新生代农民工较之老一代农民工更注重生活享受、更愿意选择轻松的工作。在“有利于自身能力发展”原因方面，新生代农民工比老一代农民工高出9个百分点，在“培训、学习机会多”原因方面，新生代农民工比老一代农民工高出6.7个百分点，这些数据足以说明新生代农民工更加注重提高自身发展能力、更加注重从长远利益出发选择所从事的行业。

表4－24　两代农民工从事相关行业的主要原因

主要原因	代际	频数	总频数	应答人数百分比（%）	应答人数百分比（%）	累计应答人数百分比（%）
工资高	老一代农民工	283	630	36.1	35.4	35.4
	新生代农民工	347		34.8		

续表

主要原因	代际	频数	总频数	应答人数百分比（%）	应答人数百分比（%）	累计应答人数百分比（%）
懂这方面的技能	老一代农民工	345	770	44.0	43.2	78.6
	新生代农民工	425		42.6		
文化水平、技术要求低	老一代农民工	491	997	62.6	55.9	134.5
	新生代农民工	506		50.7		
工作轻松	老一代农民工	62	261	7.9	14.6	149.1
	新生代农民工	199		19.9		
有利于自身能力发展	老一代农民工	42	186	5.4	10.4	159.5
	新生代农民工	144		14.4		
有益身心健康	老一代农民工	11	42	1.4	2.4	161.9
	新生代农民工	31		3.1		
培训、学习机会多	老一代农民工	17	106	2.2	5.9	167.8
	新生代农民工	89		8.9		
其他	老一代农民工	29	83	3.7	4.7	172.5
	新生代农民工	54		5.4		
合计		3075	3075		172.5	

资料来源：《川黔渝籍农民工流动与就业现状调查》，2013 年 1－2 月。

（二）就业工资收入及其满意度

1. 新生代农民工工资水平略高于全国农民工平均工资水平

从表 4－25 可见，川黔渝籍新生代农民工最近一份工作月均收入主要分布在 2500—3000 元，被调查样本中只有 5.0% 农民工工资水平低于 2000 元，6.6% 的农民工工资水平高于 3500 元。根据这一数据计算可得，川黔渝地区新生代农民工最近一份工作的月均收入为 2658 元，比 2013 年度农民工平均工作水平（2609 元）略高 49 元。

表 4－25　　新生代农民工最近一份工作的月均收入分布

月均工资收入（元）	人数	百分比（%）	累计百分比（%）
2000 元以下	50	5.0	5.0
2000—2500	362	36.3	41.3

续表

月均工资收入（元）	人数	百分比（%）	累计百分比（%）
2500—3000	374	37.5	78.8
3000—3500	146	14.6	93.4
3500 元以上	66	6.6	100.0
合计	998	100.0	

资料来源：《川黔渝籍农民工流动与就业现状调查》，2013 年 1－2 月。

从代际分布来看，月均工资收入在 2000 元以下的老一代农民工比例高于新生代农民工，月均工资收入在 3500 元以上的新生代农民工比例高于老一代农民工。可见，川黔渝籍新生代农民工工资水平要高于老一代农民工，这是由于新生代农民工具有受教育程度和技能水平等方面的优势，可以找到工资相对更高的工作。由前面分析可知，新生代农民工更倾向于从事工资水平较高的相关行业，工资水平高低是影响新生代农民工选择就业行业的主要原因之一。而且，工资水平还是影响新生代农民工选择就业地点的重要原因，调查样本中 50.5% 的新生代农民工选择省外就业，由于省外尤其是沿海发达城市地区工资水平相对较高，从而川黔渝籍新生代农民工选择省外就业的比例相对也较高。

2. 新生代农民工对外出务工工资水平比较满意

从川黔渝籍新生代农民工工资满意度（见表 4－26）来看，如果把回答“非常满意”、“比较满意”和“一般”的川黔渝籍外出就业农民工归为“满意”组，把回答“不满意”和“非常不满意”的川黔渝籍外出就业农民工归为“不满意”组，则满意组所占比例为 79.3%，“不满意”组所占比例为 20.7%，这表明川黔渝籍外出就业农民工大都能找到工资水平合理的满意工作，这与当前经济社会发展对农村劳动力需求增加有关。从代际角度来看，老一代农民工“满意”组为 82.0%，“不满意”组为 18.0%，新生代农民工“满意”组为 79.3%，“不满意”组为 20.7%，两代农民工工资满意度有所差异，这种差异的存在不仅受实际工资水平高低的影响，也受生活成本、家庭、社会、文化以及心理预期等因素的影响。

表 4-26 新生代农民工工资满意度

工资满意度	人数	百分比（%）	累计百分比（%）
非常满意	25	2.5	2.5
比较满意	226	22.7	25.2
一般	540	54.1	79.3
不满意	192	19.2	98.5
非常不满意	15	1.5	100.0
合计	998	100.0	

资料来源：《川黔渝籍农民工流动与就业现状调查》，2013 年 1-2 月。

（三）职业技能培训及其收益

1. 新生代农民工外出就业期间的培训以“边干边学”居多

培训是人力资本投资的主要途径，也是新生代农民工提升就业能力和维持雇佣稳定性的重要渠道。从川黔渝籍新生代农民工外出务工期间参加的培训类别来看，32.1%的新生代农民工“没有参加过培训”，其次是37.7%的新生代农民工是“在工厂边干边学”，这主要与他们从事的行业有关，无论是从事制造业还是从事建筑业，大多数新生代农民工是在工作过程中逐渐掌握工作技能的；18.5%的新生代农民工“个人自费学习”过，这部分农民工通过自己支付费用参加培训，掌握相应的工作技能。参加劳动部门和政府部门组织培训的新生代农民工人数很少，所占比例更少，仅有18.5%，这说明川黔渝籍新生代农民工在务工期间参加的培训类别基本上与所从事的职业有关，务工地政府劳动部门及培训机构对农民工培训的作用并不突出。此外，从表 4-27 可见，在参加各种培训尤其是务工地政府劳动部门及培训机构的农民工中，老一代农民工参与培训所占比例小于新生代农民工；而在“没有参加过培训”的农民工中，老一代农民工所占比例高于新生代农民工，这说明新生代农民工相对来说更加重视培训，并且接受培训的机会也更多，更加愿意通过培训来提高自己的劳动技能。

表 4-27 两代农民工外出就业期间的培训类别

参加培训类别	代际	频数	总频数	应答人数百分比（%）	应答人数百分比（%）	应答人数累计百分比（%）
劳动部门提供培训	老一代农民工	46	143	5.9	8.0	8.0
	新生代农民工	97		9.7		

续表

参加培训类别	代际	频数	总频数	应答人数百分比（%）	应答人数百分比（%）	应答人数累计百分比（%）
工作地政府部门组织培训	老一代农民工	22	87	2.8	4.8	12.8
	新生代农民工	65		6.5		
个人自费学习	老一代农民工	87	272	11.1	15.3	28.1
	新生代农民工	185		18.5		
在工厂边干边学	老一代农民工	276	652	35.2	36.6	64.7
	新生代农民工	376		37.7		
没有参加过培训	老一代农民工	357	677	45.5	38.0	102.7
	新生代农民工	320		32.1		
其他	老一代农民工	45	126	5.7	7.0	109.7
	新生代农民工	81		8.1		
合计		1957	1957		109.7	109.7

资料来源：《川黔渝籍农民工流动与就业现状调查》，2013 年 1－2 月。

2. 新生代农民工培训改善收入状况和降低工作搜寻成本

培训收益是新生代农民工继续参与培训的主要衡量因素。从表 4－28 可知，40.9%的新生代农民工认为培训可以提高其工资水平，28.0%的新生代农民工认为培训有助于缩短其寻找工作的时间，21.8%的新生代农民工认为培训没有改变他们的工作状况。由此可见，68.9%的川黔渝地区新生代农民工认为培训有利于改善他们的收入状况和降低工作搜寻成本，从而体现了培训对改善新生代农民工就业状况具有的作用。从代际差异角度来看，老一代农民工的该比例则为 65.7%，说明新生代农民工比老一代农民工更加重视培训给其带来的好处。

表 4－28　　两代农民工参加培训带来的收益

培训收益	代际	人数	总人数	百分比（%）	百分比（%）	累计百分比（%）
找工作时间快	老一代农民工	192	471	24.5	26.4	26.4
	新生代农民工	279		28.0		

续表

培训收益	代际	人数	总人数	百分比（%）	百分比（%）	累计百分比（%）
工资高	老一代农民工	323	731	41.2	41.0	67.4
	新生代农民工	408		40.9		
没有改变	老一代农民工	191	409	24.4	23.0	90.4
	新生代农民工	218		21.8		
其他	老一代农民工	78	171	9.9	9.6	100.0
	新生代农民工	93		9.3		
合计		1782	1782		100	

资料来源：《川黔渝籍农民工流动与就业现状调查》，2013 年 1 – 2 月。

（四）就业方式、就业动机与工作搜寻时间

1. 新生代农民工外出就业以专职为主

就业选择是新生代农民工个体在一定的动机驱使下，根据现有的就业信息进行估计考量并最终形成决策，并在一定时间内将决策结果付诸实践，表现为个体行动方式和具体选择结果。本次调查的川黔渝籍新生代农民工中，其就业方式主要是采取专职务工和兼职务工，其区分标准主要是时间。如果个体是在农忙时节会返家帮助务农，同时一年中持续务工时间小于半年的视为兼职务工，反之则视为专职务工。在就业方式和就业时间中，主要表现为新生代农民工主要是外出务工 5 年以内的专职务工为主，成婚以后为了获得更多的收入，外出务工的需求会增加；同时由于女性承担家务劳动，其务工时间短于男性，并多是选择兼职。表 4 – 29 表明，71.6% 的新生代农民工更愿意选择专职打工，而选择兼职或其他方式打工的新生代农民工只是占少数。这一现象表明，川黔渝籍新生代农民工更愿意脱离土地，选择专职打工，说明新生代农民工经济收入来源以工资性收入为主。

此外，分代际来看，新生代农民工选择专职打工比例比老一代农民工高出 9.2 个百分点，可见新生代农民工更倾向于放弃土地耕种，选择外出就业获得工资性收入，而老一代农民工的土地依赖情感颇深。因此，新生代农民工主要是长时间在外专职务工，这正体现了新生代农民工所具有的群体特征，由于成长的宏观环境以及成长经历和社会发展等的影响，使新

生代农民工务农意识淡薄，且绝大多数人不具备务工经历和务农技巧。同时，土地情结淡薄的新生代农民工更加渴望进入城市，更加渴望自我发展也更加渴望得到认可。

表 4－29　　　　两代农民工外出就业的务工状态

<table>
<tr><th>务工方式</th><th>代际</th><th>人数</th><th>总人数</th><th>百分比（%）</th><th>百分比（%）</th><th>累计百分比（%）</th></tr>
<tr><td rowspan="2">打零工</td><td>老一代农民工</td><td>212</td><td rowspan="2">354</td><td>27.0</td><td rowspan="2">19.9</td><td rowspan="2">19.9</td></tr>
<tr><td>新生代农民工</td><td>142</td><td>14.2</td></tr>
<tr><td rowspan="2">专职打工</td><td>老一代农民工</td><td>489</td><td rowspan="2">1204</td><td>62.4</td><td rowspan="2">67.5</td><td rowspan="2">87.4</td></tr>
<tr><td>新生代农民工</td><td>715</td><td>71.6</td></tr>
<tr><td rowspan="2">兼职打工</td><td>老一代农民工</td><td>48</td><td rowspan="2">142</td><td>6.1</td><td rowspan="2">8.0</td><td rowspan="2">95.4</td></tr>
<tr><td>新生代农民工</td><td>94</td><td>9.4</td></tr>
<tr><td rowspan="2">其他</td><td>老一代农民工</td><td>35</td><td rowspan="2">82</td><td>4.5</td><td rowspan="2">4.6</td><td rowspan="2">100.0</td></tr>
<tr><td>新生代农民工</td><td>47</td><td>4.7</td></tr>
<tr><td>合计</td><td></td><td>1782</td><td>1782</td><td></td><td>100.0</td><td></td></tr>
</table>

资料来源：《川黔渝籍农民工流动与就业现状调查》，2013 年 1－2 月。

从个体特征方面看，新生代农民工的务工方式在性别之间基本没有差异，已婚的新生代农民工专职和兼职的比例均高于未婚的比例。在文化程度上，两种务工方式的分布基本一致，但初中文化中专职的新生代农民工比例高于兼职的比例。另外，大专及以上者有 15.2% 选择了兼职务工，表明有部分文化层次较高的新生代农民工在就近从事创业和自营业。在务工时间上，男性新生代农民工主要集中在 10 年以上的时间段，女性新生代农民工主要以短时间段为主，表明男性务工时间相对较女性更长，这主要是由于女性承担家庭照料任务的原因，其外出就业限制更大。在婚姻状况方面，已婚的新生代农民工务工年限相对于未婚的新生代农民工更长一些。在文化教育方面，初中以下文化分布基本均匀，高中及以上文化教育的新生代农民工务工年限呈现两头高、中间低的特点，大专以上文化的新生代农民工务工年限较短，反映了新生代农民工群体就业行为存在巨大的差异。

2. 新生代农民工外出就业动机在于获取较高的工资性收入

就业动机是所有就业行为的出发点，是就业决策的推动力。如表4－30所示，川黔渝籍新生代农民工外出就业的主要动机是寻求工资收入更高，应答人数所占比例为62.4%，随后依次是“挣钱养家”（38.3%）、“见世面”（33.7%）、“学技术”（32.9%），这四个原因是新生代农民工外出就业的主要动机。可见，川黔渝籍新生代农民工外出务工主要目的是获得较高的工资性收入、学技术、增加社会阅历，从而通过赚取务工收入来改善家庭生活质量。然而，以见世面、学技术和向往城镇生活为外出务工原因的占少数，可见他们外出务工依然停留在以改善生活、谋取生活资料为目的的阶段，而无暇顾及自己的个人精神追求等，这表明川黔渝籍农村居民的生活水平依然有待提高。分代际来看，老一代农民工外出就业动机为收入高、人多地少没事干、外出挣钱养家的比例要高于新生代农民工，而新生代农民工外出就业动机为见世面、学术、向往城镇生活的比例高于老一代农民工，这表明新生代农民工外出务工目的不仅限于赚取较高收入，同时也比较重视开阔视野、提高自身能力、向往和追求生活质量的改善。新生代农民工就业动机更加偏向于发展性，个体更加渴望能够通过外出见世面和学经验并能够实现留城生活，其心理诉求和自我实现愿望更加强烈。同时随着文化教育程度的提高，新生代农民工外出就业的生存型动机减弱、发展型动机增强。

分性别看，男性新生代农民工比女性更加向往城镇，女性以选择外出学经验的居多，女性选择外出学经验主要是由于女性身份决定其选择多学经验，以便在服务行业从事兼职工作。分婚姻状况来看，未婚的新生代农民工主要就业动机是挣钱养家和见世面、学经验，已婚的新生代农民工大部分是出于向往城镇的动机，这体现了新生代农民工特点，即个人对于城市生活的向往与渴望和出于自身发展的需求作为外出就业的主动力。分教育程度看，小学及以下文化程度的新生代农民工外出就业动机主要是家庭人多地少的原因，初中文化程度的新生代农民工主要选择挣钱养家和学经验，高中文化程度的分布比较均匀，但仍以学经验为主。大专及以上文化程度的多选择“其他”，这主要是由于文化程度越高，在城市中获得就业的机会和选择面相对越多，故，这部分人群可能是自己创业抑或有其他的动机。

表 4－30　　两代农民工外出就业动机

外出务工原因	代际	频数	总频数	应答人数百分比（%）	应答人数百分比（%）	应答人数累计百分比（%）
收入更高	老一代农民工	537	1160	68.5	65.1	65.1
	新生代农民工	623		62.4		
人多地少干	老一代农民工	336	604	42.9	33.9	99.0
	新生代农民工	267		26.9		
见世面	老一代农民工	98	434	12.3	24.4	123.4
	新生代农民工	336		33.7		
学技术	老一代农民工	122	450	15.6	25.3	148.7
	新生代农民工	328		32.9		
向往城镇生活	老一代农民工	47	241	6.0	13.5	162.2
	新生代农民工	194		19.4		
挣钱养家	老一代农民工	451	833	57.5	46.7	208.9
	新生代农民工	382		38.3		
其他	老一代农民工	25	49	3.2	2.7	211.6
	新生代农民工	24		2.4		
合计		3771	3771		211.6	

资料来源：《川黔渝籍农民工流动与就业现状调查》，2013 年 1－2 月。

3. 新生代农民工工作搜寻时间以三个月以内为主

从表 4－31 可知，川黔渝籍新生代农民工工作搜寻时间在 1 个月以下的占 84.2%，13.6% 的新生代农民工花费时间在 1—3 个月，花费时间在 3 个月以上的只占调查样本的 2.2%。而且，两代农民工工作搜寻时间大体保持一致，这一方面表明经济快速发展增加了对农村劳动力的需求，适合农民工的就业岗位比较多，并且可以满足不同年龄农民工的就业需求；另一方面，当今信息网络对农民工快速就业提供了便利，缩短了农民工更换工作所花费的时间，使绝大多数农民工可以在 3 个月以内即可找到适合自己的工作。当然，这也与他们从事职业的具体岗位性质密切相关。

表4-31　　两代农民工平均每次工作搜寻时间

工作搜寻时间	代际	人数	总人数	百分比（%）	百分比（%）	累计百分比（%）
1个月以下	老一代农民工	656	1496	83.7	84.0	84.0
	新生代农民工	840		84.2		
1~3个月	老一代农民工	115	251	14.7	14.1	98.1
	新生代农民工	136		13.6		
3~6个月	老一代农民工	9	24	1.1	1.3	99.4
	新生代农民工	15		1.5		
6个月以上	老一代农民工	4	11	0.5	0.6	100.0
	新生代农民工	7		0.7		
合计		1782	1782		100.0	

资料来源：《川黔渝籍农民工流动与就业现状调查》，2013年1-2月。

（五）就业信息来源与就业歧视

1. 新生代农民工就业信息来源以"强关系型"社会资本为主

就业信息来源体现农民工社会资本的层次、就业机会的真实性和就业稳定性。从川黔渝籍农民工实现非农就业的信息来源来看（见表4-32），主要还是来自基于亲缘、友缘、地缘而形成的社会资本，通过亲友介绍实现就业的新生代农民工占62.1%，也就是说，多数新生代农民工还是通过传统的"强关系"型社会资本实现非农就业；通过招工广告、招聘会、媒体等"弱关系"型社会资本实现非农就业的新生代农民工占23.5%；通过政府基层组织部门和就业中介机构等正式就业信息渠道实现就业的新生代农民工所占比例较低，仅为3.7%；通过"其他"实现就业的新生代农民工占10.6%。可见，新生代农民工在实现非农就业过程中，地方政府基层部门及企业等"弱关系"型社会资本在信息发布渠道及就业帮扶方面亟待改进，可通过正式渠道发布就业信息，鼓励新生代农民工通过正式渠道实现非农就业，有利于维护自身的合法劳动权益。

从代际角度来看，新生代农民工和老一代农民工就业信息来源存在一定的差异。如表4-32所示，新生代农民工就业对亲缘、友缘和地缘等形成的"强关系"型社会资本的依赖程度有所降低，而依赖政府基层组织、中介机构、招聘会和媒体等"弱关系"型社会资本实现就业的比例有所提高。这表明新生代农民工对招工广告、招聘会、媒体、政府基层组织以及中介机构等部门就业信息的态度有所转变，对政府和企业等机构的信任程度有所提高，逐步降低了对基于亲缘、友缘、地缘形成的“强关系”型社会资本的依赖性。

表 4－32　　两代农民工就业信息来源

就业信息来源	代际	人数	总人数	百分比（%）	百分比（%）	累计百分比（%）
亲友介绍	老一代农民工	607	1227	77.4	68.9	68.9
	新生代农民工	620		62.1		
招工广告	老一代农民工	28	117	3.6	6.6	75.5
	新生代农民工	89		8.9		
招聘会	老一代农民工	28	152	3.6	8.5	84.0
	新生代农民工	124		12.4		
中介机构	老一代农民工	15	51	1.9	2.9	86.9
	新生代农民工	36		3.6		
网络、电视、报纸等媒体	老一代农民工	2	24	0.3	1.3	88.2
	新生代农民工	22		2.2		
政府组织	老一代农民工	3	4	0.4	0.2	88.4
	新生代农民工	1		0.1		
其他	老一代农民工	101	207	12.9	11.6	100.0
	新生代农民工	106		10.6		
合计		1782	1782		100.0	

资料来源：《川黔渝籍农民工流动与就业现状调查》，2013 年 1－2 月。

2. 川黔渝地区农民工外出务工仍然受到歧视

由表 4－33 可见，36.8% 的新生代农民工在外出务工过程中没有受到过歧视，63.2% 的新生代农民工都受到过来自不同方面的歧视。其中，26.1% 的新生代农民工曾在找工作时受到过歧视，18.4% 的新生代农民工在工作过程中受到过歧视，11.8% 的新生代农民工在消费时受到过歧视，这表明新生代农民工认为其在外出就业期间没有受到公平待遇。大部分新生代农民工受到过来自不同方面的歧视与不尊重，这一现象与其从事岗位的工作性质、身份、地位及社会风气等因素有关。从代际差异方面看，老一代农民工受到歧视的比例为33.3%，新生代农民工为36.8%，这一数字表明新生代农民工并没有因为他们更加愿意并努力融入城市生活而有所改善，这种歧视现象的存在不利于农民工快速融入城市，严重阻碍了农民工市民化进程。

表4－33　　两代农民工外出务工是否受到歧视

是否受到歧视	代际	频数	总频数	应答人数百分比（%）	应答人数百分比（%）	应答人数累计百分比（%）
务工过程中没有受到歧视	老一代农民工	261	628	33.3	35.2	35.2
	新生代农民工	367		36.8		
找工作时曾受到歧视	老一代农民工	234	494	29.8	27.7	62.9
	新生代农民工	260		26.1		
与朋友交往时受到歧视	老一代农民工	36	95	4.6	5.3	68.2
	新生代农民工	59		5.9		
工作过程中受到歧视	老一代农民工	148	332	18.9	18.6	86.8
	新生代农民工	184		18.4		
消费时受到歧视	老一代农民工	90	208	11.48	11.7	98.5
	新生代农民工	118		11.8		
受城市居民歧视	老一代农民工	74	172	9.3	9.7	108.2
	新生代农民工	98		9.8		
受到其他歧视	老一代农民工	25	54	3.2	3.0	111.2
	新生代农民工	29		2.9		
合计		1983	1983		111.2	

资料来源：《川黔渝籍农民工流动与就业现状调查》，2013年1－2月。

（六）就业社会保障与就业愿景

1. 新生代农民工外出就业的社会保障水平较低

农民工外出就业只是农村劳动力转移的第一步，如果要真正实现农村劳动力的彻底转移，还需要使农民工非农就业转移之后有一份除土地之外的经济保障，这也是川黔渝籍农民工非农稳定就业的基础。从参加社会保险的情况来看（见表4－34），川黔渝籍新生代农民工外出就业整体的参保率不高，有57.90%的新生代农民工非农就业没有参加任何社会保险，而没有任何保险的老一代农民工则有66.60%，可见，新生代农民工社会保障水平有所提高，但是参保率也比较低。从 42.1% 参保的新生代农民工保险险种分布来看，参保最多的是工伤保险，占调查样本的 26.70%；其次是医疗保险，占 21.80%，养老保险、失业保险、公积金和生育保险所占频数的比例都很低。对比两代农民工的参保率可以看出，新生代农民工参与各类保险的比例均高于新生代农民工，这与新生代农民工从事的工作性质和自我维权意识等有关。从整体社会保障参保率来看，农民工在城市的参保率并不高，用工单位为农民工缴纳相关社会保险的比例不高，这是一个值得关注和重视的现实问题。

表 4－34　　两代农民工外出就业的社会保障参加情况

社会保险项目	代际	频数	总频数	应答人数百分比（%）	应答人数百分比（%）	应答人数累计百分比（%）
养老保险	老一代农民工	54	158	6.80	8.9	8.9
	新生代农民工	104		10.40		
失业保险	老一代农民工	30	99	3.80	5.6	14.5
	新生代农民工	69		6.90		
医疗保险	老一代农民工	117	335	14.90	18.8	33.3
	新生代农民工	218		21.80		
生育保险	老一代农民工	14	49	1.80	2.7	36.0
	新生代农民工	35		3.50		
工伤保险	老一代农民工	157	423	20.00	23.7	59.7
	新生代农民工	266		26.70		
公积金	老一代农民工	17	77	2.20	4.3	64.0
	新生代农民工	60		6.00		
都没有	老一代农民工	522	1100	66.60	61.7	125.7
	新生代农民工	578		57.90		
合计		2241	2241		125.7	

资料来源：《川黔渝籍农民工流动与就业现状调查》，2013 年 1－2 月。

2. 多数新生代农民工倾向于返乡

由表 4－35 可以看出，27.1% 的新生代农民工“想留在城镇生活”，29.1% 的新生代农民工倾向于“等家庭条件改善后就返乡”，这表明川黔渝籍农民工外出务工的主要目的是为了赚取收入，改善家庭生活水平，只有部分新生代农民工愿意移居到城镇生活。这是由于农民工户籍身份依然是农民，即使在城市打工也不能获得城市身份，不能享受到城市居民的待遇，从而给其留在城市生活带来阻碍。从代际差异视角看，老一代农民工中愿意留在城镇生活的只占8.8%，而新生代农民工想留在城镇生活的占27.1%，而老一代农民工倾向于“返乡”的比例占58.4%，比新生代农民工（38.9%）高近20个百分点，产生这一比例差距的原因与农民工的年龄和思想观念的转变等有关，新生代农民工由于生活环境和外出务工经历的不同，对农村生活和土地等没有特殊感情，且接受新鲜事物的能力比较强，更愿意融入城镇生活，从而导致新生代农民工更愿意留在城镇生活；相反，老一代农民工更倾向于返乡生活。

表4-35　两代农民工外出就业的未来打算

外出就业打算	代际	人数	总人数	百分比（%）	百分比（%）	累计百分比（%）
等年纪大了就返乡	老一代农民工	204	302	26.0	16.9	16.9
	新生代农民工	98		9.8		
等家庭条件改善后就返乡	老一代农民工	254	544	32.4	30.5	47.4
	新生代农民工	290		29.1		
想留在城镇生活	老一代农民工	69	339	8.8	19.1	66.5
	新生代农民工	270		27.1		
不固定，有活干就外出务工	老一代农民工	224	483	28.6	27.1	93.6
	新生代农民工	259		26.0		
其他	老一代农民工	33	114	4.2	6.4	100.0
	新生代农民工	81		8.1		
合计		1782	1782		100.0	

资料来源：《川黔渝籍农民工流动与就业现状调查》，2013年1-2月。

第三节　新生代农民工返乡就业行为分析

一　新生代农民工返乡就业调查样本分布特征

近几年来，随着贵州“两大战略”的不断推进，本地企业对劳动力需求越来越大，省内存量劳动力资源为满足工业发展需求而逐渐就地就业，加之本地工资上涨、就业环境改善、就业政策扶持等因素，吸纳了大量农民工返乡就业或创业。正是由于贵州返乡农民工就近就业已成“星星之火”之势，2013 年贵州省“两会”的政府工作报告提出“让更多返乡农民工就近就业、安居乐业”，足见返乡农民工就近就业成为贵州省农村劳动力转移就业的新特点。

2010 年以来，贵州外出务工人员规模在不断扩大，2012 年为 742.59 万人，截至 2013 年 3 月底，贵州外出务工就业人员规模为 776.26 万人，其中跨省就业人员规模为 579 万人，主要流向长三角、珠三角等东部发达区域。另外，贵州返乡农民工规模每年同样呈递增态势，跨省返乡人数也呈递增态势，2012 年返乡农民工人数和跨省返乡农民工人数分别为 93.09 万人和 53.54 万人（见表 4 – 36）。截止到本次调查时间，贵州跨省返乡人数为 72.71 万人。

表 4 – 36　　贵州省返乡农民工基本情况统计　　单位：万人

年度	年末在外就业人数	其中：跨省就业人数	返乡人数	其中：跨省返乡人数
2010	652.74	504.61	38.82	26.79
2011	704.63	536.17	52.11	34.83
2012	742.59	557.12	93.09	53.54

资料来源：贵州省人力资源和社会保障厅，2013 年 10 月。

为全面分析新生代农民工就业行为，准确了解新生代农民工返乡就业情况，2013 年 10 月，本书利用贵州大学管理类相关专业本科生国庆期间对贵州籍农民工进行问卷调查（见附件三），主要目的是了解其返乡就业情况。本次调查共发放问卷 1020 份，回收问卷 936 份，剔除填写不完整问卷，有效问卷 897 份。从表 4 – 37 可见，本次调查样本分布以男性和已婚为主，年龄分布基本上呈正态分布，文化程度以初中为主，但高中及以上文化程度者占 24.3%。

从表 4 – 38 可见，被问卷调查的返乡新生代农民工同样以男性和已婚为主，受教育程度以初中为主，但高中及以上学科所占比例逐渐提高。在此，主要结合本次调查样本进行分析。

表 4－37　　农民工返乡就业调查样本分布特征

		人数	百分比（%）			人数	百分比（%）
性别	男	580	64.7	年龄	16—19 岁	27	3.0
	女	317	35.3		20—24 岁	181	20.2
受教育程度	文盲/半文盲	58	6.5		25—29 岁	150	16.7
	小学	245	27.3		30—34 岁	135	15.1
	初中	376	41.9		35—39 岁	122	13.6
	高中/职高/中专	151	16.8		40—44 岁	121	13.5
	专科及以上	67	7.5		45—49 岁	120	13.4
婚姻状况	未婚	242	27.0		50—54 岁	34	3.8
	已婚	623	69.5		55 岁及以上	7	0.8
	离婚或丧偶	32	3.6	合计		897	100.0
	合计	897	100.0				

资料来源：《贵州籍农民工返乡就近就业问题调查》，2013 年 10 月。

表 4－38　　新生代农民工返乡就业调查样本分布特征

		人数	百分比（%）
性别	男	309	62.70
	女	184	37.30
受教育程度	文盲/半文盲	16	3.20
	小学	62	12.60
	初中	234	47.50
	高中/职高/中专	118	23.90
	专科及以上	63	12.80
婚姻状况	未婚	242	27.00
	已婚	623	69.50
	离婚或丧偶	32	3.60
	合计	493	100

资料来源：《贵州籍农民工返乡就近就业问题调查》，2013 年 10 月。

二 新生代农民工返乡就业情况①

（一）调查样本外出就业情况分析

新生代农民工外出就业情况是为了对统一调查样本返乡就业情况进行对比，以便探讨一些共同之处，更为全面了解分析新生代农民工就业全过程。

1. 新生代农民工返乡就业前的外出务工地点分布

由表 4－39 可知，调查样本中新生代农民工返乡就业前在省外区域就业的有 62.1%，在省内就业的仅有 37.9%；在省内就业的，以大中城市就业居多。从代际角度来看，两代返乡农民工外出务工就业地点分布大体保持一致，大多是倾向于选择省外就业。这表明贵州城镇地区经济发展的比较优势尚未凸显，省内地区就业环境对农民工的吸引力尚不强，导致农民工选择省外就业才能实现自身效用最大化。

在调查样本中，外出务工地点为省外地区的返乡新生代农民工有 306 人，其中 264 人选择广东、福建、江苏、浙江和上海等地，这一比例占省外就业新生代农民工样本的 81.2%，体现了贵州籍新生代农民工外出务工的流动特征，即主要是流向沿海发达地区。这主要是由于沿海地区经济发展迅速，对农村劳动力的需求比较大，吸纳劳动力能力比较强，工资水平相对比较高，从而对西部地区新生代农民工吸引力比较强。从代际角度来看，可以看出两代农民工外出务工区域也有所不同，新生代农民工选择到广东、福建等地区就业的比例，高出老一代农民工 4.8 个百分点；老一代农民工选择到江苏、浙江和上海地区就业的比例，高出新生代农民工 4 个百分点；新生代农民工选择到北京和天津地区就业的比例，高出老一代农民工 2.6 个百分点。这一代际差别的存在，与两代农民工禀赋、思想观念以及个人偏好的不同有关。

表 4－39　两代农民工返乡就业前的外出务工地点分布

外出务工地点	代际	人数	总人数	百分比（%）	总百分比（%）	累计百分比（%）
家庭所在乡镇	老一代农民工	28	65	6.9	7.3	7.3
	新生代农民工	37		7.5		

① 本节主要通过问卷调查分析贵州籍新生代农民工就业行为。有关新生代农民工返乡创业行为，请参阅附录四：贵州籍新生代农民工返乡创业的个案调查。

续表

外出务工地点	代际	人数	总人数	百分比（%）	总百分比（%）	累计百分比（%）
家庭所在县城	老一代农民工	71	142	17.6	15.8	23.1
	新生代农民工	71		14.4		
本省大中城市	老一代农民工	53	128	13.1	14.3	37.4
	新生代农民工	75		15.2		
省外	老一代农民工	252	558	62.4	62.2	99.6
	新生代农民工	306		62.1		
其他	老一代农民工	0	4	0	0.4	100.0
	新生代农民工	4		0.8		
合计		897	897		100.0	

资料来源：《贵州籍农民工返乡就近就业问题调查》，2013年10月。

2. 新生代农民工返乡就业前主要从事的行业

新生代农民工返乡就业前所从事的主要行业是：制造业（占36.5%）、建筑业（占20.7%）和服务业（占14.2%），在这三大主要行业就业的新生代农民工所占比例为71.4%，而在其他行业如运输业、采矿业和批发零售等行业就业的新生代农民工仅占28.6%。这说明新生代农民工返乡前从事过的行业相对比较集中，主要集中在制造业和建筑业，这与全国从事制造业和建筑业的农民工比重逐年递增相符。从表4－40可知，新生代农民工从事制造业、交通运输业、住宿和餐饮服务业、批发零售业的比例均高于老一代农民工，而老一代农民工从事建筑业、采矿业和种植业的比例均高于新生代农民工。这一差别主要是由于两代农民工所拥有的禀赋资源不同，老一代农民工依然主要从事一些技术含量低的体力劳动型行业，新生代农民工开始倾向于从事一些有一定技术含量的行业；另一方面由于年龄上的优势，制造业、运输业和服务业等行业更倾向于需求年青一代农民工，从而在这三大行业中新生代农民工所占比例更高一些。

3. 新生代农民工返乡就业前从事相关行业的主要原因

由表4－41可见，新生代农民工返乡前从事相关行业主要有三个方面的原因：文化水平和技术要求低（31.1%）、工资高（18.6%）和懂相关方面的知识（17.1%）。其中，文化水平和技术要求低成为最主要的原因，

表 4 - 40　　两代农民工返乡就业前主要从事的行业

从事行业	代际	人数	总人数	百分比（%）	总百分比（%）	累计百分比（%）
制造业	老一代农民工	142	322	35.1	35.8	35.8
	新生代农民工	180		36.5		
建筑业	老一代农民工	125	227	30.9	25.4	61.2
	新生代农民工	102		20.7		
交通运输业	老一代农民工	24	53	5.9	6.2	67.4
	新生代农民工	32		6.5		
住宿和餐饮服务业	老一代农民工	38	108	9.4	12.1	79.5
	新生代农民工	70		14.2		
采矿业	老一代农民工	14	21	3.5	2.3	81.8
	新生代农民工	7		1.4		
种植业	老一代农民工	15	27	3.7	3.0	84.8
	新生代农民工	12		2.4		
批发与零售业	老一代农民工	26	65	6.4	7.2	92.0
	新生代农民工	39		7.9		
其他	老一代农民工	20	71	5.0	8.0	100.0
	新生代农民工	51		10.3		
合计		897	897		100.0	100.0

资料来源：《贵州籍农民工返乡就近就业问题调查》，2013 年 10 月。

这与西部地区新生代农民工文化素质和技能水平普遍比较低有较大关系；其次，工资高成为次要原因，这与西部地区新生代农民工外出就业的主要目的为赚取工资性收入有关；最后，另一个从事相关行业的重要原因是懂相关行业知识，这表明西部地区部分农民工外出务工从事与其职业技能有关的工作，以发挥自身职业技能优势获得满意就业机会。

4. 新生代农民工返乡就业前的平均工资水平

从新生代农民工返乡前最后一份工作的月均收入分布表（表 4 - 42）来看，在调查样本中，新生代农民工返乡前工资水平在 2500—3000 元的占 40.2%，在 3000—3500 元的占 27.5%，在 2000—2500 元的占 22.9%，即调查样本返乡前工资水平主要分布在 2000—3500 元，所占比例为 90.6%。从月均收入来看，新生代农民工返乡前最后一份工作月均收入为

表 4－41　　两代农民工返乡就业前从事相关行业的主要原因

主要原因	代际	频数	总频数	应答人数百分比（%）	应答人数总百分比（%）
工资高	老一代农民工	153	317	21.8	20.0
	新生代农民工	164		18.6	
懂相关方面知识	老一代农民工	103	254	14.7	16.0
	新生代农民工	151		17.1	
文化水平和技术要求低	老一代农民工	288	562	41.0	35.5
	新生代农民工	274		31.1	
工作轻松	老一代农民工	62	184	8.8	11.6
	新生代农民工	122		13.8	
有利于自身知识能力结构发展	老一代农民工	17	65	2.4	4.1
	新生代农民工	48		5.4	
有益身心健康	老一代农民工	6	15	0.9	0.9
	新生代农民工	9		1.0	
培训、学习机会多	老一代农民工	21	82	3.0	5.2
	新生代农民工	61		6.9	
其他	老一代农民工	53	105	7.5	6.6
	新生代农民工	52		5.9	
合计		1584	1584		100.0

资料来源：《贵州籍农民工返乡就近就业问题调查》，2013 年 10 月。

2773 元，略高于全国农民工整体收入水平，那么他们返乡的原因可能是经济收入之外的其他原因，比如家庭因素、就业稳定因素等。

表 4－42　　两代农民工返乡前最后一份工作的月均收入分布

月均工资收入（元）	代际	人数	总人数	百分比（%）	总百分比（%）	累计百分比（%）
2000 以下	老一代农民工	10	33	2.5	3.7	3.7
	新生代农民工	23		4.7		
2000—2500	老一代农民工	100	213	24.8	23.7	27.4
	新生代农民工	113		22.9		

续表

月均工资收入（元）	代际	人数	总人数	百分比（%）	总百分比（%）	累计百分比（%）
2500—3000	老一代农民工	191	389	47.2	43.4	70.8
	新生代农民工	198		40.2		
3000—3500	老一代农民工	83	219	20.5	24.4	95.2
	新生代农民工	136		27.5		
3500 以上	老一代农民工	20	43	5.0	4.8	100.0
	新生代农民工	23		4.7		
合计		897	897		100.0	

资料来源：《贵州籍农民工返乡就近就业问题调查》，2013 年 10 月。

从代际差异角度来看，从月均工资水平分布来看，新生代农民工工资水平在 3000—3500 元的比例，高出老一代农民工 7 个百分点；老一代农民工工资水平在 2500—3000 元的比例，高出新生代农民工 7 个百分点；计算可得老一代返乡农民工返乡前最后一份工作月均收入为 2754 元，新生代农民工返乡前最后一份工作月均收入为 2773 元。由这些数字对比可看出新生代农民工外出就业工资水平高于老一代农民工，这与新生代农民工在年龄、身体健康状况、受教育程度和职业技能水平方面所具有的优势有着极大联系。

5. 新生代农民工返乡就业前的务工培训情况

从新生代农民工返乡前参与的培训情况（表 4 – 43）来看，40.4% 的新生代农民工"没有参加过任何培训"，其次是 32.0% 的新生代农民工是"自己跟师傅学技术"，这主要与他们从事的行业有关，无论是制造业还是建筑业，大多数是通过师傅的"传帮带"作用学习技术；21.9% 的新生代农民工参加过"用工单位组织的培训"，说明这些新生代农民工在外出就业期间通过单位培训获得了一定的职业技能。参加政府组织培训和务工地其他培训机构组织培训的新生代农民工人数很少，所占比例更少。这说明西部地区新生代农民工在外出就业期间参与培训类别基本上与所从事的职业有关，务工地政府及培训机构在农民工职业技能培训方面的作用并不明显。

表4-43　　两代农民工返乡前参与培训类别

参与培训类别	代际	人数	总人数	百分比（%）	总百分比（%）	累计百分比（%）
当地政府部门组织培训	老一代农民工	3	11	0.7	1.2	1.2
	新生代农民工	8		1.6		
自己跟师傅学技术	老一代农民工	105	263	26.0	29.3	30.5
	新生代农民工	158		32.0		
当地其他培训机构组织的培训	老一代农民工	4	16	1.0	1.8	32.3
	新生代农民工	12		2.4		
用工单位组织的培训	老一代农民工	71	179	17.6	20.0	52.3
	新生代农民工	108		21.9		
没有参加过任何培训	老一代农民工	215	414	53.2	46.2	98.4
	新生代农民工	199		40.4		
其他	老一代农民工	6	14	1.5	1.6	100.0
	新生代农民工	8		1.6		
合计		897	897		100.0	

资料来源：《贵州籍农民工返乡就近就业问题调查》，2013年10月。

从代际角度来看，参加过培训的老一代农民工占46.8%，参加过培训的新生代农民工占59.6%；没有参加过任何培训的老一代农民工比新生代农民工的比例高出12.8个百分点；通过自己跟师傅学技术获得技能的新生代农民工比老一代农民工的比例高出6个百分点；参加过用工单位组织培训的新生代农民工比老一代农民工的比例高出4.3个百分点。这些数据说明新生代农民工外出务工期间获得的培训机会更多一些，这跟两代农民工外出务工行业分布不同相关，由于新生代农民工在一些技能水平要求比较高的行业就业所占比例高于老一代农民工，从而新生代农民工接受培训的机会也相对多一些。

从参加职业技能培训的次数来看（表4-44），新生代农民工外出就业期间，剔除从未参与培训的农民工（40.4%）外，参加1次培训的农民工占22.1%，参加2次培训的农民工占15.0%，参加3次及以上培训的农民工占22.5%，其中参加三次以上培训的新生代农民工中，多数是通过自己不停地跟师傅学技术。从代际差异角度来看，新生代农民工参加1次培训、参加2次培训、参加3次以上培训的比例都高于老一代农民工，再次说明新生代农民工由于年龄、受教育程度、职业技能水平等方面的原因，比老一代农民工更愿意参加培训。从数据统计分析来看，两代农民工外出就业参加培训机会都比较少，从而职业技能都比较缺乏。农民工参加培训机会少、职业技能水平低成为农民工返乡就业的一大“瓶颈”，可以看作导致西部地区新生代农民工返乡的主要原因之一。

表 4－44　　两代农民工返乡就业前参加职业技能培训的次数

参加培训次数	代际	人数	总人数	百分比（%）	总百分比（%）	累计百分比（%）
1 次	老一代农民工	73	182	18.1	20.3	20.3
	新生代农民工	109		22.1		
2 次	老一代农民工	47	121	11.6	13.5	33.8
	新生代农民工	74		15.0		
3 次以上	老一代农民工	69	180	17.1	20.1	53.8
	新生代农民工	111		22.5		
0 次	老一代农民工	215	414	53.2	46.2	100.0
	新生代农民工	199		40.4		
合计		897	897		100.0	

资料来源：《贵州籍农民工返乡就近就业问题调查》，2013 年 10 月。

（二）新生代农民工返乡就业现状与特征

1. 返乡时间与工作搜寻时间

待业时间的长短影响着返乡农民工经济收入的持续性和农村社会秩序的稳定。从新生代农民工返乡时间来看（表 4－45），28.8% 的新生代农民工已返乡在一年以上，24.5% 的新生代农民工已返乡半年至一年，46.6% 的新生代农民工返乡在半年以内。也就是说，本次调查的新生代农民工返乡一半左右是 2013 年度返乡的。从两代农民工返乡时间来看，老一代农民工返乡时间在半年以内的占 37.8%，新生代农民工返乡时间在半年以内的占 46.6%；而已返乡一年以上的老一代农民工占调查样本的 36.1%，新生代返乡农民工则为 28.8%。可见，相较于新生代农民工来说，老一代农民工返乡时间比较长，这与部分老一代农民工是由于年龄和家庭原因不适于外出，从而选择返乡就业有关。

表 4－45　　两代农民工已返乡的时间分布

已返乡时间	代际	人数	总人数	百分比（%）	总百分比（%）	累计百分比（%）
3 个月以内	老一代农民工	43	128	10.6	14.3	14.3
	新生代农民工	85		17.2		
3—6 个月	老一代农民工	110	255	27.2	28.4	42.7
	新生代农民工	145		29.4		
6—12 个月	老一代农民工	105	226	26.0	25.2	67.9
	新生代农民工	121		24.5		
12 个月以上	老一代农民工	146	288	36.1	32.1	100.0
	新生代农民工	142		28.8		
合计		897	897		100.0	

资料来源：《贵州籍农民工返乡就近就业问题调查》，2013 年 10 月。

从新生代农民工返乡后工作搜寻时间（表 4－46）来看，60.9%的新生代农民工在 3 个月内实现返乡就业；26.4%的新生代农民工在 3—6 个月内实现返乡就业；6.7%的新生代农民工在 6—12 个月内实现返乡再就业，只有 6.1%的新生代农民工在返乡 1 年之后才得到就业。可见，新生代农民工寻找工作的时间比较短，87.3%的新生代农民工可在半年之内实现返乡就业。从代际比较来看，老一代农民工中有 82.9%可在半年之内实现返乡就业，比新生代农民工少 4.4 个百分点，这表明由于具有年龄和受教育程度等方面的优势，新生代农民工返乡后更容易实现就近就业。农民工返乡就业工作搜寻时间普遍比较短，间接说明近年来西部地区经济发展给农民工返乡就业带来了很多就近就业机会，而且随着新一轮西部开发深入推进和产业梯度转移力度加大，这样的就业机会将会越来越多。

表 4－46　　两代农民工实现返乡就业的工作搜寻时间

就近就业工作搜寻时间	代际	人数	总人数	百分比（%）	总百分比（%）	累计百分比（%）
3 个月以内	老一代农民工	233	533	57.7	59.4	59.4
	新生代农民工	300		60.9		

续表

就近就业工作搜寻时间	代际	人数	总人数	百分比（%）	总百分比（%）	累计百分比（%）
3—6 个月	老一代农民工	102	232	25.2	25.9	85.3
	新生代农民工	130		26.4		
6—12 个月	老一代农民工	36	69	8.9	7.7	93.0
	新生代农民工	33		6.7		
12 个月以上	老一代农民工	33	63	8.2	7.0	100.0
	新生代农民工	30		6.1		
合计		897	897		100.0	

资料来源：《贵州籍农民工返乡就近就业问题调查》，2013 年 10 月。

2. 就业行业关联度

返乡前后从事工作的连续性有利于保持和提升新生代农民工的就业能力。从新生代农民工返乡就业的主要行业（表 4 - 47）来看，新生代农民工返乡前后从业行业关联度较高，建筑业成为新生代农民工返乡就业的主要行业，占 21.7%，这可能与 20.7% 的返乡农民工外出就业期间从事建筑业密切相关，也与被调查地区近几年房地产开发和基础设施建设加快有关。15.9% 的新生代农民工从事种植业和养殖业，而老一代农民工从事种养业的比例为 26.5%，表明相较老一代农民工来说，新生代农民工返乡后依然倾向于从事非农业的相关工作。这些从事种养业的新生代农民工，可能因年龄、家庭、地域等因素而不得不从事农业，而且调查数据也显示，部分新生代农民工返乡后开始通过土地流转而集中连片规模种植，初步实现了规模经营。只有 12.6% 的新生代农民工返乡后从事制造业，而新生代农民工返乡前 36.5% 的人从事制造业，这说明被调查地区劳动密集型制造业还不发达，难以满足新生代农民工返乡后继续从事返乡前相关工作的现实需求。返乡后从事住宿和餐饮等服务业的新生代农民工占 11.8%，与返乡前的 14.2% 略有减少；返乡后从事交通运输业的新生代农民工比例有所增加，从 6.5% 增加到 10.5%；返乡后从事批发与零售业的新生代农民工比例由 7.9% 增加到 8.7%。应该说，有相当一部分的新生代农民工返乡后还是从事返乡前的相关行业，这有利于维持新生代农民工在外出就业期间获得的已有技能和人力资本，而且也能够带动其他农民工提高自身技能水平。可见，外出就业是西部地区农村劳动力获取就业能力的一个重要途径，通过外出就业不仅能够增长见识、扩大交往面，而且还能够提高非农就业能力，即使因种种原因返乡，相当一部分新生代农民工仍继续从事外出务工期间从事的行业。

表4-47　　两代农民工返乡就业的主要行业分布

从事行业	代际	人数	总人数	百分比（%）	总百分比（%）	累计百分比（%）
制造业	老一代农民工	39	101	9.7	11.3	11.3
	新生代农民工	62		12.6		
建筑业	老一代农民工	111	218	27.5	24.3	35.6
	新生代农民工	107		21.7		
交通运输业	老一代农民工	37	89	9.2	9.9	45.5
	新生代农民工	52		10.5		
住宿和餐饮服务业	老一代农民工	40	98	9.9	10.9	56.4
	新生代农民工	58		11.8		
采矿业	老一代农民工	8	14	2.0	1.6	58.0
	新生代农民工	6		1.2		
种植业	老一代农民工	84	143	20.8	15.9	73.9
	新生代农民工	59		12.0		
养殖业	老一代农民工	23	42	5.7	4.7	78.6
	新生代农民工	19		3.9		
林地承包	老一代农民工	4	11	1.0	1.2	79.8
	新生代农民工	7		1.4		
家政服务业	老一代农民工	8	22	2.0	2.5	82.3
	新生代农民工	14		2.8		
批发与零售业	老一代农民工	15	58	3.7	6.5	88.7
	新生代农民工	43		8.7		
其他	老一代农民工	35	101	8.7	11.3	100.0
	新生代农民工	66		13.4		
合计		897	897		100.0	

资料来源：《贵州籍农民工返乡就近就业问题调查》，2013年10月。

3. 返乡就业效应

（1）返乡就业收入比外出就业收入有所减少，但满意度相对较高。工资收入是经济收入的物质保障，也是新生代农民工资源资本的重要组成部分，返乡前后工资收入变化及其变化幅度是新生代农民工返乡后是否再次外出就业的主要影响因素。从返乡就业月均工资收入来看（表4－48），调查时点的新生代农民工返乡前最后一份工作的月均收入为2773元，而返乡就业后月均收入为2619元，比外出务工平均降低了154元，比外出就业收入平均减少了5.6%，这在某种程度上说明新生代农民工返乡就业收入事实上降低了，不难解释为什么有些新生代农民工返乡后经历一段时间后会继续外出务工。

表4－48　　两代农民工返乡就业月均工资收入

<table>
<tr><th>月均工资收入（元）</th><th>代际</th><th>人数</th><th>总人数</th><th>百分比（%）</th><th>总百分比（%）</th><th>累计百分比（%）</th></tr>
<tr><td rowspan="2">2000以下</td><td>老一代农民工</td><td>33</td><td rowspan="2">83</td><td>8.2</td><td rowspan="2">9.3</td><td rowspan="2">9.3</td></tr>
<tr><td>新生代农民工</td><td>50</td><td>10.1</td></tr>
<tr><td rowspan="2">2000—2500</td><td>老一代农民工</td><td>132</td><td rowspan="2">273</td><td>32.7</td><td rowspan="2">30.4</td><td rowspan="2">39.7</td></tr>
<tr><td>新生代农民工</td><td>141</td><td>28.6</td></tr>
<tr><td rowspan="2">2500—3000</td><td>老一代农民工</td><td>168</td><td rowspan="2">382</td><td>41.6</td><td rowspan="2">42.6</td><td rowspan="2">82.3</td></tr>
<tr><td>新生代农民工</td><td>214</td><td>43.4</td></tr>
<tr><td rowspan="2">3000—3500</td><td>老一代农民工</td><td>57</td><td rowspan="2">121</td><td>14.1</td><td rowspan="2">13.5</td><td rowspan="2">95.8</td></tr>
<tr><td>新生代农民工</td><td>64</td><td>13.0</td></tr>
<tr><td rowspan="2">3500以上</td><td>老一代农民工</td><td>14</td><td rowspan="2">38</td><td>3.5</td><td rowspan="2">4.2</td><td rowspan="2">100.0</td></tr>
<tr><td>新生代农民工</td><td>24</td><td>4.9</td></tr>
<tr><td>合计</td><td></td><td>897</td><td>897</td><td></td><td>100.0</td><td></td></tr>
</table>

资料来源：《贵州籍农民工返乡就近就业问题调查》，2013年10月。

前面提到，老一代农民工返乡前最后一份工作月均收入为2754元，而返乡后的月均收入为2610元，老一代农民工返乡就业收入比外出就业收入平均减少了144元，减少比例约为5.2%。由此可见，农民工尤其是新生代农民工返乡后月均工资收入减少更多，这也是目前西部地区多数年青一代农村劳动力返乡后会选择再次外出就业的重要原因。

从返乡前后工资收入变化来看（表 4－49），38.4%的新生代农民工在返乡后工资收入有所减少，其中 33.5%的新生代农民工减少约 1000 元；50.3%的新生代农民工返乡前后工资收入没有明显变化；只有 11.3%的新生代农民工返乡后工资收入有所增长，但增幅明显低于减幅，说明返乡就业对于新生代农民工来说并不是经济意义上的最优选项。但是，如果考虑生活成本的话，新生代农民工返乡就业基本生活开支可能少于返乡就业前的基本生活开支，收入结余并不一定比外出务工少，而且还能够增加与家庭团聚、照料老人小孩等机会。“相比而言，中西部地区的农民工在东部地区务工生活开支较大、收入结余少，因此在中西部就业机会增加的情况下，农民工更倾向于选择就近就业，这也是当前农民工流动格局变化的一个主要原因。”① 可见，尽管新生代农民工返乡就业月均收入比外出就业少了 154 元，但是如果考虑新生代农民工外出就业在基本生活、房租、日常开支等方面的支出，新生代农民工返乡就业收入结余并不比外出就业少。这一点还可以通过新生代农民工的工资收入满意度（表 4－50）来进一步说明。

表 4－49　新生代农民工返乡前后月均收入变化情况

返乡前后月均收入变化情况	人数	百分比（%）	累计百分比（%）
减少 4000 元	1	0.2	0.2
减少 3000 元	5	1.0	1.2
减少 2000 元	18	3.7	4.9
减少 1000 元	165	33.5	38.4
没有多大变化	248	50.3	88.7
增加 1000 元	44	8.9	97.6
增加 2000 元	11	2.2	99.8
增加 3000 元	1	0.2	100.0
合计	493	100.0	

资料来源：《贵州籍农民工返乡就近就业问题调查》，2013 年 10 月。

① 国家统计局住户调查办公室：《2012 年全国农民工监测调查报告．中国人口与劳动问题报告 No. 14 从人口红利到制度红利》，社会科学文献出版社 2013 年版，第 11 页。

表 4－50　新生代农民工返乡就业的工资收入满意度

工资水平满意度	人数	百分比（%）	累计百分比（%）
非常满意	18	3.7	3.7
比较满意	108	21.9	25.6
一般	208	42.2	67.8
不满意	133	27.0	94.8
相当不满意	26	5.2	100.0
合计	493	100.0	

资料来源：《贵州籍农民工返乡就近就业问题调查》，2013 年 10 月。

从返乡后工资收入满意度来看（表 4－50），如果把答案“非常满意”、“比较满意”和“一般”归为“满意”组，把“不满意”和“非常不满意”归为“不满意”组，则新生代农民工对返乡后工资收入的“满意”组为 67.8%，“不满意”组为 32.2%。前面提到，有 38.4% 的新生代农民工返乡后月均收入有所减少，而不满意当前经济收入的新生代农民工比例为 32.2%，相差 6.2 个百分点。这一收入减少比例和“满意”组百分比之间的差距，是由于返乡就业带来的便利弥补了新生代农民工返乡造成的经济收入损失。因此，这一差距就不能用经济收入来衡量，只能用其他的因素来衡量，比如生活成本因素、家庭因素、社会因素、文化因素等。

（2）返乡就业的社会效应主要在于照顾老人和子女教育。多数研究都提到，返乡就业给农民工带来了不少的便利。从返乡就业给新生代农民工带来的主要便利来看（表 4－51），主要体现在“便于照顾老人”和“方便子女教育”两个方面，应答人数百分比分别为 64.7% 和 41.6%；其次是“免去经常外出流动的艰辛”，应答人数百分比为 34.5%；最后是“社会交往方便”，应答人数百分比为 27.0%。结合这一组数据和前面提及的新生代农民工婚姻状况来看，半数新生代农民工正处于“上有老、下有小”的年龄阶段，无论是外出就业还是返乡就业均是家庭的“顶梁柱”和主要依靠，而返乡就业在一定程度上有效解决了新生代农民工难以承担家庭责任的困境，有利于家庭和睦与社会和谐。

表4-51　两代农民工返乡就业的主要好处

主要好处	代际	频数	频数	应答人数百分比（%）	应答人数百分比（%）	应答人数累计百分比（%）
建设家乡	老一代农民工	30	118	7.4	13.2	13.2
	新生代农民工	88		17.8		
便于照顾老人	老一代农民工	276	595	68.3	66.3	79.5
	新生代农民工	319		64.7		
方便子女教育	老一代农民工	283	488	70.0	54.4	133.9
	新生代农民工	205		41.6		
可以兼营农业	老一代农民工	143	231	35.4	25.8	159.7
	新生代农民工	88		17.8		
收入稳定	老一代农民工	36	78	8.9	8.7	168.4
	新生代农民工	42		8.5		
社会交往方便	老一代农民工	65	198	16.1	22.1	190.5
	新生代农民工	133		27.0		
免去经常外出流动的艰辛	老一代农民工	116	286	28.7	31.9	222.4
	新生代农民工	170		34.5		
其他	老一代农民工	10	23	2.5	2.6	225.0
	新生代农民工	13		2.6		
合计		2017	2017		225.0	

资料来源：《贵州籍农民工返乡就近就业问题调查》，2013年10月。

从代际角度来看，老一代农民工为了“方便子女教育”而返乡就业的比例比新生代返乡农民工高出28.4个百分点，为了“可以兼营农业”而返乡的比例比新生代返乡农民工高出17.6个百分点，这两组数据差距比较大。这是因为调查样本中29岁以下新生代农民工占39.9%，而这一年龄段的新生代农民工由于子女年龄较小，或者尚未生育子女，暂不面临子女教育这一问题，从而方便子女教育这一便利对部分新生代农民工的作用小于老一代农民工。对于兼营农业这一便利，老一代农民工往往对于土地拥有特殊的感情，他们的乡土意识和土地情结较浓，不愿舍弃土地耕种仅靠工资性收入为生，更多地愿意终老还乡；而新生代农民工大多接触农业较少，乐于接受新事物，对城市生活有较强的留城意愿，更倾向于舍弃土地耕作，靠从事非农产业获得工资性收入，从而经营农业带来的便利对新生代农民工的作用小于老一代农民工。

（3）就业稳定性较差。由调查样本分析可见（表4－52），57.6%的新生代农民工返乡后在1家用工单位工作过，25.8%的新生代农民工返乡后在2家用工单位工作过，8.9%的新生代农民工返乡后在3家用工单位工作过，7.7%的在4家及以上的用工单位工作过。从代际比较来看，在1家用工单位工作过的调查样本中，老一代农民工比例高于新生代农民工，而在2家及以上的用工单位工作过的调查样本中，新生代农民工比例均高于老一代农民工，尤其是在4家及以上用工单位工作过的调查样本中，新生代农民工比例是老一代农民工比例的三倍多，这表明农民工返乡就业中更换工作比较频繁，尤其是新生代农民工变换工作的频率比较高，返乡就业稳定性比较差。当然，这也可能与他们返乡时间长短、就业组织规模和性质紧密相关。

表4－52　两代农民工返乡至今就业单位数

非农就业单位数	代际	人数	总人数	百分比（%）	总百分比（%）	累计百分比（%）
1家	老一代农民工	267	551	65.9	61.4	61.4
	新生代农民工	284		57.6		
2家	老一代农民工	95	222	23.5	24.7	86.1
	新生代农民工	127		25.8		
3家	老一代农民工	32	76	7.9	8.5	94.6
	新生代农民工	44		8.9		
4家及以上	老一代农民工	10	48	2.5	5.4	100.0
	新生代农民工	38		7.7		
合计		897	897			

资料来源：《贵州籍农民工返乡就近就业问题调查》，2013年10月。

由表4－53可知，新生代农民工返乡后在现就业单位工作时间分布上，工作时间在3个月以内的新生代农民工所占比例为42.8%，在3—6个月的新生代农民工所占比例为33.1%，在6—12个月的新生代农民工所占比例为16.2%，在1年以上的新生代农民工所占比例为7.9%。当然这一工作时间的长短与前面分析的新生代农民工返乡时间高度相关，正如前所述，新生代农民工返乡时间在半年以内的占46.6%，这必然对其在返乡后就业工作时间长短有着直接的影响。

从代际角度来看，返乡后在现就业单位工作6个月以内的老一代农民工所占比例为70.5%，新生代农民工则为75.9%；返乡后在现就业单位工作半年以上的返乡农民工中，老一代农民工占29.4%，新生代农民工占24.1%。由这两组数据可知，农民工尤其是新生代农民工，虽然实现了返乡就业，但在现就业单位工作时间不长，变换就业单位的频率也较高，这说明了新生代农民工就业稳定性较差、就业质量不高，这必然导致其在相关社会保险方面存在缴费率低的情况，不利于新生代农民工实现完全非农就业及其就地市民化。

表4-53　　两代农民工返乡后在现就业组织的工作时间

现岗位工作时间	代际	人数	总人数	百分比（%）	总百分比（%）	累计百分比（%）
3个月以内	老一代农民工	162	373	40.1	41.6	41.6
	新生代农民工	211		42.8		
3—6个月	老一代农民工	123	286	30.4	31.9	73.5
	新生代农民工	163		33.1		
6—12个月	老一代农民工	72	152	17.8	16.9	90.4
	新生代农民工	80		16.2		
12个月以上	老一代农民工	47	86	11.6	9.6	100.0
	新生代农民工	39		7.9		
合计		897	897		100.0	

资料来源：《贵州籍农民工返乡就近就业问题调查》，2013年10月。

4. 就业信息来源与人际信任度

新生代农民工返乡就业信息来源与人际信任仍以"强关系"型社会资本为主。正如前述，就业信息来源反映农民工社会资本的层次和就业机会的真实性。从新生代农民工返乡非农就业信息来源渠道来看（表4-54），主要还是来自他们基于亲缘、友缘、地缘而形成的社会资本，通过亲戚介绍实现返乡非农就业的新生代农民工占30.0%，通过朋友介绍实现返乡非农就业的新生代农民工占24.7%，通过老乡介绍实现返乡非农就业的新生代农民工占11.4%。也就是说，通过传统的民间

“强关系”型社会资本实现返乡非农就业的新生代农民工占66.1%。通过政府基层组织部门和就业中介机构等正式就业信息渠道实现返乡非农就业的新生代农民工所占比例较低（4.1%）；通过招工广告、招聘会等渠道实现就业的新生代农民工占12.4%；通过“其他”渠道实现返乡非农就业的新生代农民工所占比例为15.8%。可见，地方政府基层部门及企业等“弱关系”型社会资本的作用未能在新生代农民工返乡非农就业过程中发挥其应有的作用。

表4-54　　两代农民工实现返乡非农就业的主要信息来源

就业信息渠道	代际	人数	总人数	百分比（%）	总百分比（%）	累计百分比（%）
亲戚介绍	老一代农民工	121	269	30.0	30.0	30.0
	新生代农民工	148		30.0		
朋友介绍	老一代农民工	104	226	25.7	25.2	55.2
	新生代农民工	122		24.7		
老乡介绍	老一代农民工	40	96	9.9	10.7	65.9
	新生代农民工	56		11.4		
就业中介机构	老一代农民工	1	9	0.2	1.0	66.9
	新生代农民工	8		1.6		
招工广告	老一代农民工	17	59	4.2	6.6	73.5
	新生代农民工	42		8.5		
招聘会	老一代农民工	4	23	1.0	2.7	76.0
	新生代农民工	19		3.9		
政府基层部门	老一代农民工	24	44	5.9	4.9	80.9
	新生代农民工	20		4.1		
其他	老一代农民工	93	171	23.0	19.1	100.0
	新生代农民工	78		15.8		
合计		897	897		100.0	

资料来源：《贵州籍农民工返乡就近就业问题调查》，2013年10月。

从代际差异角度看，基于亲缘、友缘、地缘等“强关系”型社会资本，获得返乡就业信息的老一代农民工和新生代农民工所占比例相差不大，分别为65.6%和66.1%；而基于就业中介机构、招聘广告和招聘会等“弱关系”型社会资本实现返乡非农就业的老一代农民工为5.4%，新生代农民工为14.0%。可见，两代农民工返乡就业对“强关系”型社会资本的依赖程度基本相同，而对“弱关系”型社会资本的依赖程度有差异，主要表现为新生代农民工逐步倾向于通过就业中介机构、招聘广告和招聘会等渠道实现返乡非农就业，这种差异是由于新生代农民工思想观念的转变，不再仅仅局限于“强关系”型社会资本的就业渠道，对地方政府基层部门及企业等部门所提供就业信息的态度有所改善。

信任是人际交往的基础和前提。有学者研究表明，“青年农民工的人际信任结构呈现出对城市居民的信任缺失与对来自老乡、亲戚等信任度高的特征”。[①] 如表4－55至表4－57所示，新生代农民工人际信任并没有发生多少变化，并且两代农民工人际信任的代际差异不明显，调查数据显示对亲友“比较信任”的新生代农民工所占比例为50.9%，表示“不信任”的仅占2.8%；对基层政府部门“比较信任”的新生代农民工占16.2%，表示“不信任”的占28.0%，高出“比较信任”的11.8个百分点；对当地企业“比较信任”的新生代农民工占21.7%，表示“不信任”的占8.5%。可见，就三者的信任度而言，调查样本中新生代农民工对亲戚、朋友、老乡等亲友的信任程度较高，其次是当地企业，最后才是基层政府，说明新生代农民工所交往的社会依然是一个熟人社会，这样一种“强关系”型的熟人社会必然对新生代农民工返乡就业及其就业质量带来一定的局限性，实际上也影响了新生代农民工的就业能力。

表4－55　两代农民工返乡后对亲友（含亲戚、朋友和老乡）的信任度

对亲友的信任度	代际	人数	总人数	百分比（%）	总百分比（%）	累计百分比（%）
比较信任	老一代农民工	217	468	53.7	52.2	52.2
	新生代农民工	251		50.9		
一般	老一代农民工	177	405	43.8	45.2	97.3
	新生代农民工	228		46.2		
不信任	老一代农民工	10	24	2.5	2.7	100.0
	新生代农民工	14		2.8		
合计		897	897		100.0	

资料来源：《贵州籍农民工返乡就近就业问题调查》，2013年10月。

① 张连德：《人际信任对青年农民工社会网络的影响》，《社会主义研究》2011年第5期。

表 4－56　两代农民工返乡后对基层政府的信任度

对基层政府的信任度	代际	人数	总人数	百分比（%）	总百分比（%）	累计百分比（%）
比较信任	老一代农民工	63	143	15.6	15.9	15.9
	新生代农民工	80		16.2		
一般	老一代农民工	232	507	57.4	56.5	72.5
	新生代农民工	275		55.8		
不信任	老一代农民工	109	247	27.0	27.5	100.0
	新生代农民工	138		28.0		
合计		897	897		100.0	

资料来源：《贵州籍农民工返乡就近就业问题调查》，2013 年 10 月。

表 4－57　两代农民工返乡后对当地企业的信任度

对当地企业的信任度	代际	人数	总人数	百分比（%）	总百分比（%）	累计百分比（%）
比较信任	老一代农民工	90	197	22.3	22.0	22.0
	新生代农民工	107		21.7		
一般	老一代农民工	268	612	66.3	68.2	90.2
	新生代农民工	344		69.8		
不信任	老一代农民工	46	88	11.4	9.8	100.0
	新生代农民工	42		8.5		
合计		897	897		100.0	

资料来源：《贵州籍农民工返乡就近就业问题调查》，2013 年 10 月。

5. 返乡就业面临的主要难题

（1）返乡就业的整体社会保障水平较低。社会保障是新生代农民工返乡稳定就业的基础。从新生代农民工返乡非农就业参加社会保险的情况来看（表 4－58），整体的参保率不高，调查样本中有 62.9% 的新生代农民工返乡就业没有参加任何社会保险，37.1% 的新生代农民工参加了一定的社会保险。从具体的参保项目来看，参保最多的是医疗保险，占新生代农民工调查样本总数的 24.9%；其次是工伤保险，占样本总数的 15.0%，随后依次是养老保险（10.5%）、失业保险（10.1%）、公积金（4.5%）、生育保险（4.1%）。

从代际差异来看，新生代农民工返乡后各项社会保险参保率均高于老一代农民工，这表明相较于老一代农民工来说，新生代农民工返乡后更容易找到相对较好的工作，这与新生代农民工在年龄、受教育程度以及职业技能水平方面的优势有关。对于部分老一代农民工来说，返乡就业在实质上带有一定的养老功能，经历了外出就业的洗礼，他们不再迷恋城市，可能最终归途是在农村，故其参加农村社会保障的概率较高，而参加“五险一金”等社会保险方面的积极性不高。当然，这也可能与现行社会保险项目的某些制度设计有关。可见，无论是新生代农民工还是老一代农民工，就算是实现返乡就业，就业单位为他们缴纳相关社会保险的比例并不高，这是一个值得关注和重视的现实问题。

表4－58 两代农民工返乡非农就业参加社会保险情况

社会保险项目	代际	频数	总频数	应答人数百分比（%）	应答人数百分比（%）	应答人数累计百分比（%）
养老保险	老一代农民工	26	78	6.4	8.7	8.7
	新生代农民工	52		10.5		
失业保险	老一代农民工	15	65	3.7	7.2	15.9
	新生代农民工	50		10.1		
医疗保险	老一代农民工	58	181	14.4	20.2	36.1
	新生代农民工	123		24.9		
生育保险	老一代农民工	1	21	0.2	2.3	38.4
	新生代农民工	20		4.1		
工伤保险	老一代农民工	51	125	12.6	13.9	52.3
	新生代农民工	74		15.0		
公积金	老一代农民工	1	23	0.2	2.6	54.9
	新生代农民工	22		4.5		
都没有	老一代农民工	291	601	72.0	67.0	121.9
	新生代农民工	310		62.9		
合计		1094	1094		121.9	

资料来源：《贵州籍农民工返乡就近就业问题调查》，2013年10月。

（2）返乡就业面临的主要困难。新生代农民工返乡稳定就业面临的突出问题主要在四个方面：收入比外出打工少、人亲客往方面支出较大、文化教育水平较低和工作强度较大，其应答人数百分比分别为 43.0%、31.0%、26.8% 和 15.6%。首先，新生代农民工从事非农产业的主要目的是获得工资性收入改善家庭生活状况，而返乡就业的工资整体低于外出务工，故收入低成为返乡稳定就业面临的最大困难；其次，新生代农民工返乡就业面临着人亲客往方面的支出会比较大，从而成为新生代农民工返乡稳定就业面临的一个困难；最后，文化教育水平较低和工作强度较大也是其返乡稳定就业所面临的困难，这主要是受新生代农民工教育水平的限制，返乡就业的岗位大都是一些建筑业等强度比较大的行业，从而给其返乡稳定就业带来困难。

选择“医疗等社会保障欠缺”的新生代农民工仅有 10.8%，这一数据并不是意味着新生代农民工返乡就业社会保障水平普遍比较高，从而不构成其返乡就业的困难。一般来说，新生代农民工返乡后从事的都是一些工作强度较大的建筑业等行业，这些行业的社会保障水平普遍较低，但是由于社会保障意识比较薄弱，以及返乡就业带来的心理归属感弥补了社会保障方面的缺失，从而导致新生代农民工返乡后社会保障认知比较低的局面。

选择“农村户口受限制”和“难以兼营农业”的新生代农民工比例也比较低，仅有 9.1% 和 5.5%，这是因为新生代农民工返乡就业一般不受农村户口限制，并且由于离家近可以兼营农业，所以新生代农民工在这两方面的困难比较少。

从代际差异角度来看，比较明显的主要体现在：收入比外出打工少、人亲客往支出较大和工作强度较大。就“收入比外出打工少”来说，新生代农民工应答人数百分比高出老一代农民工 7.1 个百分点；由前面分析可知，新生代农民工返乡就业收入比外出就业收入平均减少了 154 元，老一代农民工返乡就业收入比外出就业收入平均减少了 144 元。可见，由于新生代农民工月均工资收入减少更多；故，他们对于返乡就业收入比外出就业收入少比较敏感，故而成为其面临的最大困难。就“人亲客往支出较大”这一选项而言，老一代农民工应答人数百分比高出新生代农民工 7.9 个百分点，这是由于老一代农民工在家乡人际关系网络比较复杂和多元，需要维系乡土社会的基本人际关系，从而其人亲客往支出更大一些，因而这方面支出也比较大。当然，这类人情消费是社会生活的正常现象，曾经起着相互帮扶的功能，然而在今天，人情消费不仅影响农民工家庭的稳定就业，甚至已影响到少数家庭的长期生计问题。根据笔者在部分农村的实地调研和直观感悟，人情支出已成为部分家庭的重要负担，故而有些家庭甚至以虚假情况办席收礼，以收回部分已送出去的“人情费”。虽然，各地也在适当干预，但效果并不明显，只是催生了一些专门针对禁办酒席的场所，如饭庄等。在“工作强度较大”方面，老一代农民工应答人数百分比高出新生代农民工 8.7 个百分点，这是因为受年龄和教育水平的影响，老一代农民工返乡从事工作一般都是从事工作强度较大的行业，而新生代农民工就业选择空间相对更大一些，部分可以从事相对比较轻松的工作，从而老一代农民工稳定就近就业在工作强度方面面临的困难更大一些。

表 4－59　两代农民工返乡稳定就业面临的主要问题

主要问题	代际	人数	人数	应答人数百分比（%）	应答人数百分比（%）	应答人数累计百分比（%）
收入比外出打工少	老一代农民工	145	357	35.9	39.8	39.8
	新生代农民工	212		43.0		
农村户口受限制	老一代农民工	23	68	5.7	7.6	47.4
	新生代农民工	45		9.1		
文化教育水平较低	老一代农民工	99	231	24.5	25.8	73.2
	新生代农民工	132		26.8		
难以兼营农业	老一代农民工	27	54	6.7	6.0	79.2
	新生代农民工	27		5.5		
人亲客往支出较大	老一代农民工	157	310	38.9	34.6	113.8
	新生代农民工	153		31.0		
工作强度较大	老一代农民工	98	175	24.3	19.5	133.3
	新生代农民工	77		15.6		
医疗等社会保障欠缺	老一代农民工	47	100	11.6	11.1	144.4
	新生代农民工	53		10.8		
其他	老一代农民工	8	24	2.0	2.7	147.1
	新生代农民工	16		3.2		
合计		1319	1319		147.1	

资料来源：《贵州籍农民工返乡就近就业问题调查》，2013 年 10 月。

6. 返乡就业行为选择的影响因素

（1）影响新生代农民工返乡就业行为决策的个人层面因素。由表4－60可见，影响新生代农民工返乡就业行为决策的微观因素是自身文化教育程度不高，回答该项原因的新生代农民工占调查样本的54.0%；其次是没有一技之长，占调查样本的42.2%；再者依次是家庭居住地点偏僻、家庭人多地少收入低、在当地政府没有关系和在附近工厂没有熟人，所占比例分别为27.4%、25.2%、24.9%和18.5%；其他方面的原因，如身体不好等所占比例比较低。数据表明，新生代农民工返乡后不能稳定就业的主要个人原因依然是自身职业技能水平比较低，因而提高西部地区劳动者素质，是解决其稳定就业的根本途径；再者就是新生代农民工家庭资源资本、区位条件和社会资本相对比较少，这主要和西部地区部分农村地区经济发展水平比较低、交通等基础设施条件比较落后有关。

表4－60　两代农民工返乡就业行为决策的微观影响因素

微观影响因素	代际	频数	频数	应答人数百分比（%）	应答人数百分比（%）	应答人数累计百分比（%）
自身文化教育程度不高	老一代农民工	278	544	68.8	60.6	60.6
	新生代农民工	266		54.0		
没有一技之长	老一代农民工	187	395	46.3	44.0	104.6
	新生代农民工	208		42.2		
在附近工厂没有熟人	老一代农民工	59	150	14.6	16.7	121.3
	新生代农民工	91		18.5		
在当地政府没有关系	老一代农民工	92	215	22.8	24.0	145.3
	新生代农民工	123		24.9		
家庭人多地少、收入低	老一代农民工	139	263	34.4	29.3	174.6
	新生代农民工	124		25.2		
身体不好	老一代农民工	42	56	10.4	6.2	180.8
	新生代农民工	14		2.8		
家庭居住地点偏僻	老一代农民工	101	236	25.0	26.3	207.1
	新生代农民工	135		27.4		

续表

微观影响因素	代际	频数	频数	应答人数百分比（%）	应答人数百分比（%）	应答人数累计百分比（%）
其他	老一代农民工	15	48	3.7	5.4	212.5
	新生代农民工	33		6.7		
合计					212.5	

资料来源：《贵州籍农民工返乡就近就业问题调查》，2013 年 10 月。

从代际差异角度来看，返乡后不能稳定就业的微观原因为自身文化教育水平不高的老一代农民工，比新生代农民工的应答人数百分比高 14.8 个百分点，这是由于相对于老一代农民工来说，新生代农民工受教育程度普遍高一些，从而新生代农民工稳定就业受教育水平限制的程度相对较小。个人原因为家庭人多地少收入低的老一代农民工，比新生代农民工的应答人数百分比高 9.2 个百分点，这是由于一方面老一代农民工普遍面临上有老下有小的家庭状况，生活负担比较重；另一方面是由于老一代农民工更愿意就近从事农业生产，获得经济收入，从而人多地少限制了其返乡就近从事农业。个人原因为身体不好的老一代农民工，比新生代农民工的应答人数百分比高 7.6 个百分点，这是由于年龄上的劣势，老一代农民工身体状况总体不如新生代农民工，从而身体不好这一个人原因影响其返乡稳定就业在老一代农民工身上反映更明显。

（2）影响新生代农民工返乡就业行为决策的社会层面因素。由表 4-61 可知，影响新生代农民工返乡就业行为决策的社会因素中，首先是家庭工厂（企业）数量少，以及家乡建设与开发落后两项社会因素，其应答人数百分比分别为 50.3% 和 46.5%；其次是由于交通条件落后的原因，应答人数百分比为 32.0%；再者其他社会因素，如政府办事效率低、企业发展环境需要改善、商品流通条件落后、园区发展不成气候，应答人数百分比分别为 24.9%、24.1%、22.9%、22.1%。

从代际角度来看，两代农民工对影响其返乡就业行为决策社会层面因素的看法基本保持一致，只是对不同社会因素的认识不同，在具体选择上略有差异。这表明，新生代农民工返乡就业行为决策的社会影响因素是家乡及周边地区经济发展水平低，从而家乡工厂数量少、交通基础设施条件

表 4 - 61　　影响两代农民工返乡就业行为决策的社会层面因素

社会因素	代际	频数	频数	应答人数百分比（%）	应答人数百分比（%）	应答人数累计百分比（%）
家乡工厂（企业）数量少	老一代农民工	242	490	59.9	54.6	54.6
	新生代农民工	248		50.3		
园区发展不成气候（规模）	老一代农民工	91	200	22.5	22.3	76.9
	新生代农民工	109		22.1		
交通条件不行	老一代农民工	132	290	32.7	32.3	109.2
	新生代农民工	158		32.0		
商品流通条件落后	老一代农民工	66	179	16.3	20.0	129.2
	新生代农民工	113		22.9		
企业发展环境需要改善	老一代农民工	80	199	19.8	22.2	151.4
	新生代农民工	119		24.1		
政府办事效率低	老一代农民工	96	219	23.8	24.4	175.8
	新生代农民工	123		24.9		
家乡建设与开发落后	老一代农民工	232	461	57.4	51.4	227.2
	新生代农民工	229		46.5		
其他	老一代农民工	12	28	3.0	3.1	230.3
	新生代农民工	16		3.2		
合计		2066	2066		230.3	

资料来源：《贵州籍农民工返乡就近就业问题调查》，2013 年 10 月。

落后，导致新生代农民工资源禀赋较少，不仅影响新生代农民工的禀赋赋值，而且还影响其返乡稳定就业。

7. 返乡稳定就业的预期帮扶

从表 4 - 62 可见，新生代农民工返乡稳定就业期望政府给予各项帮扶中，应答频数占新生代农民工人数百分比最高的是希望政府创造和提供就业机会，占样本数的 61.3%，表明西部地区新生代农民工返乡就业缺乏相关信息和就业机会，从而期望当地政府为他们创造就业机会，提供相关就业信息以帮助新生代农民工实现返乡稳定就业；最后是期望政府保障就业劳动权益，应答频数占新生代农民工人数的 50.7%，这方面的实例如农民工面临拖欠工资等问题，这就需要政府通过行政手段保障农民工合法权益，才能有效促进新生代农民工返乡稳定就业；再次是期望政府提供就业培训，应答频数占新生代农民工人数的44.2%，是否接受培训直接影响到新生代农民工的职业技能水平和就业雇佣能力，故，政府适当提供多元化多层次的就业培训机会，有利于促进新生代农民工返乡稳定就业；其他方面，如希望政府改善劳动条件、完善医保政策和帮助子女当地入学的比例较低，其相应的百分比分别为30.6%、20.3%和20.0%。

表4－62　　两代农民工返乡稳定就业期待获得的帮助

期待获得的帮助	代际	频数	频数	应答人数百分比（%）	应答人数百分比（%）	应答人数累计百分比（%）
保障就业劳动权益	老一代农民工	160	410	39.6	45.7	45.7
	新生代农民工	250		50.7		
创造和提供就业机会	老一代农民工	250	552	61.9	61.5	107.2
	新生代农民工	302		61.3		
完善医保政策	老一代农民工	98	198	24.3	22.1	129.3
	新生代农民工	100		20.3		
提供就业培训	老一代农民工	153	371	37.9	41.4	170.7
	新生代农民工	218		44.2		
改善劳动条件	老一代农民工	173	324	42.8	36.1	206.8
	新生代农民工	151		30.6		
帮助子女当地入学	老一代农民工	123	221	30.4	24.6	231.4
	新生代农民工	98		20.0		
降低落户门槛，实现在当地城镇落户	老一代农民工	40	99	9.9	11.0	242.4
	新生代农民工	59		12.0		
其他	老一代农民工	11	20	2.7	2.2	244.6
	新生代农民工	9		1.8		
合计		2195	2195		244.6	

资料来源：《贵州籍农民工返乡就近就业问题调查》，2013年10月。

分代际来看，两代农民工期望政府给予的帮扶差异较大的选项主要在以下几方面：保障就业劳动权益、改善劳动条件和帮助子女当地入学，应答频数占各自代际农民工的百分比之差分别为11.1个、12.2个和10.4

个百分点。在保障就业劳动权益方面，新生代农民工的相应百分比比老一代高 11. 1 个百分点，这表明新生代农民工在自我权益保护方面的意识比较强，从而更希望政府给予这方面的支持。在改善劳动条件方面，老一代农民工应答频数所占百分比比新生代农民工高出 12. 2 个百分点，这是由于老一代农民工受年龄和技能水平的限制，从事工作大都是工作强度比较大的工作，劳动条件比较差，从而更希望政府能在改善劳动条件方面给予支持。在帮助子女当地入学方面，老一代农民工的百分比比新生代农民工高出 10. 4 个百分点，这与部分新生代农民工还没有生育子女或者子女年龄尚小而尚未面临入学问题有关，而老一代农民工子女却面临入学教育问题，从而老一代农民工更希望政府解决子女当地入学这一难题。

第五章　新生代农民工就业选择决策模型的构建与应用

第一节　模糊多目标决策模型概述

一　多目标决策理论基础

1. 相关概念

（1）决策方案。决策，是某个人或群体根据自己已有经验对某一目标问题进行分析和判断，从而对所有备选方案进行优劣排序，最终选择最满意方案的过程。人是选择决策行为的主体即决策者，决策方案即为有待决策者选择的对象。决策者的每一个有待选择的方案，都可以解决问题但是效果却有所不同，因此需要对各决策方案进行优劣排序，从而从全部决策方案中选择最优方案。现实生活中的决策方案有时是有限的、确定的，有时却是无限的、非确定的。

（2）属性和权重。对决策方案进行优劣排序，需要有相应的决策依据或者准则。比如新生代农民工就业地点选择决策，新生代农民工为了追求自身利益最大化，必然会考虑外出务工成本、务工收入等指标，然后根据这些指标对比不同就业地点的优劣，从而做出优化选择。这些不同的指标就叫作决策方案的属性，对于每个方案的不同属性都有相应定量或者定性的评价，这个评价就叫作属性值。

属性具有以下特点：①多样性。决策方案的属性具有多样性，每一个决策方案对应多种属性，决策者要综合考虑各属性值对各备选方案进行优劣排序。②矛盾性。追求某一属性的更优，会导致另一属性值的变坏，比如新生代农民工为了获得更高的工资而选择省外就业，必然会带来务工成本的增加，这两个属性值就是相互矛盾的。由于属性具有矛盾性，使得多目标决策成为必要。③不可公度性。定量属性量纲不一致，定性属性评价的模糊性，会导致属性的不可公度性。比如新生代农民工外出务工收入与农用地规模两个属性，由于单位不同就难以进行比较和评价；又比如新生代农民工工作机会的评价，是以“较少”、“一般”、“较多”、“很多”等模糊值来衡量时，就与务工收入指标无法进行比较，这种定性与定量的混合进一步加大了评价的难度。

权重是用来表示被评价对象不用属性的相对重要程度，是对各评价因子在总评价中的作用进行区别对待的定量分配。也就是说，权重是用来表示各属性的相对重要程度，不同决策者的风险偏好程度不同，其对各属性的权重赋值也有所不同。

（3）决策矩阵。决策矩阵是处理模糊多目标决策问题的重要工具，它通过矩阵形式将方案与属性结合起来，并将决策者判断所需要的信息以矩阵的形式呈现出来。因此，决策矩阵是求解模糊多目标决策问题的重要依据。设 x_j（$j=1, 2, \cdots, m$）表示第 j 个方案，f_i（$i=1, 2, \cdots, n$）表示第 i 个属性，相对应的决策矩阵 F 如下：

$$F = \begin{matrix} \\ f_1 \\ f_2 \\ \vdots \\ f_n \end{matrix} \begin{bmatrix} x_1 & x_2 & \cdots & x_m \\ f_{11} & f_{12} & \cdots & f_{1m} \\ f_{21} & f_{22} & \cdots & f_{2m} \\ \vdots & \vdots & & \vdots \\ f_{n1} & f_{n2} & \cdots & f_{nm} \end{bmatrix} \tag{5-1}$$

2. 多目标决策概念及特征

近年来，线性规划、非线性规划以及动态规划等单目标数学模型普遍运用于生活领域的单目标决策问题之中，其重要作用得到了各界的肯定。但是，实际生活中存在更多的是多目标决策问题，这一问题的存在推动了多目标决策理论的不断深入和完善，并且广泛运用于社会生活的各个方面以及政府和企业等部门的各种规划之中。多目标决策是指在决策方案各目标（或属性）互相矛盾的情况下，通过某种认知和判断从多个备选方案中选择出最优方案或最满意的方案。相比较于单目标决策来说，多目标决策具有更广泛的适用性，因而多目标决策理论的产生和发展具有重要的理论和现实意义。多目标决策优越于单目标决策的特征如下：

（1）多目标决策方法在解决现实问题方面，决策结果更接近于现实，也更容易被人们所接受。在现实生活中，决策者在众多备选方案中做出选择时，一般是综合考虑多方面因素后作出的决策。因此，多目标决策方法满足了人们全面考虑、谨慎选择的要求，更容易被广大决策者所接受和认可。

（2）多目标决策方法具有科学性。多目标决策方法通过构建数学模型，对人们在现实生活中广泛存在的多目标决策问题给出一个科学合理的解释，使其决策结果更接近于实际。

（3）多目标决策方法应用范围更具有广泛性。多目标决策方法能适应显示问题的各种决策要求，并且扩大了决策变量的范围，不仅能够应对单目标决策问题，也能够解决多目标决策问题，其适用范围更加广泛。

3. 多目标决策方法

多目标决策是在多个目标约束的条件下，在多个方案中选出最优解的方法。由于多目标决策的部分目标之间具有相互矛盾的特征，各个目标不可能同时达到最优，因而对于多目标决策求解是比较困难的。目前，现有的多目标求解方法主要有化多目标为单目标、目标分层法、直接求非劣解法、交互式方法、搜索法等，但是对于多目标问题的各个方案，从中选出最优解比较困难，很多学者都是通过将多目标问题转化为单目标问题来进行求解，从而降低难度。以下重点介绍化多目标为单目标的决策方法。

（1）线性加权法。对于具有 m 个方案，n 个属性的多目标决策来说，当用 f_{ij} 来表示方案 j 的第 i 个属性值时，通过引入加权承子 W_i 来构建各方案的目标函数如下：$u(x_j)=\sum_{i=1}^{n}W_if_{ij}$，而最优解（或选优解）即为：$u(x_{j*})=\max\limits_{1\leqslant j\leqslant m}\{u(x_1), u(x_2), \cdots, u(x_m)\}$。该类方法可以将多个目标用统一尺度统一起来，但是其难点在于加权承子的确定。

（2）加权目标规划法。目标规划法是对所有的目标（或属性）确定一个理想目标值 f_i*，多目标决策的最优决策方案的各目标值与理想目标值越接近越好，当方案完全符合该理想目标值即为最优解，如没有完全符合该目标，则与该理想目标值离差平方和最小者为选优解。构建各方案目标函数如下：$u(x_j)=\sum_{i=1}^{n}(f_{ij}-f_i*)^2$，而最优解（或选优解）满足：$u(x_{j*})=\min\limits_{1\leqslant j\leqslant m}\{u(x_1), u(x_2), \cdots, u(x_m)\}$。

根据决策者的偏好不同，可以根据决策者对各目标的重视程度不同而对各目标赋予不同的权重，从而得到加权目标规划法目标函数：$u(x_j)=\sum_{i=1}^{n}w_i(f_{ij}-$

$f_i*)^2$,选优解满足:$u(x_{j*})=\min\limits_{1\leq j\leq m}\{u(x_1),u(x_2),\cdots,u(x_m)\}$。加权目标规划法将决策者的个人偏好引入公式,更具有科学性和广泛适用性。

(3)数学规划法。数学规划法是从所有目标中选择一个具有代表性的最重要的目标 f_i 作为唯一判断依据，其他目标只要介于最大值和最小值之间，或者等于最小值或最大值均可。最终的选优解是目标 f_i 最大或最小的方案，即函数 $\max\limits_{1\leq j\leq m}(\min\limits_{1\leq j\leq m})f_{ij}$所对应的方案。

(4)目标分层法。目标分层法是指将所有目标按其重要程度进行分层，分为最重要目标、次重要目标等，根据分层所得目标重要性的顺序，依次通过数学规划的方法求出最重要目标最优情况下的所有非劣解，再根据次重要目标对所求得非劣解的集合进行刷选，依次类推最终得到选优解为止。该类多目标决策方法是多目标化单目标方法的一种延伸和拓展方法，其缺点就是当目标比较多的情况下，工作量大而烦琐。

4. 多目标决策模型

设由 m 个备选方案（决策变量）组成的备选方案集 $X=\{x_1, x_2, \cdots, x_m\}$，选取 n 个指标作为决策变量的属性，构建指标向量函数：$F(X)=[f_1(X), f_2(X), \cdots, f_n(X)]$，定义 $f_i(X)$ 为方案 X 的第 i 个指标值。当前 i 个指标为正向指标，其余为负向指标时，多目标决策模型可以表示为：

$$\max f_1(X), \cdots, \max f_i(X), \min f_{i+1}(X), \cdots, \min f_n(X) \quad (5-2)$$

将以上模型中的负向指标转化为正向指标，只需将负向指标函数取负值，则多目标决策模型转化为：

$$\max F(X)=\max[f_1(X),\cdots,f_i(X),-f_{i+1}(X),\cdots,-f_n(X)] \quad (5-3)$$

其中，$X=\{x_1, x_2, \cdots, x_m\}\subseteq E^m$，$E^m$ 表示决策变量空间，简称为决策空间。

5. 多目标决策模型的解

(1)劣解和非劣解。由于多目标决策问题的各属性（或称目标）都是从不同侧面反映决策方案的好坏的，因此，每一个属性都不能用其他属性来替代，甚至有些属性之间是相互矛盾的，即为了达到某一属性的极大化，会导致另一属性变小。故，这类多目标决策问题往往无最优解，而只有非劣解和选优解。

对于 m 个方案的集合 $X=(x_1, x_2\cdots, x_3)$ 中的方案 x_i $(i=1, 2, \cdots, m)$ 劣于方案 x_j $(j\neq i)$，并且所有方案中至少存在一个方案 $x*$ 优

于方案 x_j，则称方案 x_i 为劣解，方案 x_j 为非劣解，方案 $x*$ 为选优解。

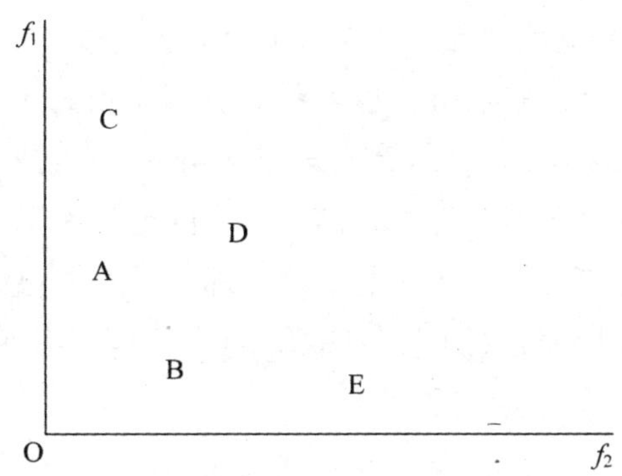

图 5-1　多目标决策

图 5-1 中用直角坐标描述 f_1 和 f_2 两个属性值的大小，图中 A、B、C、D、E 表示五个备选方案。假设 f_1 和 f_2 都是正向指标，即其值越大决策结果越满意，则比较方案 A 和方案 B：仅考虑属性 f_1 时，方案 A 优于方案 B；仅考虑属性 f_2 时，方案 B 优于方案 A；因此，方案 A 和 B 难以判断优劣。同样的道理，比较方案 C、D、E 也难以判断优劣，但是显然方案 C、D、E 都比方案 A 和 B 更优一些，在这种比较中 A、B 即为劣解，应该在多目标决策中舍去，而方案 C、D、E 由于难以区分优劣均称之为非劣解、有效解。在多目标决策过程中，需要首先找到非劣解，进而根据一定规则从非劣解中找出选优解作为最后决策。

（2）有效解、弱有效解和绝对最优解。设两个 m 维空间向量 X 和 Y 分别表示为：$X=(x_1, x_2, \cdots, x_m)^T$，$Y=(y_1, y_2, \cdots, y_m)^T$，T 表示转置。现对向量不等式进行定义如下：

①$X>Y \Leftrightarrow x_i>y_i$，$(i=1, 2, \cdots, m)$，即向量 X 中的每个分量都大于 Y 中对应的分量。

②$X \geqslant Y \Leftrightarrow x_i \geqslant y_i$，$(i=1, 2, \cdots, m)$，表示向量 X 中每个分量都大于或等于 Y 中对应的分量。

③$X \geqslant Y \Leftrightarrow x_i \geqslant y_i$，$(i=1, 2, \cdots, m)$，并且至少存在一个分量 $x_j \neq y_j$，即 $x_j>y_j$，其中 $j \in (1, 2, \cdots, n)$。

④$X=Y \Leftrightarrow x_i=y_i$，$(i=1, 2, \cdots, m)$，即向量 X 中的每个分量都与

向量 Y 中对应的分量相等。

有效解数学定义为：设决策表变量 $x* \in X$，即 $x* \in \{x_1, x_2, \cdots, x_m\}$，当不存在一个决策变量 $x_i \in X$ 使得 $F(x_i) \geqslant F(x*)$ 时，则称 $x*$ 为多目标决策模型的有效解，也可称为非劣解和 Pareto 解，将所有有效解的集合记为 X_p。根据向量不等式的定义可知，$F(x_i) \geqslant F(x*)$ 表示其中至少存在一个严格不等式，则有效解的定义表示：多目标决策的有效解方案不存在任何帕累托改进的余地，即不存在通过改善一个指标属性值而不牺牲其他指标属性的优于有效解的可行解。有效解不一定是最优解，但却是决策者可以接受的解。

弱有效解数学定义为：设决策表变量 $x^* \in X$，即 $x^* \in \{x_1, x_2, \cdots, x_m\}$，当不存在一个决策变量 $x_i \in X$ 使得 $F(x_i) > F(x^*)$ 时，则称 x^* 为多目标决策模型的弱有效解，将所有弱有效解的集合记为 X_{wp}。

绝对最优解数学定义为：设决策变量 $x^* \in X \subseteq E^m$，即 $x^* \in \{x_1, x_2, \cdots, x_m\}$，当对于任意 $x_i \in X$，都有 $F(x^*) \geqq F(x_i)$ 时，则称 x^* 为多目标决策模型的绝对最优解，将所有绝对最优解的集合记为 X_{bp}。当且仅当 $F(X)$ 中的每一个指标函数 $f_i(x)$ 都存在最优解，并且所有指标函数最优解都是同一决策方案时，多目标决策模型的绝对最优解才会存在。

（3）理想解和负理想解。对于正向指标来说，当 $F(X)$ 中的每一个指标函数 $f_i(x)$ 都存在最优点 $f_i{}^*$，并且 $f_i{}^* = \max\limits_{x \in X} f_i(x)$ $(i=1, 2, \cdots, n)$，将由各指标最优点组成的集合 $F^* = [f_1{}^*, f_2{}^*, \cdots, f_n{}^*]$ 称为理想点。如果存在一个解 x^* 可以使其每一个指标都达到最优点 $f_i{}^*$，则 x^* 被称为理想解。

对于正向指标来说，当 $F(X)$ 中的每一个指标函数 $f_i(x)$ 都存在最劣点 $\hat{f}_i$，满足 $\hat{f}_i = \min\limits_{x \in X} f_i(x)$ $(i=1, 2, \cdots, n)$，将由各指标最劣点组成的集合 $\hat{f} = [\hat{f}_1, \hat{f}_2, \cdots, \hat{f}_n]$ 称为负理想点。如果存在一个解 $\hat{x}$ 可以使其每一个指标都达到最劣点 $\hat{f}_i$，则 $\hat{x}$ 被称为负理想解。

在现实生活的决策问题中，理想解和负理想解一般是不存在的，它只是作为一种理想的假设，因此理想解是一个非可行解。

（4）偏好解和满意解。偏好解是指决策者根据个人偏好，在众多有效解中做出的最终选择。而满意解是指每一个指标值都可以达到或者超出决策者预期水平的可行解。

（5）几种解集之间的关系。关于解集之间的关系，有以下几个定理：

定理1：$X_{bp} \subseteq X_{p} \subseteq X_{wp} \subseteq X$。

定理2：如果f_1不是空集，那么w_1。

定理3：当目标函数f_8和约束集都具有凸性，则f_9。

①对于正向指标来说，当w_9为空集时，解集之间关系可用图5－2简单表示：

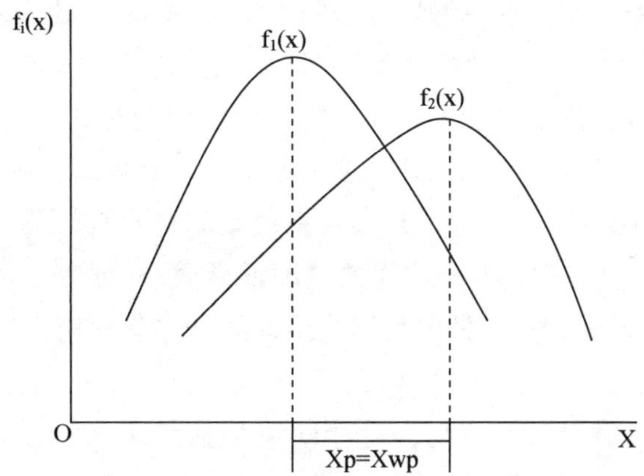

图5－2　正向指标解集之间关系（1）

②对于正向指标来说，当f_{10}不是空集时，解集之间关系可用图5－3简单表示：

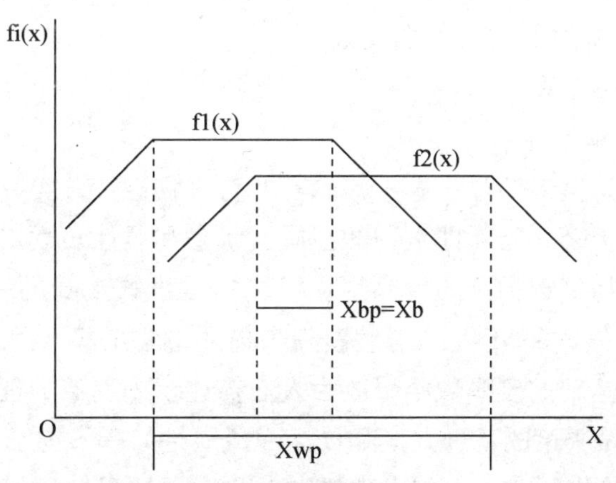

图5－3　正向指标解集之间关系（2）

(6) 评价函数法。从图 5 – 2 和图 5 – 3 可以看出，多目标决策模型的有效解、弱有效解往往有多个或无穷多个，如何从多个有效解和弱有效解中选出最优解，可以借助于评价函数法。它的基本思想是通过构造评价函数，将多目标决策转化为单目标决策问题。评价函数，是指可以将具有 n 个分量的目标函数转化为只有一个评价标准的函数。该评价函数需要满足一个条件，即它的最优解是多目标决策问题的有效解或弱有效解。

设映射 U：w_{10}，$\forall F_1$，$F_2 \in X^n$，当 $F_1 > F_2$ 时，总有 $U(F_1) > U(F_2)$，则 $U(F)$ 是 F 的单调增函数；当 $F_1 \geqslant F_2$ 时，也总有 $U(F_1) > U(F_2)$，则 $U(F)$ 是 F 的严格单调增函数。现有数学定理可以保证评价函数的最优解，是多目标决策问题的有效解或弱有效解。定理如下：

定理 1：当 $U(F)$ 是 $F \in E^m$ 的严格单调增函数时，则单目标决策问题的最优解：$\max U[F(X)]$ 是多目标决策问题的有效解。

定理 2：当 $U(F)$ 是 $F \in E^m$ 的单调增函数时，则单目标决策问题的最优解：$\max U[F(X)]$ 是多目标决策问题的弱有效解。

由以上两个数学定理推导出以下两个推论：

推论：设映射 U：$X^n \to X^1$，目标向量函数为 $F(x) = [f_1(x), f_2(x), \cdots, f_n(x)]^T$，各目标权重向量为 $w = (w_1, w_2, \cdots, w_n)^T$，则 $U[F(x)] = w^T F(x) = \sum_{j=1}^{n} w_j f_j(x)$。当 $w_j > 0$ 时，如果 x_* 是单目标决策问题：$\max_{x \in X} U[F(x)]$ 的最优解，则 x_* 是原多目标决策问题的有效解；当 $w_j \geqslant 0$ 时，如果 x_* 是单目标决策问题：$\max_{x \in X} U[F(x)]$ 的最优解，则 x_* 是原多目标决策问题的弱有效解。

二　模糊性阐释

1. 模糊决策概述

在人类认识世界的过程中，首先需要对事物进行分类，但是有的事物难以辨别归属于哪一类，即事物的性质、状态和属性表现出一种内在的不确定性，这就是事物类别的模糊性。模糊性是事物本身的一种客观属性，美国学者扎德在 1965 年提出用模糊集来描述事物的模糊性，并创立了以模糊集合论为基础的模糊数学，成为人们描述模糊现象的理论基础。

模糊决策是决策的备选方案和目标（或属性）等要素含有模糊性的决策。在社会经济生活中，人们做选择时对方案属性只能用模糊性语言来表述时，可以借助于模糊数学的分析工具建立模糊决策模型来解决现实问题。

2. 相关概念论述

（1）论域。论域是指作为对象被考虑的所有要素的全体，论域分为有限论域和无限论域，当所考虑的要素有限时称为有限论域，当被考虑要素为无限时称为无限论域。由于人们的认知和所获信息的有限性，往往所考虑到的备选方案只是有限个，并且要比实际存在的方案范围小。因此，人们在日常生活中所做出的选择，一般是在有限论域下做出的决策。

（2）模糊集。模糊集，又称模糊集合、模糊子集，它是模糊集理论的重要内容，是普通集合概念的一种推广。普通的集合是概念清晰、界限分明的具有某种属性的对象的全体，其中每个对象的隶属关系是明确的。实际生活中，有一些迷糊的描述性概念，如“很少、一般、较多、很多”的隶属关系和属性不明确，这些具有由模糊概念所描述的属性的对象的集合称作模糊集合。它的数学定义如下：

设在 A 是有限或无限论域 U 上的任意基本元素 X 到［0，1］的一个映射，即 A：$X \to$［0，1］，$A(x) \in$［0，1］，称 A 是 X 上的模糊集，$A(x)$ 称为模糊集 A 的隶属函数。

（3）绝对隶属度。设 A 是论域 U 上的一个模糊概念，并在 0 到 1 的数轴上建立一个［0，1］闭区间的连续数集，对于论域 U 上的任意元素 X，都可以在连续数集［0，1］上指定一个数：$A(x) \in$［0，1］与之相对应，则称 $A(x)$ 是 X 对 A 的绝对隶属度。

（4）相对隶属度。在绝对隶属度的连续数集［0，1］上建立一个参考系，在该区间上选择两个点作为参考坐标系的两个极点，并重新将两个极点赋值为 0 和 1，重新构成一个区间为［0，1］的参考连续数集。

仍然设 A 是论域 U 上的一个模糊概念，对于论域 U 上的任意元素 X，都可以在重新选定的参考连续数集［0，1］上指定一个数：$A(x)^* \in$［0，1］与之相对应，则称 $A(x)^*$ 是 X 对 A 的相对隶属度。

3. 模糊多目标决策过程

模糊多目标决策问题可分为四个步骤：

第一步：决策问题的提出。首先根据所需研究方向提出问题，并判断是否属于模糊多目标决策问题。

第二步：确定决策方案和属性。根据实际研究问题，提出相应的备选决策方案，并选取相应的指标作为决策准则，即属性。

第三步：确定属性值和权重。通过数据收集和整理，获得各属性相关信息以确定属性值，并根据决策者个人偏好信息的不同，确定各属性值的相应权重值。

第四步：对各方案进行优劣排序。利用相应的属性值和权重值计算得出各方案的优劣排序情况，并选择最优决策方案。

三　模糊多目标决策理论模型与变量解释

1. 模糊多目标决策理论模型

模糊多目标决策是在存在多个决策依据或准则的情况下，在多个待选决策方案中做出选择的决策过程。模糊多目标决策可分为多目标决策和多属性决策，多目标决策是从无限个方案中求解的决策方法，因此又称为无限方案多目标决策，多属性决策是从有限个备选方案中进行的偏好决策，又称为有限方案多目标决策。本章的问题主要是根据有限个备选方案中相互矛盾、不可公度的目标选择最优方案，故，其研究重点为多属性决策问题，但在后文中统称为模糊多目标决策。

现构造模糊多目标决策理论模型如下：

$$\max F(X) = \max[f_1(X), \cdots, f_i(X), -f_{i+1}(X), \cdots, -f_n(X)] \tag{5-4}$$

其中，X 表示决策空间或可行域，是由有限个决策方案组成，即 $X=\{x_1, x_2, \cdots, x_m\}$；决策方案的前 i 个指标为正向指标，即指标值越大，决策方案函数值也就越大，其余为负向指标，即指标值越小，决策方案函数值也就越大。设定决策方案函数值越大越好，通过构建评价函数计算各方案函数值，从而将多目标决策问题转化为单目标决策问题，并从众多方案函数值中选择最大者，其所对应方案即为决策者的最优选择方案，同理还可以得到决策者的次优方案以及所有方案的优劣排序。

2. 模糊多目标决策模型的变量描述

本书以 x_j（$j=1, 2, \cdots, m$）表示决策者的第 j 个备选方案，则 $X=\{x_1, x_2, \cdots, x_m\}$ 表示决策者的全部备选决策方案的集合；以 f_i（$i=1, 2\cdots, n$）表示第 i 个属性（或目标），即决策者相应的决策准则（或决策依据）；以 f_{ij} 表示方案 i 的第 j 个属性值，即当决策者选择方案 i 时，属性 j 相对应的属性值大小为 f_{ij}；以 u_{ij} 表示选择方案 x_j 关于属性（或目标）f_i 的相对优属度的大小。

3. 模糊多目标决策模型的决策依据

由于现实生活中使用目标相对优属度矩阵比决策矩阵更加简单直观，

所以会将决策矩阵 F 转化为目标相对优属度矩阵来研究选择决策问题，并将目标相对优属度矩阵 u_{ij} 作为模糊多目标决策模型的最终决策依据。一般来说，目标可以分为效益型、成本型、固定型和区间型，效益型目标值是越大越好，成本型目标值是越小越好，固定型目标值是稳定在某个固定值最好，区间型目标值是落在某个固定的区间之中为最好。由于本书仅涉及效益型和成本型目标，因此仅探讨效益型和成本型目标相对优属度的确定方法。

对于效益型目标而言，目标相对优属度的求解公式如下：

$$u_{ij} = \left[\frac{f_{ij} - \inf\limits_{i} f_i}{\sup\limits_{i} f_i - \inf\limits_{i} f_i}\right]^{p_i} \quad (i=1,\ 2,\ \cdots,\ n;\ j=1,\ 2,\ \cdots,\ m) \qquad (5-5)$$

对于成本型目标而言，目标相对优属度的求解公式如下：

$$u_{ij} = \left[\frac{\sup\limits_{i} f_i - f_{ij}}{\sup\limits_{i} f_i - \inf\limits_{i} f_i}\right]^{p_i} \quad (i=1,\ 2,\ \cdots,\ n;\ j=1,\ 2,\ \cdots,\ m) \qquad (5-6)$$

其中，$\sup\limits_{x\in X}\{f_i(x)\}$ 与 $\inf\limits_{x\in X}\{f_i(x)\}$ 分别为目标分量 $f_i(x)$（$i=1$，2，…，n）在方案集 X 中的上确界和下确界，p_i 是由决策者确定的参数。对于每一个决策方案的某个评价指标的上确界和下确界难以确定，因此可用评级指标的最大值和最小值对其进行替代，则目标相对优属度的求解公式转化为如下形式：

效益型目标相对优属度：$u_{ij} = \left[\dfrac{f_{ij} - f_{i\min}}{f_{i\max} - f_{i\min}}\right]^{p_i}$　（$i=1$，2，…，n；$j=1$，2，…，m）

成本型目标相对优属度：$u_{ij} = \left[\dfrac{f_{i\max} - f_{ij}}{f_{i\max} - f_{i\min}}\right]^{p_i}$　（$i=1$，2，…，n；$j=1$，2，…，m）

其中，$f_{i\max} = \max\limits_{1\leq j\leq m}\{f_{ij}\}$，$f_{i\min} = \min\limits_{1\leq j\leq m}\{f_{ij}\}$，通过以上目标相对优属度求解公式计算得出目标相对优属度矩阵形式如下：

$$u_{ij} = \begin{matrix} \\ f_1 \\ f_2 \\ \vdots \\ f_n \end{matrix}\begin{bmatrix} x_1 & x_2 & \cdots & x_m \\ u_{11} & u_{12} & \cdots & u_{1m} \\ u_{21} & u_{22} & \cdots & u_{2m} \\ \vdots & \vdots & & \vdots \\ u_{n1} & u_{n2} & \cdots & u_{nm} \end{bmatrix} \qquad (5-7)$$

四　无偏好信息模糊多目标决策模型

无偏好信息是指决策者在做出决策时，对各个方案及其各目标权重的认识都比较明确。在决策过程中，决策者能够根据自身的知识经验和期望等信息确定目标权重，从而根据所拥有的信息做出最适合自己的决策。对于无偏好信息决策者而言，根据决策者风险偏好程度的不同，可以构建三种不同风险类型的选择决策模型即：模糊乐观选择决策模型、模糊悲观选择决策模型、模糊折中选择决策模型。

1. 模糊乐观选择决策模型

乐观型决策者的选择决策过程如下：如果方案 $x_{j^*} \in X$，并且满足 $u_{i^*j^*} = \max\limits_{1\leqslant j\leqslant m}\max\limits_{1\leqslant i\leqslant n}\{u_{ij}\}$，则方案 x_{j^*} 即为该类决策者最满意的方案。根据此方法可以依次得到该方案集中所有方案的优劣排序。这种决策方法以极大法为基础，是一种“好中择优”的决策方法，该类决策者对各方案保持乐观态度，根据各方案中目标相对优属度最大项作为决策依据，从各方案最好处来考虑作哪种决策，从而谋取最大的收益。

2. 模糊悲观选择决策模型

悲观型决策者的选择决策过程如下：如果方案 $x_{j^*} \in X$，并且满足 $u_{i^*j^*} = \max\limits_{1\leqslant j\leqslant m}\min\limits_{1\leqslant i\leqslant n}\{u_{ij}\}$，则方案 x_{j^*} 即为该类决策者最满意的方案。根据此方法可以依次得到该方案集中所有方案的优劣排序。这种决策方法以极大极小法为基础，是一种“坏中求好”的决策方法，该类决策者对各方案保持悲观态度，根据各方案中目标相对优属度最小项作为决策依据，从各方案最坏处来考虑作哪种决策，从而保证所选方案 x_{j^*} 最小的目标相对优属度达到最大。

3. 模糊折中选择决策模型

折中型的决策者介于乐观和悲观之间，折中决策者既不积极冒进也不保守，而是采取一种“折中”态度。该类型决策者在决策之前，需要先根据个人拥有的知识经验和数据等确定一个折中系数 θ（$0\leqslant\theta\leqslant1$），再计算出各方案折中相对优属度大小进行比较，从而选择最满意的方案。其折中相对优属度计算公式为：

$$u_{i^*j^*} = \theta\max_{1\leqslant i\leqslant n}\{u_{ij}\} + (1-\theta)\min_{1\leqslant i\leqslant n}\{u_{ij}\} \quad (j=1,\ 2,\ 3,\ \cdots,\ m) \tag{5-8}$$

其中 θ（$0\leqslant\theta\leqslant1$）的大小，需要决策者根据自身的能力大小和外界环境等主客观因素来确定，在主客观因素条件比较有利的情况下可以适当

提高 θ 的取值，反之应该降低其取值。

五　不完全偏好信息模糊多目标决策模型

在实际决策过程中，有些决策者的偏好信息不能事先确定，具体来说就是有些决策者对各个方案及其各目标权重的认识都不太明确，并对各目标的权重不能完全事先确知，这就需要构建在信息有偏条件下的模糊多目标决策模型。假定决策者根据自身有限的知识经验等信息，确定前 k（$0 \leqslant k \leqslant n$）个目标权重，而后 $n-k$ 个目标权重未知，则权重向量可以表示为 $w_i=(w_1, w_2, \cdots, w_k, w_{k+1}, \cdots, w_n)^T$，后面 $n-k$ 个目标权重值可以根据以下公式计算得出：

$$w_i=\frac{d\sum_{j=1}^{m}u_{ij}}{\sum_{i=k+1}^{n}\sum_{j=1}^{m}u_{ij}} \quad (i=k+1, k+2, \cdots, n) \tag{5-9}$$

其中，$d=1-\sum_{i=1}^{k}w_i$，从而所有目标权重均可以通过计算得出，再根据以下公式计算各方案目标相对优属度的线性加权平均综合评价值为：

$$\rho_j(w)=\sum_{i=1}^{n}w_i u_{ij} \quad (j=1, 2, \cdots, m) \tag{5-10}$$

按照以上公式计算得到各个方案目标相对优属度的综合评价值，再根据所得相对优属度综合评价值的大小进行优劣排序，从而选择得出最优决策方案。

第二节　新生代农民工就业地选择的影响因素分析

一　指标选取

（一）因变量

本书的对象是四川、贵州和重庆三省（市）籍的新生代农民工，故，新生代农民工就业地点选择的影响因素应以川黔渝籍新生代农民工就业地点选择作为被解释变量。具体而言，本部分将新生代农民工选择在“家庭所在乡镇”就业定义为“Y=1”，将其就业地点选择在“家庭所在县城”定义为“Y=2”，将其就业地点选择在“县外省内”定义为“Y=

3”，将其就业地点选择在“省外”定义为“Y = 4”。

（二）自变量

新生代农民工就业地选择的影响因素分析，主要从三个方面来选取指标：劳动者个体特征、流出地因素和流入地因素。首先，劳动者个体特征方面选择新生代农民工的工作技能变量（X_1）作为衡量指标，并以受教育年限来表示该变量；其次，流出地因素主要包括新生代农民工家庭情况、居住地区位条件（X_5）、本地经济发展水平（X_6）三个方面，其中家庭情况选取儿童和老年人口比重（X_2）、农用地规模（X_3）和家庭住房面积（X_4）三个指标；最后，流入地因素主要包括相对收入（X_7）、就业月收入（X_8）和就业成本（X_9）三个变量。因此，本书选取以下 9 个指标作为自变量：工作技能 X_1，儿童和老年人口比重 X_2，农用地规模 X_3，家庭住房面积 X_4，居住地区位条件 X_5，本地经济发展水平 X_6，相对收入 X_7，就业月收入 X_8，就业成本 X_9。

（三）变量定义

因变量（被解释变量）是新生代农民工不同的就业地点，依次为家庭所在乡镇 Y_1，家庭所在县城 Y_2，县外省内 Y_3，省外 Y_4，而新生代农民工就业地选择的影响因素指标定义如下：

1. 劳动者个体特征

工作技能 X_1，以新生代农民工受教育年限来表示，反映新生代农民工职业适应能力。

2. 流出地因素

儿童和老年人口比重 X_2，老年和儿童都是弱势群体需要有人照顾，这一比重高低同样影响着新生代农民工外出务工地点的选择。

农用地规模 X_3，以家庭拥有耕地面积来表示。农用土地规模越大，新生代农民工越倾向于就地就业，以便农忙时节返乡务农。

家庭住房面积 X_4，以家庭所拥有的住房面积来表示，家庭住房面积越大，表示新生代农民工家庭经济条件越好，自身所拥有的物质条件和资源资本越充足，新生代农民工就越倾向于重视亲人的团聚，从而越倾向于就地就业。

居住地区位条件 X_5，以新生代农民工家庭所在地距县城距离来表示，距县城距离越远，表示交通等公共基础设施条件越落后，新生代农民工越倾向于外出务工而非就近就业。

本地经济发展水平 X_6，以本村附近工厂数来表示。本地经济发展水平越高，新生代农民工就地就业的机会也就越多，越容易实现就地就业。

3. 流入地因素

相对收入 X_7，即新生代农民工家庭务工收入与家庭总收入之比。这一收入指标的大小，直接影响着新生代农民工是否选择外出就业，以及其外出就业收入的高低是否能直接影响到家庭生活水平状况。

就业月收入 X_8，即新生代农民工外出就业月均收入水平。新生代农民工外出就业的主要目的就是赚取工资性收入，收入水平的高低是新生代农民工选择就业地点的影响因素之一。

就业成本 X_9，用新生代农民工外出就业所花费的交通费用来表示。同等条件下，新生代农民工外出就业所需要的就业成本越高，越倾向于选择就地就业；但是一些情况下就业地区就业成本越高，该地区经济发展水平也相对越高，从而收入等其他方面的条件越优越，从而就业成本的增加，可能也会带来外出就业的增加。

二　数据来源和模型设定

（一）数据来源

数据来源系 2013 年针对四川、贵州和重庆三省（市）籍农民工的问卷调查。从样本数据分析得知，川黔渝籍新生代农民工选择在家庭所在乡镇就业的占 9.0%，选择在家庭所在县城就业的占 10.5%，选择所在地大中城市就业的占 14.9%，选择所在地省会城市（或直辖市中心城区）就业的占 14.6%，选择在省外就业的占 50.5%，其他指标的描述性统计见表 5－1。

表 5－1　　变量的描述性统计

变量名	样本数	最小值	最大值	平均值
工作技能（受教育年限）	998	0	15	9.59
儿童和老年人口比重	998	0	1	0.2225
农用地规模	998	0	500	5.06
家庭住房面积	998	10	1000	127.9483
居住地区位条件	998	0	200	29.351
本地经济发展水平	998	0	100	3.04

续表

变量名	样本数	最小值	最大值	平均值
相对收入	998	0	1	0.7684
就业月收入	998	800	5000	2661.69
就业成本	998	0	2000	159.77

资料来源：《川黔渝籍农民工流动与就业现状调查》，2013 年 10 月。

（二）模型设定

由于新生代农民工选择的就业地点，是无序多分类变量，据此建立无序多分类 Logistic 回归模型。首先，需要确定一个参照水平，选定“家庭所在乡镇”就业作为“家庭所在县城”、“县外省内”和“省外”就业的参照水平，即对照组；选定“县外省内”就业作为“家庭所在乡镇就业”的参照水平；并定义 P_j 为 Y 取值水平为 j ［$j \in$ （1，2，3，4）］时的条件概率，即新生代农民工选择某就业地点的概率，从而设定以下四个多分类 Logistic 回归模型：

模型 1：$$\ln(\frac{P_1}{P_3}) = \alpha_1 + \sum_{i=1}^{9} \beta_{1i} X_i \quad (5-11)$$

模型 2：$$\ln(\frac{P_2}{P_1}) = \alpha_2 + \sum_{i=1}^{9} \beta_{2i} X_i \quad (5-12)$$

模型 3：$$\ln(\frac{P_3}{P_1}) = \alpha_3 + \sum_{i=1}^{9} \beta_{3i} X_i \quad (5-13)$$

模型 4：$$\ln(\frac{P_4}{P_1}) = \alpha_4 + \sum_{i=1}^{9} \beta_{4i} X_i \quad (5-14)$$

式中：P 为新生代农民工选择某就业地点的概率；α 为模型的常数项；$X_i[i \in (1, 2, 3, 4, 5, 6, 7, 8, 9)]$为解释变量，表示第 i 个影响川黔渝籍新生代农民工就业地点选择的因素；β 为新生代农民工就业地点选择影响因素的回归系数；$\ln(\frac{P_j}{P_{j*}})[j \in (1, 2, 3, 4, 5)]$表示 Y 取值水平为 j 与取值水平为 $j*$ 的事件发生比。

三　多项 Logistic 回归分析

根据研究设计，将 Y 作为因变量，X_i 作为自变量，采用 SPSS17.0 对自变量和因变量进行多项 Logistic 回归分析，分析结果见表 5－2。

表 5-2 新生代农民工就业地选择影响因素的多项 Logistic 回归分析结果

变量	就业地点							
	模型1（乡镇）		模型2（县城）		模型3（县外省内）		模型4（省外）	
	回归系数	发生比率	回归系数	发生比率	回归系数	发生比率	回归系数	发生比率
α	4.979***	—	-0.965	—	-4.979***	—	-7.286***	—
X_1	-0.132**	0.876	-0.092*	0.912	0.132**	1.141	0.065	1.067
X_2	1.316	3.729	-1.057	0.347	-1.316	0.268	-1.161	0.313
X_3	0.045	1.046	-0.023	0.977	-0.045	0.956	-0.036*	0.965
X_4	0.001	1.001	0.002	1.002	0	0.999	0.002	1.002
X_5	0.004	1.004	-0.004	0.996	-0.004	0.996	-0.004	0.996
X_6	-0.01	0.99	0.021	1.021	0.01	1.011	0.03	1.031
X_7	-0.417	0.659	1.363*	3.907	0.417	1.518	0.942	2.565
X_8	0.013***	0.999	0	1	0.001***	1.001	0.001***	1.001
X_9	-0.090***	0.914	0.069***	1.071	0.090***	1.095	0.105***	1.111

注：***代表在1%水平上显著，**代表在5%水平上显著，*代表在10%水平上显著。

（一）选择家庭所在乡镇就业的影响因素

由表5-2中模型1的多项 Logistic 回归分析结果可见，对川黔渝籍新生代农民工选择在家庭所在乡镇就业具有显著影响的因素有 X_1、X_8 和 X_9，也就是说对川黔渝籍新生代农民工选择在家庭所在乡镇就业的概率，具有显著影响的是工作技能 X_1、就业月收入 X_8 和就业成本 X_9。分析结果显示，工作技能因素的回归系数显著为负，表明川黔渝籍新生代受教育程度越高，留在家庭所在乡镇就业的概率就越小，这是由于家庭所在乡镇就业相对来说比较闭塞，工作机会和个人发展前景方面不如更发达的县城、县外市内或省外地区，为了寻求自身个人发展，受教育程度高的新生代农民工更有能力并且也更愿意选择在更发达的地区就业。模型1中就业月收入的回归系数显著为正，表明家庭所在乡镇就业的工资收入越高，新生代农民工越倾向于留在乡镇就业，以便农忙时节进行耕作或照顾家人。模型1中就业成本的回归系数显著为负，表明新生代农民工在选择到乡镇就业时会考虑就业成本问题，由于农民工选择乡镇就业一般是每日往返于务工地点与家庭居住地之间，因此就业成本越高越不利于农民工选择到乡镇就业。

（二）选择家庭所在县城就业的影响因素

由表 5 - 2 中模型 2 的多项 Logistic 回归结果可知，对川黔渝籍新生代农民工选择在家庭所在县城就业的概率，具有显著影响的是工作技能 X_1、相对收入 X_7 和就业成本 X_9。模型 2 回归结果显示，工作技能因素对新生代农民工选择在家庭所在县城就业的影响显著为负，同样也是由于具有更高学历的新生代农民工，更倾向于到发达的城市地区寻求工作机会，以利于自身开阔眼界和积累经验，从而学历越高留在县城就业的概率也就越小。相对收入是指就业收入与家庭总收入之比，该因素的回归系数显著为正，表明相对收入越高，即家庭生活主要依赖就业收入时，新生代农民工更倾向于留在县城长期稳定就业，既可以维持家庭生活支出，又可以实现长期稳定地在县城就业。就业成本因素的回归系数显著为正，表示虽然就业成本不断增加，但是在县城就业的新生代农民工不会每日往返于工作地点和家庭居住地之间，交通费用增加不会降低新生代农民工选择在县城就业的概率，而且交通费用越高表明居住地距县城越远，说明乡镇发展水平相对越低，该地区新生代农民工更倾向于到县城谋求工作机会。可见，随着就业成本的增加，新生代农民工选择在县城就业的概率还会有一定程度的增加。

（三）选择县外省内就业的影响因素

由表 5 - 2 模型 3 中多项 Logistic 回归结果显示，对川黔渝籍新生代农民工选择在县外省内就业的概率，具有显著影响的是工作技能 X_1、就业月收入 X_8 和就业成本 X_9。回归结果显示，工作技能即受教育程度因素，对川黔渝籍新生代农民工选择在县外省内就业的概率影响显著为正，表明受教育程度越高的新生代农民工越倾向于到县外城市地区就业，以寻求更好的工作机会、工资待遇和发展前景。就业月收入因素对新生代农民工选择在县外省内就业的概率影响显著为正，表明县外城市地区工资性收入越高，对新生代农民工的吸引力也就越大。就业成本因素对新生代农民工选择在县外省内就业的概率影响也是显著为正的，表明就业成本即交通费用越高，新生代农民工家庭所在地距城市地区越远，经济发展水平以及公共基础设施越落后，工作机会和发展机会越少，从而该地区新生代农民工愿意通过支出短期高昂的交通费用到发达城市地区寻求工作和发展机会，以获取更高的工资收入和更广阔的发展空间，从而就业成本的增加一定程度上提高了新生代农民工选择县外省内就业的概率。

(四) 选择省外就业的影响因素

由表 5 – 2 模型 4 中多项 Logistic 回归结果显示，对川黔渝籍新生代农民工选择在省外就业的概率具有显著影响的有农用地规模 X_3、就业月收入 X_8 和就业成本 X_9。回归结果显示，农用地规模因素对新生代农民工选择在省外就业的概率的影响显著为负，这是由于新生代农民工是家庭主要劳动力，农用地规模越大，家庭耕种对劳动力需求也就越大，使新生代农民工可能在农忙时节放弃外出就业返乡务农，这部分新生代农民工就更倾向于近距离就业以便于返乡耕作；因此，农用地规模越大，新生代农民工选择到省外地区就业的概率也就越低。就业月收入因素对新生代农民工选择在省外就业的概率影响显著为正，农民工外出就业的主要动力就是获得工资性收入；故，在省外地区就业的工资性收入越高，新生代农民工越愿意牺牲和家人团聚的机会，选择到省外异乡地区就业。就业成本的回归系数显著为正，同样表明新生代农民工为了寻求更广阔的发展空间，愿意花费短期高昂的就业成本，到省外发达地区就业。

综上可知，新生代农民工就业地选择不同，相应的影响因素也不同。根据以上分析结论，我们将从微观和宏观角度分析新生代农民工就业行为决策的影响机制。从前面选取新生代农民工就业地选择影响因素的自变量来看，工作技能、农用地规模、家庭住房面积、相对收入、居住地区位条件、就业月收入、本地经济发展水平（与“所在县域资源条件”相似）等指标均可直接纳入新生代农民工禀赋范畴，而儿童和老年人口比重和就业成本可分别计入“可支配经济资源”和“月均经济收入变化”指标等考虑范围。故，新生代农民工就业地选择影响因素研究为后文探讨新生代农民工就业行为决策的微观影响机制奠定了分析基础。

第三节　无偏好信息模糊多目标新生代农民工就业地选择决策模型应用分析

一　新生代农民工就业地选择决策指标体系的构建

(一) 模型变量指标构建

模糊多目标决策模型的构建指标与多项 Logistic 回归模型中所选择的

解释变量指标相对应，即 9 个指标：工作技能 f_1、儿童和老年人口比重 f_2、农用地规模 f_3、家庭住房面积 f_4、居住地区位条件 f_5、本地经济发展水平 f_6、相对收入 f_7、就业月收入 f_8、就业成本 f_9。这 9 个指标在模糊多目标决策模型中不再是解释变量，而是作为方案属性，即决策依据和决策准则，并且用 f_i 来表示。另外，需要特别说明的是，本部分增加一个模糊性指标即工作机会 f_{10}，该指标是一个定性指标，反映了新生代农民工在不同就业地点的工作机会多少，以“较少、一般、较多、很多”来表示；该指标通过综合全部调查员在调查新生代农民工的过程中得到的全部信息而获得。

（二）选择方案的设定

在此主要分析川黔渝籍新生代农民工就业地选择决策行为，故，新生代农民工就业地点的备选方案用 x_i 来表示，其选择方案分为四种，依次为家庭所在乡镇 x_1，家庭所在县城 x_2，县外省内 x_3 和省外 x_4。本部分主要通过构建决策矩阵和目标相对优属度矩阵，将决策方案和各属性变量进行综合分析，从而对各方案进行优劣排序，从中选择最满意的决策方案。

（三）数据处理

根据对 2013 年 1—2 月川黔渝籍新生代农民工进行实地调研所得到的数据，汇总计算得出以下决策矩阵：

$$F = \begin{array}{c} \\ f_1 \\ f_2 \\ f_3 \\ f_4 \\ f_5 \\ f_6 \\ f_7 \\ f_8 \\ f_9 \\ f_{10} \end{array} \begin{bmatrix} x_1 & x_2 & x_3 & x_4 \\ 9.78 & 8.70 & 10.48 & 9.74 \\ 0.2593 & 0.2166 & 0.1976 & 0.2282 \\ 7.25 & 4.32 & 3.94 & 5.49 \\ 122.44 & 125.25 & 118.76 & 132.51 \\ 23.157 & 28.547 & 26.504 & 31.259 \\ 3.54 & 3.51 & 2.77 & 2.83 \\ 0.6919 & 0.7874 & 0.7655 & 0.7686 \\ 2087.04 & 2368.53 & 2591.91 & 2889.71 \\ 18.87 & 41.65 & 92.54 & 252.54 \\ \text{较少} & \text{一般} & \text{较多} & \text{很多} \end{bmatrix} \qquad (5-15)$$

其中，农用地规模指标 f_3，家庭住房面积指标 f_4，本地经济发展水平指标 f_6，相对收入指标 f_7，就业月收入指标 f_8 都属于正向指标，即越大越好的指标，应该运用效益型目标相对优属度计算公式，但是为了使此类指标的相对优属度更分散些，也可采用如下公式：$u_{ij}=\left[\dfrac{f_{ij}}{f_{i\max}+f_{i\min}}\right]^{p_i}$，（$i=1, 2, \cdots, 9$；$j=1, 2, \cdots, 4$），其中 p_i 取值为 1，计算得出相应的目标相对优属度；工作技能指标 f_1，儿童和老年人口比重指标 f_2，居住地区位条件指标 f_5，就业成本指标 f_9 都属于逆向指标，即越小越好的指标，同样为了使此类指标的相对优属度更分散些，采用如下计算公式：$u_{ij}=1-\left[\dfrac{f_{ij}}{f_{i\max}+f_{i\min}}\right]^{p_i}$，（$i=1, 2, \cdots, 9$；$j=1, 2, \cdots, 4$），其中 p_i 取值为 1，计算得出相应的目标相对优属度；指标 f_{10} 属于模糊评价指标，按照评价等级设定较少、一般、较多、很多的相对优属度分别为 0.25、0.5、0.75、1。根据以上目标相对优属度计算公式，将决策矩阵 F 转化为目标相对优属度矩阵 u 如下：

$$
u=\begin{array}{c}
 \\ f_1 \\ f_2 \\ f_3 \\ f_4 \\ f_5 \\ f_6 \\ f_7 \\ f_8 \\ f_9 \\ f_{10}
\end{array}
\left[\begin{array}{cccc}
x_1 & x_2 & x_3 & x_4 \\
0.4901 & 0.5464 & 0.4536 & 0.4922 \\
0.4325 & 0.5260 & 0.5675 & 0.5005 \\
0.6479 & 0.3861 & 0.3521 & 0.4906 \\
0.4873 & 0.4985 & 0.4726 & 0.5274 \\
0.5744 & 0.4754 & 0.5129 & 0.4256 \\
0.5610 & 0.5563 & 0.4390 & 0.4485 \\
0.4677 & 0.5323 & 0.5175 & 0.5196 \\
0.4194 & 0.4759 & 0.5208 & 0.5806 \\
0.9305 & 0.8465 & 0.6590 & 0.0695 \\
0.25 & 0.50 & 0.75 & 1.00
\end{array}\right] \tag{5-16}
$$

二　新生代农民工信息无偏条件下就业地选择决策分析

（一）模糊乐观型新生代农民工就业地选择决策模型

模糊乐观型新生代农民工比较积极乐观，不顾风险，敢于冒进，以各方案中目标相对优属度最大项作为决策依据，从而对比分析哪种方案可能会给自己带来最大收益。根据所构建的模糊多目标决策模型，这一类型新生代农民工的决策过程为：

$$\max_{1\leqslant j\leqslant 4}\max_{1\leqslant i\leqslant 10}\{u_{ij}\}=\max\{0.9305、0.8465、0.75、1.00\}=1.00 \tag{5-17}$$

由以上决策过程可以得出，模糊乐观型的川黔渝籍新生代农民工就业地选择决策方案的优劣顺序应该为：x_4（省外）$>x_1$（家庭所在乡镇）$>x_2$

(家庭所在县城) > x_3 (县外省内)。因此，对于敢于冒险的乐观型新生农民工来说，省外就业应该是其最满意选择决策。

(二) 模糊悲观型新生代农民工就业地选择决策模型

模糊悲观型新生代农民工比较悲观保守，其选择决策从最坏处考虑，要保证各方案中的最小目标相对优属度达到最大，其决策过程如下：

$$\max_{1\leqslant j\leqslant 4}\min_{1\leqslant i\leqslant 10}\{u_{ij}\} = \max\{0.25、0.3861、0.3521、0.0695\} = 0.3861 \quad (5-18)$$

由以上决策过程可以得出，模糊悲观型的川黔渝籍新生代农民工就业地选择决策方案的优劣顺序应该为：x_2 (家庭所在县城) > x_3 (县外省内) > x_1 (家庭所在乡镇) > x_4 (省外)。因此，对于比较保守的悲观型新生代农民工来说，家庭所在县城务工应该是其最满意的决策方案。

(三) 模糊折中型新生代农民工就业地选择决策模型

模糊折中型新生代农民工既不盲目乐观，也不过分悲观保守，而是根据自己所拥有的知识经验等确定一个折中系数，从而计算得出各方案的相对优属度进行比较，在此令折中系数 $\theta=0.5$，则其决策过程为：

$$u_{i*1} = 0.5\max_{1\leqslant i\leqslant 10}\{u_{i1}\} + (1-0.5)\min_{1\leqslant i\leqslant 10}\{u_{i1}\} = 0.5\times 0.9305 + (1-0.5)\times 0.25 = 0.59025 \quad (5-19)$$

同理可得到：$u_{i*2} = 0.5\times 0.8465 + (1-0.5)\times 0.3861 = 0.6163$ (5-20)

$$u_{i*3} = 0.5\times 0.75 + (1-0.5)\times 0.3521 = 0.55105 \quad (5-21)$$

$$u_{i*4} = 0.5\times 1 + (1-0.5)\times 0.0695 = 0.53475 \quad (5-22)$$

由以上计算得出的各方案相对优属度综合评价结果可知，模糊折中型的川黔渝籍新生代农民工就业地选择决策方案的优劣顺序应该为：x_2 (家庭所在县城) > x_1 (家庭所在乡镇) > x_3 (县外省内) > x_4 (省外)。因此，对于折中型新生代农民工来说，家庭所在县城务工也应是其最满意的决策方案。

综上所述，根据对问卷调查数据分析可见，在信息无偏条件下，对于川黔渝籍的乐观型新生代农民工，其就业地最优选择决策应该是省外，这种类型的新生代农民工敢于冒险、敢于为了获得较高的工资收入，或谋求自身的进一步发展而到省外地区寻求就业机会。而对于川黔渝籍的悲观型和折中型新生代农民工来说，由于相对比较谨慎的个性特征，他们的最优选择就是在家庭所在县城寻求一份安稳的工作，而不是选择更远的城市地区务工。由此，在信息无偏条件下，由于川黔渝籍新生代农民工对风险的偏好程度有所不同，其对各决策方案的优劣顺序也表现出了一定程度上的差异性。

第四节　不完全偏好信息模糊多目标新生代农民工就业地选择决策模型应用分析

一　新生代农民工信息有偏条件下就业地选择决策分析

新生代农民工就业地选择决策矩阵 F 和相对优属度矩阵 u，在信息有偏条件下与信息无偏条件下是相同的，在此不再赘述。由于在信息有偏条件下决策者不明确各属性或目标权重，因此需要先确定各目标权重。在此重点研究权重确定条件下，川黔渝籍新生代农民工就业地选择决策问题，因而需要给各属性赋予特定的目标权重。在目标权重确定之前，前面已对川黔渝籍新生代农民工就业地选择决策影响因素进行了简单的多项 Logistic 回归分析，以确定哪些影响因素显著影响新生代农民工就业行为决策结果，进而赋予该影响因素相应比较高的权重以进一步进行模糊多目标决策模型分析。

（一）所在乡镇就业新生代农民工模糊多目标决策分析

表5－2模型1中多项 Logistic 回归模型分析结果显示，显著影响川黔渝籍新生代农民工选择在家庭所在乡镇就业的因素是：工作技能因素 f_1、就业月收入因素 f_8 和就业成本因素 f_9；除此之外，主观评价指标外出就业机会 f_{10} 也必然显著影响新生代农民工就业地选择决策。根据回归结果可知，工作技能因素 f_1 对选择在乡镇务工有很显著的影响，并且回归系数绝对值较大，从而应赋予较大的权重假定为 $w_1=0.25$；就业月收入因素 f_8 的回归系数非常小，在此不应对其赋予比较高的权重；就业成本因素 f_9 回归系数绝对值为 0.090，假定其权重为 $w_9=0.1$；就业机会指标 f_{10} 的权重假定为 $w_{10}=0.2$；从而 $d=1-(0.25+0.15+0.1+0.2)=0.3$。根据公式 $w_i=\frac{d\sum_{j=1}^{m}u_{ij}}{\sum_{i=k+1}^{n}\sum_{j=1}^{m}u_{ij}}$，计算可得其他属性的目标权重值分别为：$w_2=0.051$、

$w_3=0.0472$、$w_4=0.05$、$w_5=0.05$、$w_6=0.0505$、$w_7=0.0513$。

进一步，根据公式$\rho_j(w)=\sum_{i=1}^{9}w_iu_{ij}$计算可得各个方案的目标相对优属度线性加权综合评价值分别为：{0.4865、0.5418、0.5510、0.5627}。根据各方案的加权综合评价值，对川黔渝籍新生代农民工就业地点选择决策方案进行优劣排序为：x_4（省外）>x_3（县外省内）>x_2（家庭所在县城）>x_1（家庭所在乡镇）。因此，对于选择家庭所在城镇就业的川黔渝籍新生代农民工来说，根据对其就业有显著影响的工作技能、就业月收入、就业成本以及工作机会指标展开分析可知，其就业地点的最优选择决策应该是省外，而不应该是当前选择的家庭所在乡镇。

（二）所在县城就业新生代农民工模糊多目标决策分析

表5－2模型2中多项Logistic回归模型分析结果显示，显著影响川黔渝籍新生代农民工选择在家庭所在县城就业的因素是：工作技能因素f_1、相对收入因素f_7和就业成本因素f_9，除此之外，主观评价指标外出就业机会也显著影响新生代农民工就业地选择决策。根据分析所得信息假定：工作技能指标f_1的目标权重值为$w_1=0.2$，相对收入指标f_7的目标权重值为$w_7=0.25$，就业成本指标f_9的目标权重值为$w_9=0.1$，工作机会指标f_{10}的目标权重值为$w_{10}=0.2$，则$d=1-(0.2+0.25+0.1+0.2)=0.25$。根据公式

$w_i=\frac{d\sum_{j=1}^{m}u_{ij}}{\sum_{i=k+1}^{n}\sum_{j=1}^{m}u_{ij}}$，计算可得其他属性的目标权重值分别为：$w_2=0.0426$、$w_3=0.0395$、$w_4=0.0418$、$w_5=0.0418$、$w_6=0.0422$、$w_8=0.0420$。

根据公式$\rho_j(w)=\sum_{i=1}^{9}w_iu_{ij}$，计算可得各个方案的目标相对优属度线性加权综合评价值分别为：{0.4877，0.5488，0.5557，0.5591}。结合计算所得各方案相对优属度加权综合评价值，对川黔渝籍新生代农民工就业地的选择决策方案进行优劣排序为：x_4（省外）>x_3（县外省内）>x_2（家庭所在县城）>x_1（家庭所在乡镇）。因此，选择在家庭所在县城就业的川黔渝新生代农民工，根据对其就业有显著影响的工作技能、相对收入、就业成本以及工作机会指标展开分析可得，其最优就业地选择决策应该是省外，而不应该是当前选择的家庭所在县城。

（三）县外省内就业新生代农民工模糊多目标决策分析

表5－2模型3中多项Logistic回归模型分析结果显示，显著影响川黔渝籍新生代农民工选择在县外省内就业的因素是：工作技能因素f_1、就业月收入因素f_8和就业成本因素f_9；除此之外，主观评价指标外出就业机会f_{10}也显著影响新生代农民工就业地选择决策。对比可见，该部分的显著影响因素与模型1中相同，但是由于回归系数有所不同，在此给各属性假定不同于模型1的目标权重值，根据分析所得信息假定：工作技能指标f_1的目标权重值为$w_1=0.25$，就业月收入指标f_8的目标权重值为$w_8=0.2$，就业成本指标f_9的目标权重值为$w_9=0.1$，工作机会指标f_{10}的目标权重值为$w_{10}=0.2$，则$d=1-(0.25+0.2+0.1+0.2)=0.25$。根据公式$w_i=\frac{d\sum_{j=1}^{m}u_{ij}}{\sum_{i=k+1}^{n}\sum_{j=1}^{m}u_{ij}}$，计算可得其他属性的目标权重值分别为：$w_2=0.0425$、$w_3=0.0394$、$w_4=0.0417$、$w_5=0.0417$、$w_6=0.0420$、$w_7=0.0427$。

根据公式$\rho_j(w)=\sum_{i=1}^{9}w_iu_{ij}$，计算可得各个方案的目标相对优属度线性加权综合评价值分别为：{0.4812，0.5407，0.5531，0.5675}。根据各方案的加权综合评价值，对川黔渝籍新生代农民工就业地点的选择决策方案进行优劣排序为：x_4（省外）$>x_3$（县外省内）$>x_2$（家庭所在县城）$>x_1$（家庭所在乡镇）。因此，对于选择在县外省内就业的川黔渝籍新生代农民工来说，根据对其就业有显著影响的工作技能、就业月收入、就业成本以及工作机会指标展开分析可得，其就业地点的最优选择决策应该是省外，而不应该是当前的选择——县外省内。

（四）省外就业新生代农民工模糊多目标决策分析

表5－2模型4中多项Logistic回归模型分析结果表明，显著影响川黔渝籍新生代农民工选择在省外就业的因素是：农用地规模因素f_3、就业月收入因素f_8和就业成本因素f_9；除此之外，主观评价指标外出务工就业机会f_{10}也显著影响新生代农民工就业地选择决策。根据分析所得信息假定：农用地规模指标f_3的目标权重值为$w_3=0.2$，务工月收入指标f_8的目标权重值为$w_8=0.2$，务工成本指标f_9的目标权重值为$w_9=0.1$，工作机会指标f_{10}的目标权重值为$w_{10}=0.2$，则$d=1-(0.2+0.2+0.1+0.2)=0.3$。根据

公式 $w_i = \dfrac{d\sum_{j=1}^{m} u_{ij}}{\sum_{i=k+1}^{n}\sum_{j=1}^{m} u_{ij}}$，计算可得其他属性的目标权重值分别为：$w_1 = 0.0495$、$w_2 = 0.0506$、$w_4 = 0.0495$、$w_5 = 0.0496$、$w_6 = 0.05$、$w_7 = 0.0508$。

根据公式 $\rho_j(w) = \sum_{i=1}^{9} w_i u_{ij}$ 计算可得各个方案的目标相对优属度线性加权综合评价值分别为：{0.5071、0.5138、0.5387、0.5669}。根据各方案的加权综合评价值，对川黔渝籍新生代农民工就业地点的选择决策方案进行优劣排序为：x_4（省外）> x_3（县外省内）> x_2（家庭所在县城）> x_1（家庭所在乡镇）。因此，对于选择省外就业的川黔渝籍新生代农民工来说，根据对其就业有显著影响的农用地规模、就业月收入、就业成本以及工作机会指标展开分析可得，其就业地点的最优决策方案就是其当前选择的就业地—省外。

二　信息有偏条件下农民工就业地选择决策行为分析

通过建立模糊多目标决策模型，对信息有偏条件下的新生代农民工就业地决策行为分析可见，无论是选择在家庭所在乡镇、家庭所在县城、县外市内，还是选择在省外就业的川黔渝籍新生代农民工，根据他们选择就业地点着眼点或所看重的影响因素不同进行分析，结果证实他们最优的选择决策都应是省外，次优选择为县外省内，其次为家庭所在县城，最后为家庭所在乡镇。另外，根据对川黔渝籍新生代农民工实地调研所获的样本数据分析，新生代农民工就业地点选择分布为：家庭所在乡镇就业占9.0%，家庭所在县城就业占10.5%，县外省内就业（分所在地大中城市和所在地省会城市或直辖市中心城区）占29.5%，省外就业占50.5%。由此可见，川黔渝籍新生代农民工对就业地点的选择方面，有半数以上新生代农民工做出了最优的就业行为选择决策即选择省外就业。但是，由于受现实生活中不确定因素以及劳动者所获信息有限性的影响，仍有近一半的新生代农民工没有做出最优的就业行为选择决策，即没有选择到省外就业。因此，现实中新生代农民工就业地选择决策行为与理论分析结果存在偏差，但是有半数新生代农民工根据自身需要已做出正确的选择决策。

传统经济学认为，每个人都是理性经济人，都会在给定条件下实现自身效用最大化的假设，在现实生活中很难实现。现实生活中的决策者，往往根据自己对备选方案的模糊认识、对周围环境认识有限的条件下做出最满意的选择。在此，通过对 998 位川黔渝籍新生代农民工就业地选择行为决策的实证研究显示，一方面，川黔渝籍新生代农民工在一种有限理性条件下，半数以上可以根据自身需求以及有限的知识经验做出最优选择，即选择省外就业，但是仍然有部分农民工未能做出最优选择决策，这与农民工的人力资本和掌握就业信息的有限性密切相关。另一方面，通过分析川黔渝籍新生代农民工就业地选择决策方案的优劣排序可知，川黔渝籍新生代农民工在信息有偏条件下，其最优选择都应该是在省外就业而非省内地区。

川黔渝地区农村劳动力大量外流，在某种程度上说明区域内经济发展动力不足，就业条件无法改善，对本地农村劳动力的吸纳能力偏弱，从而川黔渝籍新生代农民工选择省外就业，而不愿意选择省内就业，这一现象对区域内经济社会的持续发展构成潜在威胁。因此，川黔渝地区一方面应该大力发展和健全新生代农民工公共服务就业体系，提高新生代农民工就业信息的透明度，以改善新生代农民工就业信息有限性的局面；另一方面，积极稳妥地改善农民工省内就业的社会保障问题，维护新生代农民工合法权益，改善新生代农民工就业环境；除此之外，川黔渝地区旅游资源丰富，应该大力发展第三产业，为新生代农民工提供更多非农就业岗位，并制定优惠政策鼓励新生代农民工返乡就业创业；或是大力调整省内农业内部结构，用工业的方式发展现代农业，促进农业转型升级，创造更多的就业岗位，使新生代农民工“离土不离乡”、“进厂不进城”而得到就业岗位。

本章利用无序多分类 Logistic 回归模型估计了川黔渝籍新生代农民工选择在不同地区就业的主要影响因素，根据回归结果分别假定了不同属性的目标权重值，进而分析信息有偏条件下新生代农民工就业地选择模糊多目标决策模型，模拟新生代农民工就业地选择决策行为。因此，模糊多目标选择决策模型能够较好地模拟新生代农民工就业地选择决策行为，对预测川黔渝籍新生代农民工就业地的选择行为以及优化川黔渝地区省内就业环境提供了一定的理论参考价值。

第六章　新生代农民工就业行为决策的影响机制分析

第一节　产业转型对农民工区域流动的影响分析

一　产业转型对农村劳动力区域流动的影响机理

产业转型的实质是一个具有时空维度的生产力空间转移过程，是国际或地区间产业分工形成的首要因素，是产业转出地区与承接地区产业结构调整和产业转型升级的重要途径，也是市场经济发展到一定阶段出现的必然现象。从产业转型内涵来看，产业转型过程就是劳动力、资本、技术、制度等经济要素在不同区域各次产业之间再配置的动态发展过程。农村劳动力区域流动是伴随产业在不同区域的聚集和转型而流动的动态配置过程，本质上隶属于一个要素禀赋的市场配置过程。据此认为，产业转型与农村劳动力区域流动的影响机理如图 6 – 1 所示。

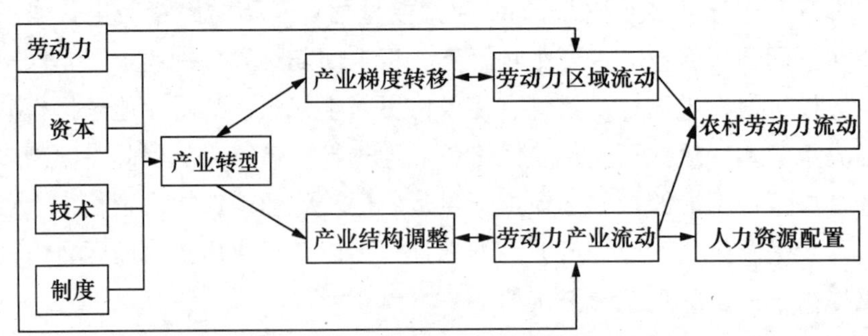

图 6 – 1　产业转型与农村劳动力区域流动的影响机理

如图 6 – 1 所示，劳动力、资本、技术和制度构成产业转型的核心要素，产业转型包括产业结构调整和产业梯度转移两个途径：产业结构调整是一个地区内部产业结构演变的主要方式，相应的结果是区域内产业结构优化升级，进而引导劳动力资源的合理流动和有效配置，即劳动力在三次产业内部和三次产业之间的有序流动，是一个区域内部人力资源配置过程；产业梯度转移是产业在地区间的梯度接力转移，主要是从先发地区（或高梯度地区）转移到后发地区（或低梯度地区），即先发地区相对落后或不再具有比较优势的产业可以转移到与该地区存在产业梯度的后发地区，成为后发地区相对先进或具有比较优势的产业，从而提高后发地区产业结构层次与水平。产业梯度转移必然引起传统要素禀赋的跨区域流动，包括非稳态就业的农民工在内的劳动力区域流动成为一种区际之间的要素流动，同时也可能引起先发地区传统要素禀赋成本上升而渐失比较优势，后发地区因传统要素禀赋显性优势而渐现比较优势。通过产业梯度转移，先发地区加快了产业转型升级，摆脱了传统产业带来的包袱，集中本地区的要素资源承接国际新兴产业转移，发展高附加值、高技术含量的产业，实现产业结构调整和优化升级；后发地区则以较低成本引进相对先进的产业与技术，以后发优势尽快提高产业层次与水平，从而实现产业转出地区与承接地区的“双赢”。

可见，在经济要素（劳动力、资本、技术、制度等）自由流动的情况下，产业与技术存在着由先发地区向后发地区扩散与转移的趋势，产业的适时转移不仅是先发地区产业结构调整的需要，也能带动后发地区的经济发展。据此，本书认为，一方面，产业梯度转移与产业结构调整以及区域经济发展是紧密联系的动态过程，三者相辅相成，互成因果；另一方面，劳动力流动与区域经济发展之间存在一定的作用机制，即区域经济发展是吸引劳动力流动的必要条件，起着“拉力”作用，而劳动力流入又能增强流入地的比较优势，加速区域经济发展。产业转型、区域经济发展与劳动力区域流动的影响关系如图 6－2 所示，其中劳动力区域流动的主体是农村劳动力区域流动。

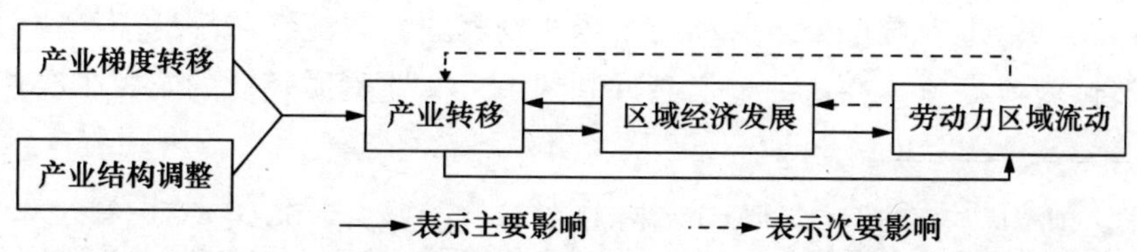

图 6－2　产业转型、区域经济发展与农村劳动力区域流动的影响关系

以上分析仅是一种理论思考，区域经济与产业发展的梯度差异，蕴含着产业转型的客观基础，但产业转型的速度、质量和效益却是转出地区“推力”与承接地区“拉力”共同作用的结果。这种产业转型是与传统要素禀赋流动相伴随的一个长期过程，这一过程不仅仅是“拉力”“推力”因素的作用，还是包括传统要素禀赋与区域文化等多种因素影响的结果，而且这一过程还具有反复性和阶段性等特点。可见，产业转型速度决定农村劳动力就业结构优化水平，从而影响农村劳动力外出流动及其区域分布、结构、规模和特点；而农村劳动力区域流动影响产业转型的速度、质量、效益及产业比较劳动生产率提高，为产业转型升级创造良好的人力条件，为经济可持续性增长提供相应的人力资源保障。

二　东中西部地区产业转型对农民工区域流动的影响分析①

从我国现实来看，产业转型促使东部地区资本、制度、技术与中西部地区劳动力、资源等比较优势有机结合起来，进而带动区域经济发展，有利于培育新的经济增长极，推动各区域工业化迈入健康发展的轨道。这种一国范围内的产业转型过程必将影响劳动力的区域流动格局，尤其是对农民工区域流动格局的影响更为显著。

（一）东部地区产业转型对农民工区域流动的影响分析

东部地区产业转型对劳动力从业素质要求提高，农民工市民化成本较大，影响区域外的农民工流向东部地区。由于经济危机、外需波动等因素以及国际产业转移新趋势的影响，东部地区亟须产业转型，而且国家层面也鼓励东部地区劳动密集型甚至部分资本密集型产业向中西部地区转移，先后在中西部地区批准了 6 个国家级承接产业转移示范区，出台了承接产业转移的指导意见，意在加快产业转型升级。随着东部地区经济社会持续发展，大中城市产业结构转型升级，其产业发展态势由劳动力密集型过渡到资本密集型和技术密集型，更多地发展生产性服务业，对从业人员素质提出更高的要求。尽管农民工文化素质高于农村劳动力整体文化素质，但是相对于城市产业发展及产业升级的技能需求来说，仍然是难以适应的，农民工难以进入城市一级劳动力市场实现就业，只能在城市低端产业形成过渡性就业竞争。在这一现实条件制约下，文化素质较低的农民工必然在

① 此处所称东部地区包括北京、天津、河北、上海、江苏、浙江、福建、山东、广东、海南和辽宁，中部地区包括吉林、黑龙江、山西、安徽、江西、河南、湖北和湖南，西部地区包括内蒙古、广西、重庆、四川、贵州、云南、西藏、陕西、甘肃、青海、宁夏和新疆。

城市劳动力市场上面临着更加严峻的竞争压力，据此推断，由中西部地区流向东部地区的农村劳动力将会逐渐减少，而且，随着产业转型升级步伐加快，这种趋势将会越来越突出。同时，随着产业承接转移步伐加快，中西部地区必将成为本地农村劳动力流动和就业的首选地，农村劳动力“孔雀东南飞”局面将会逐渐改变，越来越多的跨区域流动农民工将加入到返乡就业创业的浪潮中。如表4－21所示，随着产业转型升级和区域经济发展，假如能够自由流动，84.4%的农民工将选择本省（市）实现自由择业，有13.9%的农村劳动力选择省外就业。“家庭所在乡镇”成为农民工就业的首选地，其次是“县内其他乡镇和县城”和“本省省会城市”农民工的次选地，13.9%的农民工选择省外地区。这说明，如果没有外部因素的制约，农民工区域流动与就业行为选择是一种理性的决策行为，并不因政策放宽就会大量涌入城市，更不大可能涌向市民化成本高昂的东部大城市，特别是特大城市和超大城市。

由于制度及政策方面的原因，导致我国农民工难以在流入地实现市民化，东部地区尤为如此，因为东部地区农民工工资收入与中西部地区相比没有明显优势，而在生活居住等方面的经济成本和探亲访友等方面的社会成本明显高于中西部地区，比如在居住方面，无论是住房租金还是住房价格，东部地区都明显处于“高位运行”，这一区域城市房价都远超中西部地区同等城市的房价水平。因此，农民工在东部地区实现市民化的成本高昂，无论是对流入地政府还是对农民工都是如此。对流入地政府而言，受传统的户籍人口本位思想以及政绩考核指标的影响，他们更关注户籍人口的利益而疏于为农民工提供市民待遇，时至今日，东部地区各级政府的行政行为仍在某种程度上显露这种影响的痕迹；对农民工而言，高企的生活成本使他们难以成为东部城市的一员，难以融入城市社会，“过客”意识尤为明显，这就不难理解很多在东部地区务工的中西部地区农民工还是以家乡作为最终归属的选择。正是在高企的农民工市民化成本制约下，导致许多中西部地区外出农民工选择在本地或周边区域就业，尤其是对已在东部地区经受过流动洗礼的返乡农民工更是如此，而且那些原本已进入东部地区劳动力就业市场的中西部地区外出农民工极有可能返回中西部地区就业创业，“返乡就业创业”成为35岁及以上农民工就业的主要选项。根据对川黔渝籍农民工的调查数据显示，有30.5%的农民工表示待家乡条件改善后返乡，这说明通过承接产业转移改善中西部地区的产业发展条件，能够影响农民工流动区域选择和区域流动格局。而且，由于东部地区劳动力具有较强的闯市场能力和商业意识，也有可能向中西部地区流动和创业。

（二）中部地区产业转型对农民工流动趋势的影响分析

中部地区要素市场渐趋完善，具备承接东部地区产业转移的条件，吸纳农村劳动力本地就业能力得到提高。中部地区是我国经济社会发展的战略腹地，根据其地理区位和资源条件，该区域具有承接产业转移的天然优势。随着区域产业体系逐渐形成，基础设施建设取得积极进展，对内对外开放水平逐渐提高，市场环境、投资环境、要素市场体系建设日趋完善，劳动力素质逐渐提升，中部地区承接产业转移的基础条件基本具备，逐渐成为推动全国区域发展的重要人口功能区和产业承载地区，也是我国经济发展重要的战略“隆起带”。据国家统计局数据显示，湖北、湖南、江西、河南、安徽五省占全国跨省流动人口的42.9%，中部地区①现有从业人员受过初中以上教育的为56.3%，明显高于西部地区的41.6%。② 可见，中部地区具有承接产业转移的人力资本优势，加上其区域特有的地理和资源优势，能够吸收东部地区产业转型升级转出的劳动密集型产业，可在承接产业转移示范区内形成新的区域经济增长极，还可以在局部区域取得突破。比如中部地区利用其特有的区位优势，积极发展具有能源优势的产业、资源加工产业及其相关的产业链，完善服务东西部地区的配套产业，加快基础设施建设和新型城镇化进程，实现经济、社会、生态三种效益协调发展，形成区域性中心城市或城市带。

在这样的区域经济社会条件下，农村劳动力在区域内就业的可能性增大，即中部地区农村劳动力被本区域产业吸纳就业的可能性进一步增强，由中部地区向东部地区流动的农民工规模将会逐渐下降。以中部人口大省河南省为例，“2011 年该省农村劳动力转移总量为 2450 余万人，其中省内农村劳动力转移就业人数首次超出省外输出，两者差额为 78 万人；2012 年，省内农村劳动力转移就业人数超出省外输入 332 万人；2013 年，

---

① 原文所指的中部地区为湖北、湖南、江西、河南、山西、安徽中部六省，与本书的中部地区所含范围不一致。

② 周均旭：《中部产业转移的经济效应及对劳动力就业的影响》，《当代经济》2012 年第 2 期，第 88—89 页。

省内外就业差额创下 386 万人的历史新高，农村劳动力就近就业已成常态。”[①] 这说明，产业转型使农村劳动力逐渐在本区域内部聚集，这为中部崛起和振兴创造了条件。

（三）西部地区产业转型对农民工流动趋势的影响分析

西部地区随着开发步伐加快和区域经济发展，已迈入起飞阶段，对农村劳动力需求加剧，影响西部地区农民工跨省流动趋势。从 2011 年起，西部大开发[②]进入第二阶段。正是有了第一阶段的西部开发，西部地区经济发展增速才逐渐超过东部地区。“2011 年西部地区实现生产总值近 10 万亿元，增长约 14.1%，各项主要经济指标增幅均高于全国整体水平，发展速度连续 5 年超过东部地区。”[③] 2013 年，西部地区的地区生产总值（Gross Regional Product，GRP）占当年 31 个省、市、区 GRP 的比重为 20.0%，比 2007 年增长了 2.43 个百分点。[④] 西部开发奠定了西部地区未来深化发展的经济基础，成就显著。目前，西部地区在加快生态文明建设的同时，产业结构调整明显好转，自我发展能力不断增强，市场发育水平较为完善，劳动力素质逐渐提高，区域经济发展的基础性民生性问题开始得到解决。

随着西部开发进入加速发展阶段，西部地区多数省份大力推进工业强省（强区）战略和城镇化战略，产业园区不断新建和发展，承接产业转移力度加快，员工薪资竞争力不断提升，使本区域农民工“回流”趋势明显，产业园区和城镇建设快速推进创造了大量就业机会，西部地区农村劳动力的吸纳能力明显增强。以西部劳动力大省四川省为例，近几年来，四川农村劳动力流动明显的趋势就是留在省内务工的人数越来越多，2010 年和 2011 年就达到 1000 万人以上，省内务工已经占据了全省劳务经济的

---

① 王明峰：《中西部城镇化提速》，《人民日报》2014 年 9 月 15 日。

② 西部大开发总体规划按 50 年划分为三个阶段：从 2001 年到 2010 年为奠定基础阶段，从 2010 年到 2030 年为加速发展阶段，在前段基础设施改善、结构战略性调整和制度建设成就的基础上，进入西部大开发的冲刺阶段，巩固提高基础，培育特色产业，实施经济产业化、市场化、生态化和专业区域布局的全面升级，实现经济增长的跃进。从 2031 年到 2050 年为全面推进现代化阶段。

③ 颜牛等：西部地区发展速度连续 5 年超过东部地区［EB/OL］，http：//news. xinhuanet. com/，2012－02－23。

④ 此处数据系据国家统计局出版的《中国统计摘要（2014）》第 27 页“地区生产总值”整理而得，2014 年 5 月。

半壁江山①；“2012年上半年，四川转移农村劳动力2100万人，其中省内转移1091万人，历史上首次超过向省外输出的规模。这是农村劳动力转移发生重大变化的信号。”② 实际上，四川省并不是体现这种流动趋势的孤例。同样地处西部的贵州，随着工业强省和城镇化带动两大战略稳步推进，集中打造“5个100工程”③，吸纳农民工返乡就业创业能力不断增强，经过5年左右的时间建设，预计贵州省农民工区域流动趋势将会呈现新的特点。贵州农民工返乡就业创业人数稳步递增，2011—2013年，贵州跨省外出农民工返乡就近创业就业规模分别为34.83万人、53.54万人、57.24万人；截至2014年7月，贵州省新增返乡农民工就近就业人数为65.45万人④，这说明贵州省农民工返乡就近就业创业态势日益明显，其稳定就近就业进一步得到保障。

总之，产业转型影响农民工区域流动格局将是我国劳动力未来再分布的主要影响因素。由于东中西部地区农村劳动力整体供给规模呈下降趋势，劳动力数量红利将逐渐丧失，需要进一步扩展劳动力质量红利，延续中国未来经济增长的人力资本空间。更多的证据表明，从东部地区到中西部地区的产业转型与农村劳动力区域流动在我国已逐渐成形，这一大格局的形成必然影响我国农民工区域流动与就业雇佣模式的变化，农民工区域性流动必将发生重大变化。“比如以富士康为首的劳动密集型企业西拓。在过去很长一段时间内，这类企业多活跃于东部沿海地区，确立了中国制造在世界上的优势。但随着劳动力成本上升与人民币升值，这些对成本较为敏感的企业纷纷西拓：2009年，富士康与成都市正式签约；次年，入驻河南，从谈判到签约仅用时一个月，从入驻到第一个项目投产又是一个月，被誉为‘河南速度’；而在另一个中西部重镇重庆，惠普、宏基与华硕等龙头厂商的落地使得该市的经济发展质变。”⑤ 这种劳动力市场区域供求变化必将对产业转型产生内生影响，推动产业区域转移和产业改造升

---

① 2009—2011年四川省农民工就业数据来源于四川省农劳办农民工处，2012年。

② 刘枭：《中西部承接产业转移中国经济区域版图悄然转变》，《中华工商时报》2012年8月20日。

③ “5个100工程”即指100个产业园区、100个现代高效农业示范园区、100个示范小城镇、100个城市综合体和100个旅游景区。

④ 此处数据来源于贵州省人力资源和社会保障厅，2014年10月。

⑤ 刘枭：《中西部承接产业转移中国经济区域版图悄然转变》，《中华工商时报》2012年8月20日。

级，同时也为中西部地区新型城镇化战略创造了较为有利的人力条件。因此，东部地区产业转型对劳动力从业素质要求提高，农民工市民化成本相对较高，未来农村劳动力流入东部地区就业的成本增加，进而影响农民工流向东部地区。中西部地区要素市场渐趋完善，发展战略和产业转型态势对农村劳动力需求增加，具备承接东部地区产业梯度转移条件，吸纳农民工返乡就近就业创业能力增强，未来中西部地区农村劳动力向东部地区流动的格局正在改变，在区域内稳定就近就业态势日益明显。

通过前面的分析可以有如下启示：一是农民工规模越来越大，而且流动区域不再是“一江春水向东流”，向中西部地区流动或回流的趋势也日益明显，并且将是一个长期的过程。也就是说，随着产业结构调整升级及向中西部地区梯度转移，在各方利益博弈和比较优势的影响下，中西部地区农村劳动力可能选择在本地就业或回流，这无疑对东部地区产业转型形成一种倒逼态势，推动产业转型过程。二是农民工流动长期化趋势凸显。无论是第六次全国人口普查还是农民工调查监测报告的数据均显示，人口流动或农民工流动在流入地的居住时间都比较长，多数都在现居住地工作生活了较长时间。以劳动力流动为主体的流动人口为例，“普查”数据显示，在现居住地居住且户口登记地在省外的流动人口中，居住“三年以上”的流动人口占40.97%，农村劳动力举家流动的比例不断提高。目前，促使农民工流动的条件依然存在，如巨大的城乡和地区二元结构并没有从根本上改变，农民工从农村到城市大规模流动的趋势无疑将延续。这就需要考虑这些长期居住在流入地的“农业转移人口”基本公共服务与管理问题。三是农民工举家流动比例不断提高，举家外出农民工规模呈持续增长之势，据2014年全国农民工监测调查报告显示，举家外出农民工为3578万人，比2010年（3071万人）增加了507万人，这说明家庭化流动将逐渐成为农民工流动的一种趋势。值得注意的是，农村的留守老人、妇女、儿童在生产生活方面面临的困难和问题不容忽视。

因此，产业转型无疑会影响农民工区域流动格局，进而影响农民工流动的流向、速度和规模，也必然改变着农民工城镇落户意愿及其生活愿景。这就需要在制度和政策设计上关注产业转型与农民工流动的有效联动，促进农民工合理有序地流动和迁移，提高农民工城市工作生活质量及市民化进程。当然，目前农民工区域流动也面临着一些体制性难题，如获得城镇户口难度大、自身素质与产业发展要求不相适应、社会保险缴费比率低、随流子女入托入学和异地高考难、难以纳入社会救济救助体系、就业服务机构缺失或欠规范等，这些问题的解决涉及不同的政策制定主体，需要在不同层面上制定相应的政策措施。

第二节　新生代农民工就业行为决策的微观影响机制分析

微观影响机制主要是从新生代农民工禀赋维度分析影响新生代农民工就业行为决策的个人因素。在此，结合前面分析的新生代农民工禀赋与就业行为的关系出发，联系农民工就业问卷调查数据，运用新生代农民工禀赋的相关指标来分析新生代农民工就业行为决策的微观机制。

一　人力资本禀赋对新生代农民工就业行为决策的作用机制

2013 年全国农民工监测调查报告显示，新生代农民工比老一代农民工受教育程度普遍较高，具有高中及以上文化程度的新生代农民工占到 33.3%，比老一代农民工的 14.1% 高 19.2 个百分点。可见，受教育程度和劳动技能成为新生代农民工就业行为决策最主要的微观影响因素，而且人力资本禀赋还是影响新生代农民工非农就业发展的第一层次因素。总体来说，人力资本对新生代农民工就业行为决策的制约作用主要表现在以下四个方面：

（一）人力资本禀赋质量影响新生代农民工就业行为的可能性大小

教育培训的最直接后果是提高新生代农民工的人力资本禀赋，人力资本禀赋较高的新生代农民工思想观念、商品意识和从事多种职业的能力更强，更具有获取信息、把握就业机会和开拓能力，也增强了新生代农民工就业后的职业适应能力。

首先，拥有较高人力资本禀赋的新生代农民工就业稳定性高，相应地，工资收入也有保障，抵御失业风险能力较强。“一般而言，劳动者素质越高，特别是文化水平和职业技能越高，在城市务工的稳定性也越强。因为那些受教育程度较高的人，能够比别人掌握更多的信息，从而更能经受城市经济社会变化对就业冲击带来的影响。”[①] 在务工行业和职业的选择上，人力资本禀赋较高的新生代农民工有着更多的在城市一级劳动力市场就业的机会，而且，在户籍制度改革已逐渐放松的条件下，人力资本禀赋较高的新生代农民工可凭借自身努力在城市一级劳动力市场就业，具有较强的抵御失业风险能力。这样，即使在经济波动时期，受到裁员的往往首先是那些文化程度及劳动技能较低的员工。这时，较高的人力资本成为新生代农民工在城市劳动力市场实现稳定就业的优势，而人力资本禀赋较低的劳动者仍只能在低端职业实现就业且稳定性差。而且，在务工地域的选择上，人力资本禀赋较高的新生代农民工有更大的选择空间，他们在经济相对发达、交通更为方便的城市实现就业的概率远高于人力资本禀赋较低的其他劳动者。因此，拥有较高人力资本禀赋的新生代农民工具有更多的就业行为选择优势，他们可以在不同层次的岗位中进行挑选而实现行业或者产业间的多层面转移就业。所有这些对新生代农民工工资收入也都是有直接影响的，进而也就影响其抵御失业风险的能力。

其次，较高的人力资本禀赋意味着新生代农民工更易于实现市民化。一般而言，人力资本禀赋较高的新生代农民工拥有更多的知识和阅历，具有较高的开放性和适应性，更容易摒弃传统农村社会形成的封闭性和保守性，在城镇就业后的心理落差较小，对新的生活和工作环境拥有较强的适应能力和应付能力，更能融入城市生活，进而有助于推进其市民化进程。其典型表现就是人力资本禀赋较高的新生代农民工对城市生活的认可与向往、对市场交易活动与社会经济发展具有很强的应对能力，能够较快地适应城市的规章制度、生活习惯、消费行为等，这一状况使其与人力资本禀赋较低的其他劳动者或老一代农民工相比，其市民化的意愿更强烈，融入城市生活的速度也更快，因而实现市民化的可能性也越大。

（二）人力资本禀赋高低影响新生代农民工非农就业选择时间

人力资本禀赋高低对新生代农民工非农就业选择的影响主要表现为工作搜寻时间。一般来说，新生代农民工非农就业的搜寻时间成本与新生代农民工的人力资本禀赋负相关，即人力资本禀赋越高，实现非农就

① 阙春萍等：《人力资本投资与农村劳动力非农就业转移的理论思考》，《福建农林大学学报》（哲学社会科学版）2009 年第 4 期。

业的时间成本越短，反之亦然。拥有较高人力资本禀赋的新生代农民工实现非农就业的概率大于人力资本水平较低的其他劳动者，这是因为从传统农业部门向现代城市部门就业的关键在于必须具备较高的人力资本禀赋，才能满足就业地劳动力市场需求。由于人力资本禀赋较高的新生代农民工具有较强的失业风险抵御能力，他们更能适应城市的生产生活方式实现稳定就业，进而在城市融入和市民化方面具有可持续性。而人力资本禀赋较低的其他劳动者因缺乏技能而出现就业难、稳定性差等情况，使其在城市劳动力滞留或待业的时间较长，进而影响着城市融入的可持续性问题。

随着经济发展水平的提高和新兴产业的兴起，缺乏转岗就业技能的农民工就业难度越来越大，相当一部分农民工由于人力资本禀赋较低，缺少从事非农产业所需要的劳动技能，很难真正融入城市劳动力市场，即使暂时能在城市歇息而最后的归宿也是被迫离开城市而“回流”；而具有较高人力资本禀赋的新生代农民工由于接受新知识的能力强，比较容易适应新的工作岗位，对社会资源开发能力、知识的消化吸收能力和创新能力也较强，因而易被新的产业部门认可，从而减少在经济波动时期“回流”现象发生。可见，人力资本禀赋高低对于新生代农民工城市非农就业的时间成本具有直接影响，进而会影响其城市融入的程度和水平。而且，人力资本禀赋的提高还可以提高劳动生产率，进而能够弥补我国劳动力成本上升的负面效应。2012 年以来，我国劳动年龄人口呈现逐年下降趋势，2014 年，16—60 周岁（不含 60 周岁）的劳动年龄人口比 2013 年末减少 371 万人，从我国人口发展趋势来看，劳动年龄人口数量稳步下降将是我国人口经济领域必然面临的趋势，这将对我国整体生产率水平提出新的要求。因此，通过教育培训提升新生代农民工的人力资本水平，能够提高整个社会劳动生产率，事实上也就增强了新生代农民工学习新知识、新技能的能力，降低了职业转换成本，其就业范围和就业机会都将变大。

（三）人力资本禀赋影响新生代农民工非农就业的职业层次

以受教育程度为主要变量的人力资本禀赋直接决定新生代农民工的工作期望进而影响其就业岗位的差异，是决定新生代农民工职业层次的重要因素。人力资本禀赋越高，工作期望也就越高，选择职业层次也高，反之则低。因为具有较高人力资本禀赋的新生代农民工比较注重个人才能的发挥和自身价值的实现，在选择职业时关注工作环境、工作条件和发展前途等；人力资本水平较低的其他劳动者更注重经济报酬，在选择职业时较少关注劳动强度、发展前途等。

中国农民工人力资本状况与其社会经济发展的结构特征呈现出某种程度的不一致。整个社会经济正在从一种比较传统的、以大工业特别是以第二产业为特征的社会经济形态，逐步向以知识产业、信息产业、高新技术产业、大数据产业或第三产业为主要特征的社会经济形态过渡。农业作为第一产业和传统产业，过去它对人力资本的要求相对较低，而在“四化同步”发展的背景下，农业现代化同样需要素质较高的农业劳动者，这是新型职业农民培育的需要；而第二、第三产业是与工业化和城市化相伴而生的，大多属于现代经济部门，不同职业层次对人力资本要求更高。由于农村基础教育和职业技能培训发展滞后，受到专门技能训练的农村劳动力比重低，制约了农民工进城后的职业层次，农民工往往只能选择在建筑等部门干体力活。2013 年全国农民工监测调查报告显示，新生代农民工就业行业以制造业为主，这与老一代农民工相比代际差异比较明显。“新生代农民工中，39% 从事制造业，14.5% 从事建筑业，10.1% 从事批发和零售业，10% 从事居民服务和其他服务业。老一代农民工中，29.5% 从事建筑业，26.5% 从事制造业，10.9% 从事批发和零售业，10.6% 从事居民服务和其他服务业。从事建筑业的新生代农民工所占比重大幅下降，不及老一代农民工的一半。”① 这就说明，文化教育程度高低影响和制约了农民工的职业层次取向。因此，人力资本影响着新生代农民工就业后的职业层次和从业产业结构。

（四）人力资本禀赋高低也是推进新生代农民工市民化的重要变量

通过前面的分析说明新生代农民工受教育程度高于老一代农民工，那么，新生代农民工受教育程度也必然明显高于“留守”农村的劳动适龄人口平均教育文化程度。据此认为，文化教育程度高的新生代农民工更易进入城镇非农产业就业，也就是说，较高的人力资本禀赋有助于推动新生代农民工向城市市民身份转变，即新生代农民工市民化。

如果对农民工未来期望进行比较，同样可以发现类似的规律，即文化

---

① 国家统计局住户调查办公室：《2013 年全国农民工监测调查报告》，蔡昉等：《中国人口与劳动问题报告 No. 15——面向全面建成小康社会的政策调整》，社会科学文献出版社 2015 年版，第 1—15 页。

教育程度较高的农民工更愿意选择在本省（市）大城市或省外就业，而文化程度较低的农民工则选择本地所在乡镇或本地县城。以川黔渝籍新生代农民工就业地选择来看，80.0%的新生代农民工在地级以上大中城市务工，其就业偏好更易选择大中城市。如果将这种期望作为新生代农民工市民化程度的主要衡量标准的话，那么人力资本禀赋越高，新生代农民工实现市民化的可能性也就越高。可见，新生代农民工能否实现市民化的关键在于其自身的人力资本禀赋。当然，新生代农民工市民化除了自身的人力资本禀赋之外，还有社会经济条件、城市公共服务体系及其相关制度安排等其他限制性因素。

因此，较高的人力资本禀赋能够增加新生代农民工向城市市民转化的机会，尽快使其从“农民工”转为“城市市民”，进而推动人口城市化和社会现代化进程。只有大力提升新生代农民工的人力资本水平，“即通过提升人力资本使他们增强自身的竞争能力，容易获得相对稳定的职业和收入，扩大知识面，善于接受新生事物，思想观念上易于放弃传统的农村生产生活方式，较快适应城市生活方式，更快地融入城市生活，深化城市融入程度”。①

当然，新生代农民工非农就业行为决策对人力资本形成具有集聚效应和示范效应。首先，新生代农民工就业行为决策对人力资本形成具有集聚效应。根据人力资本形成理论的基本观点，劳动力迁移本身是人力资本投资的一种途径。绝大多数新生代农民工非农就业决策主要以收入预期为基础，在劳动力转移过程中不仅增加了个人的收入，还增加了个人的工作经历、获得相关信息和技能等，这些本身是人力资本投资与积累的过程。新生代农民工在非农就业过程中，通过“干中学”和职业技能培训积累了知识和经验，使自身的综合素质得以提高，也就增加了人力资本存量，提高了人力资本效率。其次，新生代农民工就业行为决策对人力资本形成具有示范效应。人力资本水平高、流动性强的新生代农民工在城市非农稳定就业后，对其他农村劳动者有一定的示范效应，这种效应还带来农村价值观的转变，新生代农民工成为传播先进文化和现代城市文明的重要渠道，对于农村制度变迁有着重要的现实意义，这主要表现在人力资本禀赋高的新生代农民工不再单纯追求在个人收益最大化

① 申鹏：《农村劳动力转移的制度创新》，社会科学文献出版社2012年版，第22页。

的阶段，更多地表现为追求在城市扩大视野、增长见识、掌握技术等人力资力积累，凭借自身的努力成为先行者，带动更多的农村劳动者形成集体转移模式。从某种程度上可以说，是新生代农民工非农就业行为激活了农村人力资源市场。

二　社会资本禀赋对新生代农民工就业行为决策的作用机制

（一）社会资本禀赋高低影响新生代农民工就业信息获取的广度和深度

就业信息是新生代农民工实现非农就业的主要决策依据。拥有较高社会资本禀赋的新生代农民工更倾向于利用城市劳动力市场信息实现自主就业，进而提高就业行为决策的质量。在市场经济体制下，作为社会资本禀赋内涵之一的信息获取能力高低对劳动者能否实现就业起着至关重要的作用。“弱关系”型社会资本丰裕的新生代农民工更能有效地收集、整理、加工和判断劳动力市场信息，这类就业信息获取的范围和渠道就要广泛得多，而且大多是可靠的就业信息，因此这类就业信息获取具有较好的广度和深度。相反，“强关系”型社会资本丰富的新生代农民工更多依靠个人关系来寻找工作机会，由于交往群体的有限性，通过该类社会资本获取的就业信息量必然就要少得多，而且很多是一些“小道消息”，信息可靠性难以评价，信息不对称性更为明显，故这类就业信息获取就谈不上广度和深度。对于初次转移的新生代农民工来说，能否获取大量准确的就业信息对就业决策与稳定就业具有十分重要的影响。

现阶段大多数新生代农民工在城市非农就业是通过亲缘、地缘关系获取信息，即就业信息源于亲戚、朋友或乡邻，自己很少从各种可能的正式渠道中获取信息。通过这种方式就业的新生代农民工带有很大的盲目性和随意性，大大增加了其转移及市民化成本；而拥有较高“弱关系”型社会资本禀赋的新生代农民工则较多利用招聘广告或媒体等各种可能的信息渠道和更为广泛的社会网络寻找符合自身人力资本禀赋的工作，并加以分析判断，能在较短时间内找到合适的工作，大大降低了工作搜寻成本和违约风险成本。

以川黔渝籍新生代农民工问卷调查数据（见表4-32）为例，从总体来看，新生代农民工就业信息来源主要以血缘和地缘为主（62.1%），依托地方政府劳动部门和中介机构的占3.7%，其余的渠道比较分散；而从代际来看，虽然新生代农民工仍以血缘和地缘为获取就业信息的主要渠道，但在其他就业信息渠道方面呈现出多元化的特征，比如在用工招聘会、网络电视报纸等媒体、宣传广告等方面均高于老一代农民工，再结合前述的农民工文化教育程度代际差异，可以这样认为，新生代农民工“弱关系”型社会资本禀赋诱致了这种就业信息获取的代际差异，进而使新生代农民工较快地实现就业，减少就业成本。

（二）社会资本禀赋影响新生代农民工劳动权益保障水平和维权方式选择

从前面的分析可知，社会资本对新生代农民工就业行为决策的影响主要体现为获取就业信息。从社会资本维度构成的各指标来看，可归为两类，即“强关系”型社会资本和“弱关系”型社会资本，这两类社会资本对新生代农民工就业行为决策的影响程度各不相同，通过对新生代农民工劳动权益保障及维权方式选择的影响也有较大差异。

1. “强关系”型社会资本

“社会资本的本质在于信任，信息的真伪很大程度上只能由彼此信任的程度来决定，‘强关系’带来的真实可靠的信息往往使农民工及时果断地停止搜寻。”① 受自身条件的限制和传统乡土意识的制约，大多数新生代农民工的就业意识跟不上当地的就业市场需求，因而，新生代农民工就业信息获取主要来源于以亲缘、地缘、血缘为主的“强关系”型社会资本，这种社会资本可为新生代农民工节约工作搜寻的时间成本，拓宽就业行为决策信息来源渠道，使新生代农民工实现就业成本最小化。

以贵州籍农民工返乡就业行为决策的个人层面影响因素（见表4－60）为例，“在当地政府没有关系”和“在附近工厂没有熟人”成为影响新生代农民工就业行为选择的主要社会资本因素，应答频数分别占新生代农民工人数的24.9%和18.5%。因此，“强关系”型社会资本在新生代农民工就业行为决策信息获取方面发挥主要作用，有助于新生代农民工较快实现就业，特别是在对当地基层政府和企业信任程度较低的情况下更是如此，也满足了新生代农民工非农就业的精神需要，就业满意度较高，降低了心理成本。但是，这类社会资本提供的就业信息本身就具有一定的不确

① 张智勇：《社会资本与农民工就业》，《经济社会体制比较》2007年第6期，第123—126页。

定性，因而对于通过这类资本获取信息就业的新生代农民工而言，其就业行为本身就具有一定的不稳定性，造成新生代农民工就业行为的非理性和被动性，而且通过这类社会资本实现就业的新生代农民工，其在劳动权益维护方面也大多诉求这类资本的作用，更多依靠亲缘、地缘、血缘维护自身利益。因此，与“弱关系”型社会资本相比，“强关系”型社会资本对新生代农民工非农就业行为稳定性要弱一些，这必然影响其自身的劳动权益保障和维权方式选择。

2. “弱关系”型社会资本

一般来说，来自政府基层组织、用工单位直接招聘和相关就业机构的就业信息比来自“强关系”型社会资本的就业信息更具有正规的就业性质，而且在工资支付、社会保险和劳动权益方面更有保障，相应地，就业质量和就业稳定性就越高。从表4－32可知，通过政府基层组织部门和就业中介机构等正式就业信息渠道实现就业的新生代农民工所占比例较低，为3.7%；通过招工广告、招聘会等渠道实现就业的新生代农民工占23.5%。可见，就目前情况而言，真正影响新生代农民工就业行为决策主要是“强关系”型社会资本，积累这类社会资本越多，越易于实现更快非农就业，这也符合新生代农民工就业的迫切性要求；而要实现稳定就业和提高就业质量，更需要“弱关系”型社会资本，即社会组织型社会资本，这类社会资本目前在新生代农民工就业行为决策及劳动权益保障方面所起的作用还需要进一步加强。“一般来说，一个人受教育程度越高，其积累的社会资本就越多。随着社会资本规模的扩大，其多样性也随之增加，因而‘弱关系’型社会资本也增加。另外，由于受教育年限的增加，个体对信息的收集、判断和解释能力也会不断增强。”① 对于新生代农民工来说，随着自身人力资本积累的增加，其就业信息分析能力也在不断增强，就业自信也随之增强，更倾向于通过“弱关系”型社会资本实现就业，更倾向于签订劳动合同来维护自身合法劳动权益，进而有利于积累自身的“弱关系”型社会资本。

总之，通过“强关系”型社会资本实现非农就业的新生代农民工的就业效率和就业满意度更高；而通过“弱关系”型社会资本实现就业的

① 钱芳、陈东有：《强关系型和弱关系型社会资本对农民工就业质量的影响》，《甘肃社会科学》2014年。

新生代农民工的工资收入与保障、正规就业程度等就业质量和就业稳定性方面更强。

三 资源资本禀赋对新生代农民工就业行为决策的作用机制

从资源资本维度构成的各指标来看，可以大致归为四个方面，即个人经济资源、区位条件、交通条件和区域资源，它们对新生代农民工就业行为决策的影响程度也各不相同。个人经济资源包括月均经济收入及其变化、人均耕地面积和可支配资源，这对新生代农民工就业行为的影响要比其他资源资本各指标大得多，而且也是属于微观层面的影响因素。其他的区位条件、交通条件和区域资源更多属于流出地较为中观层面的影响因素，可统称为区域禀赋条件，其对新生代农民工就业行为决策的影响主要体现在就业空间选择和空间模式上。

（一）个人经济资源影响新生代农民工就业岗位选择及就业紧迫性

对于新生代农民工来说，一旦个人经济资源丰裕，经济压力相对较小，就业紧迫性较小，越倾向于选择符合自身职业技能和收入相对较高的就业岗位，这样的就业稳定性越强。按照代际财富流理论，农民工家庭及老一代农民工积累的经济资源一般向新生代农民工流动和集聚，加之成长的社会经济环境，新生代农民工个人经济资源较之老一代农民工整体来说有较大改善，这就使农户家庭对新生代农民工外出就业的预期发生了变化，不再希望他们挣钱补贴家用，而希望其学点技术或长见识，他们就业的经济压力减少了，就业紧迫性减弱。在这种成长环境和家庭预期的背景下，新生代农民工必然对就业行业和就业岗位有着自己的认识。就其就业岗位选择而言，其就业倾向是工作清闲且收入高、不加班的职业或岗位。对于“脏累苦险毒”、就业机会多和工资收入高的岗位或职业，他们是不愿问津的，这实际上对产业结构调整和产业转型升级提出了新的要求，也对员工关系管理提出了新的挑战。近几年不断涌现的新生代农民工劳动关系管理问题就是这一现实情景的写照。传统的员工管理模式不完全适用于新生代农民工，需要在管理和雇佣模式上下功夫。因此，新生代农民工个人经济资源影响其就业紧迫性和就业岗位选择。

（二）区域禀赋条件影响新生代农民工就业空间行为模式

在此，主要从区位条件、交通条件和区域资源等区域禀赋条件入手来分析新生代农民工就业空间行为模式。应该说，区位条件、交通条件和区域资源并不属于某一新生代农民工及其家庭范畴，但其对于新生代农民工就业空间模式有着较大的影响。简单地说，新生代农民工就业空间行为模式最终体现为就业地的选择。照此推论，空间位置的改变具有相对性，即相对于流出地向就业地（流入地）位移的过程，这一过程中包含了三个基本要素：就业的起点、终点和就业目标指向性。只有包含这三个要素才能称之为完整的就业行为过程。从纵向来看，农民工外出就业经历了"离土不离乡"、"离土又离乡"甚至跨省流动等就业过程，这实际上也可以看作是农民工就业空间行为模式的演变历程。对于新生代农民工来说，受其禀赋尤其是资源资本禀赋的影响，其就业空间行为模式相对比较简单。以 2013 年全国农民工监测调查报告显示，80.3% 的新生代农民工选择外出从业，19.7% 的选择本地从业，这在某种程度上也说明了新生代农民工就业空间行为模式，即人口就业半径扩大。人口就业半径即指新生代农民工从就业地点到就业终点就业选择的空间距离。一方面，人口就业半径的大小与区位条件、交通条件成反比关系，整体而言，中西部地区的区位条件、交通条件比起东部地区来说略显不足，这对新生代农民工就业空间行为产生了一定的负面影响，因而中西部地区新生代农民工就业选择以跨省就业为主，而东部地区新生代农民工则以省内就业为主。另一方面，人口就业半径的大小与区域资源呈正比变化，中西部地区区域资源与东部地区相比较为丰富，也吸纳了一定的新生代农民工在本地就业，而且，对于返乡的新生代农民工来说，区域资源开发创造的就业机会也正是其返乡就业的主要动因，即区域资源开发缩小了区域工资差距，也就缩小了外出就业的经济预期，对面临再次就业的新生代农民工来说，返乡就地就业是其基于比较成本分析之后做出的就业选择。可见，新生代农民工就业空间行为模式呈现出不同的模式，可归之为"外出从业模式"、"本地从业模式"和"返乡从业模式"，其中以"外出从业模式"为主。应该说，区位条件、交通条件和区域资源等资源资本禀赋通过影响就业地的人口就业吸纳力以及对周围区域的辐射力，同时体现区域的开放度以及信息扩散度等，借此来影响新生代农民工就业空间行为模式。

通过以上分析，可用图 6－3 来总结新生代农民工就业行为决策的微观影响机制。

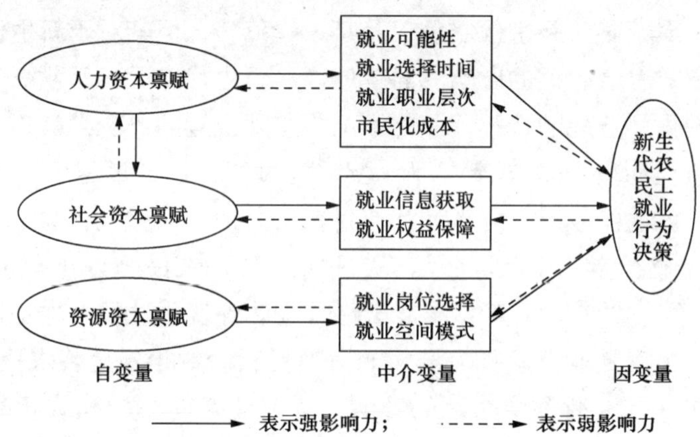

图6－3 新生代农民工就业行为决策的微观影响机制

第三节 基于禀赋差异的新生代农民工返乡就业影响因素分析

改革开放以来，随着农村劳动力大量向城镇转移就业，农民工这一群体越来越庞大，农民工就业质量问题也受到各界学者们的广泛关注。一方面，农民工群体的不断扩大，使得农民工就业质量问题不容忽视，其就业质量影响着农民工的生活境遇以及农民工对社会的心理认同感，进而影响着整个社会的和谐稳定。另一方面，农民工就业质量高低直接影响着农民家庭收入高低、农民生活水平的改善、生活质量的提高，更关系到我国“三农”问题的解决。在此，主要从代际禀赋差异视角分析新生代农民工返乡就业的影响因素。

一 数据来源及概念界定

为进一步定量分析新生代农民工返乡就业的影响因素，本节以贵州籍返乡农民工为研究对象，从代际差异视角分析不同资本禀赋条件下两代农民工返乡就业的影响因素，并根据相应的结论提出政策建议。

（一）数据来源

本书所使用的数据来源于“贵州籍农民工返乡就近就业问题调查”。该调查有效问卷897份。调查样本分布在贵州全省9个州市，其中男性占地64.7%，女性占比35.3%；16—34岁占比55.0%，35岁以上占比45.0%；

未婚样本占比27.0%，已婚及其他（再婚、离异、丧偶）占比73.0%；高中及以上文化程度者占比24.3%，其他（初中及以下）占比75.7%。

具体而言，从农民工返乡就业工资收入水平上看，月收入2000元以下的占3.7%，2000—2500元的占23.7%，2500—3000元的占43.4%，3000—3500元的占24.4%，3500元以上的占4.8%；从社会保障方面看，67.0%的返乡农民工没有参加任何社会保险；从工作稳定性上看，在现单位工作3个月以内的占41.6%，3—6个月的占31.9%，6—12个月的占16.9%，12个月以上的占9.6%；从就业满意度上看，对现有工作不满意的占30.1%，一般的占42.4%，满意的占28.5%。

（二）概念界定

关于代际划分，在此将以34岁为界限，把35岁及以上的农民工称为老一代农民工，把16—34岁这一群体称为新生代农民工。关于就业质量这一概念，是一个多维度的概念，主要包括工资水平、社会保障、工作稳定性和就业满意度四个方面。在此对农民工就业质量的研究，主要从以下四个方面对其进行定义：

第一，工资水平。农民工从事各类不同工作的主要目的，就是获得工资收入，获得劳动报酬。因此，工资水平是农民工就近就业质量的一个重要指标，工资水平越高表示就业质量也相对越高。

第二，社会保障方面。这是衡量就业质量的基本指标，一般认为工作单位为员工缴纳社会保险意味着员工正规就业，工作单位为农民工缴纳的社会保险种类越多越齐全，表示农民工就业质量相对越高。

第三，工作稳定性方面。通过实地调查发现，农民工对于其更换工作的频次，不能给出明确的数字或范围，因而采用农民工在现单位工作时间的长短，来近似表示农民工返乡就业的稳定性。现单位工作时间越长，表示其就业稳定性越高，就业质量也相对越高。

第四，就业满意度。就业满意度也是衡量农民工返乡就业质量高低的一个重要指标。通过调查问卷设计，获得农民工对现单位工作满意度的评价，从而从农民工主观方面考量就业质量高低。

二 变量选取和模型设定

（一）变量的选取和定义

1. 因变量

选取贵州籍农民工返乡就业质量作为因变量。由于就业质量是个多维度概念，因而选取工资水平、社会保障、工作稳定性和就业满意度作为替代指标。其中，工资水平划分为五个层级，由低到高用1、2、3、4、5来表示不同的工资范围；社会保障这一指标，用贵州籍农民工返乡就业所参与的社会保险种类来衡量和表示；工作稳定性指标，也是将在现单位工作时间的长短分为四个层级，由低到高用1、2、3、4来表示不同的区间范围；就业满意度指标，则用1、2、3、4、5分别代表相当不满意、不满意、一般、较满意和非常满意。

2. 自变量

此处涉及的自变量主要有3个方面，即人力资本维度、社会资本维度和资源资本维度。人力资本维度主要包括返乡农民工的性别、年龄、健康状况、受教育程度、接受职业技能培训次数以及职业技能水平等方面。社会资本维度主要包括返乡农民工就近就业的途径，返乡就业过程中获得亲戚、朋友、老乡、政府基层组织支持的可能性，找工作过程中对亲友（含亲戚朋友和老乡）、当地基层政府、当地企业的信任程度。资源资本维度主要包括家庭全年总收入水平、个人返乡后月均收入水平变化、家庭固定资产市场价值、家庭人均耕地面积、家庭经济条件、家庭所在县域经济发展水平、交通条件、区位条件等方面。

3. 变量的定义

现将本节所涉及返乡农民工就近就业影响因素模型中的因变量和自变量定义如表6－1所示。

表6－1　　农民工返乡就业变量定义

变量名称	变量定义
返乡农民工工资水平（Y_1）	1＝“2000元以下”；2＝“2000—2500元”；3＝“2500—3000元”；4＝“3000—3500元”；5＝“3500元以上”
返乡农民工社会保障水平（Y_2）	现所在工作单位缴纳社会保险种类数
返乡农民工工作稳定性（Y_3）	现有单位工作时间长短（1＝“3个月以内”；2＝“3—6个月”；3＝“6—12个月”；4＝“12个月以上”）
返乡农民工就业满意度（Y_4）	1＝“非常满意”；2＝“较满意”；3＝“一般”；4＝“不满意”；5＝“相当不满意”

续表

变量名称		变量定义”
人力资本维度	性别（X_1）	1 = “男”；2 = “女”
	年龄（X_2）	1 = “15—19 岁”；2 = “20—24 岁”；3 = “25—29 岁”；4 = “30—34 岁”；5 = “35—59 岁”；6 = “40—44 岁”；7 = “45—49 岁”；8 = “50—54 岁”；9 = “55 岁及以上”
	健康状况（X_3）	1 = “良好”；2 = “一般”；3 = “偶有小病”
	受教育程度（X_4）	1 = “文盲/半文盲”；2 = “小学”；3 = “初中”；4 = “高中/职高/中专”；5 = “专科及以上”
	接受职业技能培训次数（X_5）	直接填入数字次数
	职业技能水平（X_6）	0 = “没有技术或其他”；1 = “砌筑工”、“缝纫”、“烹调”等技术；2 = “驾驶”、“栽培繁育”、“工匠技术（电工、木工、漆工等）”、“电脑操作”、“美容美发”、“电器修理”、“机械安装” 等技术
社会资本维度	返乡后就业途径（Z_1）	1 = “亲戚朋友老乡介绍”；2 = “其他途径获得目前工作”
	返乡就业获得亲戚支持可能性（Z_2）	0 = “基本没有”；1 = “可能性一般”；2 = “可能性比较大”
	返乡就业获得朋友支持可能性（Z_3）	0 = “基本没有”；1 = “可能性一般”；2 = “可能性比较大”
	返乡就业获得老乡支持可能性（Z_4）	0 = “基本没有”；1 = “可能性一般”；2 = “可能性比较大”
	返乡就业获得政府基层组织等支持可能性（Z_5）	0 = “基本没有”；1 = “可能性一般”；2 = “可能性比较大”
社会资本维度	找工作对亲友（含亲戚、朋友、老乡等）的信任程度（Z_6）	0 = “不信任”；1 = “一般”；2 = “比较信任”
	找工作对当地基层政府的信任程度（Z_7）	0 = “不信任”；1 = “一般”；2 = “比较信任”
	找工作对当地企业的信任程度（Z_8）	0 = “不信任”；1 = “一般”；2 = “比较信任”

续表

		变量名称	变量定义”
资源资本维度		家庭全年总收入水平（W_1）	1 = “10000 元以内”；2 = “10000—19999 元”；3 = “20000—29999 元”；4 = “30000—39999 元”；5 = “40000—49999 元”；6 = “50000—59999 元”；7 = “60000—69999 元”；8 = “70000 元以上”
		返乡后个人月均收入等级变化（W_2）	-4 = “返乡后比返乡前月平均收入降低至少四个等级（以1000 元划分等级）”；-3 = “返乡后比返乡前月平均收入降低至少三个等级”；-2 = “返乡后比返乡前月平均收入降低至少两个等级”；-1 = “返乡后比返乡前月平均收入降低至少一个等级”；0 = “返乡后比返乡前月平均收入几乎不变”；1 = “返乡后比返乡前月平均收入上升至少一个等级”；2 = “返乡后比返乡前月平均收入上升至少两个等级”；3 = “返乡后比返乡前月平均收入上升至少三个等级”
		家庭固定资产市场估价（W_3）	直接输入数据（万元）
		家庭人均耕地面积（W_4）	直接输入数据（亩）
		家庭经济条件所属等级（W_5）	1 = “非常差”；2 = “比较差”；3 = “一般水平”；4 = “较高”；5 = “非常高”
		家庭所在县域经济发展水平（W_6）	1 = “非常穷”；2 = “比较穷”；3 = “一般”；4 = “较富裕”；5 = “很富裕”
		乡镇交通条件（W_7）	1 = “交通不便”；2 = “交通一般”；3 = “比较便利”
资源资本维度	区位条件	居住地距最近乡镇集市中心距离（W_8）	1 = “5 公里以内”；2 = “5—9 公里”；3 = “10—14 公里”；4 = “15—19 公里”；5 = “20—24 公里”；6 = “25—29 公里”；7 = “30 公里以上”
		居住地距县城距离（W_9）	1 = “10 公里以内”；2 = “10—19 公里”；3 = “20—29 公里”；4 = “30—39 公里”；5 = “40—49 公里”；6 = “50—59 公里”；7 = “60 公里以上”
		居住地距最近工业园区距离（W_{10}）	1 = “10 公里以内”；2 = “10—19 公里”；3 = “20—29 公里”；4 = “30—39 公里”；5 = “40—49 公里”；6 = “50—59 公里”；7 = “60 公里以上”
		区域资源条件（W_{11}）	所在村具有小型企业或工厂的数量

（二）模型的设定

1. 研究假设

根据已有的研究及分析，本书对农民工返乡就业的影响因素提出以下假设：

假设1：农民工返乡就业过程中，男性农民工就业质量高于女性，两代农民工中年龄变量与就业质量正相关。

假设2：返乡农民工受教育程度和健康状况高低，与其就业质量正相关。

假设3：返乡农民工接受培训次数和职业技能水平高低，与其就业质量正相关。

假设4：返乡农民工就业途径中，通过“强关系”型社会资本找到的工作，就业质量更高一些。

假设5：返乡农民工返乡就业获得亲戚、朋友、老乡和政府基层组织支持可能性越高，其就业质量越高。

假设6：返乡农民工工作搜寻过程中，对亲友、当地政府和当地企业信任程度越高，其就业质量也就越高。

假设7：返乡农民工家庭年收入水平、固定资产价值、人均耕地面积、家庭经济条件等级与就业质量正相关。

假设8：农民工返乡就业后个人月均收入变化与就业质量正相关。

假设9：返乡农民工家庭所在县域经济发展水平越高，返乡农民工就业质量越高。

假设10：返乡农民工家庭所在乡镇交通条件、区位条件以及区域资源条件越优越，其就业质量也就越高。

2. 模型设定

由于因变量就业质量的四个替代指标，都是多元有序定类的变量，因此选用对多分类离散变量数据的处理比较有效的 Probit 概率模型。Probit 模型的具体形式是：

$$Y_i = \alpha X_i + \beta Z_i + \gamma W_i + \varepsilon_i \tag{6-1}$$

基于农民工返乡就业质量各指标分项研究的视角，在此构建四个回归模型。即分别是以贵州籍农民工返乡就业工资水平、社会保障水平、工作稳定性和工作满意度为被解释变量构建回归模型。其中，Y_i 为某种潜在变量，X_i 为人力资本维度自变量的集合，Z_i 为社会 α、β、γ 资本维度自变量的集合，W_i 为资源资本维度自变量的集合，α、β、γ 为回归系数，ε_i 为随机扰动项。

三 实证分析

在此运用 Eviews 6.0 软件对贵州籍 404 名老一代农民工和 493 名新生代农民工个体的样本数据进行了有序 Probit 回归分析。为了对比分析代际禀赋差异下贵州籍农民工返乡就业影响因素的差异程度，将两代农民工回归分析数据放在同一张表（见表 6－2）中。

（一）贵州籍农民工返乡就业工资水平的影响因素分析

首先，以贵州籍农民工返乡就业工资水平 Y_1 为因变量，以 X_i、Z_i、W_i 为自变量进行回归分析，分析结果如表 6－2 所示。

表 6－2　贵州籍农民工返乡就业工资水平的 Probit 模型回归结果

<table>
<tr><th colspan="2" rowspan="3">自变量</th><th colspan="4">模型 1</th></tr>
<tr><th colspan="2">老一代农民工</th><th colspan="2">新生代农民工</th></tr>
<tr><th>回归系数</th><th>Z 值</th><th>回归系数</th><th>Z 值</th></tr>
<tr><td rowspan="4">人力资本维度</td><td>性别（X_1）</td><td>－0.5944***</td><td>－4.522</td><td>－0.4678***</td><td>－4.085</td></tr>
<tr><td>年龄（X_2）</td><td>－0.2422***</td><td>－4.076</td><td>0.2696***</td><td>4.092</td></tr>
<tr><td>健康状况（X_3）</td><td>－0.0129</td><td>－0.164</td><td>0.2022*</td><td>1.872</td></tr>
<tr><td>受教育程度（X_4）</td><td>－0.1175</td><td>－1.542</td><td>0.0425</td><td>0.699</td></tr>
<tr><td rowspan="2"></td><td>接受职业技能培训次数（X_5）</td><td>－0.0445</td><td>－0.734</td><td>－0.0074</td><td>3.102</td></tr>
<tr><td>职业技能水平（X_6）</td><td>0.2907***</td><td>3.914</td><td>0.2104***</td><td>3.102</td></tr>
<tr><td rowspan="8">社会资本维度</td><td>返乡后就业途径（Z_1）</td><td>－0.2462*</td><td>－1.794</td><td>－0.1071</td><td>－0.920</td></tr>
<tr><td>返乡就业获得亲戚支持可能性（Z_2）</td><td>0.1477</td><td>1.463</td><td>0.0117</td><td>0.117</td></tr>
<tr><td>返乡就业获得朋友支持可能性（Z_3）</td><td>0.1546</td><td>1.337</td><td>0.1774*</td><td>1.699</td></tr>
<tr><td>返乡就业获得老乡支持可能性（Z_4）</td><td>－0.1465</td><td>－1.402</td><td>0.0711</td><td>0.808</td></tr>
<tr><td>返乡就业获得政府基层组织支持可能性（Z_5）</td><td>－0.1139</td><td>－1.031</td><td>－0.0071</td><td>－0.076</td></tr>
<tr><td>找工作对亲友的信任程度（Z_6）</td><td>－0.1953*</td><td>－1.692</td><td>－0.1174</td><td>－1.071</td></tr>
<tr><td>找工作对基层政府的信任程度（Z_7）</td><td>0.1140</td><td>1.034</td><td>－0.0848</td><td>－0.858</td></tr>
<tr><td>找工作对当地企业的信任程度（Z_8）</td><td>－0.0672</td><td>－0.624</td><td>0.2193**</td><td>2.070</td></tr>
</table>

续表

自变量		模型1			
		老一代农民工		新生代农民工	
		回归系数	Z值	回归系数	Z值
资源资本维度	家庭全年总收入水平（W_1）	0.1509***	4.593	0.1784***	5.997
	返乡后个人月均收入等级变化（W_2）	1.0776***	12.994	0.922***	12.292
	家庭固定资产市场估价（W_3）	0.0191***	4.298	0.0032	1.411
	家庭人均耕地面积（W_4）	0.0704	1.031	0.0054	0.497
	家庭经济条件所属等级（W_5）	0.2720***	2.905	0.4512***	4.957
	家庭所在县域经济发展水平（W_6）	0.0423	1.229	0.1366*	1.745
	乡镇交通条件（W_7）	0.0943	1.009	0.0416	0.481
	居住地距最近乡镇集市中心距离（W_8）	-0.0822*	-1.808	-0.0557	-1.354
	居住地距县城距离（W_9）	-0.0306	-0.771	0.0510	1.484
	居住地距最近工业园区距离（W_{10}）	0.0744*	1.957	0.0729**	2.283
	所在村小型企业或工厂数（W_{11}）	0.0352	1.056	-0.0392	-1.506
Log likelihood		-377.1767		-494.8158	
LR statistic		318.5073		355.7965	
Prob（LR statistic）		0.000000		0.000000	
Pseudo R-squared		0.296877		0.264449	
观测值数		404		493	

注：***代表在1%水平上显著，**代表在5%水平上显著，*代表在10%水平上显著。

由以上有序Probit模型回归分析结果可知：

贵州籍新生代农民工和老一代农民工返乡就业工资收入水平的主要影响因素是：性别、年龄、职业技能水平、家庭全年总收入水平、返乡后个人月均收入等级变化、家庭经济条件所属等级以及居住地距最近工业园区距离。

1. 性别和年龄变量的影响

模型1回归结果中，性别变量的回归系数均为负，部分验证了假设1中男性农民工返乡就业质量高于女性的假设。并且，老一代农民工性别变量回归系数绝对值大于新生代农民工性别变量回归系数绝对值，表明新生代农民工性别变量对工资水平的影响程度变小了，这与近年来用工单位随着经济发展转变思想观念有关，对女性劳动力的歧视程度逐渐降低，使性别这一变量对农民工返乡就业工资水平的影响程度开始有所降低。

回归结果显示，老一代农民工年龄变量的回归系数为负，新生代农民工的年龄变量回归系数为正，表明新生代农民工年龄越小，在返乡就业中越易获得较高的工资水平，而年龄越大则工资水平越低。这是因为对于老一代农民工来说，年龄偏大已不能被就业单位优先雇用，用工单位更愿意雇用年龄偏小且有丰富工作经验的老一代农民工。故老一代农民工的年龄与返乡就业工资水平负相关。而新生代农民工年龄变量的回归系数为正，表明就业单位更倾向于用较高的工资来雇用年龄偏大且外出工作经验更为丰富的新生代农民工，因而对新生代农民工来说，年龄变量与返乡就业工资收入水平正相关。因此，假设 1 中，关于年龄变量的假设是不完全正确的。

2. 职业技能水平变量的影响

由分析结果可知，职业技能水平变量回归系数为正，部分验证了假设 3，即职业技能水平高低会正向影响农民工返乡就业工资收入水平。农民工本身所拥有的职业技能水平越高，返乡就业后的工资收入水平也就越高，反之则越低。在返乡就业过程中，拥有较高职业技能水平的农民工更容易获得较高的工资收入。进一步比较发现，老一代农民工职业技能水平变量的回归系数值大于新生代农民工回归系数值，这是由于老一代农民工职业技能水平普遍偏低所致。而新生代农民工接受新事物的能力较强，外出就业过程中有更多机会去学习新的技能水平，更容易提高自身技能水平，职业技能水平普遍较高，技能水平的高低差距较小，从而对于其返乡就业中工资收入水平的影响相对较小。

3. 家庭总收入以及家庭经济条件的影响

从资源资本维度来看，家庭全年总收入以及家庭经济条件对农民工返乡就业工资收入水平的影响为正，这也部分证明了本书提出的假设 7。家庭总收入高，或家庭经济条件较好的农民工，有经济实力对自己各方面素质或技能进行投资，从而有利于农民工自身的全方面发展。从分析结果可见，新生代农民工家庭收入和家庭条件变量的回归系数均高于老一代农民工，表明由于代际财富流的作用，新生代农民工更愿意利用自身资源资本进行自我投资。尤其是经济条件较好的家庭，对新生代农民工教育投入也相对较高，使其综合素质和综合能力水平提高，更容易找到工资水平相对较高的工作。因此，家庭收入以及家庭经济条件对农民工返乡就近就业具有显著的正向影响。

4. 返乡后个人月均收入变化的影响

这一变量对农民工工资收入水平影响的回归结果是正向并且显著。因为工资收入水平这一因变量，是反映就业质量的指标之一，个人月均收入水平正向变化越大，农民工返乡就业质量也越高。这也验证了假设 8，即返乡后个人月均收入变化与就业质量正相关。

5. 居住地距最近工业园区距离的影响

农民工返乡就业影响因素中，区位条件中居住地距最近工业园区距离回归系数为负，表明其与农民工返乡就业工资收入水平负相关，部分验证了假设 10。这一回归结果表明，农民工居住地距工业园区距离的大小，会对农民工返乡就业产生影响，进而对其工资收入水平产生影响。距离工业园区越近，表明其家庭所在地区位条件越优越，从而农民工越易找到工资水平相对较高的工作，因而居住地距最近工业园区距离与农民工返乡就业工资水平负相关。

6. 其他影响因素

除了以上几种对两代农民工返乡就业都有显著影响的因素外，表 6 - 2 分析结果显示，当地企业的信任度对新生代农民工的工资收入水平影响比较显著，家庭固定资产的市场估价对老一代农民工工资收入水平的影响比较显著。

新生代农民工对当地企业的信任度，与其返乡就业的工资收入水平正相关，这也部分验证了假设 6，表明新生代农民工对当地企业越信任，越容易进入当地企业获得较高的工资收入水平，相应的就业质量也就越高。反之，老一代农民工因对企业的认识及了解程度不够，相应的信任程度也不高，从而企业的信任程度对其工资收入水平的影响不够显著。

老一代农民工家庭固定资产估价高低，与其返乡就业工资收入水平正相关，这一结果部分验证了假设 7。而新生代农民工家庭固定资产拥有量的多少，对其工资收入水平的影响则不显著。这是由于随着市场经济的发展，新生代农民工接触新鲜事物或者新技能的机会较多，不局限于是否拥有足够的资产进行自我投资，无论家庭条件好坏，新一代农民工都有机会提升自己的就业能力，从而找到工资收入相对较高的工作的可能性较高。较之于老一代农民工，新生代农民工就业能力对原本家庭经济条件的依赖性有所降低甚至变得不明显。

通过分析贵州籍新生代农民工返乡就业工资收入水平这一指标的影响因素可见，人力资本维度和资源资本维度对新生代农民工返乡就业的影响比较显著，而社会资本维度的影响相对不明显。

（二）贵州省返乡农民工就近就业社会保障水平的影响因素分析

以贵州籍农民工返乡就业工资水平 Y_2 为因变量，以 X_i、Z_i、W_i 为自变量进行回归分析，分析结果如表 6－3 所示。

表 6－3　贵州籍农民工返乡就业社会保障水平的 Probit 模型回归结果

自变量		模型 2			
		老一代农民工		新生代农民工	
		回归系数	Z 值	回归系数	Z 值
人力资本维度	性别（X_1）	－0.0789	－0.522	－0.2114*	－1.678
	年龄（X_2）	－0.0248	－0.360	0.1307*	1.822
	健康状况（X_3）	0.0314	0.342	0.0205	0.172
	受教育程度（X_4）	－0.0251	－0.292	0.2985***	4.487
	接受职业技能培训次数（X_5）	0.1470**	2.265	0.1528***	2.893
	职业技能水平（X_6）	0.1451*	1.686	0.1964***	2.583
社会资本维度	返乡后就业途径（Z_1）	－0.2338	－1.477	0.1635	1.300
	返乡就业获得亲戚支持可能性（Z_2）	－0.0925	－0.796	－0.1091	－0.978
	返乡就业获得朋友支持可能性（Z_3）	－0.1500	－1.131	0.0040	0.034
	返乡就业获得老乡支持可能性（Z_4）	0.0339	0.277	0.1373	1.432
社会资本维度	返乡就业获得政府基层组织支持可能性（Z_5）	0.0342	0.264	0.2178**	2.170
	找工作对亲友的信任程度（Z_6）	0.0108	0.081	0.0871	0.722
	找工作对基层政府的信任程度（Z_7）	0.3110**	2.394	0.0058	0.053
	找工作对当地企业的信任程度（Z_8）	－0.1048	－0.835	－0.0019	－0.017

续表

自变量		模型 2			
		老一代农民工		新生代农民工	
		回归系数	Z 值	回归系数	Z 值
资源资本维度	家庭全年总收入水平（W_1）	-0.0704*	-1.889	0.0398	-1.264
	返乡后个人月均收入等级变化（W_2）	0.0461	0.606	0.1718**	2.384
	家庭固定资产市场估价（W_3）	0.0093*	1.884	-0.0011	-0.43
	家庭人均耕地面积（W_4）	0.0181	0.244	0.0139	1.363
	家庭经济条件所属等级（W_5）	0.0431	0.403	0.1361	1.4
	家庭所在县域经济发展水平（W_6）	-0.0189	-0.288	-0.0758	-0.905
	乡镇交通条件（W_7）	0.0316	0.281	-0.1554	-1.616
	居住地距最近乡镇集市中心距离（W_8）	0.0098	0.19	0.0259	0.587
	居住地距县城距离（W_9）	0.0195	0.437	-0.0351	-0.947
	居住地距最近工业园区距离（W_{10}）	-0.0186	-0.435	0.0075	0.221
	所在村小型企业或工厂数（W_{11}）	-0.0431	0.262	-0.0435	-1.507
Log likelihood		-302.331		-490.1497	
LR statistic		38.963		99.85689	
Prob（LR statistic）		0.037156		0	
Pseudo R - squared		0.060537		0.092447	
观测值数		404		493	

注：*** 代表在 1% 水平上显著，** 代表在 5% 水平上显著，* 代表在 10% 水平上显著。

以上有序 Probit 模型回归分析结果表明：

贵州籍新生代农民工和老一代农民工返乡就业社会保障水平的主要影响因素是：接受职业技能培训次数和职业技能水平。

1. 接受职业技能培训次数的影响

由模型 2 回归分析结果可知，农民工返乡就业过程中所参与的社会保险情况与农民工接受过的职业技能培训次数是正相关的，这也部分验证了假设 3。由于农民工是否接受过专业职业技能培训直接影响着农民工工作能力，从而关系到农民工能否实现正规就业，并获得相应的社会保障。除此之外，新生代农民工这一变量值大于老一代农民工，表明新生代农民工返乡就业过程中，是否接受过职业技能培训对于其能否实现正规就业的影响更大。

2. 职业技能水平的影响

回归结果显示，职业技能水平高低与农民工返乡就业社会保障水平是正相关的，部分验证了假设3。由于接受的职业技能培训次数正向影响着职业技能水平，因此，职业技能水平对农民工返乡就业社会保障水平的影响与农民工接受的职业技能培训次数对社会保障水平的影响相对应，在此不再赘述。

3. 其他影响因素

除了以上两项显著影响因素之外，新生代农民工受教育程度、返乡就业获得政府基层组织的可能性、返乡后个人月均收入变化等，对返乡就业农民工社会保障水平的影响也比较显著。

新生代农民工受教育程度变量对其返乡就业社会保障水平的影响方向为正，这部分验证了假设2。这一结果容易理解，即新一代农民工受教育程度越高，返乡就业越容易获得正规工作，参与的社会保险种类越多，越能得到较完善的社会保障。而老一代农民工的这一变量影响不显著，可能的原因在于老一代农民工本身受教育程度普遍较低，同质性较强，返乡就业获得工作的种类相差不大，相应地，社会保障水平也在同一个层次。因此，对老一代返乡就业的农民工来说，受教育程度变量对于其社会保障水平高低的影响相对不明显。

新生代农民工返乡就业获得政府基层组织支持的可能性与返乡就业社会保障水平显著正相关，这一结果部分验证了假设5。对新生代农民工来说，基层政府相关部门的支持力度显著影响农民工返乡就业的社会保障水平高低。而老一代农民工因对政府相关就业政策的认识不够，捕捉机会能力较弱，这就导致老一代农民工返乡在就业过程时，政府基层组织对其社会保障的影响相对不明显，表现在回归分析结果中，就是老一代农民工返乡就业政府支持力度这一变量的回归系数不显著。

新生代农民工个人月均收入变化与其社会保障水平显著正相关，而老一代农民工这一变量的影响却不显著，这一结果部分验证了假设8。新生代农民工返乡就业的个人月均收入正向变化越大，说明相关的就业单位愿意以较高的工资留住新生代农民工，相应地也愿意提供较好的社会保障水平。因此，二者应是正相关的。

通过分析贵州籍农民工返乡就业社会保障水平指标的影响因素可见，人力资本维度对新生代农民工返乡就业的影响比较显著，而社会资本维度和资源资本维度的影响相对不明显，但是社会资本和资源资本对新生代农民工返乡就业社会保障水平的影响有所增加。

（三）贵州籍农民工返乡就业工作稳定性的影响因素分析

以贵州籍农民工返乡就业工资水平 Y_3 为因变量，以 X_i、Z_i、W_i 为自变量进行回归分析，分析结果如表 6－4 所示。

表 6－4　贵州籍农民工返乡就业工作稳定性的 Probit 模型回归结果

自变量		模型 4			
		老一代农民工		新生代农民工	
		回归系数	Z 值	回归系数	Z 值
人力资本维度	性别（X_1）	0.1259	1.006	0.0142	0.125
	年龄（X_2）	0.0190	0.330	0.1121 *	1.717
	健康状况（X_3）	0.1374 *	1.773	0.0866	0.784
	受教育程度（X_4）	－0.0350	－0.477	－0.0233	－0.383
	接受职业技能培训次数（X_5）	－0.0491	－0.802	0.1266 **	2.560
	职业技能水平（X_6）	－0.0137	－0.191	0.1469 **	2.158
社会资本维度	返乡后就业途径（Z_1）	－0.0828	－0.616	0.1050	0.907
	返乡就业获得亲戚支持可能性（Z_2）	0.0736	0.746	0.0371	0.376
	返乡就业获得朋友支持可能性（Z_3）	0.1145	1.001	－0.0258	－0.249
	返乡就业获得老乡支持可能性（Z_4）	－0.2251 **	－2.187	－0.1779 **	－2.063
	返乡就业获得政府基层组织支持可能性（Z_5）	－0.0272	－0.253	0.0475	0.513
	找工作对亲友的信任程度（Z_6）	0.1606	1.421	0.1784	1.644
	找工作对基层政府的信任程度（Z_7）	0.1858 *	1.717	0.2522 **	2.564
	找工作对当地企业的信任程度（Z_8）	－0.2479 **	－2.334	－0.1094	－1.051

续表

自变量		模型4			
		老一代农民工		新生代农民工	
		回归系数	Z值	回归系数	Z值
资源资本维度	家庭全年总收入水平（W_1）	-0.0175	-0.557	0.0132	0.455
	返乡后个人月均收入等级变化（W_2）	0.3070	4.528	0.1230*	1.895
	家庭固定资产市场估价（W_3）	0.0031	0.734	-0.0030	-1.209
	家庭人均耕地面积（W_4）	0.1886***	2.881	0.0107	1.029
	家庭经济条件所属等级（W_5）	0.1043	1.141	-0.1059	-1.212
	家庭所在县域经济发展水平（W_6）	0.0113	0.361	0.0963	1.245
	乡镇交通条件（W_7）	0.0042	0.046	-0.1020	-1.183
	居住地距最近乡镇集市中心距离（W_8）	0.0051	0.116	-0.0437	-1.066
	居住地距县城距离（W_9）	-0.0048	-0.125	0.0515	1.523
	居住地距最近工业园区距离（W_{10}）	-0.0302	-0.824	0.0274	0.874
	所在村小型企业或工厂数（W_{11}）	0.0374	1.165	0.0418	1.606
Log likelihood		-493.6433		-570.5479	
LR statistic		54.37191		68.59993	
Prob（LR statistic）		0.000595		0.000006	
Pseudo R-squared		0.052197		0.056708	
观测值数		404		493	

注：***代表在1%水平上显著，**代表在5%水平上显著，*代表在10%水平上显著。

以上有序Probit模型回归分析结果显示：

贵州籍新生代农民工和老一代农民工返乡就业工作稳定性的主要影响因素是：返乡就业获得老乡支持的可能性、找工作对基层政府的信任程度。

1. 返乡就业获得老乡支持可能性的影响

模型3分析结果显示，两代农民工返乡就业获得老乡支持可能性的大小与农民工返乡就业工作稳定性的大小显著正相关，这一回归结果验证了假设5关于老乡支持可能性的假设，即老乡对自己返乡比较支持的情况下，两代农民工更倾向于选择回乡就近就业。对比可以看出，老一代返乡农民工该变量的回归系数绝对值大于新生代返乡农民工，表明该变量对老一代农民工的影响更大一些，这是由于老一代农民工对老乡等亲友资源的依赖性更大一些，而年青一代农民工更倾向于尝试新环境新事物，从而受该变量的影响程度较小。

2. 找工作对基层政府信任度的影响

对于基层政府信任度的高低直接决定着农民工返乡就业工作稳定性的大小，并且两者之间是显著正相关的，这一数据分析结果验证了假设6中关于对政府信任度的部分。并且，对比分析可见，新生代农民工这一变量回归系数大于老一代农民工，说明随着政府对农民工群体的重视，政府政策越完善，新生代农民工对政府的信任程度对其工作稳定性的影响变得更大一些。

3. 其他影响因素

除了以上两项显著影响因素之外，新生代农民工接受职业技能培训次数、职业技能水平，以及老一代农民工家庭人均耕地面积，对农民工返乡就业工作稳定性的影响也比较显著。

关于新生代农民工接受职业技能培训次数以及其职业技能水平，对其就近就业工作稳定性的影响显著为正，验证了假设3。表明新生代农民工掌握的技能水平越高，就越容易获得较理想的工作，并且工作稳定性越高。

老一代农民工家庭人均耕地面积的大小与其返乡就业工作稳定性显著正相关，这一结果部分验证了假设7，表明老一代农民工对自己身份认同感比较强，对农田耕作有特殊情感，家庭人均耕地面积越大，他们越倾向于选择就地就业，方便于农忙时节返乡务农。而这一变量对新生代农民工的影响则不明显，是因为随着农业机械化程度的提高，农业耕作所需人力物力大大减少，并且新生代农民工对农民身份认同感已经减弱，因此，家庭人均耕地面积的大小不再是新生代农民工选择返乡就业的主要影响因素。

由以上分析可知，关于贵州籍新生代农民工返乡就业工作稳定性这一指标的影响因素分析，人力资本维度、社会资本维度和资源资本维度对两代返乡农民工就近就业都有所影响，但是影响都比较小。

（四）贵州籍农民工返乡就业满意度的影响因素分析

以贵州省返乡农民工就近就业工资水平 Y_4 为因变量，以 X_i、Z_i、W_i 为自变量进行回归分析，分析结果如表6-5所示。

表 6-5　　贵州籍农民工返乡就业满意度的 **Probit** 模型回归结果

自变量		模型 5			
		老一代农民工		新生代农民工	
		回归系数	Z 值	回归系数	Z 值
人力资本维度	性别（X_1）	-0.1027	-0.843	-0.0885	-0.809
	年龄（X_2）	-0.0196	-0.351	0.0835	1.327
	健康状况（X_3）	0.1158	1.556	0.0287	0.274
	受教育程度（X_4）	-0.1529**	-2.112	0.0405	0.691
	接受职业技能培训次数（X_5）	0.0836	1.426	0.0843*	1.745
	职业技能水平（X_6）	0.1570**	2.256	0.1234*	1.895
社会资本维度	返乡后就业途径（Z_1）	-0.3075**	-2.357	-0.2761**	-2.444
	返乡就业获得亲戚支持可能性（Z_2）	0.1010	1.050	-0.0003	-0.003
	返乡就业获得朋友支持可能性（Z_3）	-0.0206	-0.188	-0.1465	-1.450
	返乡就业获得老乡支持可能性（Z_4）	-0.1890*	-1.900	0.1184	1.392
	返乡就业获得政府基层组织支持可能性（Z_5）	0.0153	0.147	0.1216	1.343
	找工作对亲友的信任程度（Z_6）	0.2073*	1.892	-0.0803	-0.761
	找工作对基层政府的信任程度（Z_7）	0.1297	1.238	0.1671*	1.746
	找工作对当地企业的信任程度（Z_8）	-0.0706	-0.692	0.1638	1.613
资源资本维度	家庭全年总收入水平（W_1）	0.0361	1.187	0.0090	0.320
	返乡后个人月均收入等级变化（W_2）	0.3741***	5.725	0.3794***	5.880
	家庭固定资产市场估价（W_3）	0.0056	1.338	0.0042*	1.924
	家庭人均耕地面积（W_4）	0.0447	0.683	-0.0110	-1.024
	家庭经济条件所属等级（W_5）	0.3441***	3.854	0.3213***	3.715
	家庭所在县域经济发展水平（W_6）	-0.0039	-0.123	0.0982	1.305
	乡镇交通条件（W_7）	0.1381	1.557	0.4246***	5.000
	居住地距最近乡镇集市中心距离（W_8）	-0.0040	-0.093	-0.016	-0.393
	居住地距县城距离（W_9）	-0.0693*	-1.850	-0.028	-0.832
	居住地距最近工业园区距离（W_{10}）	-0.0663*	-1.848	-0.1529***	-4.897
	所在村小型企业或工厂数（W_{11}）	0.0407	1.287	-0.0331	-1.312
Log likelihood		-470.9202		-562.1075	
LR statistic		116.6791		183.4235	
Prob（LR statistic）		0.000000		0.000000	
Pseudo R - squared		0.110229		0.140271	
观测值数		404		493	

注：***代表在1%水平上显著，**代表在5%水平上显著，*代表在10%水平上显著。

以上有序 Probit 模型回归分析结果可见：

贵州籍新生代农民工和老一代农民工返乡就业满意度的主要影响因素是：职业技能水平、返乡后就业途径、返乡后个人月均收入变化、家庭经济条件所属等级、居住地距最近工业园区的距离。

1. 职业技能水平的影响

模型 4 分析结果显示，农民工职业技能水平与其返乡就业满意度显著正相关，这一结果也部分验证了假设 3。返乡农民工职业技能水平越高，越容易找到合适自己的工作，其就业满意度也越高。由回归结果可见，老一代农民工职业技能水平回归系数大于新生代农民工，表示老一代农民工职业技能水平的差异程度对其就业满意度的影响程度更大。而新生代农民工由于职业技能水平普遍提高，因此这一变量对于其就业方面的影响相对较小，对其就业满意度的影响程度较小。

2. 返乡后就业途径的影响

在回归结果中，农民工返乡后的就业途径变量与其就业满意度显著负相关，这一结果部分验证了假设 4，即通过“强关系”型社会资本找到的现有工作，农民工的满意度更高一些。说明贵州籍农民工所交往的社会依然是一个熟人社会，并且通过熟人介绍更容易找到一个满意的工作。由于老一代农民工这一变量的回归系数绝对值大于新生代农民工，则说明老一代农民工返乡就业时，更容易依赖于这种“强关系”型社会资本提高就业满意度。

3. 返乡后个人月均收入变化

回归结果显示，返乡后个人月均收入等级的变化与其就业满意度显著正相关，这一结果验证了假设 8，即农民工个人月均收入正向变化越大，其就业满意度也就越高。农民工从事一切工作的主要目的就是获取工资收入，其他条件不变的情况下，工资收入越高，相应的就业满意度也就越高。因此，农民工返乡就业后个人月均收入正向变化越大，相应的就业满意度也会有所提高，表现在模型中就是这一变量的回归系数显著为正。

4. 家庭经济条件所属等级的影响

家庭经济条件所属等级变量间接影响着农民工就业满意度，模型回归结果中两者之间显著正相关，部分验证了假设 7。家庭经济条件一方面影响着农民工受教育程度及各方面素质，进而影响着农民工就业能力以及其就业满意度。另一方面，家庭经济条件相对较好的农民工，其生活压力相对较小，因而更倾向于回家乡就业，返乡就业和亲人团聚本身就可以提高其就业满意度。由变量回归系数大小可以看出，这一变量对就业满意度的影响程度，第一代农民工比新生代农民工更明显。

5. 居住地距最近工业园区的距离的影响

回归结果表明，农民工家庭居住地距最近工业园区的距离与其就业满意度显著负相关。从回归结果来看，新生代农民工居住地距最近工业园区距离变量与就业满意度显著负相关，而老一代农民工的相关性显著较弱，这是由于分布在城郊地区的工业园区吸纳农村劳动力的能力比较强，但是为了节约生产成本往往工资水平比较低，这导致一部分农民工特别是新生代农民工就业满意度相对较低。这一因素对新生代农民工的影响比较显著的原因是由于新生代农民工大都已经脱离土地，主要靠工资性收入维持生活，并且更愿意去大城市寻找更好的工作机会，从而留在家乡就地就业的低工资水平，会显著降低其就业满意度。而老一代农民工更愿意在家乡就地就业，进而兼营农业，从而这一因素对老一代农民工就业满意度的负面影响作用不显著。这一结论部分证明了假设 10 中关于居住地区位条件的优越程度对农民工返乡就近就业质量的正面影响的假设成立。

6. 其他影响因素

除了以上两项资源资本禀赋的显著影响因素之外，老一代农民工受教育程度和新生代农民工的乡镇交通条件变量，对其就业满意度的影响显著相关。

老一代农民工受教育程度变量与其就业满意度负相关的回归结果，违背了本书提出的假设 2。一般来说，受教育程度越高的农民工越容易找到满意的工作，而模型回归结果与此相违背，或许是由于样本误差或者引入其他无关变量的干扰，从而造成与预期假设相违背的结果。

新生代农民工乡镇交通条件变量与就业满意度正相关的回归结果，部分验证了假设 10。乡镇交通条件与乡镇经济发展水平是相关的，乡镇交通条件越发达，其经济发展水平也越高，从而农民工找到合适工作的机会也就越多，其就业满意度也会相应有所提高，表现在模型中，就是乡镇交通条件这一变量的回归系数是显著为正的。

由以上分析可知，关于贵州籍农民工返乡就业满意度这一指标的影响因素分析，人力资本维度、社会资本维度和资源资本维度对新生代农民工返乡就业满意度都有所影响，但是人力资本维度和社会资本维度的影响都比较小，而资源资本维度对就业满意度的影响相对比较明显。

（五）新生代农民工返乡就业影响因素分析结论

根据贵州籍农民工返乡就业质量四个指标的影响因素上述回归结果，综合得到新生代农民工返乡就业质量的主要影响因素如下：

在人力资本维度，显著影响两代农民工返乡就业质量的共同因素有性别、年龄、接受职业技能培训次数、职业技能水平。然而，受教育程度这一变量与新生代农民工返乡就业质量显著负相关，而与老一代农民工返乡就业质量却是显著正相关。

在社会资本维度，显著影响两代返乡农民工就业质量的共同因素有返乡就业途径、返乡就业对当地企业的信任程度。除此之外，新生代农民工返乡就业的影响因素还有两个，即政府基层组织对返乡就业支持的可能性、返乡就业农民工对当地政府的信任程度。

在资源资本维度，显著影响返乡农民工就业质量的变量有返乡农民工家庭年收入水平、家庭经济条件、返乡后个人月均收入变化。除此之外，新生代农民工返乡就业的主要影响因素还包括其家庭所在地的乡镇交通条件及居住地距最近工业园区的距离。

对于本书提出的十个假设，其中假设1、3、4、7、8完全得到了模型回归结果的验证，假设5中的关于政府支持可能性变量，假设7中关于对政府和企业的信任度两个变量，假设10中区位条件中关于居住地距工业园区距离变量也得到了模型的验证。因此，本节的计量分析结果大部分符合预期假设，并且提出的预期假设给出了很好的验证和解释。

四　结论

本节基于有序Probit模型，运用Eviews 6.0统计分析软件，以就业质量的四个维度指标作为因变量逐一进行回归分析，得出贵州籍农民工返乡就业的主要影响因素。除此之外，本书还基于代际禀赋差异将贵州籍农民工按代际进行分组，以便研究在不同代际禀赋下，两代农民工返乡就业影响因素有何差异，并给出了相应的解释。相应的研究结论如下：

首先，就人力资本维度来说，贵州籍农民工人力资本状况是影响其返乡就近就业的关键因素。从前面的分析可见，无论是新生代农民工还是老一代农民工，性别和年龄都显著影响其就业质量，这一现象说明，女性农民工在一定程度上还是受到歧视，但是新生代农民工较老一代农民工歧视程度有所降低。此外，两代农民工接受职业技能培训次数越多、职业技能水平越高，其返乡就近就业质量也就越高，表明职业培训有效地增强了农民工的职业技能水平，并且提高了他们的劳动力市场竞争力，对于提高其就业质量有显著的效果。

其次，就社会资本维度来说，社会资本对于贵州籍农民工返乡就业的影响也是相当重要的。分析结果显示，两代返乡农民工就业途径、对当地企业的信任度对其就业质量有着显著的影响，说明贵州籍农民工通过“强关系”型社会资本实现返乡就业的质量更高一些，但是随着市场经济的完善，贵州籍农民工对当地企业的信任度也有所改善。此外，较之于老一代农民工，新生代农民工对政府更加信任，表明新生代农民工对“弱关系”型社会资本的态度有很大转变。

当然，除了贵州籍农民工个体因素外，对其返乡就业质量有显著影响的就是资源资本。资源资本维度的影响因素，除了农民工自身拥有的资源条件外，还包括外部环境条件，如地区经济发展水平、基础设施完善程度或者交通条件状况等。由前面的分析可知，对于贵州籍老一代农民工来说，其就业质量更多地依赖于自身拥有的资源条件，而新生代农民工除了依赖于自身资源条件外，还倾向于依赖外部资源条件，如交通条件、产业园区等。这一现象的出现，说明完善农村基础设施、加快农业工业化有利于提高农民工就业质量。

第四节　新生代农民工就业行为决策的宏观影响机制分析

应该说，影响新生代农民工就业行为决策的宏观因素主要是与西部地区经济社会发展和就业软环境建设密切相关。表 4 –60 列出了部分宏观影响因素，这些影响因素与西部地区新生代农民工就业能力的部分资源资本因素有着相互作用关系，如交通条件、家乡建设开发落后等。

一　基于流出地视角的新生代农民工就业行为决策宏观影响机制：推力

（一）农村土地制度

劳动和土地都是农业生产的两大基本要素，只有优化组合才能带来农业的高效率产出。新生代农民工就业行为决策和农地流转均属于生产要素的流动，二者之间不是单一的直线，而是能够相互交叉且发生作用的曲线。从中国现实情况来看，农村土地不仅仅具有创造价值、创造财富的功能，更重要的是具有传统的生存保障功能，这种功能加强了劳动力与农村土地的密切联系，使土地成为农民生产生活保障的基础。在中国农村社会保障等制度尚待完善的现实制约下，农村土地成为农村劳动力的生存保障资源，具有最基本的社会保障功能，对新生代农民工起着一定的失业保险作用。

从经济发展的一般规律来说，新生代农民工非农就业行为是工业化和城市化的一种必然，这就需要加快劳动力与农村土地的要素流动。然而，由于农村土地制度不健全以及二元结构下城市相关制度安排的排他性，使得新生代农民工外出就业行为具有一定的不确定性，难以真正实现稳定就业，使其就业行为决策是一种有限理性决策。因此，他们只能像“候鸟”一样在城乡之间往返奔波，这既不利于农村土地的规模化集约化经营和农业发展方式转变，更不利于新生代农民工融入城镇。即使一部分新生代农民工通过外出就业在城镇站稳了脚跟，甚至举家外出，家里的承包地只好撂荒或出资由他人代为经营，所有这些既说明农村土地仍是新生代农民工的最后生存保障，同时对新生代农民工非农就业起着“推力”作用，彰显出农村土地制度改革的重要性。

由于中国农村土地承包制度是一种身份特权，只要具有农民身份，就不能剥夺其享有一分土地的成员资格。而农村土地产权制度不明晰，缺乏对土地承包经营权流转给予一定经济补偿的法律规定，使得新生代农民工很难真正走出农村、融入城市。因此，完善的农村土地制度可以实现以效率为中心的生产要素合理流动和优化配置，实现土地、资本、劳动等生产要素适应农业现代化发展的需要，促进农业的区域化布局和规模化经营，还可以调整农村劳动力就业结构，全方位、多渠道增加农户收入。这样，农民不仅可以到已流转的土地上当“新型职业农民”，更重要的是向第二、第三产业转移，推动人口城镇化进程。

据此认为，农村土地制度与新生代农民工就业行为决策是相互促进、互为条件的关系。首先，农村土地流转以一定规模的新生代农民工稳定非农就业为前提。没有新生代农民工稳定非农就业，也就不存在土地流转的意愿和行为，转变农业发展方式就难以真正取得成效，因而如要有可流转的土地存在，就得要有土地流转愿望的农村劳动力存在。如果现有劳动力大部分集中在农村并以农业为业，那就不大可能有大规模的可流转土地。故而，农村土地流转必须以农村劳动力的大规模非农就业为前提。

其次，农村土地流转推动新生代农民工就业行为决策。农村土地流转可以促使土地经营规模的扩大，提高农业机械化程度和劳动生产率，从而使劳动力从农村土地的束缚中“解放”出来，影响新生代农民工非农就业行为决策。在巩固所有权、稳定承包权（占有权）的基础上，放开经营权（使用权），加强农村土地流转，健全农村土地所有权、承包权、经营权“三权”分离的机制，这既可以照顾目前农村均分土地的现实，又可以满足农民的土地情结，实现土地的保障功能，还可以推动农业工业化进程、转变农业发展方式、走规模化经营之路。这种形式可以让新生代农民工通过稳定非农就业有序地实现市民化，并进一步淡化其本身就薄弱的土地依恋情结；同时，又不会引发突发性的大规模农村劳动力外流，影响和损害农业生产和农村经济发展，它是促进新生代农民工渐进而有序市民化的优化方式。

通过以上对农村土地制度与新生代农民工就业行为决策的关系分析得出，现行农村土地制度成为推动新生代农民工非农就业行为决策的宏观影响因素之一，阻碍了新生代农民工在城市的积淀、融入和发展，延缓了人口城镇化进程。

（二）区域经济发展水平

经济发展水平是非农就业岗位创造的主要来源之一，往往决定了一个国家的财政增收能力和公共服务供给能力，是农民工市民化的相关成本分担机制能够顺利建立和良性运行的物质基础。从这个意义上说，区域经济发展水平影响新生代农民工非农就业行为决策。从我国各大区域经济发展条件来看，东部地区无论是人均 GDP 水平还是城乡经济发展水平都高于中西部地区，故其就业创造能力高于其他区域，导致东部地区仍保持以省内就业为主的外出农民工就业态势，“2013 年东部地区跨省流出农民工 882 万人，72.6% 仍在东部地区省际间流动”①，而中部地区外出农民工就业态势仍以省外就业为主，2013 年省外就业所占比例为 62.5%，而省内就业已呈逐年增加的趋势，2013 年达到 37.5%，比 2008 年增加了 8.5 个

① 国家统计局住户调查办公室：《2013 年全国农民工监测调查报告》，蔡昉等：《中国人口与劳动问题报告 No. 15——面向全面建成小康社会的政策调整》，社会科学文献出版社 2015 年版，第 1—15 页。

百分点；西部地区农民工省外就业呈逐年递减趋势，2013 年省外就业所占比例为 54.1%，而省内就业逐年上升，2013 年占 45.9%，比 2008 年增加了 8.9 个百分点。可见，一方面，随着区域经济发展和产业梯度转移步伐加快，中西部地区吸纳外出农民工省内就业的能力逐渐增强；另一方面，跨省流动的外出农民工仍以流向东部地区为主，以 2013 年为例，"在跨省流动农民工中，流向东部地区 6602 万人，占 85.3%；流向中西部地区 1068 万人，占 13.8%"。① 可见，区域经济发展水平是影响新生代农民工非农就业行为决策的主要因素。因此，对于西部地区的新生代农民工来说，由于家乡经济欠发达，使其就业行为决策更多地考虑跨省流动，这也是新生代农民工在现行就业环境下的最满意决策，全国农民工监测调查报告和前面的问卷调查数据均显示了这一特点。

以贵州为例，2013 年，贵州人均 GDP 为 22922 元，略高于全国人均 GDP 水平的一半（54.7%），按同年度人民币对美元汇率计算，人均 3644.37 美元，继 2012 年突破 3000 美元之后又跨上了新的台阶。同年贵州农民人均纯收入为 5434 元，全国农村居民人均纯收入 8896 元，贵州农民纯收入占全国农村居民人均纯收入的 61.1%，比 2012 年上升了 1.1 个百分点，这说明贵州农民收入偏低，导致农村非农就业机会少、工资性收入绝对值和相对值均较低，必然导致新生代农民工返乡非农就业难度加大，非农就业稳定性降低。从表 4－61 可知，"家乡建设与开发落后"（应答频数占新生代农民工的比例为 46.5%）成为影响新生代农民工返乡非农就业的主要宏观因素，这说明对于经过外出就业洗礼的新生代农民工来说，经济社会发展滞后影响了他们返乡稳定就业的质量。

贵州是一个没有平原支撑的山区省份，地理条件往往成为劳动力跨区域流动和就业的自然障碍，故区位条件成为贵州籍新生代农民工就地就业的影响因素。应该说，居住在距离所在乡镇和工业园区较远的新生代农民工越不容易实现就地就业。一方面，就业信息是以乡镇和工业园区为节点向外扩散，居住偏僻的新生代农民工能够获得的就业信息必然较少；另一方面，地理位置偏僻的地区，人口密集程度相对较低，这变相减少了新生代农民工积累社会关系型社会资本的可能性，也就降低了就地就近就业的

① 国家统计局住户调查办公室：《2013 年全国农民工监测调查报告》，蔡昉等：《中国人口与劳动问题报告 No. 15——面向全面建成小康社会的政策调整》，社会科学文献出版社 2015 年版，第 1—15 页。

可能性。如表4－60所示，“家庭居住地点偏僻”成为影响新生代农民工返乡非农就业的第二位资源资本因素，其应答频数占新生代农民工的比例为27.4%，排在第三位，仅次于受教育程度（54.0%）和技能水平(42.2%)。交通条件是影响劳动力流动的一个重要因素，也是影响新生代农民工返乡就业的一个外部宏观因素。完善的交通基础设施能够缩短返乡农民工就业地与居住地的空间距离，有利于新生代农民工在较大范围内寻找工作和实现非农就业，提高新生代农民工返乡就业质量。从表4－61可见，“交通条件不行”应答频数占新生代农民工人数的比例为32.0%，成为新生代农民工返乡稳定就业的宏观影响因素。可见，受区域经济发展水平制约，地理区位条件和交通条件较差的区域，难以吸引外部资金投入，导致非农产业发展基础薄弱，就业机会创造能力较弱。

（三）区域产业结构和就业结构的协调度

区域产业结构和就业结构的演进是区域产业发展和人口就业行业协调发展过程，体现了区域产业发展规律与本地资源、经济、社会、文化等要素禀赋融合发展相结合的特殊性，是区域经济发展的动态过程。同样以贵州为例，2013年贵州三次产业的GDP构成是12.9∶40.5∶46.6，而同期全国则为10.0∶43.9∶46.1。因此，贵州与全国相比，第一产业所占比重比全国平均水平高2.9个百分点，第二产业所占比重比全国平均水平低3.4个百分点，而第三产业所占比重比全国平均水平高0.5个百分点，这主要是贵州第一及第二产业发展较弱、第三产业发展不强所致。而且，贵州人均GDP水平占全国平均水平的54.69%，第三产业所占比重却超出全国平均水平，这是贵州经济发展的一个特有现象，即总体经济欠发达、第一及第二产业实力弱、产业结构不合理，这间接说明表4－61的“家乡工厂（企业）数量少”（应答频数占新生代农民工人数的50.3%）、“园区发展不成规模”（占22.1%）成为新生代农民工返乡稳定非农就业的主要因素，进而使新生代农民工返乡就业岗位不稳定，就地就业质量不高。

产业劳动力在三次产业之间的分布反映了地区产业结构的有效性以及产业的劳动生产率。根据产业发展理论和发达国家产业发展实践，随着三次产业的发展，相应的就业人口也会在三次产业之间流动，第三产业成为主要的就业渠道。一方面是因为第三产业兴起后，劳动密集型的服务业会吸纳更多就业人口；另一方面是因为农业和工业劳动生产率的提高，释放出更多的劳动力。发达国家在20世纪90年代初服务业就业比重已经超过

70%。以贵州为例，当前的就业结构与产业结构是极度失衡的，主要表现为“一高两低”，即第一产业就业人员比重过高，第二、第三产业就业人员比重较低。纵向来看，2013 年贵州第一产业就业人数所占比例比 2006 年减少了 12.9 个百分点，全国则相应减少了 11.2 个百分点；同样，第二产业就业人数所占比例增加了 5.3 个百分点，第三产业就业人数所占比例增加了 7.6 个百分点。横向来看，2013 年，贵州省就业结构为 63.3∶14.2∶22.5，与全国的就业结构相比，贵州第一产业就业人口比重过大，高于全国平均水平 31.9 个百分点，表现为严重的就业拥挤，农业劳动生产率低下，发展水平较低，需要转移更多的农业劳动力；贵州第二产业就业人口所占比例为 14.2%，比全国平均水平低 15.9 个百分点；第三产业就业人口所占比例为 21.3%，比全国平均水平低 14.4 个百分点，贵州第二、第三产业就业结构表现为明显的就业不足，需要进一步拓展就业空间。另外，农业部门比较劳动生产率①仅为 0.203%，非农业部门比较劳动生产率为 2.374%，农业部门和非农业部门的比较劳动生产率差距较大，说明贵州整体经济的二元性较为显著。可见，贵州就业结构变动大大滞后于产业结构变动。由此推之，产业结构和就业结构的协调度对新生代农民工返乡稳定非农就业有着较为深远的影响。

服务业作为国民经济的重要组成部分，在促进产业结构调整、转变经济发展方式和增强国民经济竞争力等方面发挥了重要作用，是商品流通的主导产业之一。一般来说，以服务业为主的第三产业是吸纳劳动力的主要产业部门，然而，第三产业要成为吸纳劳动力就业的主导部门，需要发达的现代农业、成熟的现代工业和成熟的物流体系。就当前川黔渝地区第三产业发展现状而言，既没有现代农业和成熟的现代工业作为支撑，现代物流市场体系也尚待完善，以服务业为主的第三产业成为吸纳劳动力就业的主导部门是一个长期的过程。从表 4 - 61 可知，“商品流通条件落后”（其应答频数占新生代农民工人数的 22.9%）成为影响新生代农民工返乡就业的宏观因素，表明商品流通条件不仅仅影响物流产业发展，也影响到

---

① 比较劳动生产率，即一个部门的产值同在此部门就业的劳动力比重的比率，它反映 1% 的劳动力在该部门创造的产值（或收入）比重。设 G 为总产值（或总收入），L 为劳动力总数，G_1 为农业部门产值（或收入），L_1 为农业部门劳动力数，则农业部门比较劳动生产率（B_1）数学计算公式为：$B_1 = \frac{G_1/G}{L_1/L}$。其他产业部门以此类推。

订单，进而影响到企业员工就地就业，从而影响新生代农民工返乡稳定就业。当前，西部地区宏观经济政策以及区域经济发展战略也是在大力支持制造业、物流业等产业的发展，壮大实体经济，而且随着农业比重的下降和非农化水平的提高，服务业在未来一段时间内将会有长足的发展，与之相应的自然是对农村劳动力的大量需求。此外，国家的宏观发展政策和区域发展政策也将推动服务业及相关的其他产业和部门的发展，这些产业和部门也会通过经济发展方式转变和经济发展升级版最终形成对农村劳动力的需求，西部地区第三产业的就业吸纳能力将会进一步增强，这就需要抓住比较优势和后发优势，增强对新生代农民工的就业吸纳能力，促进生产要素自由流动和交易。因此，区域产业结构和就业结构的协调度对新生代农民工就业行为决策具有较强的推动作用；当然在某种程度上也可以说，新生代农民工非农就业行为决策有助于改善区域产业结构和就业结构的协调度。可见，区域产业结构和就业结构越协调，越有利于推动新生代农民工非农就业行为决策。

二　基于就业地视角的新生代农民工就业行为决策宏观影响机制：拉力

（一）户籍制度改革

劳动力资源要素的自由流动是市场经济运行的主要条件之一，而我国户籍制度事实上却阻碍着这一生产要素的自由流动，它把劳动力或者劳动力的某种性质限制在户籍登记地，使他们无法随着自己的职业、居住地的变化而变动。尽管改革开放以来，限制农村劳动力流动的相关制度已逐步放宽，但由于户籍制度衍生出来的其他一系列政策和制度，如教育培训制度、社会保障制度等形成了强大的阻力，使新生代农民工只能年复一年地往返于乡城之间，这实际上也阻碍着新生代农民工就业行为决策。

目前，中国已进入了各项制度加速变革的时期，户籍制度也不例外。在所有阻碍劳动力流动的因素中，尚未根本改革的户籍制度仍是最为基本的制度约束，是妨碍城乡劳动力市场发育的制度根源。户籍制度被认为是一种“社会屏蔽”制度，即它将社会上一部分人屏蔽在分享城市的社会资源之外。虽然城市偏向的相关制度都已经或正在进行改革，但只要被人为地贴上了“户口”的标签，就会使原本与户籍无关的制度与户籍性质产生千丝万缕的联系，就存在政策反复的可能性。现在面临的问题是，二元户籍就业制度不仅使新生代农民工就业行为决策受到了制度刚性约束，而且影响了新生代农民工通过稳定非农就业来增加收入的可能性。

1. 户籍制度制约新生代农民工非农就业的经济收入和劳动权益保护

对于新生代农民工就业行为决策来说，经济收入是首要前提。现行户籍制度使新生代农民工即便外出就业，也无法取得与城镇居民平等竞争的权利和待遇，这就决定了他们在劳动关系中处于更加弱势的地位，致使新生代农民工在城市寻找工作的成本大大增加。

首先，新生代农民工就业环境处于恶劣的境地。由于户籍身份的限制，新生代农民工所从事的工作往往是“城市人”不愿意做的劳动安全卫生条件相对较差的工作，而且稳定性差，就业环境普遍比较恶劣。即使有少数新生代农民工能够在正规部门实现就业，他们也都是临时性就业，工作环境和条件也相对较差。

其次，新生代农民工工资水平普遍较低，低于城镇职工工资水平。新生代农民工在与用工企业的工资博弈中，不仅缺乏足够的工资信息，而且由于买方垄断，很多企业没有建立以贡献和效益为依据的工资增长机制，使新生代农民工不得不接受低工资的现实。在部分企业，农民工不仅报酬不高，而且被随意拖欠、恶意拖欠及克扣工资的现象仍然存在，同时超时劳动的现象普遍存在，这些都变相降低了农民工的工资。

最后，新生代农民工劳动与社会保障待遇缺失。由于户籍身份，新生代农民工进城后往往得不到公平对待，在就业、培训、医疗、住房、社保等方面面临着一系列困难。一方面，城市“取而不予”。新生代农民工没有享受到同城市居民一样的教育培训、社会保障、社会救助等公共服务；另一方面，企业“用而不养”。由于制度设计因素，新生代农民工参保率低，这就使得新生代农民工在城市就业面临着更加困难的境地。

2. 户籍制度影响新生代农民工市民属性的培养

农民工市民化涉及培育农村劳动力城市市民属性和享受城市现代文明生活方式。相对于农村，很多新生代农民工获得了较之以前更高的收入，当然这并不意味着他们享有更好的社会地位，也不表明他们对城市的认同。新生代农民工进城就业以后，面临着不同于农村初级社会群体的城市社会这一次级社会群体，他们必然在价值观念上发生变化，以能尽快适应城市生活和城市环境为其生存之首要任务。因此，必然在行为举止、消费方式和生活方式上积极向城市生活方式靠近。然而，由于户籍制度及其衍生的相关制度的影响，造成了新生代农民工身份与职业、角色的背离，已经成为一种事实上的障碍。

首先，现行户籍制度经过了较大力度的改革，但是传统的户籍身份根本改变并非一日之功，特别是在影响人们数十年后的根深蒂固的社会心理层面更是如此。在户籍制度的社会屏蔽作用下，使新生代农民工社会交往局限在以血缘和地缘为核心的初级社会关系中。以初级社会关系为基础的人际交往网络在经济上和精神上的支持使新生代农民工很快适应环境，在一定程度上防止其沦为城市化的失败者；另外，这种人际关系网络强化了新生代农民工生存的亚社会生态环境，保护了他们身上所具有的传统价值观念，阻碍着其对城市的认同感和归属感。作为城市外来者，新生代农民工交际圈封闭在狭窄的乡土社会关系网络中，割断了从社会交往和互动中习得并接受城市人相同价值观的机会链接，进一步限制了他们与外出就业所在城市融合的广度和深度。

其次，现行城乡户籍制度仍造成新生代农民工身份与角色的背离，这是户籍制度造成的直接后果。由于城乡二元社会结构的松动，瓦解了户籍制度的地域限制，农村劳动力获得了流动的权利，准许进城就业，但是依附在户籍制度上的身份标签及其他制度限制并没有根本消除。究其原因，是新生代农民工的角色与身份的错位。角色可以通过自身的努力发生变化，但身份却往往需要制度的认可。新生代农民工职业上的变动仅仅是操作层面上得到社会的认可，而制度层面却未被认可，这就造成身份（地位）与角色的背离。从角色看，他们扮演的是工人，工人的角色使农民工抛弃了农民的日出而作、日落而息的传统习俗，习惯了固定工作日和休息日的生活，已基本上以城市人的生活规律和行为方式那样工作和生活着，然而他们未被城市居民所认同，致使他们不能享受同等的医疗保险、失业救济等一系列福利待遇。

农民工身份（地位）与角色的错位，使新生代农民工难以培养市民属性，他们既是离开了土地的农民又是没有城市人身份的市民，被称为“新市民”或“准市民”，这种身份对新生代农民工融入城市的外推力是显而易见的。他们在城市面临着进退两难的困境，他们“进”则融入不了城市，“退”又回不到农村，因为基本没有务农的经历。由于这种职业身份与户籍身份的分离，使新生代农民工无法得到制度上的保障，无法享受城市居民享受的各种社会福利，这一现象充分表明，由户籍制度导致新生代农民工角色和身份的错位，是新生代农民工难以融入城市的主要影响因素之一。

3. 户籍制度影响新生代农民工非农就业后的归属感

由于户籍身份决定了城市人与农村人不同的社会地位，城市人不自觉地用偏见和集体排斥的本能来维持自己的社会地位，保持与新生代农民工之间的社会距离。这种群体性偏见与歧视使新生代农民工无法形成对城市的“归属”意识。一般而言，群体成员都会对其群体有团结、忠诚、亲密及合作的态度，这就是对群体的心理认同和归属意识，新生代农民工既然被排斥在城市人群体之外，自然不会形成对城市的归属感，从而把自己当成城市的过客。而“过客”意识使他们不会自觉履行对城市的责任与义务，不必进行个人职业积累和信誉积累，这反过来又恶化了他们的形象，加深了城市人对他们的偏见，使得大量新生代农民工在城市处于一种“双重边缘人”的状态。在这样的现实面前，他们想要改变自我，凭借个人的能力和素质适应城市生活，最终融入城市，将是一个长期的过程。因此，新生代农民工很难在就业所在城市实现持续定居而成为漂泊不定的流动人口。久而久之，可能会由累而生厌，由厌而生退，最终因认识到在城市扎根的不可能而萌生退意，新生代农民工重新返回农村生活不是不可能的。

总之，现行户籍制度难以对新生代农民工进城非农就业产生拉力作用，从而影响他们就业行为决定，这对中国城市经济社会发展产生了消极的影响，特别是在我国人口和劳动力供给态势发生新变化的情势下更是如此。由于农民工现象将在中国社会较长时间内存在，如果没有根本性的相关制度创新，那么中国社会面临的不仅仅是一个城乡二元结构社会，而且同时也会面临一个城市二元和地区二元的社会，这种影响可能更具有根本性。

（二）劳动力市场就业

劳动力市场分割是中国劳动力市场制度变迁过程中始终存在的一种现象，它对于劳动力供求双方的影响完全不同，形成了一个利益失衡的结构，即作为劳动力供给方的劳动者处于弱势地位，而作为劳动力需求方的政府或企业则处于较为强势的地位。这种劳动力市场分割也对新生代农民工就业行为产生了重要影响，使大多数新生代农民工只能在城市非正规部门和农村二、三产业实现非农就业。

中国城乡以及城市二元劳动力市场不是建立在劳动者能力和素质的基

础上的，而是以户籍制度及由此而生的身份制为标准建立起来的。二元劳动力市场的区分并不是纯技术性的，一级劳动力市场更多的是受到了制度性的保护，新生代农民工进城后绝大多数只能在二级劳动力市场上实现非正规就业，所以，非正规就业在某种程度上体现了城市劳动力市场的分割性。尽管新生代农民工文化教育程度不高，但诸多研究都表明，他们仍然属于农村流出地的精英群体，他们当中许多人经过一定的职业技能培训可以胜任城市一级劳动力市场的工作；然而，由于他们固有的身份属性却使他们丧失了这种机会。因此，新生代农民工被限制在城市二级劳动力市场的根本原因在于已有的户籍制度。这样，城市劳动力市场就明显形成了“城市人”和农民工相互隔绝的二元结构，即城市二元结构开始形成。据此可见，农村劳动力与城市劳动力在城市劳动力市场的关系是补充关系，只是城市劳动力市场的补充者而非竞争者。

一般来说，新生代农民工进入城市劳动力市场就业在过程上分为两个阶段：第一阶段，首先在城市中实现非正规就业，经过一定时期后，在第二阶段才实现正规就业。目前进入城镇就业的新生代农民工仅处于第一阶段，所从事职业大多是体力劳动或技能要求较低的职业；而其要进入正规就业，需要突破学历等主要特征的准入限制。新生代农民工非正规就业主要是通过二级劳动力市场来实现就业，这一点可以通过新生代农民工就业信息来源可窥知，即新生代农民工就业信息来源是以血缘、亲缘和地缘为主的非正式渠道，使其被剥夺了其应得的劳动权益，主要表现为二者在工资收入和劳动权益两个方面的差异。

1. 新生代农民工非正规就业导致劳动力市场上工资收入差距显著

非正规就业为新生代农民工提供了非农就业和获得经济收入的机会，为社会创造了经济效益，为城市经济发展和市民社会生活做出了积极的贡献，它是未来一段时间内数以亿计的农民工就业的主要形式。而就新生代农民工与城镇职工工资收入来看，城市劳动力就业保护性政策使城乡劳动力之间几乎不存在竞争，使农村劳动力在城市劳动力市场上工资收入明显低于城市劳动力的工资收入。

在解释城乡劳动力收入差异时，有学者认为这是工资歧视造成的（Meng & Zhang，2001），而且这种差异并非是由新生代农民工人力资源禀赋或其自身原因造成的，更多的是外在的劳动力市场制度因素造成的。在非正规部门就业，受教育程度、职业技能培训等人力资本禀赋特征对新生代农民工经济收入有着显著的贡献，技能培训对新生代农民工获取经济地位的重要性更为直接和有效。城乡劳动力收入差异的工资歧视现象是中国转型时期劳动力市场发育不完善的产物，影响了新生代农民工收入水平的提高和城市生活状况的改善。不仅如此，由于二级劳动力市场就业政策的不规范，加上相关法律和政策执行的偏差，使得一些用人单位敢于克扣、拖欠新生代农民工的工资，拖欠时间长短不一，这已成为农民工在就业中所面临的最为严重的困难之一。

总之，非正规就业新生代农民工的工资歧视或城乡劳动力就业工资收入的这种不公正待遇，会使新生代农民工继续徘徊于正规就业之外，将影响新生代农民工就业行为决策过程。

2. 新生代农民工非正规就业导致城市劳动力市场上就业权益的不平等

由于城市劳动力市场的分割性特征，使新生代农民工即使在劳动技能方面达到了一级劳动力市场的要求也很难进入该市场，导致新生代农民工在城市劳动力市场上的劳动就业权益受到损害。

（1）大多数新生代农民工就业权与健康权未能得到有效保护。新生代农民工大多在城市二级劳动力市场就业，不得不从事一些“脏、累、苦、险、毒”的工作，其健康权在这些工作岗位上普遍得不到保障，劳动强度大，工资待遇低，劳动保护设施差，安全生产标准不达标，由此而患职业病的情况时有发生。同时，一些非必要的经济手段也加大了城乡间劳动力流动的成本，新生代农民工在社会保障、义务教育、公共服务和权益保护等方面受到的差别待遇。

（2）新生代农民工劳动权益保护和依法维权意识依然缺失。由于城市二元劳动力市场的制度安排以及劳动合同签订率较低，导致新生代农民工在劳动权益遭受侵犯时未将地方劳动监察部门作为其伸张权益的主要部门，而是采取其他渠道来维护自己的权益。新生代农民工在维护自身劳动权益时主要还是采取与其自身的地缘、业缘等“强关系”型社会资本相关的方式。这说明很有必要加强新生代农民工维权的普法教育，为他们提供快捷便利的维权服务，增强他们通过正规部门维权的信心；同时政府人社等部门应改变工作方式和服务模式，积极与农民工就业单位联络和沟通，构建常态化的劳动权益保护机制。

（3）经济权益受损致使农民工消费行为显现出代际差异。二级劳动力市场就业的新生代农民工工资水平偏低，导致其降低在城市的消费水平和消费方式，不利于他们融入城市社会。根据对西部某省会城市进城农民工消费行为研究结果显示，由于农民工代际禀赋差异，他们在消费观念及其消费行为上出现了代际变化，新生代农民工的消费生活状况已迈入小康型的水平线上，其消费支出更多地关注自身消费的质量和舒适度，更注重精神方面的消费和享受，其消费行为则有着向现代城市适应性的消费方式转变，这种消费行为的背后是他们逃脱城市边缘的努力，他们不再满足于城市生产者的身份，而是要成为城市消费者和生活者，其深层原因在于对自身“农民”身份的否定，受城市生活方式和现代消费观念的影响，他们逐渐趋向于城市型消费方式。

造成新生代农民工就业权益不平等的原因是多方面的。不可否认的是，二元劳动力市场结构在新生代农民工权益损害问题上扮演了重要的角色。总之，这种二元劳动力市场制度严重影响着新生代农民工融入城市的努力，进而影响他们的非农就业行为决策。

（三）教育培训制度

教育培训制度通过人力资本禀赋的丰裕程度影响新生代农民工就业行为决策，推动新生代农民工城镇非农就业和增强其城市融入的可持续性。新生代农民工非农就业过程不仅仅是城镇人口的简单增加，它更是城市文明传播普及和农民工市民化的过程，它客观上要求提高新生代农民工科学文化素质，为新生代农民工市民化提供软性的文化智力和观念支持。

1. 教育培训制度对新生代农民工就业行为决策的影响

教育培训制度通过人力资本禀赋生成对新生代农民工就业行为决策具有决定性作用，因为，即便有完善的劳动力市场体系和社会保障制度，这些制度对于新生代农民工发挥影响的前提依然是新生代农民工需具备一定的就业能力和经济能力，而通过教育培训制度所形成的人力资本禀赋能够增强新生代农民工非农就业能力和稳定就业能力。正如前所述，人力资本禀赋是新生代农民工就业行为决策最主要的微观影响因素，是影响新生代农民工非农就业行为决策的第一层次因素。

新生代农民工能否实现市民化的关键在于自身人力资本状况。而社会的现实情况是，由“农民工”向“城市市民”转化的速度很慢并且规模很小，这除了社会经济条件、城市公共服务体系及其相关制度安排等限制性因素外，新生代农民工自身文化程度、劳动技能等人力资本因素已成为影响他们向市民转化的重要障碍。因此，较高的人力资本禀赋能够提高新生代农民工向“城市市民”转化的机会，进而推动农民工市民化的进程。只有大力提升新生代农民工人力资本禀赋，即通过提升人力资本禀赋增强他们的劳动力市场就业竞争能力，使其获得相对稳定的职业和经济收入，开阔视野，善于接受新生事物，思想观念上易于放弃传统的农村生活方式，更快地融入城市生活。

2. 新生代农民工就业行为决策对人力资本禀赋的影响

根据舒尔茨的人力资本理论，劳动力迁移本身是人力资本投资的一种途径。绝大多数新生代农民工区域流动与就业是以收入预期为基础，在流动就业过程中不仅增加了个人的经济收入，还增加了个人的工作经验和职业技能，扩大了人际交往圈等，这些本身是人力资本投资的过程。也就是说，新生代农民工非农就业行为决策对提升人力资本也起着一种集聚作用。

加大人力资本投资能够提高人力资本禀赋，有利于新生代农民工非农就业行为选择；而新生代农民工在非农就业过程中通过“干中学”和职业技能培训积累了知识和经验，使自身的综合素质得以提高，从而又提升了人力资本禀赋。人力资本禀赋为新生代农民工非农就业提供了能力基础，推动着新生代农民工融入城市社会；而新生代农民工非农就业稳定后通过工作经验积累等途径提高了劳动能力、优化了人力资本配置，同样增加了人力资本禀赋，提高了人力资本效率。因此，新生代农民工非农就业选择与人力资本提升是一种相互促进的互利关系，协调好两者的关系，不仅有利于新生代农民工就业行为决策，同时也对其人力资本禀赋提升和城乡经济发展起着积极的影响，这说明新生代农民工非农就业行为选择和人力资本投资二者都具有正外部性，这一正外部性决定就业地政府、企业及其他就业单位在人力资本方面长期投资的动力。同时，新生代农民工非农就业行为选择及其人力资本提升后的收益直接为新生代农民工个人及家庭所有，因而新生代农民工个人及其家庭也具有进行人力资本投资的积极性和主动性。因此，新生代农民工就业行为选择与其人力资本投资往往是农户理性决策行为结果。

因此，教育培训制度、人力资本积累与新生代农民工就业行为决策之间通过相关制度创新能够形成良性的互利关系（见图6－4）。

也就是说，教育培训制度效率影响到人力资本投资的总量与结构，而人力资本禀赋又影响到新生代农民工非农就业行为决策。当新生代农民工

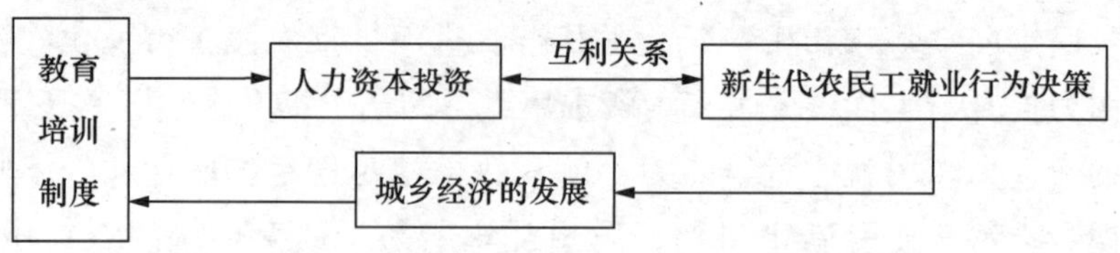

图 6－4　教育培训制度与新生代农民工就业行为决策的关系

就业决策行为符合社会劳动力需求结构时，农村劳动力资源就会由此而得到充分有效的利用，城乡经济得以稳定发展。城乡经济发展使政府拥有更多的经济资源增加教育培训投入。教育培训投入增加又能持续提升人力资本禀赋、完善人力资本结构，进一步促使新生代农民工合理就业决策，最终实现教育培训投资、人力资本提升、劳动力充分利用的良性互动。

（四）社会保障制度

社会保障制度是新生代农民工稳定就业的安全屏障，有利于降低新生代农民工融入城市的生活成本，是影响新生代农民工“留城”过程的重要因素。不完善的社会保障制度是新生代农民工无法在城市永久居留的主要原因之一，致使新生代农民工在城市遭遇风险和面临困境时就只能“回流”，这就凸显了农村土地作为最后“完全网”的社会保障功能，进而影响了新生代农民工城市融入的市民化程度。

1. 社会保障制度影响新生代农民工城镇就业稳定性

改革开放尤其是以市场经济为导向的经济体制改革以来，劳动力和资本等资源要素逐渐实现市场自由流动，但是，市场经济并不意味着把劳动力推向市场就万事大吉了，健康有序的市场经济需要构建稳固的社会安全网，为社会各个阶层提供包括医疗、就业、养老、工伤等方面的保障，使他们享有最基本的安全保障。我国社会保障及福利制度是以户籍制度为基础建立起来的，新生代农民工虽然在城镇工作和生活，但并不能享受与城镇居民一样的工伤、失业、医疗、住房和养老等方面的保险待遇。大量的新生代农民工频繁往返于城乡之间，呈现出典型的“两栖”特征，究其原因，有制度和农民工个人方面的原因。从表象上看，新生代农民工难以融入城市主要是户籍制度的存在，更深层次的原因则是其背后所隐藏的各种福利保障体系，其中，不完善的社会保障制度对新生代农民工稳定就业起着严重的阻碍作用。由于新生代农民工在城市社会只具有经济劳动及提供服务的义务，没有政治参与方面的权利，没有他们自己的利益诉求机制，使他们长期游离于城镇社会利益分配体制之外，他们与城市的关系就是一种简单的雇佣化的经济关系，而不发生政治联系、社会联系。由于参保率偏低，使新生代农民工不能享受相应的城镇社会保障待遇，必然导致他们无法扎根城市，在遭遇风险和面临困境时，就只能回流到农村，这必然影响新生代农民工就业稳定性，他们不得不多次外出就业或返乡就地就业。从表4－59可见，新生代农民工返乡稳定就业面临的主要问题是“收入比外出打工少”，应答频数占比为43.0%，而“医疗等社会保障欠缺”（占比10.8%）又增大了非稳定就业的风险，这进一步凸显了相关社会保障供给对于新生代农民工返乡稳定就业的重要性。

随着东部地区流入农民工不断增多，相关社会保障需求日益强烈，虽然农民工流入规模较大的省市出台了一些相关规定，形成相应的各种农民工社会保障模式，农民工已被部分纳入城市管理部门设计的社会保障体系之中。然而，就已有的各地方农民工社保模式来看，由于早期缺乏中央政府的农民工社会保障制度的“顶层设计”，导致地方政府在制定农民工社会保障法规政策时主要出于本地工作需要出发，基本上都是在中央政策要求下被动行为的结果，具有不完善性、不可转续性以及制度门槛过高等缺陷。一方面，许多地方政府对企业依法组织新生代农民工参加社会保险、为其缴纳社会保险费的强制力度不够；另一方面，一些地区社会保险费征收基数、征收方式与新生代农民工收入的实际情况脱节。问卷调查数据（表4－34）显示，川黔渝籍新生代农民工无论是外出就业还是返乡就业，其参与的社会保险项目及参保率较低，使其真正能够享受的社会保障较少，这与新生代农民工就业产业和职业社保需求明显不相称，说明其面临着较大的社会风险。

从新生代农民工从事的职业来看，大多从事的是“脏、累、苦、险、毒”的工种，遭受工伤、疾病困扰的可能性非常大，工伤保险和医疗保险应该是最为急需的险种，而这些最为急需的保险险种参加率较高，但整体参保率仍较低，难以满足农民工的实际需求。目前各地都在推行将农民工纳入城镇社会保障制度框架内，使农民工真正融入城市社会。毫无疑问，这些社会保障制度会推进新生代农民工的城市融入，但新生代农民工应享有的这些社会保障项目由于诸多的原因并没有得到有效执行；而且，新生代农民工能够享受的这些社会保障项目相比城镇居民所享有的社会保障来说仍是较少的项目。要让新生代农民工享受实质性意义的社会保障还需要社会保障制度的不断变革和创新，这是一个较长的过程。

对于新生代农民工来说，最重要的就是拥有足够的能力来满足其未来一生的城市生活能力，它可以是储蓄（存款），也可以是完善的社会保障体系。对于在二级劳动力市场就业的大多数新生代农民工来说，依靠自己的工资收入以满足未来之需很不现实，只有寄希望于城镇社会保障体系，而现实却是新生代农民工在城市生活遭遇困难后，基本生活难以得到有效的保障而只能回流返乡。可见，社会保障制度对新生代农民工稳定就业具有重要的影响。因此，完善社会保障制度作为新生代农民工城市立足之“根”是其稳定就业的必要条件。

2. 社会保障制度影响新生代农民工就业行为的心理预期

社会保障制度是新生代农民工在城市工作与生活的“安全网”和“稳定阀”，健全社会保障网络、提升社会保障水平对新生代农民工形成城市归属感和塑造主人翁意识具有一定的影响力。然而，由于不完善的社会保障制度及其他因素的影响，新生代农民工在为城市作贡献的同时，也会在心理上对城市社会产生一种主观的“相对剥夺感”。这种相对剥夺感是新生代农民工基于城市社会诸多不平等的待遇而产生的，因为他们也不再像老一代农民工那样把农村作为其自身的最终归宿，他们有着较强的留城意识和发展意愿，而他们通过与其城市同辈群体相比发现，无论他们在饮食、服饰和行为方面多么时尚，他们也难以真正融入城市而成为其中的一员，其原因在于他们除了工资差距之外，还有社会保障等方面的差异。这往往是新生代农民工在城市社会行为失范的主要原因之一，而健全的社会保障制度有利于减弱这种“相对剥夺感”，有助于城市社会的和谐稳定。因此，健全社会保障制度，最终实现“一元化”的社会保障制度，有助于满足新生代农民工就业心理需求，有利于增进其稳定就业和提高就业质量。

（五）西部地区地方政府就业服务能力

目前，西部地区基层政府对于新生代农民工返乡就业公共服务能力较弱。一是基层政府对农民工返乡就业的重要性认识不足，缺乏切实可行的相关优惠政策。虽然各地均出台了一系列鼓励农民工返乡就业的指导意见，但大多是整合原有的一些政策，尚未出台真正能吸引农民工返乡就业的优惠政策措施，这些政策措施基本上属于一种被动型的应对措施，使现行政策与实际需求存在一定的差距。

二是新生代农民工返乡就业的技能培训体制不健全。当前西部地区农民工培训采取的是一种自上而下的运作模式，如贵州省农民工相关培训工作的基本流程是：省级下达培训指标→市级培训管理部门分解指标到县→县级培训管理部门再将培训指标安排到有资质的培训机构→相关培训机构自行招生培训→县级培训管理部门汇总培训资料和数据上报市级→市级培训管理部门汇总上报省厅。这种自上而下的培训运作模式导致的后果是培训效果难以监督，培训过程无法有效监管，培训对象与培训机构之间的信息不对称，造成培训机构并未真正实施培训，甚至存在少数培训机构数据“造假”的现象，致使新生代农民工培训积极性不高。

三是产业园区专项培训缺位。目前，西部地区都在加快产业园区发展和承接产业转移升级步伐，这必然导致用工企业对劳动者的技能素质要求提高。虽然新生代农民工具备了一定的职业技能，但是距产业发展和企业技术的要求仍存在较大差距，导致新生代农民工整体职业技能素质偏低与经济发展不相适应的结构性矛盾日益突出。尽管各地党委政府已认识到产业园区发展与人力资源储备的关系，要求各地为产业园区开展专门培训，但囿于培训经费、师资资源、培训生源等因素，目前这项专项培训工作尚处于起步阶段，与产业园区的快速发展不相适应。

四是企业发展软环境尚待完善。企业发展软环境主要体现在基层政府服务效率方面。西部地区乡镇乃至县级政府未能从根本上转变政府职能，未能正确认识政府、市场与企业的关系，部门之间因“协调难”而导致效率低下，经济越落后的地方，这种现象越严重，建设服务型政府的目标还有待努力，企业公平竞争的发展环境仍未建立。从表4－61可知，“企业发展环境需要改善”（应答频数占比为22.2%）、“政府办事效率低”（占比为24.4%）已成为影响新生代农民工返乡稳定就业的软环境因素，这说明对于经过外出务工洗礼的新生代农民工来说，企业发展环境影响了企业成长，也影响了新生代民工的职业生涯规划，进而影响了他们返乡稳定就业和就近就业质量。

综合以上分析，可用图6－5来总结新生代农民工就业行为决策的宏观影响机制，各种影响因素分别起着其应有的作用。其中农村土地制度、区域经济发展水平及区域产业结构与就业结构协调度主要起着推力作用，助推新生代农民工外出非农就业；户籍制度、劳动力市场就业、教育培训制度、社会保障制度、西部地区地方政府就业服务能力则起着拉力作用，即只要这些方面的制度及政策不断完善，其所起的拉力作用越强，就越能推动新生代农民工就业行为选择迈向理性决策。

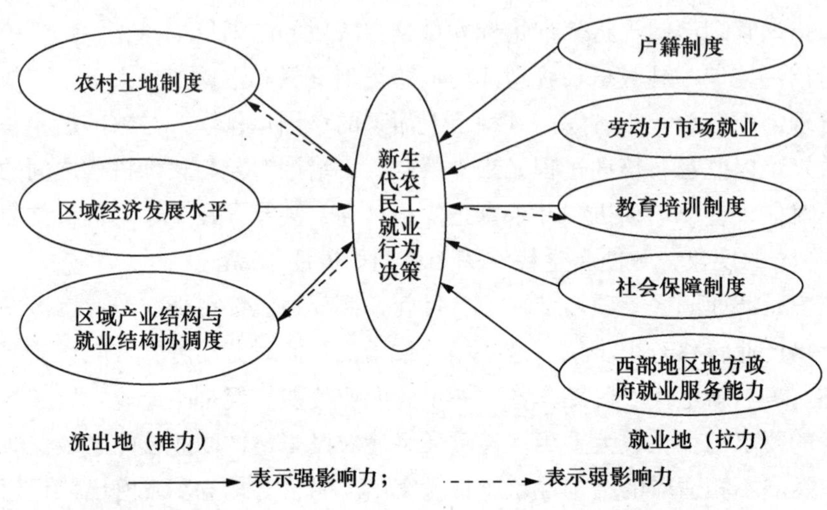

图6－5 新生代农民工就业行为决策的宏观影响机制

第七章　促进新生代农民工稳定就业及其市民化的支持体系与政策建议

正是因为受禀赋和外部环境不确定性的影响，新生代农民工在就业行为决策过程中表现出一种有限理性，制约了新生代农民工实现理性就业。因此，新生代农民工稳定就业的政策思路是：首先，从优化禀赋入手，分别从人力资本、社会资本和资源资本三个方面构建新生代农民工稳定就业的支持体系，优化新生代农民工禀赋水平的内外条件；其次，结合区域经济社会发展实际，以微观层面的就业支持体系为基础，从宏观层面提出新生代农民工稳定就业的政策策略，营造新生代农民工实现理性就业的外部环境，提出推进新生代农民工市民化的对策建议。

新生代农民工稳定就业需要结合新生代农民工就业实际统筹考虑，围绕新常态下全国及区域经济社会发展的战略目标，制订长远的战略规划，切实做好农村劳动力资源开发。新生代农民工稳定就业的战略规划需要统筹好以下三个方面的关系：一是统筹农业需求和农村非农产业需求的关系，即科学预测农村劳动力人口发展态势，合理预测未来农业发展和农村非农产业发展所需劳动力人数，充分挖掘农业内部就业潜力，做好农村劳动力就业战略规划。二是协调省内产业劳动力需求和跨省劳动力需求的关系。当前，西部地区产业园区发展规模效应及产业发展产业链的形成尚需一定时日，跨省劳动力流动仍将继续存在，因而需要统筹规划、因地制宜，在区域经济发展吸纳劳动力有限的情况下，统筹考虑区域内（省内）农村劳动力的就地就业与外出就业。三是处理好劳务输出与人力资源储备的关系。围绕区域产业发展规划和区域经济发展布局，有计划有组织地引导区域内（省内）农村劳动力到东部发达地区相关产业的企业务工，通过“干中学”等人力资本投资途径实现农村劳动力技能提升，为本区域（省）承接产业梯度转移和产业深度发展提供人力资本储备。

为此，新生代农民工稳定就业的战略构想是：以提升人力资本为核心、拓展社会资本为依托，夯实资源资本为基础的新生代农民工禀赋提升体系，通过政策激励和理性选择等一系列制度安排和政策措施，从不同路径促进新生代农民工稳态就业，提高就业质量，在“四化同步”发展过程中实现新生代农民工稳定就业。

第一节 优化内在禀赋，构建新生代农民工稳定就业的支持体系

禀赋是新生代农民工可持续生计的核心要素。在此，结合新生代农民工禀赋与就业行为的关系，以禀赋的三个维度为基础，选择与新生代农民工禀赋密切相关的主要指标阐述新生代农民工稳定就业的支持体系建设。

（一）人力资本维度的稳定就业支持体系

在人力资本维度的各指标中，主要突出各种职业技能和健康投资在新生代农民工就业过程中的重要性，这是与新生代农民工微观个体联系密切的指标。

1. 健全新生代农民工职业技能培训机制

完善职业技能培训制度是一个关键的就业服务环节。整体技能不高为新生代农民工稳定就业带来了较大的困难。因此，在巩固“双基”教育、加快发展高中教育、积极发展中等职业教育的同时，进一步统筹和整合各种社会培训资源，做好新生代农民工技能培训工作，提高就业培训的针对性、有效性和适用性，使没有一技之长或技能水平低的新生代农民工掌握一两门专业技能，增强其稳定就业的竞争力和适应力。从新生代农民工期望政府给予的帮助来看（见表 4 – 62），44.2% 的应答频数选择“提供就业培训”，可见技能培训对新生代农民工稳定就业的重要性。

一是继续加大职业培训力度。加强新生代农民工职业技能培训，实现新生代农民工就业技能化，让新生代农民工掌握闯市场的本领，提升其劳动力市场竞争的适应力。重点抓住实施“9 + 3”教育计划的机遇，围绕不同地区产业园区的发展定位和就业岗位需求，努力扩大职业技术教育的办学规模和办学质量，提高办学的针对性和时效性，不断提升办学水平。要突出就业地培训，切实发挥政府、企业和其他各类社会培训机构的作用，按照新生代农民工稳定就业的不同特点和市场需求，逐步建立新生代

农民工梯次培训机制，组织开展在岗技能培训、适用技能培训及其他技能培训。

二是把新生代农民工纳入“订单式”培训的统筹范围。围绕区域内（省内）各大项目的用工需要，由人社和教育等部门及时做出培训计划，选派或抽调高素质的师资队伍，实行“包生源、包培训、包就业”的订单式岗前专业技能培训，确保包括新生代农民工在内的劳动者具有较高的劳动就业技能。广泛开展人力资源市场调研，坚持培训和就业市场紧密结合，鼓励和推广“订单式”培训，大力开展面向新兴产业和现代服务业的劳动力转移培训，注重提高培训的实践性。

三是整合培训资源，提高新生代农民工培训效率。全面深化培训制度改革，不断整合培训管理机构和培训资源，全面统筹财政、人社、教育、扶贫、农业等部门的培训专项资金，按照资金来源渠道不变，统一规划、统筹管理、整合使用的原则，实现优势互补，集中用于新生代农民工职业技能培训工作，并根据培训实效按一定标准给予培训单位发放培训补贴。加强对培训机构的管理，将其纳入制度化轨道，政府建立培训机构的资格准入制，明确规定基本设施、教学设备、实训基地、师资力量的必备条件，保证培训质量，提高培训效率。紧紧围绕提升素质、强化技能、促进就业、服务企业用工和技能人才需求的工作目标，充分挖掘和有效整合培训资源，实施企业在岗职工培训与新生代农民工技能培训、农村劳动力转移培训相结合，以校企合作、校地联合等方式构建大培训工作机制，实现全体劳动者技能的更新换代和素质提升。

四是健全新生代农民工培训成本的分摊机制。建立新生代农民工技能培训资金的政府分摊机制，对接受培训的劳动力给予一定比例的补助，降低劳动力个人培训成本，调动其参与培训的积极性。通过财政补助的技工院校、中职院校和民办培训机构要改变培训模式，主动适应新生代农民工培训需求，确保培训质量。政府部门应创新培训工作管理机制，完善培训机构培训效果的评价机制和奖惩规则，鼓励培训机构向新生代农民工倾斜，加强对培训机构的监管力度，使培训机构规范化、制度化运营。

五是着力落实农村技能型人才储备工作。按照人才队伍建设中长期规划要求，抓好项目落实，大力实施高技能人才振兴计划，统筹抓好高技能人才队伍建设。以就业为导向，以支持产业园区建设为重点，以重大项目为依托，强化实际操作技能训练，不断提高新生代农民工职业素养和技术水平，增强就业竞争能力，提高新生代农民工非农就业率。抓好青年就业群体职业技能培训，引导其树立“先培训后就业”的观念，不断扩大技能型人才在人才资源结构中的比例，变新生代农民工就业压力为劳动力资源优势，实现技能型人力资源的有效储备。

六是加强人力资本投资，培训高素质人力资源。重视现代产业发展所需各类人才的培训、培养和引进，创新人才开发机制，加大人力资本投资，重视人力资本利用的软环境建设，营造新生代农民工就业能力提升的社会文化氛围，为区域经济发展提供强有力的人才保证和智力支持；加强员工尤其是新生代农民工人力资本投资，提高员工就业能力和产业适应能力，为产业结构调整提供高素质人力资源；以消除贫困、促进就业为目标，抓好技能培训、劳务基地建设、品牌推介、服务管理、就业创业扶持等工作，促进新生代农民工就业能力提升及其相应的配套服务工作。

2. 完善城乡社会保障体系，缓解新生代农民工稳定就业的后顾之忧

社会保障是新生代农民工在遭受工伤、疾病、养老等威胁身体健康的因素影响时能够享受到的一份健康保障，从而保证家庭和社会的和谐稳定。党的十八大强调社会保障体系建设要“增强公平性，适应流动性，保证可持续性”，这其中的“适应流动性”就是要适应我国城镇化进程加快、劳动力重复区域流动的特点，增强社会保障待遇的便利性和转移接续。在现有经济发展水平和制度背景下，根据各地区经济发展和社会保障制度运行的实际情况，逐步健全与新生代农民工社会保障需求相适应的城乡社会保障制度，以达到城乡劳动力就业均衡。

从新生代农民工就业发展态势来看，其相关社会保障应纳入城乡社会保障体系，没有必要专门设立农民工就业险种，只需在完善城乡社会保障体系基础上，新生代农民工参照相关社会保障险种和项目参加社会保障，同时做好新生代农民工稳定就业后的社会保险关系转移接续工作，按照自愿原则将更多的新生代农民工纳入相关的社会保险制度覆盖范围。用工单位应积极履行相关社会保险缴费义务，并配合新生代农民工做好社会保险缴费工作，使新生代农民工能够“劳有所保、病有所医、老有所养”，从而实现稳定就业。

一是健全农村社会保障体系。在现行农村社会保障制度下，增加农村社会保障的项目和内容，提高农村社会保障制度的覆盖率和保障水平，通过增加政府财政在农村社会保障基金中的支付比例体现“两个反哺”机

制，完善和创新农村医疗保险（尤其是大病医疗保障制度）、失地保险、养老保险、基本生活保障和社会救助等农村基本社会保障制度体系，使农村居民（含新生代农民工）通过政府财政转移支付享有一定标准的基本社会生活保障。

二是完善城镇社会保障体系。在现行城镇社会保障制度下，完善城市工伤保险、医疗保险、失业保险、养老保险、基本生活保障和社会救助等方面的基本社会保障制度体系，在确保现有保障水平不降低的情况下，提高政府财政支付水平，适当降低缴费率和缴费比例，使就地非农就业的新生代农民工通过自我缴费享受城镇基本的社会保障条件。

三是健全新生代农民工参加城乡社会保障的机制。根据新生代农民工参保情况，逐步完善劳动权益保护制度，健全新生代农民工稳定就业的参保机制。新生代农民工可根据就业性质和自身需求选择参加农村社会保障或城镇社会保障，并逐步将非农就业的新生代农民工纳入城镇社会保障体系；人社等相关职能部门要完善社会保障缴费机制，宣传社会保障法律法规，确保新生代农民工参加相关社会保障制度的强制性，用工单位和新生代农民工必须按规定参加社会保障，并履行缴纳相关社会保险费的义务，提高新生代农民工参保率。

四是逐步实现城乡社会保障转移接续。通过制度安排和管理创新，健全基本社会保障制度的转移接续制度，使新生代农民工实现城乡和地区间的社会保障转移接续。人社等相关职能部门要根据国家相关法律法规制定社会保障实施细则，逐步普及以身份证号码为编号的社会保障卡，以便新生代农民工社会保险资金的可携带和接续转移；健全完全积累的个人账户，个人账户的所有权归新生代农民工所有，个人账户缴费以新生代农民工实际收入为缴费基数，由新生代农民工和用工单位共同缴纳，费率由相关各方依有关法律协商决定。这样，部分新生代农民工可先参加相关的农村社会保险，待实现市民化后转移接续为城镇社会保险，提高新生代农民工缴纳社会保险费的积极性，有利于新生代农民工稳定就业。

（二）社会资本维度的稳定就业支持体系

在社会资本维度的各指标中，重点突出各类社会资本在新生代农民工稳定就业过程中的作用，其中“强关系”型社会资本是与新生代农民工微观个体紧密联系的指标；而“弱关系”型社会资本并不一定针对特定个体，但对新生代农民工稳定就近就业的影响力却要大得多。

1. 合理引导“强关系型”社会资本的就业促进作用

一是强化“强关系型”的初级社会关系网络，推动新生代农民工尽快融入就业地社区。由于外出就业，新生代农民工与家乡社区减少了相互交往互动的频率，原有社会关系网络的信任度有所降低，其紧密程度减弱。为此，一方面，新生代农民工需要在原有的“强关系”型社会关系资源基础上，增进相互之间的沟通联系；另一方面，拓展就业地形成的以业缘为基础的社会交往网络，使新生代农民工逐步融入就业地社区。当然，这也需要所在社区、就业单位和公共组织等为新生代农民工创造更多互动交流的机会，只有新生代农民工真正熟悉所在社区的就业环境，才能积淀更多的可供利用的社会资本。

二是组建新生代农民工就业协会或互助协会等非正式组织，引导和发挥这类组织的积极作用。各地根据新生代农民工就业情况，成立新生代农民工就业协会、志愿者协会、互助协会等非正式组织，通过专业社工的支持、帮助和引导，协调新生代农民工家庭、就业单位与基层政府的关系，拓展新生代农民工社会资本存量，有效保护新生代农民工的合法劳动权益。

三是规范就业信息发布渠道。各用工单位的就业信息尽量通过招工信息宣传单或宣传手册等具有要约性质的纸质文本发布就业信息，这类用工信息的纸质文本就可以经由“强关系型”社会关系资源的传递作用传输到新生代农民工手中，进而避免就业信息传输过程中发生“失真”现象，避免影响新生代农民工就业质量抑或引起就业纠纷。

2. 搭建就业服务平台，增强“弱关系型”社会资本的就业服务功能

保护劳动权益是劳动者的基本权利要求，就业服务是完善劳动力市场的重要手段，也是政府部门的工作职责。加强政府就业服务及信息化建设是拓宽新生代农民工就业信息渠道、有效降低就业成本、实现新生代农民工稳定就业的重要途径。从新生代农民工期望获得的帮助来看（见表4－62），50.7%的应答频数选择了“保障就业劳动权益”，30.6%的应答频数选择了“改善劳动条件”，说明新生代农民工对劳动条件及劳动权益保护重要性的认识，需要给予相关的政策关注。

一是构建完善的新生代农民工稳定就业平台。按照就业公共服务均等化要求，加强就业公共服务机构建设，切实提高服务人员素质和服务水平，改善就业公共服务质量。按照中央政府相关政策要求，夯实就业专项

资金的分摊机制，健全就业公共服务保障机制。围绕产业园区建设，完善职业培训、就业服务、劳动维权“三位一体”的工作机制，将就业信息、服务、培训等送到园区、企业、社区和农户。在人力资源市场、产业园区和开发区设立为新生代农民工就业服务的窗口，加强就业指导和职业介绍。充分发挥乡镇、街道、社区或农村集体组织的作用，摸清本地新生代农民工人数及技能情况，收集本地用工单位的需求数量、工种，提供用工招工信息，协助办理用工手续和社会保险，提高劳动合同签订率。建立新生代农民工就业回访制度，协调解决就业服务的有关问题。摸清新生代农民工职业技能情况，搭建劳务合作平台，健全劳务合作机制，积极引导和鼓励新生代农民工就地就业。强化信息服务，针对新生代农民工就业信息不灵、供求信息不对称等突出问题，充分发挥各级各类就业公共服务机构收集和发布用工信息的重要作用，健全新生代农民工就业信息衔接的有效机制，强化信息共享，组织开展地区间劳务对接和协作。

二是积极完善乡镇级就业中介组织，为新生代农民工提供真实可靠的就业信息。随着县域经济和非公经济的快速发展、各类中小企业的日益增加以及新生代农民工返乡就业，必然会造成新生代农民工与用工单位之间的信息不对称状况，通过乡镇级、社区就业中介组织，较好地实现用工供需之间的信息衔接。县级人社等部门可在本县域内比较大的乡镇建立专业就业中介组织，专门负责收集新生代农民工信息和本地及周边园区、开发区用工企业用工岗位需求信息，规范本地就业中介服务，不断适应新生代农民工稳定就业的市场需求。加强新生代农民工就业服务信息网络建设，做好城市和县乡公共就业服务机构间的信息对接，建立用工信息发布制度，利用农村“乡场”聚集机会及时向新生代农民工或其家人提供针对性强的岗位信息。鼓励发展各类就业服务组织，完善相关管理制度和考核制度，加强对就业公共服务和职业中介服务的指导和监督。

三是明确政府职责，细化政府就业服务责任。逐步建立包括信息网络建设、信息供给与发布、就业政策咨询与指导、农民工权益保障咨询等在内的城乡就业信息服务体系，及时发布本地企业用工信息，保障就业信息传递通畅。充分发挥政府在劳动力市场建设中的宏观调控作用，以维护新生代农民工合法劳动权益为切入点，推进劳动力市场制度建设。政府通过相应的法律程序，制定一系列促进劳动力市场制度建设的劳动法规规章、劳动政策，建立完备的劳动就业制度体系。加强政府职能部门对企业用工过程的监督检查，完善企业招募使用新生代农民工的用工监察体系，加强劳资关系纠纷的调解仲裁机构建设，积极健全劳动权益保护的法律援助渠道，以规范文件明确和保障农民工就业权利和劳动权益，依法保护新生代农民工合法劳动权益，增强新生代农民工自我保护意识和能力。政府相关部门，尤其是县级地方政府相关劳动监察部门应健全劳动监察长效机制，坚持以人为本，依法规范职业中介、劳务派遣和企业招工行为。及时处理就业过程中出现的不合理收费，严厉打击以职业介绍或以招工为名坑害新生代农民工的用工欺骗行为和违法犯罪活动。

（三）资源资本维度的稳定就业支持体系

1. 健全工资支付保障机制，稳步提高新生代农民工的工资收入水平

一是完善工资支付制度。建立新生代农民工工资支付保障机制，探索用工单位工资信用制度。根据不同行业、不同类型的用工单位工资支付特点建立用工单位工资支付的社会信用体系等级，以此作为用人单位发布招聘信息、享受用工服务、评价其社会责任感的主要依据，还可以根据社会信用体系等级享受一定的地方性税收优惠政策。

二是探索新生代农民工工资增长机制。产业园区和开发区用工企业可在政府相关部门的指导下，结合本单位的发展目标和发展规划，根据新生代农民工就业岗位、时间长短、职业技能、在岗培训及劳动合同签订等情况，探索健全新生代农民工稳定就业的工资晋升机制，逐步完善绩效工资制度，使长期在同一单位就业的新生代农民工预见自己的工资收入增长预期和发展愿景，力促新生代农民工长期稳定就业。其他用工单位也应结合自身实际，以留住员工为本，创建具有自身特色的工资增长机制。

2. 深化农村土地流转制度改革，增加新生代农民工可支配经济资源

农地制度改革能为新生代农民工提供一定的经济资本，积极探索和完善农村土地流转模式，实现土地资源再配置，增加新生代农民工可支配经济资源，对于农村土地规模化经营和新生代农民工稳定非农就业有着双向促进作用。

一是确定农村土地产权，颁发产权证书。明确农户对承包地、宅基地、农村房屋、林权等的物权关系，开展划界、登记和颁布产权证书，使其成为土地流转的基本凭证，保障农户的土地收益权，保障农户产权主体的合法土地权益；同时，建立相应的农村产权交易机构，引入农业担保、投资和保险机制，使农户（含农民或新生代农民工）成为农村土地市场

主体，平等参与生产要素的自由流动，充分发挥市场配置资源的决定性作用，建立归属清晰、权责明确、保护严格、流转顺畅的现代农村土地产权制度，为农村土地流转及其收益分配打下相应的产权基础。

二是积极推进农村土地流转。农村土地流转包括土地产权、房屋产权和林权流转。赋予农村土地经营使用权的完全交易权，允许新生代农民工有偿流转在原农村的宅基地和承包地，流转对象实行原集体经济组织内部成员优先原则，鼓励农村土地向新型农业经营主体集中；部分愿意在农村从事农业产业化经营的新生代农民工通过农村土地流转发展现代农业，进而实现向新型农民和职业农民的转变；充分发挥政府在农村土地流转制度创新中的组织协调和积极引导功能，提供一个公正、公平、安全的制度环境和运作流程。积极做好土地承包纠纷调解仲裁工作，保障新生代农民工家庭土地承包权益，缓解社会矛盾，维护社会稳定。

三是完善农村土地征用程序和征地补偿机制。提高农地征用补偿标准，提高农民在土地增值收益中的分配比例，完善农地收益分享机制，保障农民土地征收权益，为失地农民提供能够参加住房、失业、医疗、养老保险等公共服务的费用；对高速公路、产业园区、开发区等基础设施建设，可以参照公益性用地的相关政策执行，涉及商业用途的农村土地变更均按照商业用地的政策执行。

第二节　营造外部环境，促进新生代农民工稳定就业的宏观政策

从新生代农民工返乡稳定就业期望获得的帮助来看（见表 4－62），61.3%的应答频数选择“创造和提供就业机会”，可见就业机会对新生代农民工提高工资收入的重要作用。从禀赋视角来看，本部分的政策建议除进一步完善新生代农民工禀赋之资源资本条件外，比如创造就业机会和改善交通条件等方面，更多还是从宏观角度提出新生代农民工稳定就业的相关政策，目的在于为新生代农民工稳定就业营造良好的经济条件和外部环境。新生代农民工稳定就业离不开产业园区建设、产业结构调整、区域经济发展及相关宏观政策的支持，这就需要立足本地的区位优势、基础设施、人力资源、自然资源和科技水平等资源条件，营造适应产业结构调整

与劳动力就业的外部环境，培育区域经济发展和区域竞争力的产业支撑。因此，本书从宏观层面提出新生代农民工稳定就业的政策建议，供各级相关部门及机构制定相关政策之参考。

一 打造现代立体交通体系，加快产业结构调整和区域产业布局

充分利用国家各项政策红利及相关区域发展规划给予中西部地区及有关区域的政策支持，挖掘政策红利，积极完善产业发展的基础条件，为新生代农民工稳定就业创造坚实的产业基础。

1. 加快现代一体化交通体系建设

加快推进现代综合交通网络建设，为中西部地区承接产业梯度转移和经济发展升级版创造交通条件。按照超前发展原则，进一步完善公路、铁路、水路、航空等各类交通运输体系，打造高效便捷的交通条件，保障出省路网体系畅通，积极融入全国高速铁路、高速公路等路网，同时加快区域内中心（国际）机场扩容改建和支线机场建设，促进铁路、机场、公路互补发展，形成立体化交通网络，加强运输网络内部各种运营方式的衔接协调和运行效益。充分利用各种“三农”政策红利，加快农村道路交通设施建设，改善新生代农民工非农就业的交通条件。

2. 发挥市场作用，制订区域产业发展规划

遵循国际国内产业转移的客观规律，充分发挥市场的决定性作用，综合运用经济、法律、技术及政策手段，根据自身产业发展优势，制定区域产业发展规划，明确产业发展重点行业和重点领域，延长产业链、拓宽产业幅度，积极发展产业结构调整的相关配套产业，有效承接产业梯度转移与推动区域产业转型。同时，立足西部地区产业发展实际，构建现代产业发展综合评价指标体系，实施产业转型的分类服务工作，合理规划区域产业转型目标和战略，推动产业有序转型。

3. 实施重点区域产业结构优化与率先发展

优化国家级新区与各经济区产业布局，推动国家级新区与各类经济区“四化同步”发展，加快产业结构转型升级，率先在国家级新区和各经济区实现产业结构与就业结构的良性发展，使之成为区域产业结构调整和优化升级的先行区和示范区。

二 加快发展现代农业，培育职业化的新型农民

加快农业科技创新，切实加强农田水利基础设施建设，转变农业发展方式，培育新型农民，使农业从业人员向职业农民转变，实现“农业工

业化、产品特色化、产业生态化”的现代农业转型升级。

1. 转变农业发展方式，推动农业规模经营

鼓励农地向合作社流转和集中，推动土地规模经营，引导包括新生代农民工在内的农村劳动力向产业园区、新型城镇等区域流动，逐步减少农业就业人口，促进新生代农民工稳定非农就业，有效改善西部后发地区第一产业就业拥挤现象。

2. 实施农业合作社专业化经营，培育新兴职业农民

凭借农地流转契机，大力发展农业专业合作社，积极发展优质农业和农产品加工业，培育新型市场经营主体和从事产业化经营的职业农民，发展多种经营，构建集约化、专业化、组织化、社会化的新型农业经营体系，提高现代农业的经营水平和市场主体的应变能力。

3. 积极发展特色农业，走品牌差异化发展道路

发挥各自区域内农林资源优势，依靠农林科技力量，按照科学原则合理调整优化农业产业布局和产业品种结构，适时根据市场变化调整农产品品种品质结构，逐步改善种植结构，重点发展绿色生态农业，提高农业产业品质，打造区域性农业产品品牌，通过农业产业结构的主动性调整保障区域粮食及主要农产品的有效供给。

4. 积极发展生态农业，推动农业生态文明建设

加快发展生态农业，做实做足农业基础地位，以现代生态农业为主攻方向，发展壮大农业产业化龙头企业，加快农业产业结构调整升级，促进生态永续农业健康发展，践行农业生态文明文化。

三　积极加快产业园区建设，搭建新生代农民工稳定就业平台

产业园区是新型工业化战略的主要平台，也是吸纳新生代农民工稳定就业的主要战场。推动工业转型升级，促进园区产业成长，倡导园区企业社会责任，优先雇用就业困难的新生代农民工，鼓励和引导产业园区吸纳新生代农民工优先就业。

1. 引导产业向园区集中，积极提高产业园区的产业集聚能力

出台激励产业园区成长的配套措施，加快园区标准厂房建设，鼓励建设多层标准厂房，主动引导工业企业向园区集中转移，形成新的产业集群平台，打造特色优势产业园区，提高产业承接能力和产业配套能力；规范用工企业的标准宿舍建设，保障包括新生代农民工在内的企业员工劳动保护条件，确保企业安全生产和安全经营。

2. 拓宽产业园区融资机制，培育新型市场主体

推广投融资公司建设和管理产业园区的模式，通过注入资本、配置土地资源、财政补贴、重组平台增加优质资产等方式运作，实行以企业为主体的公司化开发运行模式；综合运用政策和市场的手段，健全投入保障机制、利益导向机制和收益分配机制，鼓励和吸引多种投资主体以多种方式参与园区基础设施建设。

3. 创新产业园区招商模式

围绕承接产业转移积极拓宽招商引资范围，进一步创新招商引资机制，搭建与国际接轨的招商引资新机制；推进招商引资制度化，建立长期稳定的招商引资机制，明确招商目标责任制，形成政府引导和园区自主的共同招商局面，确保一批优质高效的内外资项目落户产业园区；推进招商引资的专业化信息化，积极采用网上招商等方式，依托专业中介机构组织开展各类专业化招商活动。

4. 加强产业园区基础设施建设，完善园区功能配套

以市场机制为主、政府投入为辅的园区基础设施投入体制，不断完善产业园区供电、供水、道路、环保、通信、消防等基础设施，大力发展与产业园区配套的生产性服务业，高度重视以集中供热、热电联产、仓储货运、综合利用为内容的配套设施建设。

5. 探索构建新型区域经济合作的机制

借鉴外地“飞地经济”的经验，与产业转出地建立利益共享机制。吸引和鼓励国内资金以及各类投资主体到后发地区合作建设产业园区，发展共建共享的新型合作经济。

四　大力发展生产性服务业的业态，壮大服务经济

优化服务业产业结构布局，大力发展面向民生领域的服务业，完善生产性服务业的业态，健全金融服务体系及法律、信息等中介服务机构，积极拓展新型服务领域，做强做大现代服务业，逐步使其成为新生代农民工稳定就业和新增农村劳动力转移就业的主要产业部门，为产业转型提供良好的支持性服务。

1. 加快发展现代物流业

完善物流产业发展配套政策，通过引进和培育现代物流企业连接产业园区的各类企业，把中心城市打造成为高效的区域性物流中心，提高产品物流效率，降低物流运输成本，使西部地区各类产品能够快捷便利地派送

到订单需求地。

2. 完善为企业服务的金融体系

提供优惠政策，鼓励区域外（含国外）区域性商业银行到西部地区大中城市设立分支机构，构建多元化金融市场，进一步健全区域金融体系；同时积极培育地方性商业银行，为不同的融资需求主体服务，解决中小企业、小微企业、农业合作社及农户融资难问题。

3. 鼓励金融机构主动开拓区域内转型企业信贷市场，拓展金融服务

完善信贷激励和约束机制，改革商业银行信贷管理体制，开发一批针对性强、适应承接企业需要的金融产品，创新一套适应区域内企业金融需求的简便、快捷、高效的信贷管理制度。

4. 倡导生态文明理念，积极发展现代旅游业

科学规划和合理布局风景名胜区等景区景点，精心设计旅游线路，打造精品旅游景区；着力提高现代旅游业发展质量，打造具有区域特色的旅游产业体系，推动旅游业转型升级，努力建成国际知名、国内一流的旅游目的地和休闲度假胜地；按照国际化旅游城市标准，分类实施区域内各旅游城市服务标准，完善旅游城市服务体系建设。

五 积极发展劳动密集型产业，使其成为新生代农民工稳定就业的主战场

发展劳动密集型产业是西部地区产业发展的客观要求，是西部地区产业发展不可逾越的阶段，也是区域产业结构与就业结构实现协调的现实途径。通过发展劳动密集型产业，完善相关配套产业链，吸引产业跨区域转移，吸纳更多的新生代农民工稳定就业。

1. 出台劳动密集型产业发展的支持性政策，实现集聚发展

认真做好劳动密集型产业发展的规划、协调与推动工作，制定相关的支持性产业发展政策，实现集聚发展。以中小企业以依托，依靠区域比较优势加快发展劳动密集型产业的相关配套产业，延长产业园区产业链，发展和延伸产业园区外的相关产业链；鼓励西部各省市主导产业的龙头企业根据自身的产业和产品特点，从上下游产业链延伸中主动寻找关联项目，做大做强产业链，引导产业集聚和人口集聚。

2. 加强资金支持，推动新生代农民工稳定就业

以稳定就业为目标，加强对劳动密集型产业发展的资金支持，给予新生代农民工稳定就业的财政支持和信贷支持，缓解新生代农民工稳定就业

的“融资难”“瓶颈”，对吸纳新生代农民工稳定就业的西部地区劳动密集型中小企业实施税收减免政策及其他优惠政策，促进新生代农民工更多地实现稳定非农就业。

3. 大力发展新型劳动密集型产业

加快对具有比较优势的传统劳动密集型产业的技术改造，大力发展具有一定技术含量的新型劳动密集型产业，积极发展围绕高科技产业终端环节或外部配套的劳动密集型组装加工业。此外，鼓励发展必须采用人工作业的劳动密集型产业，如蜡染、刺绣、雕刻等手工工艺品生产。

六 积极实施城镇化带动战略，走新型城镇化道路

以《国家新型城镇化规划（2014—2020 年）》为基础，以西部地区城乡发展资源条件、产业动力与环境承载能力为依据，紧紧围绕同步建成全面小康社会这一总目标，依托省会城市、中心城市、大型交通枢纽和产业集聚优势，以发展方式转变为主线，以新型工业化为基本动力，统筹四化同步发展，坚持按照统筹规划、合理布局、完善功能、以大带小的原则，规划建设区域城市群，实施差异化城镇发展战略，坚持走符合区域特色的新型城镇化发展道路，带动城郊地区乃至农村地区生产生活条件的改善，推动区域经济社会发展的历史性跨越。

1. 加强城镇基础设施建设，提升城镇承载能力

以统筹城镇基础设施和各种公用设施的建设、运营和管理及棚户区和城中村的改造为突破点，增强城镇运行的包容性、开放性、协调性和安全性，进一步提升城镇综合承载能力；在继续推动城镇经济发展的同时，采取更加有效的政策措施，努力创造更多的非农就业机会。

2. 破除人口流动障碍，促进人口向城镇和园区的合理集聚

在推进户籍登记制度改革基础上，全面放开县域内人口户口迁移政策，降低新生代农民工城镇落户条件，以相对固定工作和相对固定住所为基本落户条件，鼓励新生代农民工有序转移和就地城镇化；利用农村劳动力转移技能培训机会，加强新生代农民工的就业指导和权益维护，促进新生代农民工与其他就业群体平等稳定就业创业，推动新生代农民工市民化进程。

3. 加快推动城镇及其邻近地区公共服务均等化，增强城镇人口集聚能力

强化城镇作为城乡基本公共服务体系的节点作用，探索建立农民和农

村非农产业向中心镇及其邻近社区集中的推进机制。城乡统筹的电力、通信、交通、环保、供水等基础设施建设应与中心镇及其邻近社区衔接，医疗、教育、文化、养老、托幼、体育（康健）等公共服务设施要重点向中心镇及其邻近社区集中，商贸、流通、金融等社会服务设施应重点向中心镇及其邻近社区布局，以增强城镇及其邻近社区对返乡农民工就地转移的吸引力。

七　完善新生代农民工创业政策，推动新生代农民工创业带动稳定就业

通过外出就业，部分新生代农民工具备一定的资金积累，有明确的创业意愿和较强的创业能力，但受资金、场地、信息、人脉资源等因素的制约，使他们在创业行动上犹豫不决，担心创业失败。因此，探索多渠道的融资模式、多形式的创业模式、多角度的政策扶持，积极推动新生代农民工就地创业或返乡创业，实现创业带动就业的倍增效应。

1. 金融信贷引导和扶持新生代农民工创业

紧扣创业产业需求和特点，创新金融产品，简化贷款手续，为新生代农民工返乡创业提供金融服务。将新生代农民工创业优先纳入小额担保贷款或小额信贷对象范围，重点扶持民族手工艺品、特色种养业、特色食品生产、区域短线交通、各类商品流通等相关产业领域，多措并举引导和扶持新生代农民工创业，以创业带动更多的新生代农民工就业。

2. 创新金融产品，服务新生代农民工创业

引导金融机构加大对新生代农民工创业的信贷资金支持，切实解决新生代农民工创业融资难问题。涉农金融机构开发适合新生代农民工创业的金融产品，让更多的新生代农民工享受涉农金融机构的创业资金支持；农村信用社要积极探索“授信担保为主、抵押担保为辅”的金融扶持模式，拓宽反担保渠道，降低反担保门槛，为符合条件的新生代农民工创业提供信贷担保。

3. 整合创业优惠政策，加快农民工创业基地建设

整合创业政策相关成员单位的优惠政策，发挥政策叠加效应。各相关部门要积极争取上级基金，发挥各自部门的优势，着力使农民工创业政策落实到位。加快创业基地建设，推进新生代农民工创业孵化园建设，真正建成集创业场地、优惠政策、创业咨询、创业培训、创业指导为一体的、多功能的新生代农民工创业体系，切实为新生代农民工搭建创业平台。

第三节 提升服务能力，推动新生代农民工市民化的对策建议

推进新生代农民工市民化，促进新生代农民工融入城市，无论是对“四化同步”发展，还是对当前城市经济社会文化发展都具有十分重要的意义。前面从优化内在禀赋视角提出了新生代农民工稳定就业的支持体系，并从宏观层面提出新生代农民工稳定就业的政策框架，以此为基础，本节拟提出新生代农民工市民化的对策建议①，以期引导新生代农民工稳定就业、促进农村劳动力有序流动、推动区域经济协调发展，这才是本书目的之所在。

每一个农民工都是城镇化的潜在对象。在市场自主选择的条件下，潜在的城镇化人口成为现实城镇人口的一个重要条件，就是要有向城镇转移的意愿。具有转移意愿的农民工越多，城镇化的“势能”越大，这是城镇化发展的一个基本前提。随着产业转型升级和区域经济发展，如表4－21所示，假如能够自由流动，84.4%农民工将选择本省（市）实现自由择业，有13.9%的农村劳动力选择省外就业。其中，“家庭所在乡镇”成为农民工就业的首选地，“县内其他乡镇和县城”和“本省省会城市”农民工的次选地，13.9%的农民工选择省外地区。从选择省外就业的样本分布来看，主要集中在东部地区（161人），选择中部地区的农民工为75人。这说明农民工就地市民化将是其城镇化发展的主要方向，这可为相关政策制定提供参考。这说明，一方面，随着产业转型升级、产业梯度转移以及区域经济发展格局的变化，农民工选择省内流动的较多，其中尤以本地乡镇或所在地县级行政区域内流动居多，这对提高本地城镇化质量，因势利导、趋利避害，积极引导城镇化健康发展具有较强的指导意义；另一方面，即使选择流向省外，也大多选择流向较发达地区及大中城市，这对加强跨省流动的农民工就业支持体系指明了方向，即加强与农民工流入地大中城市开展省际、市际合作，提高对跨省流动外出农民工的服务管理

① 出于保持新生代农民工市民化对策建议的完整性，本节的部分对策建议可能与前面两节略有重复。另外，为了使对策建议有较强的适用性和可操作性，故部分政策建议是针对农民工群体提出来的，其目的也是更好地推动新生代农民工市民化进程。

水平。

一　国家层面的推动农民工市民化对策建议

党的十八大、十八届三中、四中全会精神和习近平总书记系列重要讲话精神为推动新生代农民工市民化提供了思想指导。从新生代农民工市民化面临的主要问题来看，大多与中央政府的制度“顶层设计”有关。在此，笔者首先提出国家层面的新生代农民工市民化对策建议，这些对策建议主要是为省级层面具体的对策建议提供指导和方向，同时也便于开展新生代农民工市民化领域的省际合作。

1. 加快改革户籍制度，分阶段将新生代农民工纳入城镇户籍登记范围

十八大报告指出，“加快改革户籍制度，有序推进农业转移人口市民化，努力实现城镇基本公共服务常住人口全覆盖”，这为户籍制度改革指明了方向。户籍制度改革目标是建立与市场经济体制相适应的城乡一元的户籍制度，使户籍“权利回归”，使公民享有迁徙和居住的平等自由。现行户籍制度已影响到人们社会生活的方方面面，实现这一目标，需要经历一个由调整、变动到全面放开的长期过程。因此，户籍制度改革必须结合社会经济发展水平、经济结构转型程度、地区之间的现实差异，在中央统一部署和省级统筹的大原则下，选择一些经济发展优势明显、财政收入实力雄厚的省市试点以居住证制度转为城镇户籍的制度改革，在借鉴改革试点经验的基础上，逐步扩大试点，从而达到城乡统筹的目标。

当前，在本省籍人口城镇落户政策已有大幅改革的背景下，以居住证制度为起点，逐步深化户籍制度改革，为实现户籍制度改革目标奠定基础。户籍制度改革的主要内容为：全面推行居住证制度，逐渐赋予居住证梯度累进的公共服务功能，并逐步健全居住证转为城镇户籍的制度安排；根据农村劳动力数量分布和质量结构，制订农村劳动力城镇落户规划和年度计划，并纳入各级政府经济社会发展规划，分期分批接纳在城镇工作生活一定年限的新生代农民工城镇落户；鼓励新生代农民工向本省中小城市（城镇）落户；在城镇落户的新生代农民工依法享受和承担与城市市民同等的权利和义务。同时，逐步剥离附加在户籍背后公民享有的政治经济文化权益，以及与之相配套的公共福利和公共服务水平。只有逐层剥离依附在户籍背后的劳动就业、住房养老、教育医疗等如此之多的“附加功能”，才能逐渐降低城镇户籍的特殊吸引力，才不会对人口自由迁徙形成

阻碍。因此，依托户籍制度的渐进改革模式，积极推进和扩大居住证转为城市户口的试点城市户籍制度改革。基于目前情况，为了削薄城镇户籍的附属功能，补厚农村户籍的福利空当，只能在现有基础上大力发展区域经济，提高整个社会福利水平，重点提高农村人口福利水平，才能完全剥离我国现行户籍制度背后所附加的各种利益，实现劳动力自由迁徙。

2. 完善新生代农民工社会保障基本服务体系

党的十八大强调社会保障体系建设要“增强公平性，适应流动性，保证可持续性”，这其中的“适应流动性”就是要适应我国城镇化进程加快、劳动力跨区域流动的特点，增强社会保障待遇的便利性和转移接续。在现有经济发展水平和制度背景下，要根据各地区经济发展和社会保障制度运行的实际情况，逐步健全与城乡社会保障制度相互衔接和转移接续的农民工社会保障基本服务体系，以达到城乡劳动力就业均衡。一是根据现有新生代农民工参保情况，逐步完善新生代农民工用工制度，加强新生代农民工社会保障体系建设，建立全覆盖、多层次的社会保障体系，来实现不同身份、不同地区社会保障模式与种类的统一，将新生代农民工纳入到城镇社会保障体系；人力资源和社会保障等相关职能部门要完善社会保障制度，确保新生代农民工参加社会保障制度的强制性，用工单位和新生代农民工必须按规定参加社会保障，并履行缴纳相关社会保险费的义务。二是完善新生代农民工基本社会保险制度。人社等相关职能部门要根据法律法规制定实施细则，逐步建立以身份证号码为编号的社会保障卡，以便新生代农民工社会保险资金的可携带和接续转移；健全完全积累的个人账户，个人账户的所有权归新生代农民工所有，个人账户缴费由新生代农民工和用工单位共同缴纳，以新生代农民工工资收入为缴费基数，费率由相关各方依有关法律协商决定；根据新生代农民工跨省流动情况，探索建立新生代农民工社会保险基金的跨区域转移支付制度。三是将新生代农民工及其流动儿童纳入现居住地社会救助制度的临时救助范围。可将持有居住证的新生代农民工，在流入城市连续工作生活一年以上，且申请前连续在城市缴纳社会保险费超过一年的，因遭受疾病、意外事故、诉讼、失踪、死亡等突发情况，致使基本生活暂时出现较大困难的，可凭居住证向居住证发放地申请临时救助；建立流动儿童救助干预机制，将流动儿童纳入社会救助范围，实施流动儿童精准化救助服务，并纳入政府相关职能部门及责任人年度考核目标。

3. 抓好新生代农民工职业技能培训，提高其就业适应能力

就业能力是新生代农民工可持续生计的核心要素。需要在巩固“双基”教育、加快发展高中教育、积极发展中等职业教育、向农民工净流入省份根据一定比例投放高考录取指标的同时，进一步整合教育资源、健全新生代农民工培训机制，大力发展新生代农民工市民化的科学素质教育培训，增强新生代农民工就业创业能力。一是降低个人培训成本，积极引导新生代农民工参与培训的热情。建立技能培训资金的各级政府分摊机制，对接受培训的新生代农民工给予一定比例的补助，降低劳动力个人培训成本，调动其参与培训的积极性，提升新生代农民工人力资本水平。二是建立全国性的农村劳动力梯次培训机制，扩大职业培训的公共财政支出，满足多元化需求的梯次培训。梯次培训机制是指根据不同市场用工需求以及不同技能培训需求，培训不同层次的新生代农民工以及农村新增劳动力资源，形成短期和长期培训结合，初、中、高级衔接的新生代农民工培训体系，把职业技能培训作为加强新生代农民工市民化的关键环节来抓，实现新生代农民工就业技能化，让新生代农民工学会闯市场的本领，提升其参与劳动力市场竞争的适应力。三是整合培训资源，提高培训效率。加强对培训机构的管理，将其纳入法制化轨道，政府应建立培训机构的资格准入制，明确规定基本设施、教学设备、实训基地、师资力量等必备条件，保证培训质量、提高培训效率；政府部门应创新培训工作管理机制，加强对培训机构的监管力度，使得培训机构走向正规化、法制化运营。

4. 健全劳动力市场制度，搭建新生代农民工公平就业的“平台”

就业服务是完善劳动力市场的重要手段。加强政府就业服务及信息化建设是拓宽就业信息渠道、有效降低就业成本、实现新生代农民工市民化的重要途径。一是逐步建立统筹城乡的就业服务体系，实现农村劳动力梯次转移。统筹城乡就业服务的信息体系主要包括信息网络建设、信息供给与发布、相关就业政策咨询与指导、权益保障的法律咨询等，其主要功能是及时发布企业用工信息，保障就业信息的真实性及有效传递。二是充分发挥政府在劳动力市场建设中的宏观调控作用，以维护新生代农民工各种合法权益为嵌入点，推进劳动力市场的法制建设。政府通过相应法律程序，制定一系列推动劳动力市场建设的劳动法规章、劳动政策，建立完备的劳动就业制度体系。三是完善企业用工的监察体系，加强劳资关系纠纷

的协调、仲裁机构建设。加强政府职能部门对企业用工过程的监督检查，协调劳资纠纷，依法保护新生代农民工合法权益，积极健全劳动权益保护的法律援助渠道，调处社会纠纷，以规范性文件规定和管理新生代农民工的各种权益。

5. 逐步将农村流动劳动力纳入城镇住房保障体系

城镇住房保障体系是一项系统的民生工程，应根据农民工为城市经济社会发展所做的贡献，把他们纳入城镇住房保障体系。一是按照基本公共服务均等化的要求，可先将持有居住证并在城镇居住相应年限的农民工纳入城市保障性住房范围，允许他们落户城市，推进新生代农民工市民化进程。二是政府相关部门出台相关政策和激励机制鼓励和吸引民间资本投资保障性住房建设，为新生代农民工住房安居工程提供更多的房源；在非公企业建立住房公积金制度，具体的缴费标准可参照城镇事业单位公积金缴费标准适当降低，新生代农民工只要连续缴存一定年限的公积金就可申请住房公积金贷款。三是采取多方融资，建立多元化住房资金投入机制，根据新生代农民工不同层次、不同阶段的需求，建设农民工公寓或廉租房，满足他们多样化的租房需求。

6. 推动农村土地制度改革，为新生代农民工落城镇户创造条件

农地制度改革能为新生代农民工提供一定的金融资源，积极探索新的农村集体土地流转模式，实现土地承包权的再配置，对于转变农业发展方式和推动新生代农民工市民化有着双向的促进作用，同时也为新生代农民工土地承包权流动及城镇落户创造一定的制度条件和金融资源。一是确定农村土地产权。明确农户及集体组织对承包地、宅基地、集体建设用地、农村房屋、林权等的物权关系，开展划界、登记和颁布产权证书，使其成为土地流转的基本凭证，保障农户产权主体的合法土地权益；同时，建立相应的农村产权交易机构，引入农业担保、投资和保险机制，使农民（农户）成为农村土地市场主体，平等参与生产要素的自由流动，充分发挥市场配置资源的基础性作用，建立归属清晰、权责明确、保护严格、流转顺畅的现代农村土地产权制度，为农地流转及其收益打下相应的产权基础。二是积极推进农村土地流转，实现农地规模经营。农村土地流转包括土地产权、房屋产权和林权流转。赋予农村土地使用权的完全交易权，允许已经进城定居和落户的新生代农民工有偿流转在原农村的宅基地和承包地，流转对象实行原集体经济组织内部成员优先原则；探索城镇居民到农

村合作开发和长期租赁承包地及农村住房的运行机制；充分发挥政府在农村土地流转制度创新中的积极引导和协调矛盾的作用，提供一个公正、公平、安全的制度环境和运作规范。三是完善农村土地征用程序和征地补偿机制。提高农民在土地增值收益中的分配比例，为失地农民工提供能够参加住房、就业、医疗、养老保险等的费用，并探索相应的保障机制，以保证失地农民工具有长期和基本的社会保障；对高速公路等交通基础设施建设，可以参照公益性用地的相关政策执行。

7. 加快推动城乡一体化发展，提高人口城镇化率

人口城镇化带动农民逐步转变为市民和第二、三产业工人，使他们从农业边际生产率提高和第二、三产业发展中获得更高的收入，进而变农民消费为市民消费，形成对工农业产品和劳务等巨大需求。一般而言，人口城镇化率每提高 1 个百分点，就会有 1300 多万人口从农村转入城镇，就会增加城镇公共服务需求。一是要以棚户区和城中村改造为突破点，增强城市运行的包容性、协调性和安全性，进一步提升城市综合体的综合承载能力。二是采取更加积极的政策措施，创造更多的就业机会，吸纳新生代农民工在城镇实现就业，尤其是中西部地区城镇更要通过承接产业转型和产业园区建设来增加就业机会，吸纳更多的新生代农民工返乡就业创业。三是建立健全农民和农村非农产业向中心镇及其邻近社区集中的推进机制，加快推动城镇及其邻近地区公共服务均等化。城乡统筹的基础设施建设、公共服务设施、社会化服务设施应重点向中心镇及其邻近社区布局，以增强城镇吸纳农村劳动力就业居住的能力。四是增加金融资源供给，强化涉农商业银行和新型农村金融机构的服务功能。鼓励现有商业性、政策性、合作性及其他新型农村金融机构在中心镇设立各自的分支机构，强化其作为中小银行和新型金融机构的支农服务功能，可在一定的信贷额度内向新生代农民工提供就业创业扶持贷款；根据特殊农业产业发展需要，农户或种植户可以凭借其农地产权、金融机构授信资源申请贷款，明确抵押条件及贷款用途，并根据需要适当延长贷款期限，实行相对优惠的贷款利率。

二　省级层面的推动农民工市民化对策建议

随着产业转型对新生代农民工区域就业格局的影响程度加深，新生代农民工就业行为将呈现多样化的特点，这就导致不同省份在新生代农民工服务管理方面面临的问题不一而足。概观新生代农民工就业行为现象，省

级层面的新生代农民工市民化对策建议主要包括省内市民化和跨省市民化，这种现象在每个省份都是如此，只是规模大小不一而已，中西部地区跨省流动规模远大于东部地区，因此东部地区面临的农民工市民化难度要高于中西部地区。无论是东部地区还是中西部地区，无论是过去还是现在和将来，新生代农民工外出就业或返乡就业现象仍将继续存在，这就使新生代农民工市民化问题也必将长期存在。此外，国家层面已高度关注农民工问题，并纳入创新和完善社会管理的工作范畴，这对推动新生代农民工市民化赋予了更多的要求和内容。

由于行政管辖权因素，省级层面的对策建议主要是做好流入本省级行政辖区的新生代农民工市民化工作，这就是对其他劳动力流出省份的贡献，尤其是对东部省份而言更是如此；同时，新生代农民工跨省就业产生的市民化问题也是省级层面政策措施应该考虑之列，主要是作为流出地做好一些支持性的服务工作，便于在新生代农民工市民化方面开展省际合作，共同做好农民工服务管理工作。当然，这一层面的对策建议要求有针对性更强、可操作性更具体的特点。

（一）转变新生代农民工市民化的服务管理理念

认清目标和路径是深化新生代农民工服务管理理念的基础，特别是在当前农民工基本公共服务均等化的制度环境与政策环境已发生实质变化的新形势下，更需要在宏观整体上解放思想、转变观念。推进新生代农民工市民化的服务管理应该更具人本色彩，这对传统的农民工管理模式提出了挑战，首先表现在服务管理思想上的更新转变。

地方各级政府部门和流动人口服务管理专兼职人员应当认识到：现阶段大规模、跨地域的农村劳动力流动，是市场经济发展的历史必然，也是区域经济社会又好又快发展的必要条件之一。当前，在加快经济社会又好又快发展背景下，加强新生代农民工服务管理工作已成为城市经济发展和社会稳定的重要环节，必须将新生代农民工纳入城市社会管理之中，探讨新生代农民工服务管理的长效机制。一是提高对新生代农民工尤其是跨省流入新生代农民工市民化服务管理重要性的认识。地方政府应定期组织各相关职能部门的领导和干部深入学习中央政府有关农民工及流动人口文件精神，深刻领会“三个代表”重要思想、科学发展观、“四个全面”在新生代农民工服务管理工作中的具体体现，正确理解和处理新生代农民工与城市发展方面的相互关系，进一步提高对新生代农民工服务管理重要性的认识。二是举办专题培训讲座，转变基层专职管理队伍的思想观念。县级人民政府应定期组织农民工服务管理干部进行专题培训，使基层社区干部和工作人员转变对新生代农民工服务管理的思想观念，真正把社区（街道办事处、乡镇）作为新生代农民工服务管理的主阵地和主战场。三是探索新生代农民工市民化服务管理的新模式和新途径。坚持以“管理为基，服务为先”的原则，把新生代农民工市民化工作业绩纳入政府政绩考核指标之中，纳入国民经济和社会发展规划，所需经费纳入本级财政预算，探索新生代农民工市民化的新模式和新途径，体现责任政府、公共政府、服务政府的基本职能，逐步使各地形成重视和推进新生代农民工市民化的新格局。

（二）理顺新生代农民工市民化的服务管理体制

面对新生代农民工市民化的新形势，政府部门必须树立“大人口”意识，完善新生代农民工服务管理体制，创建一个与经济社会文化发展、新型城镇化及城市转型要求相适应的专业化、社会化、网络化、高效化的农民工市民化服务管理体制①，这样才能真正实现由管理向服务的转变，着力推进新生代农民工市民化进程。

1. 充实和完善农民工服务管理机构的综合决策机制

一是健全地级农民工服务管理组织及其常设机构。② 切实加强党委政府对农民工服务管理工作的统筹协调，鼓励地级党委和政府建立本级农民工服务管理工作领导组织及其常设机构，指导和监督本级及县级农民工服务管理工作。二是完善县级以上农民工服务管理常设机构的工作职责。通过完善工作职责，加强农民工计划生育、居住证管理、就业创业、教育培训、医疗卫生、社会保障、出租屋管理、保障性住房等方面政策制度的衔接和协调，制定和完善农民工市民化服务管理的相关公共政策，形成部门协同推进新生代农民工市民化的工作机制。

2. 完善农民工服务管理的组织建设

一是完善县级农民工服务管理机构，明确考核标准。在地级农民工服务管理工作领导机构的领导下，健全县级农民工服务管理组织机构，明确

① 在此，围绕“大人口”意识，我们将新生代农民工市民化服务管理体制拓宽至全体农民工，以便在实践中操作和运行。

② 这一类农民工服务管理机构也可以称为“流动人口服务管理机构”。在实践中，各地在机构名称方面略有不同，但具体职能的大方向相似。

县级农民工服务管理机构的工作职责，健全县级农民工服务管理领导机构的组织建设和人员编制，明确具体的工作职责和绩效考核体系。

二是健全街道办事处（社区①、乡、镇）管理服务机构和工作职责。街道办事处（社区、乡、镇）是农民工服务管理工作的基层组织，要完善街道办事处（社区、乡、镇）服务管理定位和职能，实现政府管理职能的重心下移。据此认为，可在街道办事处（社区、乡、镇）组建农民工服务管理中心。由于管理重心下移和职能下放，服务管理中心主任、副主任纳入公务员序列管理，按照权职一致原则明确相应的工作职责，同时按照3000—5000∶1的比例设置专职管理岗位，其工作人员纳入事业编制考核，同时建立相应的晋升机制，可根据其业绩和工作年限转入公务员系列。健全农民工服务管理目标岗位责任制，严格对相关服务管理人员的考核和奖惩，提高服务管理人员工作积极性和责任感。服务管理中心可以组织开展本街道办事处（社区、乡、镇）涉及农民工居住证、出租房屋管理服务的信息登记事务和日常管理；提供出租房屋信息介绍服务；建立和维护职业介绍、岗前培训教育和安全卫生管理服务网；受理维护农民工合法权益投诉和计划生育等基本公共服务具体事务；负责农民工社会保险及社会救济等社会保障工作的实施；负责指导、督促社区农民工协管员开展工作；负责开展与农民工服务管理有关的其他工作等。服务管理中心应是街道办事处（社区、乡、镇）农民工服务管理工作的专职组织，地级、县级农民工服务管理目标任务和管理责任考核至街道办事处（社区、乡、镇），其辖区内的农民工服务管理站及工作人员、协管员主要是辅助管理。

三是组建社区（或村）农民工服务管理站。街道办事处（社区、乡、镇）的社区②（或小区）或村可以考虑设立农民工服务管理站，站长由社区（村）主任兼任，工作人员由社区民警和社区（村）居委会工作人员及协管员组成。社区（村）农民工服务管理站侧重在街道办事处（社区、乡、镇）农民工服务管理中心及街道办事处（社区、乡、镇）有关部门的指导下负责登记采集农民工家庭、居住证办理、出租房屋等基本信息；

---

① 在此专指类似于基层城市管理体制改革后的社区，即撤销街道办事处后设立的新型社区。

② 此处的社区与基层城市管理体制改革后的社区不同，主要是街道办事处（社区、乡、镇）管辖下的社区或新型社区管辖下的住宅小区或居住小区。

负责签订出租房屋、用工单位治安和计生责任书，督促房主、业主落实管理责任；入户宣传各级政府有关流动人口的服务管理政策，做好相关政策的宣传教育和咨询工作。

3. 探索和完善农民工自治组织管理的机制

农民工自治组织作为非正式组织，本身具有一定的服务管理职能。因此，可以根据各地实践需要成立农民工互助服务中心，作为农民工自治管理的组织载体和民间组织，并将农民工互助服务中心（或类似的非营利组织）纳入城市社会管理体制之内，积极引导并发挥其在新生代农民工市民化进程中应有的积极作用。

一是创新农民工自治管理机制，实现农民工市民化服务管理由被动接受向主动介入的转变。第一，建立健全组织体制。农民工互助服务中心接受街道办事处（社区、乡、镇）农民工服务管理组织的指导和引导，组织体系完全由农民工自愿组建，由热心公益事业的农民工志愿者任互助服务中心成员。第二，建立健全培训机制，加强对互助服务中心负责人定期的培训和教育。第三，完善管理制度。进一步完善互助服务中心工作内容、工作制度、自治公约等指导性文件。第四，统一硬件设施。投入一定的经费，统一互助服务中心标牌，统一互助服务中心成员办公设施、主要文体用品全部到位，制作宣传栏，印刷相关宣传手册和便民手册。通过以上措施，实现农民工服务管理工作前移，主动协助配合政府部门开展各项服务管理工作。

二是完善农民工自治形式，确保了农民工协同、自治、自律、他律、互律作用的充分发挥。第一，组建农民工治安小组。自觉举报非法行医、无照经营等安全隐患和违法行为，自我开展预防煤气中毒宣传检查、防火防盗、安全生产等安全防范工作；第二，设立调解员制度，建立农民工纠纷调解小组，形成县级农民工服务管理机构、街道办事处（社区、乡、镇）农民工服务管理中心、农民工互助服务中心（调解员）三级矛盾调解机制，为农民工提供反映合理诉求的渠道，将各类社会矛盾纠纷化解在基层。

三是扩展新生代农民工自治途径，确保农民工互助服务中心规范发展。第一，建立新生代农民工志愿者协会。动员组织新生代农民工参与各项公共事务管理，积极参与各项安保、日常巡逻、文明宣传等社会面治安防范工作，形成社会管理“人人参与、人人共享”的良好局面。第二，畅通新生代农民工信息报送渠道。一方面要求新生代农民工在接受服务的同时主动申报个人变化情况；另一方面新生代农民工发现问题及时报告，成为基层服务管理力量的有效补充。第三，完善新生代农民工党团建设工作。各社区可在条件成熟的农民工互助服务中心建立“农民工党支部”、“农民工团组织”，通过完善管理机制，强化流动党员团员的纵向联系；创新教育培训机制，让流动党员形式散而心相连；依托流动党员之家、零距离对话，定期开展党小组活动，走进流动党员心中，充分发挥流动人口党员先锋模范作用，探索“以党的组织为阵地、以群团组织为配套、以志愿组织为补充”的农民工自治管理途径。

四是加强农民工服务管理的部门合作，共同完成社会管理目标。积极加强街道办事处（社区、乡、镇）农民工服务管理机构与互助服务中心等自治组织的合作，挖掘农民工自治组织的组织优势，共同完成社会管理目标。把代表农民工利益的自治组织体系纳入城市社会管理体制，使农民工服务管理的正式组织和非正式组织各自发挥其应有的积极作用，进而促进农民工融入社区。街道办事处（社区、乡、镇）农民工服务管理机构与自治组织应通过互帮互促增强农民工的社会资本。

农民工互助服务中心等自治组织立足自我服务、自我管理、自我教育，加强社会管理资源的整合，并日益成为党委政府引导、农民工自愿参与的自助服务和自我管理平台，成为鼓励和带动农民工积极参与社会建设和社会管理的重要途径，成为各地创新农民工服务管理、推进社会管理创新、构建社会管理新格局的重要实践和有利探索。

4. 加强农民工服务管理的公务员队伍建设

良好的服务管理制度和社会秩序最终要靠敬业度较高的公务员①（含专职管理人员）队伍来执行和维护。管理人员队伍是农民工市民化服务管理制度得以有效执行的重要保证，是加强和创新社会管理的需要。

一是通过完善行政行为责任制和过错责任追究制，建立公正的公务员队伍。实现依法行政的手段之一，就是将农民工服务管理的目标、职责、要求、权责细化到农民工服务管理的具体工作岗位和各个公务人员，纳入相应的目标考核制度，结合目标考核决定相应的等级，不同等级的公务员或者无定级的专职管理人员之间，在岗位聘任、奖励评定、职位晋升等方

---

① 这里的公务员是指列入公务员序列的地级、县级、城市社区的农民工服务管理人员。

面逐步实行系统内部差别制，激励公务人员公平、公正、公开行政，严惩行政不作为，惩治“懒人”和“庸人”。

二是在公平行政的同时，推行人性化的行政行为，建立文明的公务员队伍。“人性化行政”是依据正当的行政程序进行非歧视的、理性化的、社会化的服务管理行为，将农民工服务管理制度的原则性和灵活性结合起来，最大限度地追求服务公正与管理效果的统一。在实际行政过程中，公务人员应把“依法、理性、为民、亲民”理念放在首位，贯穿于服务管理全过程，倡导文明行政、热情行政、理性行政，使农民工服务管理行为成为传播城市文明的载体，树立依法行政的良好形象。同时，通过加强对公务人员的监督和管理，使公务人员的行政行为更全面、更合理、更有效。

5. 完善农民工服务管理的协管队伍

街道办事处（社区、乡、镇）农民工服务管理中心根据需要招聘协管员以弥补服务管理中心在管理岗位和工作人员的不足。一是配足做实协管员，完善工作职责和考核标准。经费充裕的街道办事处（社区、乡、镇）可按500∶1的比例（其他乡、镇可按流动人口600—800∶1比例）配足做实协管员队伍，其工作待遇由县级农民工服务管理机构统筹安排；制定和完善协管员的工作职责和考核标准，做到协管员服务于农民工和基层社区。街道办事处（社区、乡、镇）农民工服务管理中心的协管员可由本地户籍居民兼任，也可由互助服务中心负责人或具有责任心和正义感的新生代农民工兼任。

二是加强对农民工协管队伍的教育、培训和管理，提高协管队伍的政治素质和业务技能。协管员在街道办事处（社区、乡、镇）农民工服务管理中心的组织下，协助服务管理中心和街道办事处（社区、乡、镇）有关部门做好新生代农民工服务管理，主要负责宣传政策、信息跟踪、居住证办理、出租房登记管理、就业信息传递和免费计生服务咨询等，全面落实服务管理措施。同时，动员和组织社区治保组织、治安志愿者、物业管理人员、保安联防人员等参与新生代农民工服务管理，构建广泛的社会化网格化管理网络。

（三）创新新生的新生代农民工市民化的服务管理模式

按照“公平对待、服务至上、合理引导、完善管理”原则，把新生代农民工市民化工作纳入本地国民经济和社会发展规划，特别是结合城镇化建设和户籍管理制度改革的需要，探索和创新“以房管人、以证管人、以业管人”等类似的新生代农民工市民化服务管理模式，着力提升各地新生代农民工服务管理整体水平。

1. 实施“以房管人”的居住模式

居住管理是新生代农民工服务管理工作的切入点和突破口。将现有农民工服务管理与出租屋管理相结合，建立出租屋数据库，提供基础性信息数据。根据各类出租屋的不同情况和特点完善不同的居住管理模式，明确房东、业主或用工单位的管理责任。结合各地有关农民工或流动人口服务管理的有关地方法规，全面推行居住登记和居住证制度，强化出租屋暂住人口登记和管理。

一是以出租房屋为基础，探索健全新生代农民工出租房屋的管理机制。街道办事处（社区、乡、镇）农民工服务管理中心要把出租房屋列入工作视线内，实施管理责任制，配齐专职管理人员，实行工作重心要前移到出租房屋，对外来人员可能落脚的出租房屋严格管理；各个街道办事处（社区、乡、镇）可根据实际需要设立出租房屋管理站，社区民警任站长。专职管理人员和协管员要定期上门采集新生代农民工流动信息，每半个月必须对所包片的出租房屋走访登记一遍，及时掌握新生代农民工居住动态，并录入新生代农民工个人信息及其出租房屋信息，全面掌握新生代农民工及出租房屋情况；社区民警要改变工作方式，严格按照责任区分片包干、分类管理，建立一户一档，做到精细管理和精准服务，并按照出租户类型每月定期或不定期进行走访。

二是探索健全出租房屋业主的管理体制。明确出租房屋业主的责任，继续坚持“谁出租谁负责，谁留宿谁负责”的原则，凡出租房屋的单位和个人，都必须在承租人来去一周内向社区（村）报告承租人的信息并登记备案；街道办事处（社区、乡、镇）要同出租房屋业主签订治安责任书，明确出租房屋业主的治安责任，要求该办理的房屋租赁许可证等要按规定办好；出租房屋业主要了解承租人的从业情况，并定期做好跟踪调查和回访；严格奖惩制度，对于遵纪守法的出租房屋业主要给予表彰鼓励，对于违法或知情不报，不履行义务的出租房屋业主要加以处罚；依法取缔非法房屋中介组织，建立健全房屋租赁的监督制约机制，规范出租房屋管理，把农民工出租房屋管理工作纳入规范化、法制化轨道；大力加强、规范宾馆、旅社、个体旅店、房屋出租户的治安管理，健全住宿登记制度，落实治安责任。

2. 完善“以证管人”的服务模式

全面实行居住证制度，树立“服务＋管理”的工作理念，转变管理模式。健全居住证制度，以居住证为依托统筹新生代农民工现居住地的登记管理、社会保障和公共服务，把办理居住证与就业服务、工商登记、创业扶持、社会保障、子女教育、计生服务、证照办理、社会救助等公民权益结合起来，不断扩大新生代农民工享受政府提供的公共服务项目，以充分发挥居住证的公共服务和公共管理两个功能，让农民工与具有城市户籍的人口共享城市发展的成果，让他们对城市更加认同，更具有归属感。因此，需要从新生代农民工居住登记和居住证办理的每个环节入手，以效率促管理，向管理要效率。

一是完善居住证办理的服务机制。对农民工居留比较集中的聚集地和用工企业，设立“办证点”（可作为相关居住证政策宣传的窗口）或“联络站”；对农民工相对比较分散的地方，可以通过协管员进行新增外来流动农民工的登记，协助做好新生代农民工服务管理。同时由社区民警带领专职管理人员推出“集中办证”、“送法送证上门”、“预约办证”、“一站式服务”等一系列的便民服务措施，掌握新生代农民工流动及变动情况。

二是加强新生代农民工居住信息服务管理。以抓农民工“变动率”为工作中心，要求专职管理人员和社区民警，按照精准化要求，对辖区开展细致摸底，并按照卡册详细采集有关信息；以“户核”的方式，有重点、有针对性地弥补和更新各类信息，重点是新流入或短期流动的农民工，将完整、准确的信息及时录入农民工（或称“流动人口”）综合信息管理网络系统，并随时维护，确保信息全面、准确、动态，实现信息资源共享。

三是有效提高出租房屋的新生代农民工办证率。对新生代农民工出租房屋实行旅店式管理，由公安机关统一印制《出租房屋管理登记表》发放到出租房业主或房屋租赁中介机构手中，由出租房屋业主或房屋租赁中介机构对出租房屋承租人的基本情况进行登记，并负责督促承租人及时登记并办理居住证，跟踪检查其办理情况。专职管理人员和社区民警定期对社区出租房屋进行检查，对不按规定登记办理居住证的承租人签发《催办通知书》，责令定期办证，并将这类农民工归为“重点”对象，纳入常态化服务管理。

四是升级居住证的公共服务功能，健全梯度累进的公共服务享受机制。依托居住证逐步升级的公共服务获得过程正是新生代农民工市民化的过程。居住证制度改革的核心是通过赋予其较高的公共服务功能来引导农民工积极主动办理。持居住证的新生代农民工除了享有各地法律法规规定的居住证持有人应该享有的权益外，可根据持证时间的长短、从业与社保缴费及遵纪守法情况等，享受逐步升级的市民待遇，如建立关爱流动妇女健康长效机制，优先享有承租政府提供的公共租赁住房，优先获得公益岗位，优先享受政府就业服务和职业培训，优先保障子女在本地公办学校就学和参加高考，优先享受政府保障性住房供给等。

五是完善公安机关参与“以证管人”的体制机制。发挥公安机关在“以证管人”模式中的优势，在地、县两级农民工服务管理机构的领导下，探索公安机关、街道办事处（社区、乡、镇）农民工服务管理中心与其他相关职能部门合力共建“以证管人”的协调机制，力争实现新生代农民工市民化服务管理的新突破。第一，积极与当地人口卫计、人社、民政、工商、妇联、民委等部门齐抓共管，互相策应，做到多管齐下，综合治理。第二，加强与农民工流出地的联系，争取农民工流出地公安机关的配合，密切联系，实现对新生代农民工的双向管理和信息共享，做到“流出有组织，流入有管理”。第三，加大对用工单位的管理，用规章制度约束用工单位把好“用人关、教育关、管理关”，如果用工单位违反规定使用诸如无居住证、身份证等证件的外来劳动力，公安机关应给予用工单位严厉处罚，罚没收入用于所在社区的新生代农民工服务管理。第四，增强公安机关服务意识，杜绝在服务管理中“歧视”农民工，应做到服务与管理并举，让那些有正当职业的新生代农民工有“入城为安，视城为家”的感觉，成为各级城市市民。第五，根据市场经济发展需要和新生代农民工服务管理工作特点，补充和完善相关的服务管理措施，把新生代农民工居住证纳入法制化、规范化、制度化的管理轨道。

3. 全面落实“以业管人”的就业模式

健全新生代农民工就业服务管理制度，以用工单位为重点加强新生代农民工就业地的服务管理，按照“谁用工谁负责”的原则，落实雇佣业主的服务管理责任，严格落实用工单位农民工信息报送制度，保护新生代农民工从业的合法权益。

一是加强新生代农民工就业创业的分类管理。以建设一批示范性的农民工服务管理中心（站）为抓手，推动相关各方分工负责机制的落实；按照“人来登记、人走注销”的原则，采取“旅业式”、“物业式”、“单位自管式”、“散居包片式”等管理方法，要求暂住一个月以上的农民工必须办理居住证，使新生代农民工通过居住证实现就业创业。

二是严格落实用工单位负责制，加强用工单位自主管理。按照“谁用工谁负责”原则，严格落实用工单位负责制，加强用工单位自主管理。每个用工单位指定一名兼职管理员负责单位内农民工的登记、办证、教育等工作，做到“用人登记、人走销户，每月统计、逐月上报”，使社区民警（责任区民警）和专职管理人员能够及时掌握用工单位新生代农民工动态情况。用工单位可根据农民工需要建立农民工工会，使之成为维护新生代农民工合法权益的自治组织和用工单位自主管理的辅助组织。

三是明确社会组织及娱乐场所的服务管理责任。对雇用留宿外来人员的企事业单位、个体工商户、商场、成建制务工队伍、教育培训机构等社会组织以及具备住宿条件的公共娱乐场所，农民工服务管理中心（站）将督促帮助这些用工组织（雇佣业主）的负责人建立农民工从业信息、治安管理组织和明确流动人口协管员，负责新生代农民工就业信息的登记报送工作，并与专职管理人员共同负责。

四是对持居住证的新生代农民工进行从业技能培训及其他培训等就业创业服务，提高其从业能力。农民工服务管理中心（站）组织人社等其他相关部门，培训新生代农民工的就业创业能力，加强劳动职业技能鉴定，对考核合格者发放职业技能证书，并作为办理城镇落户的优先条件。加大劳动维权力度，使他们享受基本的就业服务，进而增加新生代农民工经济收入和就业稳定性，享受劳动维权、定期体检、司法援助、社会救助等服务，提高新生代农民工市民化程度。人社部门要通过用工招聘会、春风行动、劳务合作、人才引进等平台，积极引导新生代农民工有序流动，免费为新生代农民工提供岗位信息、政策咨询和职业指导等基本就业公共服务。

五是加强对建筑、采矿、化工等特殊行业的农民工就业服务管理。建筑、采矿、化工等特殊行业是农民工就业比较集中的行业，也是风险相对比较高的行业。街道办事处（社区、乡、镇）农民工服务管理中心要将这三个特殊行业的农民工就业服务纳入“以业管人”的管理范畴，主要内容包括居住证办理、劳动合同签订和监督、工资支付管理、劳动安全保护、社会保险缴纳、免费计生服务、消防安全设施等内容，并将用工单位就业服务执行情况作为纳入工商考核、税费减免等相关优惠政策的前提，切实维持农民工合法权益。

（四）搭建新生代农民工市民化的服务管理平台

1. 构建省级农民工综合信息管理网络系统①

通过协调机制加快建设集农民工房屋租赁、税收征管、治安管理、就业创业、计生服务、社会保障、子女教育等多功能的政府综合信息平台，不断提高信息应用水平和信息管理效能。一是完善各级农民工综合信息网络系统。以合理足额的经费保障为基础，地级政府部门可按照“统一规划，统一标准，联合共建，数据共享”的原则，依托电子政务外网，建立纵向连接各县、街道办事处（社区、乡、镇）和站（村）、横向连通各相关部门、具有采集/查询/统计/分析等功能的农民工综合信息管理系统，在地级农民工综合信息管理系统基础上健全省级农民工综合信息管理系统，实现部门/地区之间的信息资源共享。二是完善农民工统计制度。完善农民工重点监测和统计报表制度，整合关联度高、重复性强的调查内容，减少不必要的报表、调查指标，规范调查频率；加大农民工统计的培训力度，提高基层统计队伍的统计能力和职业素养；完善农民工数据采集和统计工作流程，严把数据源头关。

2. 建设农民工综合社会协作平台和分类服务管理平台

一是建设农民工综合社会协作平台。各级政府按照信息共享、资源整合、优势互补的原则，由地级农民工服务管理领导机构牵头，通过农民工综合信息管理网络系统整合劳动就业、公安、卫计、住建、工商、税务、人社、教育、民政等职能部门涉及农民工的信息资源，加强部门协调配合，建立跨部门和系统的农民工服务管理协作机制，将地级农民工综合信息管理网络系统建设成为各部门/各区域的社会协作平台，提升省内“一盘棋”水平，推进区域“一盘棋”。二是建设农民工分类服务管理平台。以农民工综合信息管理网络系统为基础，根据农民工服务需求分类实施服务管理，建设农民工分类服务管理平台，并及时加强宣传、定期走访、提供咨询、

① 从实践来看，也可与各省（市、区）的流动人口信息系统联合和扩容，在名称上可称为“流动人口综合信息管理网络系统”或“农民工综合信息管理网络系统”，二者在信息管理内容方面基本一致。

跟踪服务和重点管理，使新生代农民工享受到均等化的基本公共服务。

3. 健全镇级农民工服务管理“一站式”工作平台

一是加快健全街道办事处（社区、乡、镇或农民工聚集地）综合服务平台，保障新生代农民工合法权益。按照加强和创新社会管理的要求，结合“上面多条线，社区一个站”的管理原则，充分发挥各类组织在新生代农民工市民化进程中的协同作用，利用地级农民工综合信息管理网络系统，加快在街道办事处（社区、乡、镇或农民工聚集地，如城中村等）建立综合服务平台——作为镇级农民工服务管理“一站式”窗口（依托在镇级农民工服务管理中心），简化程序、一沉到底，提高农民工服务管理的综合效能；完善基层农民工服务管理功能，将镇级农民工服务管理“一站式”窗口创建成为各级政府农民工服务管理工作的平台，有效整合政府部门和社会单位的基本公共服务内容，新生代农民工持居住证到指定社会单位、职能部门，可直接享受相关的各项权益。

二是配备镇级“一站式”窗口服务管理人员。充实按照“一岗多责、一专多能”原则配备镇级“一站式”窗口服务管理人员，纳入街道办事处（社区、乡、镇）农民工专职管理人员队伍，并将政府各部门在街道办事处（社区、乡、镇）的服务力量整合到镇级农民工服务管理“一站式”窗口，为新生代农民工（甚至城镇居民）提供证照办理、房屋租赁、就业指导、个体工商登记、社会保障、教育培训、医疗卫生、计划生育和信息采集等综合服务，实现基本公共服务重心下移街道办事处（社区、乡、镇）和站（村）。

三是完善镇级“一站式”窗口服务管理人员考核标准。地级农民工服务管理领导机构要制定有效的考核标准，将农民工“一站式”服务质量纳入县级政府和街道办事处（社区、乡、镇）农民工服务管理中心和专职管理人员年度社会管理工作的考核内容；工作成绩突出的应予以表彰奖励，存在问题的单位应限期整改，对不适应岗位的专职管理人员，可以提出意见责令聘请部门予以调整或按照有关规定予以辞退。

（五）完善新生代农民工子女教育服务机制①

加快新生代农民工子女教育体制改革，推行“现居住地”教育模式，

---

① 从年龄上来说，部分新生代农民工子女正处于入托入学的年龄，故未雨绸缪，在此将其子女教育服务机制也纳入其市民化的范畴。当然，这类服务机制同样也可覆盖所有的农民工子女。

把新生代农民工子女就地入学列为“阳光工程”和“民生工程”，让新生代农民工子女与城镇户籍儿童一样享受同等的教育资源和教学质量，确保新生代农民工子女能够享受最基本的教育公共服务。

1. 完善新生代农民工子女教育的升学机制

在现行户籍制度制约的前提下，以“现居住地”模式改革新生代农民工子女升学考试制度，对于解决新生代农民工子女在现居住地初中高中衔接教育问题乃至参加高考，无疑具有迫切的现实意义。一是建立农民工子女学籍档案网络管理制度。承担义务教育阶段的城镇中小学校要建立健全在本校就读的农民工子女入学教育全过程电子档案（未建立电子档案的民办中小学校不得招生），学生电子档案能够在特定条件下联网查询，电子档案作为农民工子女在城市参加初中升学的主要凭证，办理居住证并在现居住地连续就读初中的农民工子女可在现居住地参加中考升入高中，享受现居住地户籍人口同等的教育基本服务，高中连续在现居住地就读三年的农民工子女可就地参加高考。二是对农民工子女开放职业技术教育。积极采取措施鼓励农民工子女在现居住地接受中等、高等职业技术教育，这可作为缓解农民工子女在城镇解决初中、高中衔接问题困难以及进行农民工子女职业培训的一个可行办法。

2. 健全公立学校向新生代农民工子女开放的运行机制

一是完善各级政府义务教育资金投入体制。根据相关的法律法规要求，健全省市县级政府基础教育成本分担机制，明确省市县财政投入责任，通过财政转移支付逐步形成“省级统筹、地级补贴、县级为主”的义务教育资金投入体制；地级人民政府在上级政府财政安排下，予以相应比例的配套资金，改善城市公办学校的办学条件，以包括农民工子女在内的全部学生为基数的生均标准核拨公办学校办学经费，把新生代农民工子女教育纳入地级人民政府义务教育实施规划的范畴；坚决打击公办学校针对新生代农民工及其家庭各种名目的“搭车”收费行为，切实减轻农民工家庭的教育负担。二是逐步开放城镇公办义务教育，探索新生代农民工子女在现居住地参加中考、高考的运行机制。积极开放城镇公办义务教育学校，让符合条件的新生代农民工子女在“现居住地”就近就读，并将新生代农民工子女就地参加中考纳入公办义务教育学校的一项考核指标；各级公办高级中学要根据政府教育发展规划安排，开放教学资源和改善办学条件，接纳在本地就读且参加中考升学的农民工子女，并将新生代农民工子女纳入公办高级中学生均等指标的计算范围，逐步过渡到新生代农民工子女在现居住地参加高考。三是根据城镇社会事业发展情况制订新生代农民工学龄前子女入幼入托规划。在城镇条件许可的情况下，县级人民政府可参照新生代农民工子女义务教育的做法把农民工学龄前子女纳入本地幼教发展规划之列，享受本地户籍人口子女入幼入托的相应政策待遇，可将新生代农民工学龄前子女入幼入托纳入城镇幼教事业发展及考核指标之一。

3. 完善城镇民办学校的运行机制

一是健全利益引导机制，改善民办学校办学条件。探索建立民间资本投资办学的利益引导机制，出台相关财政补贴及其他优惠政策，鼓励和引导民间机构和 NGO 投资办学，改善民办学校办学条件；加强民办学校的业务指导，完善其办学考核标准，逐步将公办学校的办学准入标准引入民办学校的办学考核标准，提高民办学校的办学水平。二是加强民办学校教学环节管理。加强对民办学校教学运行的监督检查，重点检查民办学校的师资队伍建设、教学收费审计和教学质量管理，及时发现和解决民办学校运行中出现的难点问题和突出问题，保障新生代农民工及其子女的经济利益和教育权利。三是保障民办学校流动儿童就学升学待遇。根据政府教育发展规划，鼓励新生代农民工子女到民办学校就读，并享受公办学校学生享受的评优评奖、入队入团及其他的入学升学待遇，保证新生代农民工子女享受异校同质的教育基本公共服务。

（六）构建新生代农民工市民化的民生支持体系

1. 全面推进新生代农民工计划生育基本公共服务均等化工作

认真总结各地计划生育基本公共服务均等化试点工作经验，在省域范围内积极推进新生代农民工计生基本公共服务均等化工作。

一是计生技术服务均等化。依托人口计划生育服务机构，指定专门的县级医院进行试点，使流动育龄妇女获得放环、取环、流产、结扎四项手术免费服务，并提供相关证明材料；及时供给流动育龄妇女免费计生药具，努力实现免费药具服务全覆盖，使流动育龄妇女在现居住地按规定免费享有孕情环情等项目检查及服务；实施流动人口优生优育工程，做好流动育龄妇女孕期随访，积极为外来孕产妇提供温馨、舒适、便捷的随访服务并做好档案记载管理工作，落实住院分娩、B 超检查、计划生育手术等实名登记报告制度，实现规范化、网络化管理。

二是宣传倡导服务均等化。大力开展优生优育科普知识宣传讲座和普及工作，强化宣传教育的针对性和有效性，联合科技、教育等相关部门积极开展不同类型的以关爱农民工为主题的宣传服务活动和咨询服务；积极组织开展婴幼儿早期启蒙教育，制作和发放免费宣传品，结合婚育文明进万家活动等形式普及人口和计划生育政策法规以及优生优育、生殖保健科普知识。要加大避孕节育、生殖健康科普宣传力度，为新生代农民工提供与户籍人口同等的生殖健康咨询和随访服务。

三是生殖保健服务均等化。联合卫计等部门使流动育龄妇女在现居住地免费获得优生优育、生殖保健、出生缺陷干预、免费婚检、孕前优生健康检查等咨询服务，每年至少接受 2 次以上生殖健康检查、免费婚检等咨询服务，可以采取发放咨询卡片的形式，保证流动育龄妇女根据自己的时间安排享受该项服务。

四是奖励优待服务均等化。落实人口计生及其他政策文件规定的流动人口计划生育服务和奖励、优待政策。自觉落实长效避孕节育措施的，给予一次性奖励；开展生育关怀救助活动，完善流动育龄妇女住院分娩救助制度，并逐步提高救助标准；加强人口计生和相关政策的衔接，不断完善针对流动人口计划生育工作的优惠政策，把流动人口计划生育作为完善人口和计划生育利益导向政策体系的重中之重，让新生代农民工享受到应有的“奖、优、免、扶、保、助”等方面的优惠政策，使他们在现居住地获得基本公共服务。

五是婚姻生育服务均等化。明确民政等部门的工作职责，为持居住证的新生代农民工出具婚姻证明，保护合法婚姻；相关政府部门要宣传生殖健康知识、性行为和优生优育知识，做好性病等传染病防治；卫计等部门为持居住证的新生代农民工出具婚检生育证明，做好生育全过程跟踪和新生儿出生缺陷干预；人社等部门要将已婚女性农民工纳入生育保险范围，并监督用工单位推行生育保险以及企业对女性农民工生育期的生活补贴和工资补贴。

2. 完善社会保障基本公共服务，切实保障新生代农民工劳动权益

完善农民工社会保障制度，确保新生代农民工参加社会保障制度的强制性，用工单位和新生代农民工都必须按办理居住证并规定参加社会保障，履行缴纳相关社会保险费的义务。一是完善机制保障女性农民工参加生育保险。着力保障女性农民工按规定参加生育保险，新生代农民工晚婚

晚育或在现居住地实行计划生育手术的，享受与本市户籍人口同等的休假等待遇，并由人社部门及社区服务管理中心监督用工单位执行。二是实行强制性工伤保险制度。农民工工伤保险制度由用工单位缴费，按照城市户籍职工工伤保险制度的有关规定执行，保障遭受工伤或患职业病的农民工获得与城镇职工一样的医疗救治和经济补偿。三是保障农民工参加医疗保险。重点完善农民工住院医疗保障问题，建立农民工大病医疗的社会统筹账户；日常医疗费用由农民工或家庭承担，但应参加大病统筹医疗保险，凡是参加大病统筹的农民工可持居住证及相关大病医疗卡到指定的医院就诊；完善医疗保险结算办法，为患大病后自愿回原籍治疗的参保农民工提供医疗保险结算服务或按规定将农民工医疗保险账户转移接续到农民工原籍，保证农民工连续缴费和医疗利益。四是完善农民工养老保险制度。实行城乡统一的养老保险制度，以身份证号码为基础发放社会保障卡或以居住证为基础完善社会保障功能，建立完全积累的个人账户；实现农民工个人账户与职工基本养老保险制度、城镇居民社会养老保险制度或新型农村社会养老保险制度的对接和转续。五是健全新生代农民工失业保险制度。参照城镇职工失业保险制度制定不同缴费标准的新生代农民工失业保险制度，使新生代农民工失业后能够按相关政策享受同等失业保险待遇；新生代农民工缴纳的失业保险金纳入以身份证号码为编号的社会保障卡，以便于失业保险资金的可携带和接续转移。

3. 保护合法权益，保障新生代农民工劳动就业公共服务

一是及时调处新生代农民工社会纠纷，依法保护的合法权益。各级农民工服务管理中心要充分发挥调处农民工社会纠纷等矛盾的作用，克服新生代农民工体制外生存的现象，消除服务管理各环节对新生代农民工的歧视现象，确立“以人为本”的服务管理理念，在人格尊严和社会地位上平等对待新生代农民工。二是保障农民工法律援助和诉求表达渠道顺畅。切实做好农民工维权服务工作，确保农民工法律援助和诉求表达渠道畅通，严厉查处各类侵害新生代农民工合法权益的行为，特别是要依法保护劳动者权益不受侵犯，确保“诉有所求，求有所解”。三是加强劳动合同管理，保障新生代农民工劳动就业公共服务。加快劳动法制建设，规范劳动合同管理，积极探讨新生代农民工工资支付的监管机制，严禁有关部门和单位剥夺新生代农民工合法劳动所得，严厉惩处侵犯新生代农民工合法权益和人身权利的事件；大力拓展纠纷调处、权益维护、职业培训、困难

救助、司法援助等基本公共服务，拓宽服务渠道，为农民工提供各项基本公共服务。

4. 采取多种途径完善新生代农民工社会救助体系

一是以公益劳动形式将新生代农民工纳入现居住地社会救助制度的临时救助范围。持有居住证的新生代农民工，在现居住地连续工作生活一年以上，且申请前连续在现居住地缴纳社会保险费超过一年的，因遭受疾病、意外事故、诉讼、失踪、死亡等突发情况，致使基本生活暂时出现较大困难的，可向居住证发放地申请临时救助。持居住证并在现居住地连续工作满五年且连续缴纳社会养老保险满五年的非本地户籍居民，家庭月人均收入低于或等于本地居民当年最低生活保障标准的农民工低收入家庭，可依需求申请教育救助、医疗救助、就业援助、法律援助、殡葬救助；同时，享受临时救助及其他救助（援助）的新生代农民工低收入家庭有参加公益性劳动的义务，救助对象每月参加公益劳动时间应不少于四天。二是大力发展慈善事业，完善社会救助公共服务参与机制。要鼓励和支持民间组织、慈善团体、宗教组织和广大市民，通过义工服务、捐款捐物、告知引导和直接救助等多渠道、多形式参与社会救助工作。三是加强救助管理机构建设，对生活无着落的流浪乞讨人员实施临时救助，做好特殊季节的流浪未成年人保护和救助工作。

5. 加强宣传教育，提高新生代农民工权益意识和守法意识

一是加强新生代农民工基本公共服务均等化宣传工作。通过各种形式和渠道深入社区（小区、农民工聚集地）宣传免费计生、居住证办理、出租房管理、劳动合同签订、社会保险费缴纳、劳动权益保护、治安管理、社会救助等相关公共服务政策，使新生代农民工了解自身相关的劳动权利和社会责任，营造良好的社会管理氛围，以利于新生代农民工运用法律知识维护自己的合法权益，并主动履行自己应尽的义务，在享受服务的同时配合管理，使新生代农民工自觉地遵守法律，共同搞好农民工服务管理。二是加强新生代农民工普法宣传，提高守法意识。加强政策法规宣传教育，尤其是加强《劳动合同法》、《治安处罚法》等相关法律法规的宣传教育，充分利用广播电视、社区（村委会）、用工单位、出租房屋业主、大学生社团组织等组织和个人宣传基本公共服务政策，培养新生代农民工的权益意识和法律意识，提高自我保护能力和守法意识，消除治安隐患，增强他们的社会责任感。

（七）推动农村土地流转制度改革，增加新生代农民工的金融资源供给

推动农村土地的资源物权化、产权资本化进程，促进土地资源向资本的转变，为激活土地这一重要生产要素奠定了坚实的基础。农地流转的前提和基础是确定土地产权，即确权。所谓确权就是明确农户及集体组织对承包地、宅基地、集体建设用地、农村房屋、林权等的物权关系。

1. 确定农村土地的各项相关权利束

一是在完善家庭联产承包责任制基础上，突出农村土地的占有权，即确定农民对土地的占有权和使用权，使农户成为农村土地产权主体。二是明确农户的农地处置权，包括转包、出租、互换、转让、入股（将土地承包经营权入股，从事农业合作生产）等权利，适当引导农民把行使土地处置权的重点放在出租、入股等土地流转行使上。三是重视农户的农地收益权。农地收益应在所有者（法律所有者、经济所有者）、占有者（承包者）、使用者之间分配，因此农地的生产收益分配、转让收益分配、投资收益分配及其他收益分配归劳动者本人及其家庭。在确定了农村土地相关权利束之后，就解决了农村土地确权的相关产权边界问题，便于农村土地确权的顺利开展。四是明确土地产权的权属和边界，使农民（农户）成为农村土地市场主体。建立相应的农村产权交易机构，引入农业担保、投资和保险机制，使农民（农户）平等参与生产要素的自由流动；充分发挥市场配置资源的基础性作用，建立归属清晰、权责明确、保护严格、流转顺畅的现代农村土地产权制度，为农地流转及其收益打下相应的产权基础。

2. 培育农村土地有形市场，完善土地流转的市场运作

一是完善土地承包权流转办法，规范土地流转行为。《土地承包法》以法律形式确认了有关农地制度建设的规范，而这是全国性的法律规范，还需要地方立法机构及政府在此法律框架下研究制定符合本地实际的、具有可操作性的土地承包权流转办法，稳定土地承包关系，以规范农村土地流转行为。二是完善农村土地流转程序，充分发挥和协调相关各方的作用。健全一套良性运行的土地流转程序，引导和规范土地流转市场，完善相关的管理体制；发挥政府的主导和协调作用，加强农村土地流转市场的引导和管理；农村集体组织要履行其应有的职责和义务，通过相关渠道向上级主管部门及时反馈农户的土地诉求和土地流转中出现的新情况、新问

题，推动农地流转市场的健康有序发展。三是规范农户土地承包权流转。土地流转要围绕中国特色的农业产业化及其粮食安全，正确处理国家（集体）与农户及土地流转主体之间的利益关系，健全土地流转各方的利益分配机制、跟踪服务和纠纷调解机制，建立土地流转管理与纠纷调解仲裁机构，强化农户承包经营权的合法性和规范性。

3. 完善农村土地流转市场建设

健全土地流转市场体系，进行土地承包权供需登记，处理农地流转过程中各种利益关系，促进农地承包权在更大范围内合理流转。根据行政区域划分，可以筹建农村土地流转市场体系，即由村级土地流转服务站、镇（乡）级土地流转服务中心和县级农村土地流转服务中心共同组成的三级农地流转市场体系。一是建立健全村级土地流转服务站建设。村级土地流转服务站可挂靠在村委会，也可视各地条件单独设立，并接受上级土地管理部门监督。二是完善镇（乡）级土地流转交易中心建设。镇（乡）级土地流转交易中心指导农地流转合同的订立，办理由土地流转而引起的相关合同的变更、解除、重订等，可是土地流转进度建立土地流转合同信息中心，调解农村土地流转争议等。该土地流转交易中心可挂设在乡镇土地管理部门内部，按照或参照公务员制度来管理。三是探索建立县级农村土地流转服务中心。该土地流转服务中心可设在县级土地管理部门内部；也可根据具体情况按土地公司模式运作，同时接受县级及以上土地管理部门的监督管理。县级农村土地流转服务中心要统一制定土地流转合同样本，同时制定农村土地承包经营权流转备案登记、资格审查、信息发布、档案管理、规模经营年审、投诉举报、收益评估、服务承诺、纠纷调处等配套制度，还可制定相应的县级农村土地承包经营权流转制度。

4. 积极推动农地金融制度创新，为农户积累一定的金融资源

农地金融制度创新的路径在于农村土地流转制度，主要是土地金融机构模式。一是以土地作价入股的土地流转模式。通过土地股份这种土地流转形式，实现农村劳动力与土地的分离，使农户每年从土地入股中获取一定的收益，从而使其稳定非农就业，逐步实现向城镇转移。土地股份合作社可按照企业化模式来运作，通过办理营业执照与获得法人资格参与农村市场经济建设。二是探索和创新土地金融机构模式。农地金融制度创新的关键路径在于土地金融机构模式。以土地使用权（即承包权中的一项权利）作为抵押贷款的融资手段，发挥土地的财产功能，将凝聚在土地上

的呆滞资金转化为可流动的金融资本。农村劳动力通过土地承包权抵押贷款，获得非农就业、教育培训和城镇转移的资金支持，能够在一定程度上缓解农村劳动力流动的金融抑制问题，为新生代农民工就地就业及城市融入提供一定的金融资源。发挥广大农民的创造性，结合各地实践尝试建立由合作性土地金融机构、商业性土地金融机构和政策性土地金融机构等组成的功能各异、层次互补、职能有别的农村土地金融体制。这三个层次的土地金融机构构成了职能分工和业务分层的农地金融体系，三者之间存在指导与合作的关系，共同服务于农村金融制度和农业农村经济的发展。

（八）加强跨省就业新生代农民工市民化的服务管理工作

1. 多方协力，积极开展省际协作

一是通过多边协议开展跨省就业新生代农民工计划生育服务管理以及劳动权益保护。在积极争取国家卫计委的协调、指导与监督下，通过省际间双方协议、多边协议和省际间基层协议，开展由地级联谊指导、县级及以下新生代农民工服务管理机构具体实施跨省就业新生代农民工计划生育服务管理以及劳动权益保护，服务跨省就业新生代农民工的生育需求及社会救助需要。二是健全跨省就业新生代农民工市民化服务管理工作的目标责任制。省级、地级农民工服务管理领导机构负责督促参与、协调监管和评估考核，制定协作规范，并将跨省就业新生代农民工市民化服务管理纳入县级农民工服务管理部门和负责人的目标责任制考核，职责明确，分级管理，对考核不合理的负责人按照有关法律法规和政策规定进行处理。三是建立县级劳务输出组织，提高新生代农民工外出就业的组织化程度。健全劳务输出组织制度，成立县级农民工工作小组，其办公室设在县级农民工服务管理部门，主要负责统筹本县新生代农民工尤其是本县跨省外出就业新生代农民工的就业工作，切实做好新生代农民工服务管理工作，使新生代农民工由自发盲动变为有组织的有序流动，提高新生代农民工外出就业的组织化程度。四是加强对跨省外出就业新生代农民工合法劳动权益保护。省级或地级服务管理机构在本省农民工流出比较集中的大中城市设立跨省外出就业农民工权益保护中心，该中心可设在本省驻该地的联络处（或联络办），主要职责是积极与本省农民工所在地服务管理部门或劳动监察部门协调、合作，积极与在该地就业的本省农民工联系，为他们提供就业信息、社会救助和法律法规咨询服务，帮助解决劳务劳资纠纷，为本省跨省外出就业新生代农民工提供劳动权益保护。

2. 加快劳动力市场建设及其信息化，建立稳定的劳动力输出基地

一是加快新生代农民工信息化进程。由县级人社、公安等部门牵头，建立县、乡（镇）、村三级新生代农民工信息档案，档案内容覆盖新生代农民工的基本信息、主要技能、务工经历及务工期望，做好新生代农民工资源库建设的基础性工作，逐步建立城乡一体的劳动力市场，并加快新生代农民工信息化建设，便于与新生代农民工流入地相关部门进行信息核对。二是建立县级农民工信息网。按照“四化同步”发展的要求，建立县级统筹的农民工信息网，并连接各级政府网站，把本县劳务政策、各地农民工需求信息、创业信息通过互联网传送。三是健全劳务信息收集制度，构建新生代农民工市场信息网络系统。中西部地区县级农民工服务管理部门联合人社等相关职能部门专职工作人员寻找劳务需求市场，关注经济较为发达的沿海地区、大中城市的劳务需求情况，了解劳务市场信息并及时在本县农民工信息网上发布劳务需求信息，并积极与用工单位洽谈，与用工信誉/待遇较好的企业建立相对稳定的劳务供需关系，保证或优先为这些单位输送合格的新生代农民工，逐步建立和完善城乡、区域沟通的市场信息网络系统，引导新生代农民工有序推进市民化。

3. 认真抓好职业培训，提升新生代农民工适应能力和就业空间

一是建设新生代农民工职业教育培训基地。地级相关政府部门应建立农民工职业教育培训基地，大力发展职业技能培训和素质教育培训，扎实做好新生代农民工培训工作，增强新生代农民工就业创业能力。二是加大公共财政支出，加强劳动职业技能培训，实现新生代农民工就业技能化。扩大对职业培训的公共财政支出，把职业技能培训作为加强新生代农民工市民化服务的关键环节来抓，采取更为开放的政策和措施，利用农业中专学校、农村职业高中力争低价甚至免费对流动就业的新生代农民工进行职业技术培训，让新生代农民工学会闯市场的本领，提升新生代农民工在劳动力市场的竞争力和适应力，降低新生代农民工流动就业的成本。

（九）加快健全农民工市民化服务的经费保障机制

1. 完善农民工市民化服务的经费保障机制

一是完善农民工市民化服务经费的财政保障机制。按照“政府主导、合理立项、以县为主、各负其责”的原则，确保农民工服务管理人员专项经费和必需的工作经费，完善农民工服务管理经费保障机制。农民工服务管理经费主要由地级、县级两级财政分担并列入财政预算，并力争得到

省级财政专项资金的支持。地级财政负责保障地级农民工服务管理工作所需的日常办公经费和系统开发维护经费，对县级财政实行定项或定额补助。财政经费实行专款专用，统一由县级会计核算中心管理。二是多方筹集农民工市民化服务管理工作经费。其他各有关方面支出应本着“合法、合理”、“取之于民、用之于民”、“谁受益谁出资”的原则，多方筹集保障经费，为开展各级农民工服务管理工作提供充足的经费保障，确保服务管理水平不断提高。三是逐步提高街道办事处（社区、乡、镇）农民工协管员的福利待遇及经费保障。街道办事处（社区、乡、镇）在为协管员缴纳基本社会保险的基础上，建立科学合理的考核标准，根据协管员的工作业绩适当提高其相关报酬标准，并根据工作绩效实行年度绩效奖励，提高协管员工作的责任心和积极性。

2. 调整地级财政分配结构，加大农民工基本公共服务支持力度

从调整财政支出结构入手，从农民工创造的财政收入中拿出一定比例的财政资金用于农民工基本公共服务供给。地级人民政府在测算人均数时要按全部实有人口数来计算，按照与户籍人口同等投入标准，认真研究和确定新生代农民工基本公共服务项目和支出，以子女教育和医疗卫生为重点加大财政对农民工就业、劳动权益、社会保障、子女教育、医疗卫生、社会救助、住房保障等薄弱方面的投入，作为地级财政安排新生代农民工基本公共服务支出，以实现基本公共服务的全覆盖。

3. 探索省级财政转移支付制度，实施省级政府对地级农民工基本公共服务的奖补机制

为使新生代农民工在城镇稳定就业，获得享受基本公共服务的均等机会，可以探索省级财政向地级人民政府转移支付的农民工均等化公共服务资金投入机制。这实质上也是对农民工流出地的支持，相对减轻流出地对当地居民基本公共服务的投入，也减轻现居住地因农民工增加而增长的基本公共服务负担，体现流入地政府在农民工基本公共服务供给方面的责任，有利于完善农民工服务管理“省内一盘棋”和“全国一盘棋”的工作机制，引导地级人民政府加大资金投入。同时，农民工净流入的省份应积极争取中央财政公共服务资金转移支付投入。

附录一　新生代农民工禀赋评价指标调查问卷

尊敬的专家：

您好！非常感谢您在百忙之中抽出宝贵时间完成这份关于新生代农民工禀赋评价指标的调查问卷。我们正在研究新生代农民工就业行为的相关问题，以期给政府有关部门提供咨询和对策，同时也对改善新生代农民工就业环境、提高新生代农民工就业水平进行探索。为了更好地衡量和评价新生代农民工禀赋各指标的权重，我们拟结合相应的指标构建新生代农民工禀赋评价指标体系。因此，唯有您的参与，我们才能顺利完成这项研究，才能更好地发挥学术研究之“经世济民”价值！

再次感谢，敬祝安康！

问卷调查组

2013 年 9 月

问卷说明：

根据选取的评价指标变量制作了调查表，请您根据您的研究和理解对这些指标的成对比较进行打分。打分方法如下：

将某行的指标与各列的指标进行比较，如果您认为行指标比列指标对新生代农民工禀赋的影响程度更强，则在对应的方格内打正分，影响程度越强分值越高（1—9），反之则打负分（ -1— -9），变量说明请见表 2。比如表 1 中，如果您认为 F1 行对新生代农民工禀赋“颇重要”于 F2 列，则根据自己的理解在 F1 行 F2 列所对应的方格内打 5 分，重要程度越高分值越大（1—9 分）；如果您认为 F1 的影响“稍不重要”于 F2，则在 F1 行 F2 列所对应的方格内打 -3 分，越不重要时负分越大（ -1— -9）。最后请您对调查表还需研究的指标提出宝贵意见。谢谢。（注：表 3—表 6 中方格内有短线的不填）

表1　　AHP问卷举例

	F1	F2	F3
F1	—		
F2	—	—	
F3	—	—	—

表2　　层次分析法（AHP）比较尺度说明

语义变量	变量说明	变量赋值
绝对重要	有足够证据肯定绝对喜欢前者	9
中间值	需要折中赋值时	8
极重要	实际显示非常强烈倾向喜欢前者	7
中间值	需要折中赋值时	6
颇重要	经验与判断强烈倾向喜欢前者	5
中间值	需要折中赋值时	4
稍重要	经验与判断稍微倾向喜欢前者	3
中间值	需要折中赋值时	2
同等重要	两比较方案的贡献程度具同等重要性	1
中间值	需要折中赋值时	-2
稍不重要	经验与判断稍微倾向喜欢后者	-3
中间值	需要折中赋值时	-4
颇不重要	经验与判断强烈倾向喜欢后者	-5
中间值	需要折中赋值时	-6
极不重要	实际显示非常强烈倾向喜欢后者	-7
中间值	需要折中赋值时	-8
绝对不重要	有足够证据肯定绝对喜欢后者	-9

表3　　新生代农民工禀赋构成维度对比

指标 / 得分 / 指标	A人力资本	B社会资本	C资源资本
1. 人力资本（包括年龄、性别、体能、受教育程度、工作经验、外出务工所获技能、整体技能水平）	—		
2. 社会资本［包括亲戚的支持、老乡的支持、朋友的支持和公共组织（含NGO组织）的支持］	—	—	
3. 资源资本（包括家庭人均耕地面积、可支配经济资源等）	—	—	—

表 4　　新生代农民工禀赋之人力资本评价指标对比

得分 指标＼指标	A 年龄	B 性别	C 体能	D 受教育程度	E 工作经验	F 外出务工技能	G 整体技能水平
1. 年龄	—						
2. 性别	—	—					
3. 体能（身体健康状况）	—	—	—				
4. 受教育程度	—	—	—	—			
5. 工作经验	—	—	—	—	—		
6. 外出务工所获技能	—	—	—	—	—	—	
7. 整体技能水平	—	—	—	—	—	—	—

表 5　　新生代农民工禀赋之社会资本评价指标对比

得分 指标＼指标	A 亲戚的支持	B 老乡的支持	C 朋友的支持	D 公共组织支持
1. 亲戚的支持	—			
2. 老乡的支持	—	—		
3. 朋友的支持	—	—	—	
4. 公共组织（含 NGO 组织）的支持	—	—	—	—

表 6　　新生代农民工禀赋之资源资本评价指标对比

得分 指标＼指标	A 月均经济收入变化	B 家庭人均耕地面积	C 可支配经济资源	D 家庭与最近乡镇距离	E 家庭与最近园区距离	F 所在乡镇的交通条件	G 所在县域的资源条件
1. 月均经济收入变化	—						
2. 家庭人均耕地面积	—	—					
3. 可支配经济资源	—	—	—				
4. 家庭距最近乡镇驻地的公里数	—	—	—	—			
5. 家庭距最近工业园区驻地的公里数	—	—	—	—	—		
6. 所在乡镇的交通条件	—	—	—	—	—	—	
7. 所在县域的资源条件	—	—	—	—	—	—	—

您认为哪些评价指标还应该包括纳入研究范畴，请列出。

____

____

____

问卷调查到此结束！

如果您对我们的研究有进一步了解的兴趣，请致信 E - mail：shenpeng76@163.com，我们将非常欢迎与您交流。祝工作顺利！非常感谢您对本研究的大力支持。

附录二　川黔渝籍农民工流动与就业现状调查问卷

问卷编号：

您好，我们正在研究新生代农民工就业行为的相关问题，希望您能抽出宝贵时间帮我们填写这份问卷，问卷信息仅用于学术研究，您的个人信息及答案将会匿名处理，希望能够得到您的支持和配合，谢谢！

问卷调查组

2013 年 1 月

被访者姓名：____________联系电话：_________________________

家庭住址：______省______县（市）______乡（镇）______村

访问员姓名：________ 访问员联系电话：_______________________

访问时间：2013 年______月______日　　开始时间：____________

一　基本信息

1. 您出生于________年。

2. 您的性别：男（　　）；女（　　）。

3. 您的教育程度（　　）。

A. 文盲/半文盲　　B. 小学　　C. 初中

D. 高中/中专/职业高中　　E. 大专及以上

4. 您的婚姻状况（　　）。

A. 未婚　　B. 已婚　　C. 离婚或丧偶　　D. 其他____

5. 您的健康状况（　　）。

A. 良好　　B. 一般　　C. 偶有小病

6. 家庭人口数______人，其中 16 岁以下有______人，在校读书有______人，65 岁以上有______人，在外打工人数有______人。

7. 您家的经济状况是（　　）。

A. 低保户　　B. 中等收入　　C. 较富裕　　D. 其他____

8. 家庭住房面积________ m^2，房屋结构属于（　　）。

A. 砖混　　B. 砖木　　C. 钢混　　D. 其他____

9. 家里耕地总数______亩。其中向村集体承包土地______亩，人均耕地______亩。

10. 您家庭所在乡镇的交通条件如何？（　　）

A. 比较便利　　B. 交通一般　　C. 交通不便

11. 您家距最近乡镇集市中心的距离有________公里，到县城（含其他县份的邻近县城）大约________公里。

12. 您家所在地距最近工业园区（含其他县份的园区）的距离有________公里。

13. 您家的经济条件在村里属于哪个等级？（　　）

A. 非常高　　B. 较高　　C. 一般水平　　D. 比较差

E. 非常差

14. 与周边县份相比，您所在县域经济发展水平如何？（　　）

A. 非常穷　　B. 比较穷　　C. 一般　　D. 较富裕

E. 很富裕

二　区域流动与就业情况

1. 您是否有外出务工的经历（　　）。

A. 没有　　B. 有

2. 您外出务工的原因是（　　）。（可选三项）

A. 外出务工收入更高　　B. 家庭人多地少，没事干

C. 到外面见见世面　　D. 外出学经验、技术

E. 向往城镇生活　　F. 要外出赚钱养家、盖房

G. 其他____________

3. 您外出务工的地点主要在（　　）。

A. 本地乡镇　　B. 本地县城

C. 本省大中城市或直辖市辖区　　D. 本省省会城市

E. 省外［（a）广东福建一带；（b）江浙上海一带；（c）京津唐一带；（d）其他区域。直接打“√”］

F. 其他____________

4. 您外出务工至今大约有________年。

5. 您外出务工通常选择交通工具主要是（　　）。

A. 短、长途汽车　　B. 火车

C. 飞机　　D. 轮船　　E. 其他

6. 您外出务工比较倾向于选择哪种务工方式（　　）。

A. 打零工　　B. 专职打工　　C. 兼职打工　　D. 其他______

7. 您平均每次寻找到工作需花费的时间是（　　）。

A. 1 个月以下　　B. 1—3 个月　　C. 3—6 个月　　D. 6 个月以上

8. 您找工作的途径主要是通过（　　）。

A. 亲友介绍　　B. 广告　　C. 招聘会　　D. 中介机构

E. 网络、电视、报纸等媒体　　F. 政府组织　　G. 其他

9. 在您返乡就业过程中获得亲戚支持可能性有多大？（　　）

A. 可能性比较大　　B. 可能性一般　　C. 基本没有

10. 在您返乡就业过程中获得朋友支持可能性有多大？（　　）

A. 可能性比较大　　B. 可能性一般　　C. 基本没有

11. 在您返乡就业过程中获得老乡支持可能性有多大？（　　）

A. 可能性比较大　　B. 可能性一般　　C. 基本没有

12. 在您返乡就业过程中获得政府基层组织等支持可能性有多大？（　　）

A. 可能性比较大　　B. 可能性一般　　C. 基本没有

13. 您务工先后从事过的行业有（　　）。（可选三项）

A. 建筑业　　B. 制造业　　C. 运输业　　D. 餐饮服务业

E. 采掘业　　F. 家政服务业　　G. 个体商业

H. 其他________

14. 您从事这些行业的主要原因是（　　）。（可选三项）

A. 工资高　　B. 懂这方面知识

C. 文化水平、技术要求低　　D. 工作很轻松

E. 有利自身知识能力结构发展　　F. 有益身心健康

G. 培训、学习机会多　　H. 其他____________

15. 您最近一份工作的月薪水平（　　）。

A. 2000 元以下　　B. 2000—2500 元

C. 2500—3000 元　　D. 3000—3500 元

E. 3500 元以上

16. 新的一年来，您的月薪收入与上一年度相比是（　　）。

A. 增加　　B. 不变　　C. 减少

17. 您对当前的工资水平是否满意（　　）。

A. 非常满意　　B. 较满意　　C. 一般

D. 不满意　　E. 相当不满意

18. 您是否能按时领到工资（　　）。

A. 能按时拿到　　B. 基本按时拿到

C. 通过自己催讨　　D. 通过朋友帮忙拿到

E. 有过根本拿不到的经历　　F. 在政府帮助下才能拿到

G. 其他____________

19. 您在遇到拖欠工资、人身伤害时会如何处理?（　　）

A. 自己直接向单位维权　　B. 联合工友共同维权

C. 找朋友帮忙　　D. 找政府部门解决

E. 运用法律手段解决　　F. 自认倒霉

G. 其他____________

20. 您平均每年外出务工的时间是（　　）。

A. 3 个月以下　　B. 3—6 个月　　C. 7—9 个月

D. 10—12 月　　E. 不确定

21. 您每月向家里寄钱的金额大概是多少（　　）。

A. 1000 元以下　　B. 1000—2000 元

C. 2000—3000 元　　D. 3000—4000 元

E. 4000 元以上

22. 您每月寄钱回家的主要用途是（　　）。(最多选三项)

A. 建房　　B. 婚嫁　　C. 子女教育

D. 家人医疗　　E. 还债　　F. 其他____________

23. 您在业余时间喜爱的活动是（　　）。

A. 文娱体育　　B. 自学专业　　C. 业余学习班学习

D. 游玩聊天　　E. 朋友互访　　F. 其他____________

24. 您在外务工每月消费大约________元，其中，日常消费支出________元，房租花费________元，医疗保健花费________元，技术培训花费________元，其他________元。

25. 您是否了解《劳动合同法》（　　）。

A. 了解　　B. 了解一些　　C. 完全不了解

26. 您与用工企业签订的劳动合同形式（　　）。

A. 有书面劳动合同　　B. 口头协议

C. 没有任何实行的合同

27. 您在外务工过程中最担心的问题是（　　）。（可选三项）

A. 不能及时找到工作　　B. 不能按时领到工资

C. 自身安全、健康问题　　D. 对在家父母子女不放心

E. 家中土地无人耕种　　F. 其他________

28. 您在农村老家时参加过哪种社会保障？（　　）

A. 新型农村养老保险　　B. 新型农村合作医疗保险

C. 集体福利保障　　D. 其他保险

E. 没有

29. 您就业的工作单位通常为您（　　）。（可多选）

A. 缴纳了养老保险　　B. 缴纳了失业保险

C. 缴纳了医疗保险　　D. 缴纳了生育保险

E. 缴纳了工伤保险　　F. 缴纳了公积金

G. 都没有

30. 您认为现在外出就业最需要的保险有哪些？（　　）（限选三项）

A. 养老保险　　B. 医疗保险　　C. 交通工具保险

D. 家庭财产保险　　E. 人身意外伤害保险

F. 失业保险　　G. 其他

31. 您外出务工期间参加过哪种培训？（　　）

A. 政府组织的培训　　B. 自己跟师傅学技术

C. 用工单位组织的培训　　D. 当地其他培训机构组织的培训

E. 没有参加过任何培训　　F. 其他

32. 您外出务工后参加职业技能培训次数（　　）。

A. 1 次　　B. 2 次　　C. 3 次以上　　D. 0 次

33. 您现在主要有哪种技术（手艺）？（　　）

A. 没有　　B. 驾驶　　C. 缝纫　　D. 烹调

E. 栽培繁育　　F. 工匠技术（电工、木工、漆工等）

G. 电脑操作　　H. 美容美发　　I. 电器修理

J. 砌筑工　　K. 机械安装　　L. 其他________

34. 您在外务工过程中是否受到歧视？（　　）

A. 没有受歧视的经历　　B. 找工作时曾受到歧视

C. 与朋友交往中曾受罚歧视　　D. 在工作过程中曾受到歧视

E. 在消费时曾受到歧视　　F. 其他________

35. 您对在外务工有何打算？（　　）

A. 等年纪大了就返乡　　B. 等家乡条件改善后返乡

C. 想留在城镇生活　　D. 不固定，有活干就外出务工

E. 其他

36. 您认为如果在城市工作生活面临的最大困难是什么？（　　）

A. 房价太高，租金贵

B. 城市的消费水平太高，接受不了

C. 工作不稳定

D. 家里的农田无法转手

E. 舍不下老家的亲人

F. 其他

37. 为了进城务工就业，您希望老家所在的当地政府能为您做些什么？（　　）（可多选）

A. 多培训，加强就业指导

B. 多提供就业信息

C. 多统一组织外出就业

D. 不用它们做什么，外出务工靠自己

E. 其他：________________（根据自己的认识填写）

38. 您进城打工最希望务工地政府给予哪些帮助？（　　）（可多选）

A. 保障劳动权益　　B. 提供就业机会和就业信息

C. 完善医疗保障政策　　D. 提供就业培训

E. 提高社会地位　　F. 帮助子女当地入学

G. 降低落户门槛，完善户籍制度　　H. 其他________

39. 随着产业转移升级和区域经济发展，假如让您自由选择就业地点，您乐意选择的就业地点是（　　）。

A. 家庭所在乡镇

B. 家庭所在县（区）内其他乡镇和县城（城区）

C. 本省（市）内工矿园区

D. 本省（市）县级市

E. 本省地级市

F. 本省省会城市

G. 本地直辖市中心城区

H. 省外地区（若选择该选项，请回答第 32 题）

40. 如果您选择在省外地区就业，最可能的选择地点是（　　）。

A. 东部地区工矿园区　　B. 东部地区中小城市

C. 东部地区大城市　　D. 东部地区省会城市和直辖市

E. 中部地区工矿园区　　F. 中部地区中小城市

G. 中部地区大城市　　H. 东部地区省会城市

I. 其他（请注明____________）

再次感谢您的支持与合作！

附录三　贵州籍农民工返乡就业问题调查问卷

编号□□□□

尊敬的农民工朋友：

您好！为全面了解贵州籍农民工返乡就业特别是稳定就近就业情况，我们开展了本次问卷调查。请您在每一个问题后根据自己的情况回答，只需在括号内填写相应的序号（若无特殊说明，每一个问题只能选择一个答案），遇到有画线的空白，请在“________”之处填写适当的内容。

您提供的所有信息将会作匿名处理，并遵循法律约束严格保密，不会对您的工作和生活造成任何影响。真诚感谢您的支持与合作！

问卷调查组

2013 年 9 月

一　返乡农民工基本信息

Q01. 您的性别（　　）。

（1）男　　　　（2）女

Q02. 您的出生年月：19 ________年________月。（您的周岁年龄____________）

Q03. 您的婚姻状况（　　）。

（1）未婚　　　　（2）已婚　　　　（3）离婚或丧偶

（4）其他________

Q04. 您的健康状况（　　）。

（1）良好　　　　（2）一般　　　　（3）偶有小病

Q05. 您的受教育程度（　　）。

（1）文盲/半文盲　　　　（2）小学　　　　（3）初中

（4）高中/职高/中专　（5）专科及以上

Q06. 您现居住地址：本省________市（州）________县（市、区）________镇（乡）________村。

Q07. 您所在乡镇邻近区域具有如下哪些交通设施？（　）（可多选）

（1）县道　（2）国道　（3）高速公路入口

（4）火车站　（5）其他________

Q08. 您所在乡镇的交通条件如何？（　）

（1）比较便利　（2）交通一般　（3）交通不便

Q09. 您家居住地距最近乡镇集市中心的距离有________公里，到县城（含其他县份的邻近县城）大约________公里。

Q10. 您家所在地距最近工业园区（含其他县份的园区）的距离有________公里。

Q11. 您家的经济条件在村里属于哪个等级？（　）

（1）非常高　（2）较高　（3）一般水平

（4）比较差　（5）非常差

Q12. 与周边县份相比，您所在县域经济发展水平如何？（　）

（1）非常穷　（2）比较穷　（3）一般

（4）较富裕　（5）很富裕

二　返乡农民工家庭基本情况

Q13. 您家现有人口数________人，其中15—64岁之间的人口数________人。

Q14. 2012年您家里从事非农工作的人数：________人，其中男________人，女________人。有返乡人员________人，其中男________人，女________人。

Q15. 您的家庭2012年全年总收入约________元。其中，农（牧）业收入________元，务工收入________元。

Q16. 您的家庭2012年全年生活各方面的总支出约________元。

Q17. 您家庭现居住住房面积________m^2，房屋结构属于（　）。

（1）砖混　（2）砖木　（3）钢混

（4）其他________

Q18. 您家现有住房（含多处住房）按现在市场估价大约________

万元？

Q19. 您所在村有________家小型企业或工厂。

Q20. 家里耕地总数____亩。其中向村集体承包土地____亩，人均耕地____亩。

Q21. 家庭经营形式：(　　)。

(1) 纯农业　　(2) 以农业为主兼营他业

(3) 畜牧养殖业　　(4) 非农业

Q22. 您家有没有土地转承包（转让土地承包权）的意愿？(　　)

(1) 愿意承包　　(2) 愿意转包　　(3) 没有

三　农民工外出务工就业情况

Q23. 您外出务工的地点主要在（　　）。

(1) 家庭所在乡镇

(2) 家庭所在县城

(3) 本省________市（州）

(4) 省外（请做 Q24 题，选择其他选项跳过 Q24 题）

(5) 其他________

Q24. 您主要是在省外哪个区域务工？(　　)

(1) 广东福建地区　(2) 江浙上海地区　(3) 京津地区

(4) 其他省市区

Q25. 您外出务工所从事的工作主要属于何种行业？(　　)

(1) 制造业　　(2) 建筑业　　(3) 交通运输业

(4) 服务业　　(5) 采矿业　　(6) 种养业

(7) 批发与零售业　(8) 其他________

Q26. 您从事这些行业的主要原因是（　　）。(可多选，限选三项)

(1) 工资高　　(2) 懂这方面的技能

(3) 文化水平、技术要求低　　(4) 工作轻松

(5) 有利于自身知识能力结构发展　　(6) 有益身心健康

(7) 培训、学习机会多　　(8) 其他

Q27. 您返乡前最后一份工作每月平均工资收入是（　　）。

(1) 2000 元以下　(2) 2000—2500 元　(3) 2500—3000 元

(4) 3000—3500 元　(5) 3500 元以上

Q28. 您外出务工期间参加过哪种培训？(　　)

（1）政府组织的培训　　（2）自己跟师傅学技术
（3）用工单位组织的培训
（4）当地其他培训机构组织的培训
（5）没有参加过任何培训
（6）其他

Q29. 您外出务工后参加职业技能培训次数：（　　）。
（1）1 次　　（2）2 次
（3）3 次以上　　（4）0 次

Q30. 您现在主要有哪种技术（手艺）？（　　）
（1）没有　　（2）驾驶　　（3）缝纫
（4）烹调　　（5）栽培繁育
（6）工匠技术（电工、木工、漆工等）　　（7）电脑操作
（8）美容美发　　（9）电器修理　　（10）砌筑工
（11）机械安装　　（12）其他________

四　返乡农民工就近就业情况

Q31. 您外出务工返乡至今有多久了？（　　）
（1）3 月以内　　（2）3—6 个月　　（3）6—12 个月
（4）12 个月以上

Q32. 您返乡后在多长时间内找到工作？（　　）
（1）3 月以内　　（2）3—6 个月　　（3）6—12 个月
（4）12 个月以上

Q33. 您返乡后现在从事的工作主要属于何种行业？（　　）
（1）制造业　　（2）建筑业　　（3）交通运输业
（4）住宿和餐饮业　　（5）采矿业　　（6）种植业
（7）养殖业　　（8）林地承包
（9）家政服务业　　（10）批发与零售业　　（11）其他________

Q34. 您在家乡主要是通过何种渠道找到现在这份工作的？（　　）
（1）亲戚介绍　　（2）朋友介绍　　（3）老乡介绍
（4）就业中介机构　　（5）招工广告　　（6）招聘会
（7）政府基层部门　　（8）其他

Q35. 在您返乡就业过程中获得亲戚支持可能性有多大？（　　）
（1）可能性比较大　　（2）可能性一般　　（3）基本没有

Q36. 在您返乡就业过程中获得朋友支持可能性有多大？（　　）

（1）可能性比较大　（2）可能性一般　　（3）基本没有

Q37. 在您返乡就业过程中获得老乡支持可能性有多大？（　　）

（1）可能性比较大　（2）可能性一般　　（3）基本没有

Q38. 在您返乡就业过程中获得政府基层组织等支持可能性有多大？（　　）

（1）可能性比较大　（2）可能性一般　　（3）基本没有

Q39. 在找工作的事情上，您对亲友（含亲戚、朋友、老乡等）的信任程度如何？（　　）

（1）比较信任　　（2）一般　　（3）不信任

Q40. 在找工作的事情上，您对当地基层政府的信任程度如何？（　　）

（1）比较信任　　（2）一般　　（3）不信任

Q41. 在找工作的事情上，您对当地企业或单位的信任程度如何？（　　）

（1）比较信任　　（2）一般　　（3）不信任

Q42. 您返乡至今共在几家单位（公司或工厂）工作过？（　　）

（1）1 家　　（2）2 家　　（3）3 家

（4）4 家及以上

Q43. 截至目前，您在现单位工作了多少时间？（　　）

（1）3 月以内　　（2）3—6 个月　　（3）6—12 个月

（4）12 个月以上

Q44. 您在现单位工作每月工资平均收入多少元？（　　）

（1）1000 元以下　（2）1000—2000 元　（3）2000—3000 元

（4）3000—4000 元　（5）4000 元以上

Q45. 您对目前的工资收入水平是否满意？（　　）

（1）非常满意　　（2）较满意　　（3）一般

（4）不满意　　（5）相当不满意

Q46. 您目前就业工作单位为您缴纳了哪些社会保险？（　　）（可多选）

（1）养老保险　　（2）失业保险　　（3）医疗保险

（4）生育保险　　（5）工伤保险　　（6）公积金

（7）都没有

Q47. 在家乡附近工作给您带来的主要好处是什么？（　　）（可选三项）

（1）建设家乡　　（2）便于照顾老人　（3）方便子女教育

（4）可以兼营农业　（5）收入稳定　　（6）社会交往方便

（7）免去经常外出流动的艰辛　　（8）其他__________

Q48. 影响您在家乡附近稳定工作的主要个人原因是什么？（　　）（可选三项）

（1）自身文化教育不高　　（2）没有一技之长

（3）在附近工厂没有熟人　　（4）在当地政府没有关系

（5）家庭人多地少、收入低　　（6）身体不好

（7）家庭居住地点偏僻　　（8）其他__________

Q49. 影响您在家乡附近稳定工作的主要社会因素是什么？（　　）（可选三项）

（1）家乡工厂（企业）数量少

（2）园区发展不成气候（不成规模）

（3）交通条件不行

（4）商品流通条件落后

（5）企业发展环境需要改善

（6）政府办事效率低

（7）家乡建设与开发落后

（8）其他________

Q50. 您在家乡附近稳定工作面临的最大困难是什么？（　　）

（1）收入比外出打工少了　　（2）农村户口受限制

（3）文化教育水平较低　　（4）难以兼营农业

（5）人亲客往支出较大　　（6）工作强度较大

（7）医疗等社会保障欠缺　　（8）其他__________

Q51. 为了稳定工作，您希望当地政府能为您做些什么？（　　）（可选三项）

（1）保障就业劳动权益　　（2）创造和提供就业机会

（3）完善医保政策　　（4）提供就业培训

（5）改善劳动条件　　（6）帮助子女当地入学

（7）降低落户门槛，实现在当地城镇落户

（8）其他________

Q52. 随着产业转移升级和县域经济发展，假如让您自由选择就业地点，您乐意选择的就业地点是（　　）。

（1）家庭所在乡镇　　（2）县内其他乡镇和县城
（3）周边工矿园区　　（4）省内县级市
（5）省内地级市　　（6）省会城市贵阳
（7）省外

调查者填写：A. 调查地点：贵州省________市（州）________县（市、区）________镇（乡）________村

B. 调查时间：________年________月________日

C. 调查员（签名）：________

附录四　贵州籍新生代农民工返乡创业的个案调查

近年来，作为一种新的就业途径，新生代农民工返乡创业现象日渐增多，已呈“星星之火”之势。为了解新生代农民工返乡创业情况及其面临的问题，本书组织农村与区域发展硕士研究生及少数农林经济管理本科生到贵州省内部分县市进行实地访谈，并根据实地访谈材料撰写新生代农民工返乡创业案例。在此呈献的案例仅是其中的少数案例，目的是更好地说明和展示当前新生代农民工多样化的就业行为，进而更深入地研究农民工返乡就业创业问题。

这些创业案例说明，一方面，在发达地区外出就业时间长的农民工很多具备一定的技术技能和社会技能，拓宽了眼界，增长了见识，无论是其返乡创业或者就近就业，能给当地带来先进的技术、知识和思想，带动当地农民就业和农户增收，为地方经济社会发展注入新的活力。如果有更多的农民工成功返乡创业，那么其就业带动效应必将扩大，这对于促进农户增收和地方经济发展方面必将起着重要作用。另一方面，局部区域的地方政府相关部门对农民工返乡创业的作用认识不足，出台符合当地实际的鼓励支持农民工返乡创业的政策不多。对此，政府部门应加强认识、深入调研，尽快结合“国务院办公厅关于支持农民工等人员返乡创业的意见”等国家相关政策文件，制定各个地方鼓励和支持符合本地实际需求的农民工创业政策，通过网络、电视、社区、乡场等媒介以创业手册或创业宣传单等形式加强农民工创业相关政策的宣传。

编　　号：Y2014－101

受 访 者：田某（男）

访谈时间：2014 年 1 月 28 日

访谈地点：贵州省铜仁市印江县

创业行业：种植业

合伙种植，规模经营

贵州省印江县永义乡返乡农民工田某于2004年从永义九年一贯制学校毕业后，2005年由叔叔带着外出杭州打工，在杭州做五金，不幸的是第一次外出就生病，一病就一年，还需要从家里打钱去医治，这一年不但没赚到钱，反而还需要家里给钱。田某觉得不适合做五金，2006年跟随朋友去了中山的一家鞋厂工作，他觉得在里面的胶味太浓，无法承受。2007年田某又到肇庆，进了一家电子厂，与现在的妻子相识，厂里待了三年后，于2010年春节期间回家过年结婚了。

结婚后，田某想到受到金融危机的影响，外出重新找工作可能很难，又加上自己患有精神病的母亲更需要照顾，而且这两年永义乡烤烟发展势头不错，自己叔叔之前也在发展烤烟，收入还不错。于是，2011年，田某和自己的两个叔叔加上体格健壮的爷爷奶奶四家人合伙发展烤烟，抓住烤烟适应酸性土壤，便在家住地开垦了一片荒山共200亩。田某了解当地的相关创业政策，想到烟叶成熟后要用车运回家在烤房里进行烘烤，交通是必须要解决的问题，便向银行贷了20万元，投入14万元修建马路。建设之初政府补贴了38万元修建烤房，因为新式的烤房不再是烧煤而是用电，于是政府又补贴了61万元，作为用电补贴。

每年种植烤烟都是从2月就开始播种，在大棚里用机质培养烟苗，因为烟苗对温度和营养要求都非常严格。3月就开始耕耘土地为栽烟苗做好准备，到6月的时候便可以开始烘烤，一直持续到10月。这是最繁忙的几个月。这几个月需要大量的劳动力。家里有8个，然后再在寨上请20个中老年人，总共就是28个劳动力。第一年投资了38万元，总共赚了48万元，由于修路用了14万元，因此第一年还倒亏了4万元。因为投入了大量的人力、物力做好了充分的基础设施，不想因为一年的亏损就放弃。通过2011年种植，发现这片土地适合种植烤烟。2012年再次扩大规模，又开垦了50亩。这样下来，这一年投资42万元，总共收入68万元。2013年逢大干旱，很多烟株都被干死了，本来预计可以赚80万元，可是却只赚了 60 万元，投资了 50 万元，只赚了 10 万元。2013 年的干旱造成了严重损失，政府对干旱的损失是要进行补偿的，可是至今补偿仍未到位。

田某回想种植烤烟，投资太大，虽然没有生产后找不到销路的风险，却存在气候不稳定的自然风险，并且时逢烤烟之时，每天晚上都要熬夜，几乎不能睡觉，每逢打烟之时，鸡鸣之时就起床，真的很累很苦。由于近年来气候变化不稳定，因此暂不敢扩大规模，2—10 月是生产烤烟之时，在这之外的时间还可以外出从事粉刷工作，这样下去生产烤烟有很大的潜力。田某的创业事例为当地农民提供了就业机会，增加了就业岗位，提高了人们的收入水平。

编　　号：Y2014 - 102
受 访 者：陈某（男）
访谈时间：2014 年 5 月 28 日
访谈地点：贵州省黔西南州义龙新区
创业行业：种植业

几经波折，终选“刺梨”

陈某，今年 27 岁，家住义龙新区雨樟镇长田村，初中学历。2003 年，16 岁的陈某因家庭贫困，过早地离开了学校。怀揣着对未来美好的憧憬和向往，他走出了大山，在工厂打过工，摆过地摊，开过烧烤店……遗憾的是，最后均以失败而草草收场。

2007 年 11 月，陈某看见市场野鸡的效益不错，认为大山是养野鸡的好地方，便兴冲冲地到兴义买来两百只野鸡放到承包的山里放养。哪知养野鸡也是需要技术的，由于不懂技术，保温不善，两百只野鸡苗在山里蹦跶不到十天就全部死了。一次次地探路，一次次地失败。望着死了一地的鸡群，他创业的心情一下子跌落到了谷底。

2010 年年初，他参加了雨樟镇党委、政府举办的雨露计划培训班，通过学习，终于明白过去失败均是因自己蛮干加盲干造成的后果。通过培训，懂得了“靠山吃山”的道理后，创业的星火再次在他心里燃烧，并坚定了在山村找条致富路子的决心。同年，他听说无籽刺梨很适合在山区发展，便立即到安顺的一个基地去考察。回来后，林业局和镇政府等单位领导得知了他的想法，非常支持，并到村里帮助调研，一致认为无籽刺梨很适宜当地发展，加之无籽刺梨是维生素C之王，不仅味美，还有药理、美容等功效，现市场前景十分看好。创业路子确定后，他便操刀上山干了起来。

2010年9月，他贷款10万元，从安顺等地引苗试种，果然和分析的一样，由于注重管理，种下去的刺梨苗无虫害无病症，并且一股劲地旺长。欢喜中，他想扩大规模，村支书知道他的想法后，在一个晚上来到家里亲切地对他说道："你还有什么困难，村里能解决的会尽量帮你解决。"他说现在差的就是土地。支书回去后，立即召开了村两委会议，最终把100多亩荒山承包给他，20年只收2000元承包费。这是对他创业路上莫大的帮助啊。他暗下决心，一定要把无籽刺梨产业做出名堂来。

有了经验后，他搞起了大棚育苗，以苗养种，以苗扩种。到2012年，销售梨苗11万株，收入近30万元，他收获了创业路上的第一桶金。创业之路算是走对了，也在村里做出了示范。乡亲们除了因他成功而高兴外，也想跟着种，这正是他所希望的啊！一人富不算富，大家富才算富。在他的影响、鼓励、带动下，组里16户从2013年也开始种植无籽刺梨，现在已发展到了300余亩，乡亲们还跟他学育苗，他也毫无保留地把他掌握的技术传授给了他们。

2014年基地的16万株苗已被北京通州、四川凉山等地订购一空。种苗的农户也将和他一样，感受丰收的喜悦。前不久，黔西南州农科院和州林业局的专家到苗木基地考察时，给予了很高的评价，并鼓励他继续把产业做大，不光要卖苗，还要做成成品基地，做深加工基地，做成品牌化基地，把无籽刺梨做成一张精美的名片。他很高兴，也很兴奋，同时更深信，在领导的指导和帮助下，无籽刺梨这个产业，一定会迅速发展壮大，一定会成为广大村民增收致富的一条捷径。

编　　号：Y2014－103

受 访 者：代某（男）

访谈时间：2014年2月4日

访谈地点：贵州省铜仁市印江县

创业行业：养殖业

敢于创业，梦圆鸡场

贵州省印江县永义乡返乡农民工代某 2008 年大学毕业后，便在上海务工两年。在上海务工的两年期间学到了一些养殖贵妃鸡的经验，想将这些经验带回家自己创业，通过养殖贵妃鸡为家乡做一点贡献，作为村里少有的大学生自主创业以实现自己的人生价值。2010 年，代某辞掉在上海的工作回到家乡，当向父母提出将父母和自己打工准备用于修房子近 10 万元的积蓄用来养鸡创业的想法的时候，父母坚决反对说："还是踏踏实实地打工过日子，不要想着什么创业，养鸡的风险特别大，一旦染上瘟疫，那后果不堪设想，全家人都会跟着你受累。"创业之初，代某也有很多的困惑：（1）自己对养鸡的技术不专业，担心在养殖过程中大规模地染上瘟疫；（2）担心销售不畅的问题，养殖大量的鸡要是销售不出去怎么办？（3）担心资金问题和场地问题，虽有一点积蓄，但父母想存起来修房屋，自家现在的旧房子很窄，同时自己也这么大了，也是谈婚论嫁的时候了，修好房屋也是值得考虑的，一旦亏损所有的钱都赔了进去，就相当于打水漂；并且左邻右舍都是菜园，养大规模的鸡邻居肯定会反对的。虽然有这些顾虑，但还是觉得趁现在年轻，多多尝试，要是什么都怕，那定会一事无成。

于是，代某便向当地政府询问是否有什么扶持政策，得知政府可以给予 5 万元的场地和鸡苗的补贴，便抛下了所有的顾虑，回家在官寨茶厂附近的山坡上自主创业建起了养鸡场。该养殖基地占地 35 亩，主要养殖贵妃鸡和土鸡，他采用放养的模式，依山建立养殖场，模仿自然环境养殖，饲料吃食都和自然的差不多，接近野生自然的味道。采用放养，鸡一天是到处飞，比起圈养的，肉感好得多，鸡蛋也很嫩滑，便买了 1000 只进行养殖，待长大后，公鸡可用于办酒席上餐桌，母鸡下的蛋既可以出售，又可以用鸡蛋孵化小鸡继续扩大规模。

开始养殖之初遇到了不少的困难：不会配料、配量，鸡犯病找不到适合治病的药，附近也没有专业的人士指导，消毒防疫措施不清楚，孵化技术存在很大的问题。而待鸡成熟后销路却又存在很大的问题，找不到固定的销售场地，都是自己每逢赶集的时候就到处用车运着去卖，还因瘟疫死了三百多只，这样下来2010年、2011年都亏损，亏了五六万元，父母非常不满意，认为都是因为养鸡，房子没修，还投入了大量的劳动力。由于前面的亏损，引起了代某深思，便买了很多有关养鸡的书来看，还在网上观看一些养鸡的视频。积累一定的养殖经验后，2012年，代某养鸡规模便扩大到8000多只，这年也不再是只凭当地办酒席和逢赶集时才运去卖，还与印江县城的很多餐馆签订了销售合同，按时将鸡送到餐馆，全年下来纯收入4万元，直到2013年规模已经扩大到了30000多只，这一年下来赚了9万元。至2013年底出栏土鸡15000只，贵妃鸡6000羽，深受消费市场的喜爱。

养鸡规模上去了，可地上的鸡屎是一个很大的问题，这满山的鸡屎不好处理，鸡屎种植的菜非常好，别人家的鸡粪都是用来卖钱的，戴某养殖基地的鸡屎反而要花钱请人挑出去。针对这个问题，代某从网络上收集了一些养鸡场鸡屎的处理资料后，他想到了一个好办法——利用鸡屎种植蓝莓。蓝莓适合南方丘陵山区，种植蓝莓，既能改善生态环境，又调整了林种结构，还可以变废为宝增加经济收入。为了种植能成功，他自己做实验，检验土壤的pH值，联系好赞助商。谈起2014年的打算，代某笑着说："我们这里种了10多年的烤烟，土壤已经基本没有什么营养了，我今年先试种3亩地，等成功了，就扩大种植面积，我相信只要坚持，只要肯动脑筋，做什么事情都肯定会成功，一定可以带动我们村经济的发展。"

编　　号： Y2014－104
受 访 者： 杨某（男）
访谈时间： 2014年5月20日
访谈地点： 贵州省黔西南州兴义市
创业行业： 养殖业

利用政策，甘做"鸡头"

初夏，我来到兴义市则戎乡进行访谈调查，早就听说那里有一位远近闻名的“80后”“鸡司令”，是什么使得他放弃了城里高薪的汽车配件销售工作，专门跑到农村租地养鸡，让人十分好奇。

汽车在沿着山间公路蜿蜒前行，在驶入一条更小的岔道后，便看见一片葱郁的丛林下，数不清的小鸡正在地里来回奔跑，上下扑腾，场面好不热闹。一个年轻人站在鸡群里砍切刚摘的南瓜。这就是“80后”“鸡司令”龚某采取放养方式经营的养鸡场。

1980年底出生的龚某年满20岁就去广东打工，开始学做汽车配件生意，2004年回到兴义，在城里帮别人看管汽配商行，一年能收入10余万元。然而，落叶终究要归根，打工不可能打一辈子。村支书王宏政告诉他，现在国家对“三农”的支持力度很大，可以利用政府的政策，选准一条门路，大干一场，一来可以照顾年迈的父母，二来可以带领乡亲们致富。就在这一段时间，则戎乡政府和劳动保障部门派人进村入户向返乡回来的农民工开展就业意愿摸底情况调查，宣传农民工返乡创业典型事例，同时宣传就业再就业、相关法律法规及免费提供技能培训等政策，鼓励和动员返乡农民工就业创业，为家乡作贡献。龚某决定返乡创业。

“在城里常常去吃辣子鸡、干锅鸡等，鸡肉口感都不好，我就想为什么不自己回家养鸡，养真正的土鸡?”龚某把自己的想法跟亲戚朋友说了，谁知道回来后他们都反对，觉得风险太大，没在广东打工赚的钱多。龚某乐呵呵地说：“我就是要做出成绩来看看，我想经过发展形成一个土鸡品牌，能够带动更多的乡亲发展养殖业。”2013年4月，他毅然辞去工作，回到家乡创办了一个养殖场，并下决心带领乡亲走上致富道路。

龚某拿出自己外出务工多年的积蓄建设养殖基地，但建设养殖基地是笔巨大的开销，办理相关手续的门槛也较高。龚某找到乡政府帮忙，乡政府与劳动保障部门协调，根据《贵州省人民政府办公厅关于引导和鼓励外出务工人员返乡创业就业的意见》，龚某办理养殖场的费用得到减免。贷款方面，根据国家支持和发展农民工回乡创业扶持政策给予支持。

龚某搭盖了简易的鸡棚，精挑细选的第一批1000只鸡放养到向村里租用的山林养殖场中，就这样，龚某的土鸡养殖场进入了正轨。

可没过多久，鸡棚里的鸡开始不吃东西、产蛋越来越少、日渐消瘦，就这样，鸡棚里的鸡死了300多只。眼看鸡一天天地死掉，外出务工多年的全部积蓄就要打水漂，龚某急得到处找兽医询问情况。乡政府知道情况后，派了专业技术人员帮助做好应急防疫工作，并让龚某成为兴义市兴牧畜禽水产科技服务中心的帮扶对象。

龚某的角色转变得挺快，以前不懂大规模养鸡的他，如今俨然成了半个专家。每周，兴义市兴牧畜禽水产科技服务中心的技术员都要到养殖场来进行技术指导，龚某就在旁边学习，通过了解鸡的毛色、腿脚等掌握鸡的生长情况。“我养的鸡从不喂饲料，生长周期都要半年以上。”龚某说，他已经申请了商标，以后会把则戎土鸡做成品牌，让客人吃上放心鸡肉、鸡蛋。

10 月底，龚某养的第一批鸡将会出栏。按照他的计算，80 多亩的养殖场预计年出栏量在 3 万只以上，做大规模后，还将发展带动周边的老百姓。“以后会把幼苗发到条件适宜的农户，一家放养两三百只，出栏的时候负责收购。”龚某对未来满怀信心。

编　　号：Y2014 - 105
受 访 者：贺氏姐妹（女）
访谈时间：2014 年 5 月 20 日
访谈地点：贵州省黔西南州兴义市
创业行业：养殖业

创业养鹅，带动乡邻

则戎乡坪寨村距兴义城区 14 公里，是一个以布依族为主的少数民族聚居村寨，全村共有 230 户人家。沿着兴义市则戎乡坪寨村硬化过的通村公路驶进村口时，映入眼帘的是百余亩的宽阔稻田坝子，碧绿的水稻迎风摇曳，稻香扑鼻，一片丰收在望的景象。坝子中央，穿村而过的小河畔展示出了一幅田园牧歌的优美景象：一群群白鹅在其间游水、嬉戏，不时发出高昂的叫声……这就是坪寨村返乡农民工贺氏姐妹创办的海子坝鹅群自然放养场。

今年 20 多岁的贺氏两姐妹和许多同龄人一样，对城里充满了美好的向往，总想有一天能到城里找份工作，像城里人一样拿工资吃饭，像城里人一样生活。随着寨子里外出做工的人不断增多，她俩也有了外出找工作的念头。2004 年初中毕业以后，贺氏姐俩怀着自己心中的梦想，先后到了深圳、广东、福建等地电子厂做工。打工期间，尽管每月工资可领到1200元到1600元，工厂包吃住，每个月还能节余上千元的工资寄回家，但是没有一技之长，长期在生产一线工作也是很辛苦的，工作时间长，劳动强度大，人感到很累。让姐姐感触最深的是，在外打工，做最基础的工作是最累的，如果想要找份轻松的工作或能得到提职加薪，就必须有一技之长。有技能特长就有改变工作现状的机遇和条件。就是因为不懂电脑操作技术曾让她失去了一次提职的机会。2005年，贺氏姐姐在东莞一家电子厂工作时，没上几天班，就很快熟练掌握了生产流水线上的工作环节，工作能力得到厂商的充分肯定，决定提升她为产品质检员，月工资可提高到1800元至1900元。可是，那是一个借助电脑技术监控的工作，由于当时她不懂电脑操作，最终还是没能改变工作岗位。看到她们一起出去做工的且学过电脑等专业技术的同伴被提职去干办公室文员或质检员时，她既羡慕又为自己无一技之长感到深深的遗憾。于是她决定回家来重新学一门技术后再出去找份轻松的工作。当年，贺氏姐姐就回到兴义，到黔西南州天力电脑职业技术学校报名，学习电脑操作技术。两年结业后，她揣着电脑技术专业合格证书到深圳去找工作。然而，深圳比其他地方工作要求高工资低，她接连找了几家与电脑技术有关的公司，但是月工资都不如想象中得高，大部分月工资均在1000元左右。后来她了解了其他厂里的工资情况后，还是进了深圳市的安达电子厂继续干电子产品安装“老本行”。2007年，金融危机影响了沿海地区的所有生产加工企业，许多企业相继倒闭。她们所在的厂也因受到金融危机影响而纷纷裁员降薪，员工每个月的工资从原来的1400—1600元降至每月700—800元，“活路”（即工作任务）又少，还常常停工放假，厂子是待不下去了。2008年8月，贺氏两姐妹毅然结伴返回了家乡。

刚刚回来，对未来的前途还没来得及打算，贺氏两姐妹在家里闲了一个月。在家的那段时间，从广播里、电视里听到或看到的都是大量反映沿海地区农民工返乡的新闻报道，乡政府和劳动保障部门也派人进村入户开展返乡农民工就业意愿摸底情况调查，宣传农民工返乡创业典型事例，同时宣传相关法律法规及免费提供技能培训等政策，鼓励和动员返乡农民工就地创业，为家乡作贡献。闲不住的她们也开始打算找点什么事做。于是，她们便利用串门的机会，听听亲戚朋友们带来的各种就业信息。在亲朋好友掌握和了解的各种信息中，一致认为她们养鹅项目最好。其中她们身边就有一个鹅养殖户，即她们大伯家每年饲养的几百只鹅，不久就有城里的商贩上门来收购，价格不错，还很赚钱。贺氏姐姐便经常跑到她大伯家，看他是怎样养鹅的？同时了解商贩上门来收鹅时，大小鹅各出的什么价？当看到有些老鹅最高可卖到80元至90元一只时，她心动了。她和妹妹上网查询了关于养鹅的技术知识和市场销售信息后发现，仅兴义本地市场上对鹅的需求量就非常大，并且是供不应求。这一信息，让她俩兴奋不已。“赚钱不一定非要背井离乡啊，梦想也应该结合实际才行，再也不离家远走了，就在家乡养鹅吧！”她们这样想就这样下了决心。

说干就干，2008年10月，在家人和亲戚的帮助下，贺氏两姐妹各自筹资6000元，又向朋友借了20000元做本钱，租了村里老学校的几间空教室作为鹅舍，购买了300只鹅苗，利用村里坝子中央那条穿村小河的天然水资源优势，办起了养鹅场。没有技术，她们就上网查询养鹅知识，进城买来大量关于养鹅方面的实用技术书籍认真学习，不懂的就去请教大伯和村里的养殖户。同时，又请来乡畜牧兽医站站长做技术指导，就这样边学边干，摸索着开始了她们的返乡创业发展之路。在她俩3个月的精心照料下，第一批300只成品鹅全部被批发商买走，粗略算了一下，除去所有成本，每只鹅净赚15元。她们为自己首次试养成功感到高兴。

尝到甜头，信心倍增。她俩准备进一步扩大养殖规模，但人手不够，资金也有限。但机会却不期而至，2009年2月1日，初见效益的养鹅场吸引了同村外出打工返乡的贺氏小姐妹两人，她俩怀着同样的希望，每人筹资6000元加入了她们的养鹅场，共同发展。为保证不间断地有成品鹅出售，她们采取分批购进鹅苗饲养的方式，又先后买来了500只小鹅，最多时一次购买1200只，开始了第二、第三批饲养……到目前为止，她们共养殖了三十多批鹅，净赚几十万元。另外，除卖成品鹅外，产蛋时节，平均每天可捡鹅蛋500—1000个，以每个2.5元计算，每天仅鹅蛋的纯收入就在一两千元，现存栏鹅还有5000余只。看着那一筐筐又白又大的鹅蛋被买走，姐妹几个的心里有说不出的高兴。村里的农户看到她们几姐妹养殖场办起来后，成群饲养效果好，也纷纷养鹅。养鹅户由原来仅有少数几户人家几只、几十只零散养殖发展到现在的四五十户上百只的养殖。同时，由于她们养的鹅个大、体壮、生长速度快、肉质好，深受市场欢迎。

养鹅的确是能赚钱，比起去外面打工稳定多了，尽管还处在创业初期，但是贺氏姐妹看到了市场的广阔前景，是令人乐观的。以现在的市场行情看，贺氏四姐妹有信心进一步扩大养殖规模，目前已建起了鹅苗保温室、值班室和简易鹅圈各一间，海子坝鹅群自然放养场一个。她们自办养殖场以来，得到了市妇联和乡党委、乡政府的关心、支持和帮助，现已争取市妇联给予的4万元扶持贷款，正在办理中。下一步，准备在海子坝新建一个具有一定规模的鹅舍，且有消毒室、隔离室、保温室等设施配套齐全的养鹅场，种植20亩优质黑墨草供鹅群食用。她们还将计划在今后5年内把养鹅场建成一个“万鹅基地”，并形成自己的品牌，以带动本村更多的群众发展养殖业，共同走上致富路。

编　　号： Y2014－106
受 访 者： 刘某（男）
访谈时间： 2014年5月14日
访谈地点： 贵州省黔西南州晴隆县
创业行业： 养殖业

外出学技，返乡养殖

“城市再美都是别人的，霓虹灯再亮也照不到心上”，这是刘某在外打工最大的感受。但尽管在陌生的城市没有归属感，可刘元胜还是坚持了5年，“只有学好技术才能在家乡创出一片天”就是一直支撑他在外打工的信念和动力。

1986年7月，刘某出生在晴隆县花贡镇一个普通农民家庭。因家里条件不好，2002年，高中毕业的刘某没有选择继续深造。虽然心有遗憾，但他始终相信天道酬勤，社会也是一个大学校，自己可以学习的还很多。经同乡介绍，刘某来到了江苏省宿迁市沭阳县九牧养殖场。沭阳县是江苏的养殖大县，很多的畜牧养殖场都集中在这里。在这里，刘元胜看到了养殖的新天地，那一座座整洁的圈舍，一排排规范的棚户以及从没有见过的养殖机械无一不在挑战着自己的眼界，“原来猪是可以这样养的，猪圈是可以这样明亮干净的”。想着家乡的养殖方法，刘元胜更加坚定了学习好技术回乡发展的念头。有目标就有动力，虽然养殖场的工作枯燥无味，但是刘元胜依然认真地对待每一件事情。一有空余时间，他就认真学习养殖技术和养殖场的经营模式，他明白画皮画虎难画骨，只学习一点皮毛回家乡是干不成大事的。而他的勤劳实干精神也得到了老板的赏识，开始让他接手了一些管理工作，而他也没有辜负老板的期望，在管理岗位上做出了亮眼的成绩。

“儿啊，下个星期你表哥结婚了，你能回来吗?”当再一次接到母亲的电话，刘某心里思绪万千，现在自己虽然是养殖场的经理，之前也有过一个女朋友，可因为自己想回家乡发展的念头，女朋友不同意，最后也不了了之。看着身边的亲戚朋友一个个都成家立业了，自己心里还是有些许落寞，“也许是该回去的时候了”。2007 年，刘某踏上了阔别已久的回家路。此时的晴隆县为了鼓励和吸引自主创业，采取了多项措施助推返乡农民工就业创业，于是雄心勃勃的刘某开始了自己的养殖事业。但创业开始就面临很多困难，尤其是资金短缺的问题，尽管拿出了自己所有的积蓄，家人朋友也力所能及地给予了帮助，但是对于厂房搭建、设备引进及仔猪收购这些项目所需要的资金来说却是杯水车薪。“车到山前必有路，船到桥头自然直”。经过多方打听，他了解了创业小额贷款的优惠政策，随即便申请了创业小额贷款。于是，在当地党委、政府及相关部门的帮扶下，家人、朋友的支持下，永胜养殖场终于在 2008 年顺利建成投产。

“做食品就是做良心”，这是刘某的座右铭，只有养好猪，大家才能吃好肉。为着这一信念在养殖的每一个环节他都亲力亲为，而养殖饲料的选取、圈舍的打理以及猪的健康检查更是用心。虽然这样的做法让养殖场在前期亏损，自己也疲劳不已，可是良好的口碑经过口耳相传，渐渐附近的猪肉零售以及批发商户都知道了永胜养殖场，订单也越来越多。因为不用催长素，他的猪总是比其他的长得慢一些，有时候供不应求了，他也坚持不用催长素，不把不合格的猪卖出去。别人都劝他说适当用些不会有影响，可他仍然坚持自己的原则，“赚钱固然重要，但做个有良知的人更重要”，这是他给大家的回答。因为他的坚持，现在的永胜养殖场已小有名气。大家说，买肉时听到是永胜养殖场的，就特别放心，很多外地的商户也慕名而来，昆明的一个超市正准备和永胜养殖场签订长期采购合同。

2011 年，永胜养殖场一切都步入正轨，刘某也收获人生第一桶金。在还清所有借款后，还净赚近 50 万元。随后，他又在巩固生猪养殖规模的基础上，响应当地党委、政府的号召，按“晴隆模式”开始尝试养羊，现在养殖规模已经达到 120 头左右。同时，刘元胜也拥有了美满的家庭，事业的成功和家庭的幸福，让他每每回想起外出打工的经历，感慨地说："哪里再美都没有家乡美，也许前进的路上总有坎坷，但只要坚持梦想，坚持努力，那成功就会离你很近。"

编　　号： Y2014 - 107
受 访 者： 陈某（男）
访谈时间： 2014 年 5 月 20 日
访谈地点： 贵州省黔西南州兴义市
创业行业： 养殖业

养殖"猪倌"，产业致富

陈某 2002 年初中毕业后不久就外出打工，他到过很多地方，接触过很多养猪能手，学习积累到了许多养殖经验。怀着创业的梦想，2010 年 8 月陈某毅然返乡，通过自筹和贷款投资了 30 多万元，在敬南镇创办了金良生猪规模养殖场，聘请培训后的村民专门负责养殖场的生猪喂养。

陈某初中毕业后，在家务工一段时间后，觉得山里的天地太小，想外出见识一下外面的世界。外出后，他在工地干过建筑工人等多种职业，一次偶然的机会他接触到了养猪，并渐渐地从入手到熟悉，从熟悉成为"专业人士"。在养猪场待了几年后，他萌生了一个想法：为什么不回家去自己发展养殖业？经了解，他萌生这种想法主要有以下几个原因：一是在外务工毕竟离家较远，父母逐渐年老，为人子女不能照顾到老人；二是觉得家乡的生态环境和大量的农作物适合养猪；三是那几年猪肉年年涨价，他觉得养猪是一个值得投入的行业；四是回家的时候，村里召开农民工座谈会的时候，让他感到了村里这几年的变化，使他有了回家创业的欲望。

回家后，他经过多方筹集资金，用自己的经验，在技术熟练的基础上，不断弥补管理上的缺陷，不断地完善发展的观念和理念，经过半年多的发展，金良生猪规模养殖场已初具规模，该养殖场占地面积 700 多平方米，拥有猪圈 32 套、产床 4 套、定位栏一组。已出售了一百多头商品猪，养殖场里还有 200 多头大小猪，其中可出栏肥猪 30 多头，经产母猪 31

头，后备母猪25头和100多头小猪。陈某说最近养猪的行情比较好，到年底赚20多万元没有问题。

“我们农村人从来没有养过这么多猪，刚开始压力特别的大，有时候都担心得睡不着觉，好在现在政府的惠农和创业支持的政策好，特别是母猪保险这方面，解除了很大一部分风险”，陈某高兴地说道，“办养猪场得到了敬南镇政府、畜牧局、工商局、兽医站等部门的支持。畜牧站提供了专业养殖技术咨询服务，还经常上门辅导，畜牧局还送给养殖场一头托贝克公猪和一头杜洛克母猪。而且农村信用社贷款也比当初预料的要容易，解决了资金方面的问题。”

“我办养猪场目的是希望能借三农优惠政策，凭借多年在外打工学到的养殖经验，在家乡做一点实事，一方面可以增收致富；另一方面可以起个带头作用，带动周围邻居走共同致富之路!”陈文叶欣喜地说，“只有讲究科学的养殖方法，才能产生更大的效益。我也在一直摸索，希望以后能走出一条绿色、环保的生态养殖之路!”

在自己致富之后，陈某没有忘记乡亲们，外出务工积累的经验让他觉得，一个厂的发展，最好是形成产业聚集效应，只有在当地形成产业、形成规模了，才可能有更广阔的发展，于是他主动找到当地政府，要求向乡亲们传授养猪技术，并利用自己的资金，为乡亲们先免费提供猪仔，然后回收，不断地将企业做大。

陈某从外出务工到回家创业带动了当地一项产业发展，这一案例值得思考和总结。回家创业的农民工有不少，但是创业成功的不多，创业成功后又能带动当地发展的更少。究其原因，不是存在共性的差异，只是在产业的选择和投资的方向上要适合当地的产业发展政策，更要与当地的资源和优势紧密地结合。

编　　号： Y2014－108

受 访 者： 陆某（男）

访谈时间： 2014年5月12日

访谈地点： 贵州省黔西南州安龙县

创业行业： 养殖业

务工磨砺，心系养牛

安龙县戈塘镇村民陆某，1998 年初中毕业，就随同村同学一起到深圳某制药厂打工，人生第一次出门，头一次怀揣对外面的世界无限的好奇和梦想，开始尝试传说中的打工的滋味。“什么都不懂，什么都不会”成了他最大的感受。结果只干了三个多月，拿他自己的话说，就是一次旅游经历。下一站他到了昆明一家纸箱厂，这一次，他吸取经验，不断学习，踏实工作，收入开始稳定，这一干就是三年多。有了一点积蓄后，他开始尝试做起了小老板，在昆明各大专院校门口，摆起了书摊，针对大学生的特点和需求，服务上门，网上批量订购再转卖。同时，他还报了一个电机维修培训班，学习了半年的技术。

说起这段经历，他充满成就感，忘记了一边创业一边学习其中的苦与累。当然，也赚到了人生中第一笔钱，虽然不多，但是让本就敢闯敢拼的他充满了自信。

转眼 2005 年，随着网络的普及，学生宿舍也安装了宽带，网上书店、网上银行极大地方便了大学生们，他的生意越来越差。经一朋友介绍，他辗转到了浙江一家制鞋厂工作，这家鞋厂效益很好，每月下来能存三千多元，收入稳定。就这样，他一直坚持了两年。

2007 年，老家邻近乡镇有一水电站，想起当初在昆明卖书时，学习过电机方面的知识技术，他就去该水电站当起了一名水电工，专门负责水轮机等设备的维护和修理。干了两年，工资不高，但是离家近，可以在家照顾父母。之后，县就业局还专门安排他们到本镇免补村统一培训电工技能。

2010 年，结婚后，陆某开始琢磨创业选项目的事情。村里近几年养猪的风头已过去了，看到牛肉市场很好，大家对牛肉评价很高，不用饲料喂养，绿色养殖，营养丰富绿色健康。他开始考察、参观附近一些养殖牛的场子，咨询请教这些养牛大户，他先后到过海子乡的复兴养殖场、安龙龙广的养牛场等，还到昆明参观过。这些养牛场，规模都很大，有 80 头、500 头不等。

大量的调查研究过后，他开始寻找合伙人，他们一共三人准备造预算、评风险。2013 年终于动工筹建养牛场了，但只剩下他一个人投资了，这样，资金成为最主要的问题。因此，他结合实际条件，缩小了规模，在自家地里搭建场子，购买了 10 头能繁母牛，累计投入近 30 万元。

2014 年 3 月，政府开展同步小康驻村工作，把他的创业项目作为工作对象，由政府贴息从合行贷款 5 万元，再加上他原来个人诚信户贷的 5 万元，都由政府贴息。这样，部分解决了他面临的资金问题。戈塘镇扶贫办、兽医站落实国家政策和提供技术支持，县畜牧局也准备提供支持。

返乡农民工陆某的创业之路还长，希望他越走越好，越走越远，带动村里更多的村民通过养牛脱贫、同步小康！

编　　号：Y2014 - 201
受 访 者：田某（男）
访谈时间：2014 年 1 月 23 日
访谈地点：贵州省铜仁市印江县
创业行业：建筑业

多番努力，顺利扬帆

田某，“90 后”小伙，系贵州省印江县永义乡返乡农民工。2007 年从永义九年制学校毕业后经老师介绍到山东蓝翔职业学校学习挖掘机、铲车，学了三个月花了 1.5 万元觉得没什么效果，于是田某就跟随自己的小姑父到广东深圳一家建筑工地上班，开始从绑扎钢筋开始，在那里做了 1 年，有一天自己在 12 层楼做工时，突然晕倒，用急救车送到医院，经检查是因为恐高。突然的晕倒给姑父吓到了，就不敢再带他，于是田某在 2009 年就返回家乡。

回到家乡后通过舅舅介绍找到了一个开挖掘机的师傅，便拜其为师，在其手下学了半年就出师，自己开始看挖掘机，先后到了铜仁、石阡开挖掘机。2010 年，看到了现在城镇化、开发区的发展和人们的收入水平提高后，很多农户在大量修建房屋，需要很多砖，于是就想自己做老板建砖厂。而且，田某父亲之前就在给别人拉砖，赚取买卖之间的差价，对砖也有所了解，田某家庭累计有 20 多万元的积蓄。买农用车花了 13 万元后，便决定和小姑父、代某在离永义乡 2 公里的地方合伙建砖厂。

在刚建之初，有一天晚上骑摩托车外出接朋友时与一辆汽车撞车，自己的腿受到了严重的损伤，到遵义医学院医治花了 11 万元，同时医生告知需要休养半年。家中积蓄用完后，便向亲朋好友借款和向银行申请贷了共计 10 万元。在生产砖的时候，很多机器父母不懂，虽然腿还没完全康复，依然去帮助父母，导致现在落下的后遗症腿给自己的生活带来了不便。他说："想到创业之初，真的很寒酸，谈到这些就是痛，记得开始建砖厂的三个月，总共用了 50 元的零花钱，都是用于交话费，当时连电话都不敢频繁地打。"到 2010 年下半年开始盈利，自己当了管理者，聘请了当地 50 多岁的返乡农民工 8 人，因为这些人年岁已高，外出就业不好找合适的工作，而在他们的砖厂每月可以有 3000 多元的收入。

田某的生意经如下：每一块砖 0. 28 元，除去所有的成本后，每块砖可赚纯利润 0. 05 元，一车装 4000 块砖，这样一车砖可以赚 120 元，一天拉三车则可以赚 360 元。自己在经营砖厂的同时，又给人拉沙，拉一车沙又可以赚取 210 元，一天可以拉三车，这样一天就可以赚 630 元。就这样下来，到 2012 年将所有的贷款还清。2013 年永义乡政府决定加大永义开发力度，对于田某他们来说这是一个非常好的机会，该砖厂也达到了发展的最高峰，2013 年前一块砖卖 0. 28 元/块，2013 年卖到了 0. 30 元/块、有时还卖 0. 31 元/块。今年田某一家分红分了 52 万元，但是实际拿到的资金是 15 万元，其余的都是赊销。他说："现在还想买一辆车，继续扩大规模，并且想在管理砖厂时包一些工程。"田某在创业路上正坚实地走着，他们的创业也带动了返乡农民工就业，同时推动了乡镇建设。

编　　号： Y2014 - 202
受 访 者： 代某（男）
访谈时间： 2014 年 1 月 27 日
访谈地点： 贵州省铜仁市印江县
创业行业： 建筑业

历经周折，不改初衷

贵州省印江县永义乡返乡农民工代某，2007年从永义九年一贯制学校初中毕业后，经学校老师介绍到重庆工商职业学院，学习模具（设计模型），学习三年获得了文凭。毕业后想先到外面去闯闯，丰富一下生活，便于2010年到福建打工，进入了一家塑料厂。由于代某当时性格很内向，对塑料产品又不了解，在厂里经常遭到不平等待遇，被人欺负，2010年底返乡后，觉得外面的世界不适合自己，代某就不想再外出务工了。

于是，春节过后，代某便跟随几个好友学习装修。2011年9月，代某与几个熟悉室内装修的好朋友合伙从事建筑及装修行业。开始在印江县合水镇包建筑，从家乡永义乡找了8个工人，到年底这个工程就完成了，当年赚了3万元，却只拿到了1万元，还有2万元拖欠。2012年春，到遵义的某医院做室内装修，加上朋友和6个员工总共10人，开工之前双方通过洽谈，都提出了相应的要求，但是没有签订合同，双方只是口头合同。这个工程相对较大，代某估计除支付工人的工资后，自己和好友应该能赚6万元。想到能赚这么多，心里美滋滋的。为了赶工，他们每天天刚亮就开始工作，有时还会做到晚上八九点，就算很累、很苦，想到能赚钱，一切都忍受了。经过日日夜夜地赶工，工程终于完成了。可没想到的是，工程完工后对方却挑三拣四，说不符合规格，要扣一部分资金，最后每个人只拿到了4万元，还有1万元没拿到，由于没有签订正式合同，没有明确双方的权责，发生纠纷造成较大的经济损失，合伙的朋友也散伙了，至今这一笔钱都还未拿到。由于合伙人解散了，2013年8月，代某就到印江县木黄从事粉刷和装修，这次承包的是装修工程，就在当地找了一个会粉刷装修的师傅和三个返乡的农民工打杂，在这过程中也遇到不少的问题，其中的一个农民工特别嗜好酒，经常喝酒，喝酒后就和其他员工发生争吵，有一天晚上那农民工骑摩托车回家的时候，因其喝酒一不小心摔倒将摩托车摔坏了，而且头部还摔了一条伤口，又将其送往医院缝了六针，之后那位工人还向代某索要了3000元的赔偿费，之后便离开了工地。由于那人离开，人数不够，又回老家带了一位农民顶替，这样到2013年年底，总共才赚了 1.5 万元。代某感叹道："包工创业其实承担着很大的风险，顺利则好，要是出现事故，真的日子很难熬。"

由于 2013 年起印江县将加强梵净山旅游业发展，对印江县到梵净山的路进行全面的改修，这是一个很好的机会。代某想在 2014 年承包一段路段，因为公路就要从家住地栗子园经过，在此包路段离家非常近，也能够提供一定的就业岗位，让当地居民有更多的就业机会同时还可以为家乡做出一点贡献。将路修好，能为家乡运输业做出贡献，促进当地旅游业发展，也才能更好地促进当地经济的发展。

编　　号：Y2014 - 301
受 访 者：陈某（男）
访谈时间：2014 年 8 月 11 日
访谈地点：贵州省黔东南州黎平县
创业行业：销售业

持之以恒，创业猪仔

凭着执着的创业精神，凭借辛勤的劳动付出，坚定创业信心，返乡农民工詹某通过猪仔运输转卖踏上了致富路。

詹某结婚时他父亲并没有给他留下多少财产。初中毕业的詹某与其妻子去浙江温州务工，做过鞋子、皮包。外出务工干了好几年，积累了一些资本，认为在外打工挣不了多少钱，离家又远不能照顾小孩。村里有包括詹某父亲在内的十多户人家做猪仔买卖生意，能挣钱。詹某虽然不爱读书，但是人很聪明，跟随他父亲跑过这门生意，返乡后他打算单独从事猪仔生意，这受到詹某父亲的坚决反对。詹某并非想单干，而是因为给他父亲打下手，挣钱不是他的。羽翼尚未丰满的詹某单干，自然让他父亲丧失了属于他的客户和货源，并且这是很没面子的事情。

2011 年，詹某靠着打工挣得的辛苦钱，加上从要好的亲戚朋友和银行筹集创业资金单干。詹某买了一辆 8 万元的解放牌霸铃小货车，投入"全保"一年支出 7000 元，考驾照支出数千元，然后在水口镇租了两间小房。詹某怀揣 4 万元的现金做流动资金，零零碎碎共计投入 15 万元左右的启动资金，开始了他的创业之路。梦想之路就此起航。古人说：好事多磨。

詹某猪仔买卖的客源、货源、人脉关系都是继承他父亲的。很快，詹某的生意开始风生水起了。福兮祸伏。由于雇用的司机好酒误事，出了车祸，司机无大碍，但造成押车的詹某妻子遍体鳞伤，在重症病房躺了一个月。为了抢救自己的妻子，詹某平均每天在医院花去约一万元钱，共计花费医药费 30 多万元。好在手术顺利，詹某妻子折断的几根肋骨也痊愈了。

"屋漏偏逢连夜雨"。跑了两年偏偏不幸的是车子经过修理还是完全可以用的，却被他父亲砸烂了当废铁卖了。詹某无语。初次创业梦尝试被车祸撞得粉碎。钱没有了、车也没有了、父亲动怒了。可是詹某没有放弃！费尽万般努力，詹某又贷款、借钱买了一辆新解放牌的一汽霸铃，剩余的 3 万元现金作为流动资金，从再头来。这次詹某尽量不去与他父亲竞争，而是开创属于他自己的生意"客户"。詹某的生意活动范围集中在黎平、从江和榕江的农村地区。经过一年的努力，詹某连带利息还清了 20 万元的债务，还结余 10 余万元，更重要的是建立了属于自己的客户源。为培养良好的客户关系，他的农户向他借了 7 万—8 万元的外债，他忙得都没有时间去收回来。

为体验创业经历，我们实地参与了詹某的猪仔买卖过程。

阳历 8 月，稻谷飘香。清晨 5 时，极其安静，雾蒙蒙的一片，我们随同詹某上车出发，直奔广西三江。此行三江的主要目的是拖一车猪仔来卖。我们一行人到从江县洛香吃糯米饭当早餐。到三江时已经是中午，詹某开始联系"猪中"。"猪中"们都说猪仔要 6.2 元—6.5 元一斤，这比几天前的 6 元贵了不少。由于担心价钱会再涨，詹某想多运几头猪仔回去借用他弟弟的猪圈关着，以 300 元一天的价钱请一个经验老到的本村司机一起去三江县的各个村子从农户手里买猪仔。但是，联系了好几个"猪中"，能够买到的猪仔仅 30 头左右，而詹某想买 100 头猪仔。为 30 来头猪仔请一个司机，每头猪仔还得付 3 元钱给"猪中"和走山路，这显然是不划算的。詹某电话联系了朋友叫人用竹篾打 100 个猪笼，同时让"猪中"联系 100 头猪仔，猪仔价格是每斤 6.2 元，第二天统一收购运走。

傍晚，夏夜的星空璀璨，汽车的奔驰声时时打断虫鸣。我们一行奔驰在从广西三江县返回黎平的路上。解放牌的一汽霸铃，跑在沿江修筑的柏油路上。沿江的美景早已经被夜幕笼罩。返回目的地的时候已经是深夜

23 点了。我们随便吃点饭菜，喝点米酒入睡了。这就是干这门生意的平凡一天。

詹某告诉我们：不要让别人吃亏。在本地猪仔的价格要合理，在外地可以要价高一些。詹某偏好卖大猪仔，原因是大猪仔才有赚头：一是大猪仔的存活率高，减少运输中的病、死，降低了风险。二是可以最大运输猪仔，因为车子体积有限，运输大猪仔的总斤数更多。三是适应性强，更利于运输到偏远地区或许寻找价高的买家，获得更高的利润。四是减少销售成本，免去寻找更多买家的时间、精力和金钱。詹某每 4—5 天跑广西三江、柳州，通过“猪中”向广大农村要货源。霸铃被改装成三层，一、二层各四个猪圈，共可以装下 60—80 头，第三层需要用猪笼又可以装得下 30 头左右。夏天天热，不便于长途运输过多的猪仔，冬天天冷可以多运输一些。因此，天气酷热运输 80—90 头，天气寒冷运输 100—110 头。当然如果卖得快，自然可以多运几头。后排座位可以睡得下两个人，这方便他们在外过夜，过夜地点是固定的。

猪仔买卖这门生意的关键不在大量的资本，而是吃苦耐劳的精神。这门生意的关键是“快”，即快买、快卖。“快”才能降低风险、减少成本，才能使有限的资金高速运转带来利润。如何才能快呢？首先得有自己固定的、不同的客户群（即是认识更多的“猪中”），才能保证低价质优和量多的货源。当然，高超的山地驾驶技术也是必备的。

詹某对做生意的本质有着较好的把握，却对农民工返乡创业政策几乎不了解。詹某常常关注新闻，并用他的生活经历去诠释。例如他告诉我们做生意要“以人为本”：就是要你得他也得，就是要让他也有赚头（可谓“双赢”）。他举了个例子：“我去做生意，忙，就常常去别人家吃饭，自然我会带一件啤酒、两三斤肉去，有小孩子的我还会给个 20—30 元钱。人家也杀鸡待我”。“可能我现在吃了点亏，但是他信任我，他多卖或者多介绍几个熟人来跟我买卖猪仔我不就都赚回来了？”

编　　号： Y2014－302
受 访 者： 代某（女）
访谈时间： 2014 年 1 月 21 日
访谈地点： 贵州省铜仁市印江县
创业行业： 销售业

木门兴业，兼顾家庭

代某，系贵州省印江县合水镇返乡农民工。2004 年，21 岁的代某经亲戚介绍与现在的丈夫认识后，两人就一起去了广州打工，这是她第一次外出。到外面一切都是那样的陌生，迟迟找不到工作感到特别的渺茫，后来经熟人介绍到三乡市白石鞋厂工作，在厂里生产各种各样的鞋。由于没有技术，代某开始做鞋的时候，做得特别慢，第一个月才领了 800 元的工资，房租 600 元，加上各种各样的花费，接近 2000 元。由于丈夫没读过多少书且没有技术，外出一个多月后才找到工作，第一个月领到的工资收入根本不够用，向家里要了 1000 元才顺利度过。一个月后，丈夫找到了一份在建筑工地的工作，每月能够拿到 2500 多元，王某做鞋的速度提高，第二个月挣到 2000 元。就这样，两人的工资逐渐上涨，最高时代某月薪到达 3000 元，其丈夫达 3500 元。

2007 年两人因家庭原因返乡，返乡后丈夫在附近建筑工作做零工，代某在家帮助婆婆做一些农活，一年后有了第一个孩子，养育孩子要奶粉及各种各样的营养补品，开销特别大。继续这样下去也不是办法，仅靠丈夫在外做零工挣钱无法维持一家人的生活。想到离家约二三公里的合水镇近年因大力开发修建大量的房屋，装修需要大量的门，并且离家较近，这样就可以照顾家里的婆婆和自己的孩子，于是在 2009 年 2 月在合水镇开办了“×家木门店”。由于需要送货上门，代某买了一辆车花了 5 万元，当时门面租金花了 4 万元，门面装修和买各种样式的门等，总共花了 20 万元，代某及其丈夫在外打工这几年的收入加上家里的积蓄总共 10 万元，向银行借了 10 万元。这样，木门店开业了。刚开始生意不是很好，由于农村很多农户都会抓住冬天是农闲之时建房，到 2009 年 9 月，生意开始好转而逐渐盈利，2009 年赚了 2 万元。2010 年由于合水镇加大开发区建设，代某想牢牢抓住这个机会，于是就聘请了一个员工，几乎是挨家挨户推销自己的门，在这一年里生意特别红火，赚了将近 10 万元，将银行贷款还清了。到 2011 年，开始扩大规模，又购进各种各样的饰品灯，生意也不错，全年赚了 9 万元，于是就把自家一层楼的房屋通过包工的形式加盖一层，又向银行贷了 15 万元，两个人继续经营店铺。合水镇开发区建好之后，生意的巅峰过去了，2012 年的生意较低迷，只赚了 5 万元。到 2013 年又适逢永义乡加大开发力度，这又是一个很好的机会，又将其木门品牌推销到永义乡，想到这一年里为了推销门，每天早出晚归，有时帮人送货到家，回到家时都夜里 12 点过了，并且 2013 年天气特别热，开车时汗水不停地流，帮人下车时，那汗水更像是流水一样。这一年下来，整个人都黑了一圈。有耕耘才会有收获，2013 年全年赚了 12 万元，还了银行 10 万元，还有 5 万元贷款未还。这 5 万元在贷款要在 2014 年一定还清的，将贷款还清以后，赚的钱就只需要来维持自家的生活就可以了，没有什么大的经济压力了。这时代某脸上洋溢着幸福的笑容说："苦日子终于要熬过去了，说实在的返乡创业，比在外务工轻松多了，不被别人管制，离家又近，能够很好地经营家庭。" 应该说，代某的创业创造了就业岗位，也促进了当地开发区发展和城镇化建设。

编　　号： Y2014 - 303
受 访 者： 潘某（男）
访谈时间： 2014 年 7 月 14 日
访谈地点： 贵州省黔东南州黎平县
创业行业： 销售业

不经风雨，何来彩虹

黔东南的 7 月中午酷热难当，风吹稻浪，四处飘香。我们从驻地乘车 10 分钟左右到达潘某的门面，这间门面就是返乡农民工潘某日夜耕种的"土地"。门面门头 5 米，长 8 米左右，有序地摆放着各种瓷砖、马桶、洗脸柜，还有腻子粉和底料等商品。

1992 年，潘某出生在中潮镇一个普通农村家庭。2010 年，高中毕业后就加入了外出务工的热潮，短短 2 个多月的务工生活使他的体重从 120 斤左右迅速下降到 100 斤左右，也让他懂得许多。他去广东打工的工作是磨镜片，很快他就掌握了磨镜片的基本技巧。他勤劳、苦干，单纯地对待工作和身边的人，有的人也这样来对待他。"他有事请假总会得到批准"，他笑着说。他说打工又苦又累，还得受气，没有自由的感觉，觉得在外打工还不如来家乡搞点小生意好。

打工两个多月后，镇里联系他，叫他回家去参军。他回乡体检合格去当了两年的义务兵。这不仅强健了他的体魄，锻炼了他的精神，还让他养成每天看书的习惯。初次见面，潘某两眼炯炯有神、皮肤黝黑、体魄健硕，浑身流露出进取的精神。我们笑问："为什么你要到部队才养成这个好习惯呢?"回答说："在部队除了艰苦的训练外，其他时间就去部队的阅览室看书咯。"显然，部队的两年生活对他的创业、走向成功是大大有益的。

两年义务兵回家，他父亲谈到村里农民的田地被征拨了，农民有钱后第一件事就是建房子。建房子自然会要用到瓷砖、钢筋等建筑材料，现在周边的村寨到处都在建新房，每 5 天汇聚到潘老厂赶乡场。他父亲和他商讨是干瓷砖生意还是买卖钢筋？潘某认为父母都年老了，自己是吃不消这钢筋买卖的劳累。他又想到自己没有什么人脉便于做钢筋生意。虽然钢筋生意能挣更多的钱，可是风险更高些。门面自家有，去县城黎平组织货源，所需本钱也不多。他坚定地认为瓷器需求将会越来越大，于是和他表姐夫合伙做"瓷砖的买卖生意"，成为首家在潘老厂村开设瓷器销售点的门面。返乡农民工潘某开始了他人生的创业之旅。

对于创业的艰辛，他从主客观两个方面分析了创业的困难。客观上的困难：一是资金不足，没有规模效益，无法去租用客流量更多的地段开设门面。二是瓷砖质量难把握。掌握瓷砖质量才能有利于他进货的时候最大限度地压低进价和最大可能地卖高价。三是竞争压力太大。这门生意的"门槛"不高，对资本量、技术的要求不是很高，所以做这门生意的人很多，利润微薄。竞争压力大是做这门生意的最大困难！他说（本地方言）："黎平搞这门生意滴我就没讲嘎，光是中潮有 10 多家搞，老火得很。"又说道："本地方的搞，外省的也来搞，甚至有厂家直销店"。四是没能有自己的牌子（即品牌）。有了自己的牌子，人家就是相信你，即使价格高一点人家也还是愿意和你做生意。"只有这样我才能挣到钱"，他说。五是"只看到老板吃肉，却不看到老板挨打"（意指做生意幕后的艰辛），这是一句本地俗话。固然这门生意挣钱，但是得卖货得自己上货、下货。出去进货时也得免费帮别人下货，需要体力去干这活儿。六是合伙做的生意，决策权分散了。他谈到，这个门面是他和他表姐夫合伙做的，这样决定权就一分为二了。他说："有时候我觉得这样干才能挣更多的钱，他却反对；门面又是合伙的，我也不好自作主张。”这样受到很大的束缚、错过了机会。当然好处是风险共担。主观上的困难有：一是知识太匮乏。他觉得自己才是个高中生，没有系统学过瓷砖的相关知识，在买卖中有许多的东西他还需要学习。二是缺“人脉”。现在没钱了可以去银行贷款，但是人脉不广是打不开生意门路的。“人脉”体现在首先是没能认识很多的厂家，进到更低价格的、稳定的货源。其次是还没有稳定的客户群。现在农村常常有把房子包给信任的“师傅”去干的，而潘某认识的“师傅”太少了。再次是自己认识的人太少，而且认识的主要是学生，现在的学生是买不起也建不起房子的，家里建房的事情也是说不上话的。三是他认为不够勤奋。他说：“第一年我还去这儿跑跑、去那儿跑跑生意，今年跑得就少了些。”有了女朋友后看书的习惯也改变了，前三年他都能每晚静下心来看书、练字，现在正在看书、练字的时候老是被女朋友打扰。他笑着说：“自然是不敢向女朋友发火的。”

任何生意创业初期都有它的困难。他干瓷器生意有两年了，他说并不挣钱，但坚持干这门生意的原因在于：一是虽然利薄，但有前景。随着干这门生意经验、人脉和技术的积累，钱会越挣越多的，市场也会越来越广阔。二是门槛低，不需要大量的资本金、高深的技术和“关系”就能进入。三是熟悉这门生意，干熟悉的事情相对才容易成功。四是生意淡的时候，譬如，农忙时候可以去帮贴瓷砖的师傅当小工，每天干 8—9 个小时也可以得 120 元钱一天，用心干一年就可以出师了。每天大概能贴 20—30 平方米合计可得 400—600 元钱，除去小工的 120 元。虽然这样很累，但还是能挣点钱的。在农村要想挣钱，干什么不累啊！五是积累做生意的经验。这样不好干了，可以去干别的嘛，大道理是一样的。门面和仓库尽管是他家的，但还是要给父母租金。门面、仓库每年各付租金 7000 元钱，也就是每年得付租金 14000 元钱。

现在进货的价格是这样的情况。地板砖分为两种：室内地板砖、卫生间地板砖。室内的 80cm × 80cm 普通地板砖进价 25 元，卖价 30 元，80cm × 80cm 高档的地板砖进价 30 元，卖价 40 元。卫生间的地板砖的利润空间只有 1—1.5 元钱。室外的贴墙的瓷砖价格低些，每元室外贴墙的瓷砖利润空间很小。马桶进价 80 元，卖价 90 元；进价 90 元，卖价 110 元。瓷砖洗脸柜进价 80 元，卖价 110 元或 120 元，玻璃洗脸台进价 280 元，卖价 350 元。贴瓷砖的底料每包进价 12.5 元，卖价 13 元。腻子粉每包进价16元，卖价20元。楼梯踏板站板、立板各一片合为一套，站板60cm×28cm、踏板80cm×28cm，计30元整。扣板又称吊顶，分为塑料和不锈钢两种。扣板价格以米计算，塑料扣板1米进价3.5元，卖价4元。不锈钢扣板的进价更高、卖价也更高，利润空间比塑料的大。每年买瓷砖的毛利润除去14000元门面及仓库租金、买电动三轮车的资金、2000元的汽油钱、自己干活的劳动力价值（以当地平均工价计算）等，年纯利润为20000元左右，这还不包括固定资产和存货。

潘某当过两年的义务兵，享受退伍优惠待遇，他选择的优惠待遇是：免费学驾车。他上凯里电大学习了驾车，获得了500元钱的伙食补助。然而，他对农民工返乡创业就业的优惠政策几乎一无所知，绝大多数的返乡创业农民工几乎一点都不知道。

虽然潘某的创业事业刚起步，或步履蹒跚，但谁又天生会做生意呢？人生路上，并不拥挤！

编　　号：Y2014－304
受 访 者：樊某（男）
访谈时间：2014年8月14日
访谈地点：贵州省黔西南州普安县
创业行业：销售业

抓住机遇，成功创业

樊某，系贵州省黔西南州普安县雪浦乡一名返乡农民工，在普安县青山镇新街经营两家“童装玩具店”，成为当地返乡农民工创业成功的典型代表，在当地引起了不小的反响。

2005年，樊某高一没读完就出去打拼，到2012年初回家，整整待了7年。在宾馆、加工企业、电子行业都待过，在过小餐馆、小公司干过，也在富士康之类的大型企业工作过、打过杂，也在宾馆当过大堂主管，可以说经历比较丰富。樊某之所以选择返乡创业，主要是觉得外出务工打拼已经积累了较多的社会和工作经验，这些年也存了一些钱，做生意也有了一定的资本。另外，在外面打拼人生地不熟，认识的人不多，反正早晚是要回家的，所以就返乡了。回乡创业，环境熟悉，认识的人也多，最重要的是，在外地工作特别是发达的省份，生活压力大，创业的成本高。

返乡之前，樊某通过实地观察，认为青山镇属于黔西南州的大镇，而且青山、雪浦两个乡镇的消费都集中在青山，人口多、市场大，但做成人服装的店面多，做童装的比较少，相信经营童装成功的机会比较大。返乡之后，樊某就和爱人一起着手经营童装店。起步的时候也面临一些困难，当时没有做充分的估计和准备，返乡时以为资金是够的，但从租店面到买货车、进货过程中才发现租金不够，后来从农村信用社小微企贷款解决了这一部分资金困境。

童装店开始经营后，由于前期一些宣传工作在镇上做得不错，这都是以前在外面积累的经验，缺的是这个行业的认识，在经营的过程中也慢慢得到补充，克服困难后生意也逐渐好起来。生意做大以后，以前租的店面较小，现在另外租了一个店面，现在两个店面都在经营。其童装店自2012年年初营业以来，主要经营童装、儿童玩具等，其年利润在19万元左右。

返乡创业，相对来说环境熟悉、人也熟悉，门路也多，樊某在外出就业时就曾有过类似的想法，但比较困难。相较之下，返乡创业的困难没有那么多，但是由于不太了解农民工回乡创业政策，返乡之后面临资金难题，而从银行贷款的手续复杂，需要抵押物。樊某还是从信用社可以解决一部分资金，但是大笔贷款审批还是比较难。另刚刚从事童装销售这个行业，没有人引导，吃了一些经验不足的亏，走了一些弯路。

编　　号： Y2014－305
受 访 者： 董某（男）
访谈时间： 2014年5月23日
访谈地点： 贵州省黔西南州兴义市
创业行业： 服务业

拒绝高薪，服务“懒汉”

董某，25岁，这个土生土长的兴义小伙，从山东一所职校毕业后，他毅然放弃了每月六七千元的月薪职位回到兴义。一番摸爬滚打之后，如今的董某与人合伙开了一家跑腿公司，专门为“懒人”服务，比如送餐到家门口、帮人排队或者帮人送文件等。这个行业多出现在大城市，在兴义推广是很有风险的，但能够在家乡创业，董某愿意承担。

董某被称为“懒汉王”，原因是他与人合伙在兴义市开了一家专为“懒汉”们服务的同城跑腿公司，他任总经理。这家位于兴义市神奇东路某酒店二楼的跑腿公司，经过半年多时间，从当初包括老板仅 8 人，发展到现在单是员工就有 20 多人，在兴义已然大名鼎鼎，大部分员工面对这位比自己还小的老板，更多的是佩服。“从小到大都在兴义农村生活，也就是读大学的时候才出去过，在外面是样样都不习惯。”董某自从高中毕业到山东淄博读煤矿技术管理后，在北方的三年“并不好过”。

“北方不习惯米饭，就喜欢吃馒头，连辣椒都很少看见，那时每天都想着妈妈炒的宫爆腰花；特别是到了晚上八九点，街上居然就没有人了。总之气候、习惯什么的都难以融入。”董某称，度日如年般地过完大学生活后，实习时他找到了一份在煤矿上的高薪工作，每月六七千元的工资，加上当地的高楼大厦，确实让他有留下来的想法。但家中父母年迈多病，再加上大城市房价居高不下，外地人很难长期立足，2012 年，董某毅然打着背包回到了兴义，开始了他的创业之路。

“跑腿公司？这个也行？”在和朋友的一次闲聊中，董某感叹居然有“跑腿”这种行业。他对这一新兴行业产生了兴趣，他果断辞职，与两名朋友开始谋划起了创业大计。“东拼西凑了 20 万元开起了公司，没有员工就自己跑，到处发传单，到小吃店里贴广告。”董某的公司刚刚开业时生意很冷清，即使有订单也无人手应对，但在几名年轻人的坚持下，如今“同城跑”在兴义已家喻户晓。董某有着年轻人的创新与冲劲，在不断地拓展业务、宣传“懒汉精神”后，这家号称“一个火机都送上门”的跑腿公司，现在每天能接受 200 多份订单，旗下 20 多号跑腿业务员每日都忙得不可开交。

“兴义市本来就小，一开始想可能没太大的市场，但真正等大家体验过跑腿服务后，也就开始有了依赖性，公司的业务越来越多。”董某笑称，兴义的“懒汉”们可能都是他培养出来的。

“酒吧里喝酒的顾客，居然打电话让我们的员工上门，然后在酒吧门口烤烧烤送进去；家住 3 楼的顾客打电话，让我们到他家楼下提一件啤酒上3楼；住6楼的顾客居然花15元的跑腿费，让我们在楼下给他买一包7块的烟……”董某说，公司从2013年8月开张以来，接了很多稀奇古怪的业务。要不是亲身经历，实在想象不出兴义“懒汉”们的境界。

访谈结束时，董某说，“其实回到家乡，能让兴义人体验到这种快节奏城市才有的服务，我已经觉得很满足了。”他表示，希望自己把生意做大做强，最好以后能发展更多的连锁公司，借助政策的力量，以实际行动感染身边的人，让更多的人能够实现创业梦。

编　　号： Y2014－306
受 访 者： 王某（女）
访谈时间： 2014年1月20日
访谈地点： 贵州省铜仁市印江县
创业行业： 服务业

发挥优势，扮靓印江

王某，生于1982年5月，系贵州省印江县合水镇返乡农民工，由父母姐妹俩组成了四口之家。因当时重男轻女观念的严重影响，父母经常吵架，并且家庭经济非常的困难，姐妹俩入学的费用全是依靠贷款。父亲经常酗酒后就与母亲大吵，有时甚至大打出手，家庭的不和谐与困难的家庭经济使王某无法忍受，在1998年初三读了半个学期后就辍学和自己的朋友去了厦门，在一家医疗有限公司工作，一干就是六年。在这六年里，王某省吃俭用，从来就舍不得买点好吃的、好穿的，妹妹读书的学费和家庭的一部分费用全靠其在外务工收入支撑。2004年底返回家乡，经亲戚介绍与现在丈夫相识，相处后不久就结了婚，嫁到了合水镇。结婚后为了一家人生活在一起，加上县城峨岭镇离家近，人际圈相对较大，于是就想在家乡从事工作，于是在朋友开的“江妹理发店”里学理发，学了一年后，自己掌握了一定的技术。就以学生群体为理发对象，在印江民族中学旁开了一家“××理发店”，由于县城门面费特别贵，仅门面租金就花了9万元，门面内装饰和设备花了8万元多，将王某这些年在外打工全部的积蓄5万元、还有丈夫的3万元全部花光了，又在银行贷了9万元。聘请了两个员工，刚开张的三个月里，因为开始品牌没有打出去几乎没有生意，想到赚不到钱还要支付门面费和员工工资，真是心灰意冷，这样下去也不是办法。

于是，就想到通过发传单的方式进行宣传，终于在 2005 年下半年，王某的品牌效应开始显现了，特别是很多学生都喜欢到这里理发，因为觉得这里的环境较好，更重要的是他们非常友好和幽默，很多同学都说在这里理发不仅让自己拥有喜欢的发型同时还会拥有的好心情。就这样，2005 年过去了，除去自己在城里的开销和支付员工的工资之后，只赚了 3 千元。到 2006 年下半年生意就开始红火了，三个人忙不过来，又招聘了一个，这一年就赚了 2 万多元，直到 2011 年将所有的贷款还清。到 2012 年，想到现在的人们越来越会享受生活，越来越多的人追求精神上的享受，并且其理发店就在印江文昌广场旁边，聚集的人群较多，于是又扩大规模开了洗脚城、按摩等业务，又聘请了 2 位员工，2012 年一年赚了 5 万多元。2013 年由于在印中旁边又新建了一中，这样一来又多了很大一部分的学生群体，生意越发兴隆。谈到这里王某微笑着说："生意要是像现在这样火下去，我后半生的生活就不用愁了，能过上幸福快乐的生活。"王某认为，干理发这行最主要的是态度要好、为人友善、为顾客提供最满意的服务，这样才能处于优势地位。王某的创业提供了更多的就业岗位，解决了 5 个人的就业问题，也带动了当地服务业的发展。

编　　号： Y2014 - 307
受 访 者： 黄某（女）
访谈时间： 2014 年 5 月 9 日
访谈地点： 贵州省黔西南州兴义市
创业行业： 餐饮业

美味蛋饭，飘香万峰

在兴义市万峰林景区内，有一家名为"××蛋炒饭"的店，几乎每个兴义人到了万峰林都会到这里吃上一碗蛋炒饭，再配上几碟特色小菜，吃着美味、赏着风景，就这样和家人朋友度过悠闲、愉快的时光。心情好的时候，还可以自己动手做上一顿饭，大家一起享受劳动的果实。每次到这里，总是要排很久的队。老板娘虽然一直在忙碌，但是脸上却总是挂着笑容，耐心地询问每一位客人需要吃什么，是咸了还是淡了……

曾多次从朋友口中听说这家蛋炒饭是如何如何美味，最终禁受不住诱惑，决定来品尝一下。本来是抱着尝试一下的心理，但第一顿饭就让人感到意外，原来蛋炒饭还能这么美味，从此，这里成为我们的聚集地。一来二去，和老板娘也熟络了起来，多次沟通下来，就了解到了老板娘创业至今所付出的努力和艰辛。

这家店的老板叫陈某，老板娘叫黄某，属于兴义市万峰林街道办事处辖区村民，两人均为30来岁的年纪。老板是个踏实勤奋的男人，还在上学时就经常打零工补贴家用，高中毕业后，就到外地打工，虽然每天很辛苦，只能睡几个小时，但想想自己的努力能改善家里的生活，最终还是坚持了下来。工资不高，但自己平时很节俭，几年下来，竟也攒下了一笔不小的积蓄。

结婚后，打零工赚来的钱和家里的开销相比已经显得有点入不敷出。那时跑车帮人拉货是个不错的活，虽然累点，但是赚的也多，只要自己勤快点，怎么也比帮人打零工强。于是小两口认真考虑之后，咬咬牙、心一横，七拼八凑，贷款加上借来的钱，买了一辆货车开始在兴义周边搞起了运输。刚开始时没有货源，也没熟人，两人只得起早贪黑地到处找货源，渐渐地，两人的努力有了回报，有了固定的客源后，收入也高了起来，两人非常开心，总觉得幸福的生活在向自己招手。谁知好景不长，跑车的人多了起来，生意也没以前那么好了，小两口一筹莫展，寻思着得赶紧找下一个出路。此时，万峰林的乡村旅游开始热起来，独特的景色、新鲜的空气，加上离城区较近，到万峰林观光的人可谓络绎不绝。陈某的哥哥瞅准这次发展农家乐的好机会，就开起了一家农家乐，生意还不错。哥哥知道弟弟跑车的艰辛，加上陈某之前在外当过厨师，厨艺不错，他就索性把陈某叫到自己的餐馆帮忙，两兄弟也可相互照应。而黄某则自己摆了一个小摊，专门卖凉卷粉、泡菜、炒饭等。2011年，景区内几乎家家都做起了农家乐生意，陈氏两兄弟的农家乐由于缺乏特色，生意萧条，面临关门的危险。2012年，万峰林街道办事处开始对景区内随意摆放的小摊点进行清理，黄某的摊点也在清理范围之内，一时间，两人仿佛又回到了刚结婚的时候，觉得看不到出路。消沉了一段时间，两人转念一想，既然不能在路边随意摆摊，那在自己家门口总可以吧，于是就有了我们现在看到的"××蛋炒饭"。但是小店远离主干道，很少有游客经过，刚开始生意也不是很好，但是黄某坚信"好酒不怕巷子深"，只要自己努力，生意一定会渐渐好起来的。所以对待每位客人，她总是格外地用心，熟客的口味她烂熟于心，客人往往还没开口，她就已经开始做了。由于味道好、价格便宜、服务态度好，回头客渐渐多了起来，生意也越发的红火。2013 年，店里还推出了自助服务，也就是店家提供食材，客人自己下厨。这样的方式得到了大家的一致好评。许多外地游客吃不惯兴义的口味，自己下厨既能解决吃饭的烦恼，也给自己的旅途带来不一样的体验。还有一些外国游客，看到他们家的包谷饭，更是觉得好奇，都会忍不住尝一尝。

现在，"××蛋炒饭"俨然已是景区内的知名品牌，不少本地人和外地游客慕名而来，平均每天能卖出好几百份炒饭。蛋炒饭生意火起来之后，长期给他们家供应蔬菜粮食的农户就有十来户。除此之外，还带动附近几户人家做起了凉拌菜、卤肉、糯米饭、炸洋芋、包谷粑、自行车出租等生意，有的人家还专门开辟了停车场方便前来就餐的顾客停车……在黄某一家的带动下，大家的日子都过得越来越好。

黄某说，她准备过段时间申请贷款开展绿色蔬菜种植项目，这样既能满足小店平时的蔬菜开销，也能借助万峰林的品牌优势扩大自己的事业。之前她也了解到国家的一些创业政策，尤其是专门针对妇女的创业政策，知道她的创业想法之后，万峰林街道办事处的工作人员也和她做了一些沟通，但是具体事项还在沟通中。我们希望黄某能给我们带来更多的惊喜。

近几年，万峰林的品牌优势凸显，旅游业的发展带动了许多产业的共同发展，越来越多的农民工选择在家门口就业或者创业。我们希望所有创业人员都能获得成功！

编　　号：Y2014 - 308
受 访 者：杨某（男）
访谈时间：2014 年 5 月 20 日
访谈地点：贵州省黔西南州兴义市
创业行业：IT 网游行业

返乡打拼，创业“指趣”

杨某，一个土生土长的兴义人，2002 年去了北上广这些一线城市打拼。在朋友的推荐下他开始接触网游行业，直至 2005 年，杨某和几个网游行业的朋友在浙江宁波创办“宁波趣游网络科技公司”，主要做网游代理联运等业务。2010 年，他创办的“趣游网络”旗下代理网游达十一款，月流水额突破七百万元，从一个网游行业的“菜鸟”慢慢成为业内小有名气的“老兵”。

因为想为家乡做些贡献，他毅然辞职回乡创业，杨某回乡创业的理由很简单，因为同行的一句话——兴义怎么会有 IT 行业?

2011 年，杨某以“趣游网络”CEO 的身份出席一次网游行业交流会，有个同行在跟杨某闲聊中聊起了家乡，那人很直截了当地跟杨某说：“你们那做 IT 的人我见过几个，但我还没听说过那有什么 IT 企业，近期内不可能出现 IT 行业。”同行的这句话深深触动了杨某，他不得不承认，这是一个残酷的事实。采访中他说，从中国的经济格局来看，中国的 IT 行业基本都分部在中国沿海一带和一些一线城市，而像贵州这样的西部城市却很少有这样的企业。

他想改变别人对家乡的看法，想让别人知道贵州也能做 IT，杨某骨子里的倔劲和年轻人那种说干就干的冲劲使他在这件事以后不到一个月他就把自己一手创办的公司转让给了其他股东，义无反顾地踏上了回乡的归途。

回到兴义后的杨某开始迷茫了，在互联网行业这样的大环境下，要想创业谈何容易，他甚至开始认为自己当初的选择是不是有点冲动和不理智了。

在网游行业摸爬滚打多年的他对机遇有着一种敏锐的直觉，他知道，在强大的竞争环境下，要想创业成功就必须寻找到一条前人未走过的路，可是，这样的机遇又哪能那么轻松地找到呢?

直到 2012 年 9 月，杨某受中国“电子竞技协会”邀请出国考察，在考察过程中，杨某发现，随着智能手机的普及和应用，国外的手游行业开始初露锋芒。出于多年对 IT 行业的敏锐直觉，他清醒地意识到，未来几年手游行业的发展必将会在中国出现爆发式的增长，大有超越传统的 PC 端游和页游的趋势，杨某决定抓住这次机遇，在这个新兴的移动互联网领域开始创业。

决定创业时，杨某又犯难了，要在兴义这样的城市做 IT 谈何容易，首先是技术人才缺乏，现在好一点的程序员或刚从学校毕业的大学生都奔向北上广等一线城市去寻求发展了，得不到技术支持其他一切都没用。无奈之下的杨某开始利用自己这几年在游戏行业的人脉关系寻找相关人才，在不惜花重金从外地聘请回几个专业程序架构师后，他颇为感慨地说，总算是迈出返乡创业这最艰难的第一步了。

经过半年多的闭门造车，连续 101 天的疯狂加班，终于攻克了一个又一个的技术难关。2013 年 10 月，以“指趣”命名的“贵州指趣网络科技有限公司”挂牌成立，而旗下的项目“淘手游”手机游戏交易平台也正式上线了。

截至 2014 年 4 月底，在半年多的时间里，“淘手游”已完成两万多笔交易，交易金额达 800 余万元。从“淘手游”交易平台正式上线以来，每个月的交易额都在以 50% 的速度增长，2014 年 4 月的交易额相比上个月更是直接翻了一倍不止。

杨某用了仅半年的时间，就把公司旗下的“淘手游”交易平台打造成为国内手游账号交易第一平台，而其独创的“视频看号”“账号产权证”等功能也相继被腾讯、新浪、网易等多家媒体报道。

杨某说，在中国做手游交易平台的我们不是第一个，也绝不会是最后一个，早在 2010 年中国就开始有人研发手游交易平台了，而且很多都是国内比较大型的 IT 企业，但我们绝对是中国最专业、最权威的一家，因为公司从成立之初就一直站在消费者的角度去思考问题，了解消费者的需求，然后从细节着手去为消费者服务，所以才能在这么短的时间里做出这样的成绩。

在谈到公司未来的发展时，杨某显得有些兴奋，他说：“其实这样的产业在贵州做也有它的优势，因为电子商务需要大量的交易客服，以国内最大的网游交易平台 5173 为例，员工总数达到 3000 多人，客服就有 2200 人，而这些交易客服只需掌握一定的专业技术知识，就可直接上岗，这样的人力资源在贵州是非常巨大的，随着公司的不断发展壮大，我们将不断地通过相关政府单位对黔西南地区待业青年进行组织、培训，培训结束后可直接与公司签订用工合同，既解决了公司人力资源的问题，也能减轻黔西南地区一定的就业压力。”

据杨某透露，他们的项目已受到国内外一些大型投资公司和 IT 巨头们的青睐，目前正在洽谈中，下一步他们会引进这些投资，用这些投资去完善手游交易平台所存在的问题和门槛，然后准备在北京设立分公司，主要负责公司的技术难关和推广工作，但总部依旧设立在兴义。公司的目标是打造国内手机数字产品第一品牌，对未来，他们有足够的信心。

采访结束后，杨某说：“之所以在兴义做 IT 不单单是因为同行那一句略带讽刺的话，更重要的是，未来不管自己和自己的事业能走多远，兴义永远是我的根，在外漂泊多年以后，对这种感觉尤为强烈。如今的贵州正发生着翻天覆地的变化，希望还在外面打拼的人们能回到贵州来，抓住这样的机遇，为家乡的建设添砖加瓦。”

参考文献

一　英文文献部分

[1] Alan de Brauw, J. Edward Taylor, and Scott Rozelle, (2003), "Migration and Incomes in Source Communities: A New Economics of Migration Perspective from China", University of California, Davis.

[2] Becker, Garys & Murphy, Kevin M. & Tamura, Robet, 1990, "Human Capital, Fertility, and Economic Growth", *Journal of Political Economy*, University of Chicago Press, Oct., Vol. 98, (5): 12 - 37.

[3] Borjas, George J., (1999), "The Economic Analysis of Immigration", In Orley C. Ashenfelter and David Card, eds., *Handbook of Labor Economics*, Amsterdam: North - Holland, pp. 1697 - 1760.

[4] Borjas, George J., (1987), "Self - Selection and Earnings of Immigrants", *American Economic Review*, 77 (4), pp. 531 - 553.

[5] Dale W. Jorgenon, (1961), "The Development of a Dual Economy", *The Economic Journal*, Vol. 71, No. 282, pp. 309 - 334.

[6] Donald J. Bogue (1959), "Internal Migration in The Study of Population: An Inventory and Appraisal", Hauser and Duncan (eds), University of ChicagoPress, Chicago.

[7] Fugate M., Kinicki A. J., Ashforth B. E. (2004), "Employability: a psycho - social construct, its dimensions, and applications", *Journal of Vocational Behavior*, 65: 14 - 38.

[8] Furubotn, Eirik G. and Rudolf Richter (2000), "*Institutions and Economic Theory: The Contribution of the New Institutional Econimics*", The University of Michigan Press.

[9] Freeman, Rochard (1993), "Labor Market and Institutions in Economic Development", *American Economic Review*, 83, (2): 403 - 408.

[10] Galor, Oded and Oded Stark (1990), "Migrants' Savings, the Probability of Return Migration and Migrants' Performance", *International Economic Review*, 31, (2): 463 - 467.

[11] Hare, Denise (1999), " 'Push' Versus 'Pull' Factors in Migration Outflows and Returns: Determinants of Migration Status and Spell Duration among China's Rural Population", *The Journal of Development*, 35 (3): 45 - 73.

[12] Harris John R., and Michael P. Todaro (1970), "Migration, Unempolyment and Development: A two - sector analysis", *American Economic Review*, 60 March, pp. 126, 142.

[13] Jacquelyn Beatrice Miller (2001), "Land, Labor, and Gender Relations: The Chagga Homegrardens of Mt. Kilimanjaro, Tanzania", Michigan State University.

[14] John. R. Harris & Michael P., Todaro (1970), Migration Unemployment and Development: A Two - sector Analysis, *The Economic Journal*, Vol. 60, No. 1, pp. 126 - 142.

[15] Lewis, W. A., (1954), "Economics Development with Unlimited Supplies of Labor", *The Manchester School of Economics and Social Studies*, Vol. 22, No. 2, pp. 139 - 191.

[16] E. S. Lee (1966), A Theory of migration, *Demography*, No. 1, pp. 47 - 57.

[17] Moraga, Jesus Fernandez - Huertas (2007), "New Evidence on Emigrant Selection", Mimeo, Columbia University.

[18] O. Stark and J. E. Taylor, "Migration Incentives, Migration Types: The Role of Relative Deprivation", *The Economic Journal*, Vol. 101, 1991: 1163 - 1178.

[19] Piore, M. J., (1970), "The Dual Labor Market: Theory and Application", in R. Barringer and S. H. Beer (eds) The State and the Poor (Cambridge, Mass.: Winthrop).

[20] Psacharopoulos, George and Harry Anthony Patrinos (2004), "Returns to Investment in Education: A Further Update", *Education Economics*, 12 (2), pp. 111 - 134.

[21] E. G. Ravenstein, (1889), "The Laws of Migration", *Journal of the*

Royal Statistical Society, Vol. 52, pp. 241 –301.

[22] G. Rains, John C. H. Fei (1961), A theory of Economic Development. *The American Economic Journal*, 1961, Vol. 71, No. 28: 309 –334.

[23] Schultz, Theodore W., Investment in Human Capital. *American Economic Review*, 51 (March 1961): 1 –17.

[24] Simon H., "A behavioral model of rational choice", *Quarterly Journal of Economics*, 1955, 69: 99 –18.

[25] Stark, O. and Taylor, J. E. (1991), "Migration Incentives, Migration Types: The Role of Relative Deprevation", *The Economic Journal*, Vol. 101, pp. 1163 –1178.

[26] Stark O., D. Bloom (1985), The New Economics of labor migration, *American Economic Review*, (75): 173 –178.

[27] Stark O., Economic –Demographic interactions in agricultural development: the case of rural –to –urban migration, *U. N. Food and Agricultural Organization*: Rome, 1978.

[28] Stark O. and D. Levhari (1982), On Migration and Risk in less Development Countries, *Economic Development and Cultural Change*, 31: 191 –196.

[29] Stark O., E. Katz. (1986), Labor migration and risk Aversion in less developed countries, *Journal of labor economics*, 4 (1): 134 –149.

[30] Stark O. (1984), Rural –to –urban migration in LDCs: A relative Deprivation approach, *Economic Development and Cultural Change*, 1984, 32 (3): 475 –486.

[31] Taylor, J. E. (1996), "International Migration and Economic Development: a Microeconomy –wide –Analysis", *Development Strategy, Employment and Migration: Insights from Models*, J. E. Taylors eds. (OECD), pp. 1 –31.

[32] Todaro, Michael P. (1969), "A Model of Labor Migration and Urban Unemployment in Less Developed Countries", *American Economic Review*, 59: 138 –148.

[33] Wang Xingzhou (2008), "Special Issue: Migrant Workers in the Course of Urbanization –An investigation into intergenerational differ-

ences between two generations of migrant workers", *Social Sciences in China*, SVol. XXIX, No. 3, Aug. pp. 136 – 156.

[34] Watkins, Kevin (2005), "Table 5. Demographic Trends." *Human Development Report* 2005, United Nations Development Programme, pp. 232 – 235, 63.

[35] Whalley, John and Zhang Shuming (2004), "Hiequality Change in China and (Hukou) Labour Mobility Restrietions", *National Bureau of Eeonomic Research*, NBER Wbrking PaPer 10683.

二　中文文献部分

[1] 埃莉诺·奥斯特罗姆:《社会资本：流行的狂热抑或基本的概念?》,《经济社会体制比较》2003 年第 2 期。

[2] 边燕杰:《城市居民社会资本的来源及作用：网络观点与调查发现》,《中国社会科学》2004 年第 3 期。

[3] 蔡昉等:《中国人口与劳动问题报告 No. 7：人口转变的社会经济后果》,社会科学文献出版社 2006 年版。

[4] 蔡昉等:《中国人口与劳动问题报告 No. 8：刘易斯转折点及其政策挑战》,社会科学文献出版社 2007 年版。

[5] 蔡昉等:《中国人口与劳动问题报告 No. 14：从人口红利到制度红利》,社会科学文献出版社 2013 年版。

[6] 蔡昉:《刘易斯转折点——中国经济发展新阶段》,社会科学文献出版社 2008 年版。

[7] 蔡昉:《劳动力流动的政治经济学》,上海人民出版社 2003 年版。

[8] 蔡昉等:《中国转轨时期劳动力流动》,社会科学文献出版社 2006 年版。

[9] 蔡昉:《民生经济学："三农"与就业问题的解析》,社会科学文献出版社 2005 年版。

[10] 蔡昉:《劳动力迁移的两个过程及其制度障碍》,《社会学研究》2001 年第 4 期。

[11] 蔡昉:《中国经济面临的转折及其对发展和改革的挑战》,《中国社会科学》2007 年第 3 期。

[12] 陈浩、毕永魁:《人力资本对农户兼业行为及其离农决策的影响研究——基于家庭整体视角》,《中国人口·资源与环境》2013 年第

8 期。

[13] 陈宝明：《国际产业转移新趋势及我国的对策》，《中国科技论坛》2011 年第 1 期。

[14] 陈帅：《金融危机对中国农村劳动力非农就业的冲击——基于面板双重倍差模型的实证分析》，《中国农村经济》2012 年第 8 期。

[15] 陈昭玖、谢秦华：《产业转型背景下中部地区农民工就业流动研究——以江西省为例》，《农业经济问题》2014 年第 3 期。

[16] 陈藻：《我国农民工就业代际差异研究——以成都市为例》，《人口学刊》2011 年第 2 期。

[17] 程名望等：《中国农村劳动力转移动因与障碍的一种解释》，《经济研究》2006 年第 4 期。

[18] 程云蕾：《宏观调控与新生代农民工就业困境的政策援助》，《吉首大学学报》（社会科学版）2015 年第 3 期。

[19] 崔传义：《农民进城就业与市民化的制度创新》，山西经济出版社 2008 年版。

[20] 杜书云、张广宇：《农民工代际差异问题调查与思考》，《农村经济》2008 年第 2 期。

[21] 范剑勇等：《产业集聚与农村劳动力的跨区域流动》，《管理世界》2004 年第 4 期。

[22] 冯国强等：《中国农村劳动力区域性迁移的经济增长效应：1978—2008》，《经济论坛》2011 年第 7 期。

[23] 高波等：《区域房价差异、劳动力流动与产业升级》，《经济研究》2012 年第 1 期。

[24] 高芸：《中国农村劳动力反复流动问题研究》，经济科学出版社 2011 年版。

[25] 国家统计局：《中国统计年鉴·2012》，中国统计出版社 2012 年版。

[26] 国务院研究室课题组：《中国农民工调研报告》，中国言实出版社 2006 年版。

[27] 国务院发展研究中心产业经济研究部课题组：《中国产业振兴与转型升级》，中国发展出版社 2010 年版。

[28] 国务院人口普查办公室、国家统计局人口和就业统计司：《中国 2010 年人口普查资料》，中国统计出版社 2012 年版。

[29] 国务院人口发展战略研究课题组：《国家人口发展战略研究报告》，《人口研究》2007 年第 1 期。
[30] 国家人口与计划生育委员会流动人口服务管理司：《中国流动人口发展报告》，中国人口出版社 2012 年版。
[31] 韩俊：《中国农民工战略问题研究》，上海远东出版社 2009 年版。
[32] 黄闯：《个性与理性：新生代农民工就业行为短工化分析》，《中国青年研究》2012 年第 11 期。
[33] 胡俊波：《禀赋、不确定性与转型期农村劳动力转移》，博士学位论文，西南财经大学，2007 年。
[34] 贾伟：《农村劳动力转移对经济增长与地区差距的影响分析》，《中国人口科学》2012 年第 3 期。
[35] 简新华：《新生代农民工融入城市的障碍与对策》，《求是学刊》2011 年第 1 期。
[36] 金成武：《城镇劳动力市场上不同户籍就业人口的收入差异》，《中国人口科学》2009 年第 4 期。
[37] 金刚、张秋秋、闫琳琳：《新型农村社会养老保险参保意愿研究——基于有序 Probit 模型的估计》，《辽宁大学学报》2014 年第 4 期。
[38] 金晶、刘丽：《新生代农民工城市就业能力再造的路径选择——基于江苏的调查分析》，《调研世界》2015 年第 2 期。
[39] 柯羽：《高校毕业生就业质量评价指标体系的构建》，《中国高教研究》2007 年第 4 期。
[40] 罗竖元：《新生代农民工的择业行为与就业质量》，《华南农业大学学报》（社会科学版）2015 年第 1 期。
[41] 康兰媛、解春艳、朱红根：《新生代农民工外出择业动机实证分析》，《江西农业大学学报》（社会科学版）2012 年第 6 期。
[42] 乐章、刘苹苹：《人力资本与收入水平——关于外出务工农民的一个实证分析》，《中南财经政法大学学报》2007 年第 2 期。
[43] 李红艳：《新生代农民工就业信息获取渠道中的断裂现象》，《青年研究》2011 年第 2 期。
[44] 李萌：《劳动力市场分割下乡城流动人口的就业分布与收入的实证分析——以武汉市为例》，《人口研究》2004 年第 6 期。
[45] 李培林：《农村劳动力——中国进城农村劳动力的经济社会分析》，

社会科学出版社 2003 年版。

[46] 李强：《影响中国城乡流动人口的推力和拉力因素分析》，《中国社会科学》2003 年第 1 期。

[47] 李晓红：《新生代农民工就业能力提升问题研究》，《河南理工大学学报》2009 年第 4 期。

[48] 李芝倩：《中国农村劳动力流动及其增长绩效研究》，经济科学出版社 2011 年版。

[49] 林善浪、张丽华：《社会资本、人力资本与农民工就业搜寻时间的关系——给予福建省农村地区的问卷调查》，《农村经济》2010 年第 6 期。

[50] 林竹：《新生代农民工就业质量测量分析》，《贵州社会科学》2013 年第 1 期。

[51] 林竹：《农民工就业：人力资本、社会资本与心理资本的协同》，《农村经济》2011 年第 12 期。

[52] 刘传江、徐建玲：《中国农民工市民化进程研究》，人民出版社 2008 年版。

[53] 刘传江：《新生代农民工的特点、挑战与市民化》，《人口研究》2010 年第 2 期。

[54] 刘怀廉：《农村剩余劳动力转移新论》，中国经济出版社 2004 年版。

[55] 刘俊彦：《新一代农民工发展状况研究报告》，《中国青年研究》2009 年第 1 期。

[56] 刘林平、万向东：《制度短缺与劳动短缺》，社会科学文献出版社 2007 年版。

[57] 刘瑞：《新生代农民工就业问题研究》，《山西财经大学学报》2011 年第 1 期。

[58] 刘晓昀等：《农村劳动力非农就业的性别差异及东西部比较》，《农业经济问题》2007 年第 7 期。

[59] 刘新争：《比较优势、劳动力流动与产业转移》，《经济学家》2012 年第 2 期。

[60] 柳建平、孙艳飞：《新生代农民工就业行为、收入水平及其变动趋势》，《农村经济》2014 年第 8 期。

[61] 卢冲、李虹轩、王雨林：《新生代农民工幸福感的影响因素分

析——基于有序 Probit 模型的研究》，《湖北农业科学》2014 年第 8 期。

[62] 罗峰、黄丽：《人力资本因素对新生代农民工非农收入水平的影响——来自珠江三角洲的经验证据》，《中国农村观察》2011 年第 1 期。

[63] 罗剑朝等：《返乡农民工创业与就业指导》，经济管理出版社 2009 年版。

[64] 罗明忠：《农村劳动力转移：决策、约束与突破》，中国劳动社会保障出版社 2008 年版。

[65] 罗明忠：《就地转移还是异地转移：基于人力资本投资视角的分析》，《经济学动态》2009 年第 11 期。

[66] 罗恩立：《就业能力对于新生代农民工城市融入的影响分析——以上海市为例》，《现代经济探讨》2012 年第 12 期。

[67] 罗恩立：《我国农民工就业能力及其城市化效应研究》，博士学位论文，复旦大学，2012 年。

[68] 罗恩立：《新生代农民工的就业能力研究》，《中国人力资源开发》2010 年第 2 期。

[69] 罗仁福等：《我国农村劳动力非农就业的变迁及面临的挑战》，《农业经济问题》2011 年第 9 期。

[70] 马继迁、张宏如：《就业质量的代际差异——基于江苏、浙江、广东的农民工调查数据》，《福建论坛》（人文社会科学版）2014 年第 6 期。

[71] 马芒、徐欣欣、林学翔：《返乡农民工再就业的影响因素分析》，《调查与思考》2012 年第 2 期。

[72] 梅金平：《不确定性、风险与中国农村劳动力区际流动》，《农业经济问题》2003 年第 6 期。

[73] 梅燕：《农村劳动力区域性流动特征及其对粮食供求格局的影响》，《中国人口科学》2012 年第 2 期。

[74] 聂冲、贾生华：《离散选择模型的基本原理及其发展研究评介》，《数量经济技术经济研究》2005 年第 11 期。

[75] 彭国胜：《青年农民工的就业质量与阶层认同——基于长沙市的实证调查》，《青年研究》2008 年第 1 期。

[76] 彭国胜、陈成文：《关于就业质量问题的研究综述——以青年农民工为例》，《中国青年研究》2009 年第 12 期。

[77] 彭文慧：《社会资本对返乡农民工就业的促进机制与政策建议》，《农村经济》2011 年第 12 期。

[78] 钱芳、陈东有、周小刚：《农民工就业质量测算指标体系的构建》，《江西社会科学》2013 年第 9 期，第 189—192 页。

[79] 钱文荣、黄祖辉：《转型时期的中国农民工》，中国社会科学出版社 2007 年版。

[80] 钱永坤：《农村劳动力异地转移行为研究》，《中国人口科学》2006 年第 5 期。

[81] 任锋、杜海峰、刘玲睿：《基于就业稳定性差异的农民工创业影响因素研究》，《人口学刊》2012 年第 2 期。

[82] 申鹏：《农村劳动力转移的制度创新》，社会科学文献出版社 2012 年版。

[83] 盛来运：《流动还是迁移——中国农村劳动力流动过程的经济学分析》，上海远东出版社 2008 年版。

[84] 盛来运：《中国农村劳动力外出的影响因素分析》，《中国农村观察》2007 年第 3 期。

[85] 石丹淅、赖德胜、李宏兵：《新生代农民工就业质量及其影响因素研究》，《经济经纬》2014 年第 3 期。

[86] 石智雷等：《外出务工对农村劳动力能力发展的影响及政策意义》，《管理世界》2011 年第 12 期。

[87] 石智雷：《人口流动与中国农村地区的家庭禀赋——基于中部地区农户调查数据的分析》，《湖北经济学院学报》2012 年第 5 期。

[88] 石智雷、杨云彦：《家庭禀赋、农民工回流与创业参与——来自湖北恩施州的经验证据》，《经济管理》2012 年第 3 期。

[89] 石智雷、余驰：《家庭禀赋、人力资本与城乡女性就业流动研究》，《农业经济问题》2011 年第 12 期。

[90] 孙文凯等：《户籍制度改革对中国农村劳动力流动的影响》，《经济研究》2011 年第 1 期。

[91] 王春超：《中国农户就业决策与劳动力流动》，人民出版社 2010 年版。

[92] 王春光：《新生代农村流动人口的社会认同与城乡融合的关系》，《社会学研究》2001 年第 3 期。

[93] 王春光：《新生代农民工城市融入进程及问题的社会学分析》，《青年探索》2010 年第 3 期。

[94] 王春蕊：《禀赋、有限理性与农村劳动力迁移行为研究》，博士学位论文，西南财经大学，2010 年。

[95] 王宏杰：《农户禀赋对家庭收入影响的实证分析》，《经济论坛》2011 年第 2 期。

[96] 王美艳：《城市劳动力市场上的就业机会与工资差异——外来劳动力就业与报酬研究》，《中国社会科学》2005 年第 5 期。

[97] 王文信、徐云：《农民工就业影响因素分析——对安徽阜阳农村的调查》，《农业经济问题》2008 年第 1 期。

[98] 王正中：《“民工荒”现象与新生代农民工的理性选择》，《理论学刊》2006 年第 9 期。

[99] 吴红宇、何亦名：《选择就近就业的农村劳动者个体特征研究》，《西部经济管理论坛》2013 年第 1 期。

[100] 吴愈晓：《劳动力市场分割、职业流动与城市劳动者经济地位获得的二元路径模式》，《中国社会科学》2011 年第 1 期。

[101] 武晓霞等：《基于产业集聚的中国劳动力流动研究》，《南京审计学院学报》2007 年第 4 期。

[102] 夏丽霞、高君：《新生代农民工进城就业问题与市民化的制度创新》，《农业现代化研究》2011 年第 1 期。

[103] 谢勇：《基于就业主体视角的农民工就业质量的影响因素研究》，《财贸研究》2009 年第 5 期。

[104] 谢勇：《基于人力资本和社会资本视角的农民工就业境况研究——以南京市为例》，《中国农村观察》2009 年第 5 期。

[105] 谢垚凡：《农民工回乡创业的 SWOT 分析与战略选择》，《贵州农业科学》2011 年第 5 期。

[106] 谢正勤等：《农村劳动力的流动性与人力资本和社会资源的关系研究——基于江苏农户调查数据的实证分析》，《农业经济问题》2006 年第 8 期。

[107] 邢美华、胡定金、黄其振：《新生代农民工就业意愿分析及对策思

考——基于湖北省的实证调查》，《华中农业大学学报》（社会科学版）2012 年第 1 期。

[108] 许传新：《农民工的进城方式与职业流动——两代农民工的比较分析》，《青年研究》2010 年第 3 期。

[109] 徐玉龙、王志彬、郭斌：《农民工就业歧视的经济学分析》，《财贸研究》2007 年第 1 期。

[110] 薛福根、石智雷：《个人素质、家庭禀赋与农村劳动力就业选择的实证研究》，《统计与决策》2013 年第 8 期。

[111] 严浩坤等：《农村劳动力流动与地区经济差距》，《农业经济问题》2008 年第 6 期。

[112] 杨春华：《关于新生代农民工问题的思考》，《农业经济问题》2010 年第 4 期。

[113] 杨金风、史江涛：《人力资本对非农就业的影响：文献综述》，《中国农村观察》2006 年第 3 期。

[114] 杨晓军、陈浩：《新生代农民工就业技能缺失与解决途径》，《农村经济》2012 年第 1 期。

[115] 杨晓军、陈浩：《农民工就业的职业选择、工资差异与人力资本约束》，《改革》2008 年第 5 期。

[116] 杨云彦等：《全球化、劳动力流动与经济空间重构》，中国财政经济出版社 2008 年版。

[117] 杨云彦等：《就业替代与劳动力流动：一个新的分析框架》，《经济研究》2003 年第 1 期。

[118] 杨云彦、石智雷：《中国农村地区的家庭禀赋与外出务工劳动力回流》，《人口研究》2012 年第 7 期。

[119] 杨云彦、石智雷：《家庭禀赋对农民外出务工行为的影响》，《中国人口科学》2008 年第 5 期。

[120] 叶静怡、周晔馨：《社会资本转换与农民工收入——来自北京农民工调查的证据》，《管理世界》2010 年第 10 期。

[121] 叶琪：《论农村劳动力转移与产业结构调整互动》，《财经科学》2007 年第 3 期。

[122] 游和远等：《农地流转、禀赋依赖与农村劳动力转移》，《管理世界》2010 年第 3 期。

[123] 约翰·奈特等:《中国的民工荒与农村剩余劳动力》,《管理世界》2011 年第 11 期。
[124] 张爱婷:《中国农村劳动力流动与增长效应研究》,经济科学出版社 2009 年版。
[125] 张广胜、柳延恒:《人力资本、社会资本对新生代农民工创业型就业的影响研究——基于辽宁省三类城市的考察》,《农业技术经济》2014 年第 6 期。
[126] 张洪霞、崔宁:《市民化视域下新生代农民工就业质量问题研究——基于全国 3402 个样本数据的调查》,《调研世界》2014 年第 11 期。
[127] 张连德:《人际信任对青年农民工社会网络的影响》,《社会主义研究》2011 年第 5 期。
[128] 张鹏、何祖润:《农民工就业结构代际差异的成因与对策》,《广西社会科学》2013 年第 2 期。
[129] 张鹏、何祖润:《农民工就业质量存在的问题与对策研究》,《云南行政学院学报》2014 年第 2 期。
[130] 张庆:《农民工就业问题调查研究》,《经济纵横》2013 年第 6 期。
[131] 张文宏:《社会资本:理论争辩与经验研究》,《社会学研究》2003 年第 4 期。
[132] 张务伟等:《农村劳动力就业状况的微观影响因素及其作用机理——基于入户调查数据的实证分析》,《中国农村经济》2011 年第 11 期。
[133] 张新岭、赵永乐、林竹、宋成一:《农民工就业:人力资本和社会资本的耦合分析》,《农村经济》2007 年第 12 期。
[134] 张昱、杨彩云:《社会资本对新生代农民工就业质量的影响分析——基于上海市的调查数据》,《华东理工大学学报》(社会科学版)2011 年第 5 期。
[135] 张智勇:《社会资本与农民工就业》,《经济社会体制比较》2007 年第 6 期。
[136] 章元、陆铭:《社会网络是否有助于提高农民工的工资水平》,《管理世界》2009 年第 33 期。
[137] 赵蔚蔚、刘立坤:《新生代农民工就业质量影响因素的统计分析》,

《统计观察》2013 年第 12 期。

[138] 周晔馨、叶静怡、曹和平：《流动农民工社会资本的测量及其分布特征——基于北京市农民工社会网络的分析》，《云南财经大学学报》2013 年第 3 期。

[139] 周均旭等：《中部产业转移的经济效应及对劳动力就业的影响》，《当代经济》2012 年第 2 期。

[140] 朱农：《中国劳动力流动与“三农问题”》，武汉大学出版社 2005 年版。

后　记

新生代农民工是当前我国劳动力市场就业的特殊群体和新生力量，具有不同于老一代农民工的群体特征、生活经历、身份认同、禀赋资源、价值取向和消费行为，他们的就业行为既具有农民工的一般特点，又具有不同于老一代农民工的群体特征。因此，本研究以禀赋为研究视角，利用多学科理论和方法分析新生代农民工两种不同的就业行为，探讨新生代农民工就业行为的有限理性，构建新生代农民工就业选择决策模型，更为贴切地描述新生代农民工就业行为决策的影响机制，进而以优化内在禀赋为着力点提出促进新生代农民工稳定就业及其市民化的政策建议，旨在适应新常态下农村劳动力外出就业与返乡就业的现实需求。

农村劳动力转移就业研究是我感兴趣的主要领域，并实时跟踪农村劳动力就业的时代变化特征。在此期间，获得了一些与这一主题密切相关的研究项目，主要有：2008 年获得立项的国家社科基金西部项目，2012 年获得资助的霍英东教育基金会基础性研究课题和农业部软科学项目，第 54 批中国博士后科学基金面上资助项目，2015 年获得立项的国家社科基金年度项目。这些项目（课题）的依次获批立项，使我能够围绕同一领域继续开展研究。应该说，近十年来，围绕农村劳动力转移就业这一研究主线，从农村劳动力转移就业→新生代农民工就业行为→农村劳动力区域流动→返乡农民工稳定就业等不同视角开展学术研究，取得了一定的研究成果。事实上，作为一名研究人员，更希望新生代农民工群体能够在“全面小康一个都不能少”的背景下实现稳态就业和收入增长，以有效实现“3 个 1 亿人”这一目标。

本书系霍英东教育基金第十三届高等院校青年教师基金基础性研究课题资助项目（131110）研究成果，并得到贵州大学文科重大科研项目（编号：GDZT2012002）的经费资助。该项目获得立项资助后，课题组围绕研究内容，紧扣当前新生代农民工就业面临的新现象开展多元视角研究，项目历时三年多的研究，部分阶段性研究成果被改成论文在CSSCI来源期刊或核心期刊发表。至此，原定的研究目标任务全部完成。

借此机会，真诚感谢霍英东教育基金会对本课题的立项资助，这给予西部地区青年教师有了承担霍英东教育基金基础性研究课题的机会，这对于西部地区青年人才培育起着重要的激励作用，在项目研究期间，我获得了贵州省首届高校哲学社会科学青年学术创新人才称号；非常感谢教育部港澳台事务办公室负责老师一次次不厌其烦地解答课题执行过程中面临的诸多细节，服务工作精细周到；特别感谢我的博士后合作导师、复旦大学特聘教授王桂新老师欣然为本书作序；还要感谢中国社会科学出版社戴玉龙先生为本书出版付出了辛苦劳动，真诚感谢那些帮助和鼓励我的领导、同事和朋友！同时，也要感谢贵州大学哲学社会科学研究院、科学技术研究院、管理学院及人口·社会·法制研究中心对本研究提供的便利条件。

此外，在课题研究过程中，不仅课题组成员在问卷调查、资料收集、数据分析等方面做了大量工作，而且硕士研究生赵巧峰、朱林、李明昊等也参与了相关调查数据的整理、录入及分析工作。

最应该感谢的是我的家人对我研究工作的支持。我的爱人在完成自身教学科研任务的同时，还承担了大量的家务劳作和小孩照料工作，没有她的艰苦付出，难以想象我的生活将陷入何等凌乱的境地。我的女儿在本课题研究期间出生、成长，她给我们家庭带来的欢乐是我研究工作的动力。

因时间仓促和水平有限，其中的错误和缺点在所难免，敬请各位同仁批评指正。当然，我也将在农村劳动力转移就业这一主题上作进一步调查、思考和探索，希望能够取得更多的研究成果。

是为记！

申鹏

2015年8月于贵阳花溪·麒龙溪园